suhrkamp taschenbuch
wissenschaft 2443

Können unsere Handlungen frei und verantwortlich sein, wenn sie kausal determiniert sind? Ja, sagt Dietmar Hübner in seinem faszinierenden Buch, aber sie müssen dabei zugleich durch etwas geleitet sein, das jenseits der kausalen Ordnung liegt. In der modernen Debatte ist man sich vielfach einig, dass Gründe diese Rolle spielen können. Wenn Gründe – seien sie moralischer oder logischer, mathematischer oder ästhetischer Art – jedoch keine kausalen Größen sind, was genau ist dann ihr Wesen? Wie werden sie wirksam in unserem Tun? Und welche Bedeutung kommt hierbei dem menschlichen Bewusstsein zu? Hübners Buch bietet eine fundierte Einführung in ein unverändert aktuelles Thema und entwickelt hieraus eine eigenständige und originelle Theorie des freien Willens.

Dietmar Hübner ist Professor für Praktische Philosophie, insbesondere Ethik der Wissenschaften, an der Leibniz Universität Hannover.

Dietmar Hübner

Was uns frei macht

Ein Versuch über
die Autonomie des Willens

Suhrkamp

Klimaneutral
Druckprodukt
ClimatePartner.com/14438-2110-1001

Erste Auflage 2024
suhrkamp taschenbuch wissenschaft 2443
Originalausgabe

Umschlag nach Entwürfen
von Willy Fleckhaus und Rolf Staudt
Druck und Bindung: C.H. Beck, Nördlingen
Printed in Germany
ISBN 978-3-518-30043-5

www.suhrkamp.de

Inhalt

Danksagung

Zahlreiche intensive, offene und wohlwollende Diskussionen zu dem hier behandelten Thema durfte ich im Lauf der Jahre mit Kolleginnen und Kollegen, mit Studierenden und Mitarbeitenden führen, die allesamt ihre klugen, kritischen und skeptischen Spuren in dem nun vorliegenden Text hinterlassen haben. Besonders hervorheben möchte ich Bert Heinrichs, Sebastian Knell und Ulrich Pothast, die mich mehrfach hingebungsvoll in meiner Gedankenführung begleitet, ihre Ratschläge erteilt und ihre Bedenken eingebracht haben, sowie Eva Gilmer und Jan-Erik Strasser vom Suhrkamp Verlag, die das Manuskript mit ihrer gewissenhaften Prüfung in seine bestmögliche Form zu bringen halfen. Wichtige Rahmenbedingungen für die Niederschrift wurden durch die Gewährung von zwei Forschungssemestern an der Leibniz Universität Hannover in den Winterhalbjahren 2016/17 und 2020/21 geschaffen. Meiner Frau Kathrin Sehestedt danke ich aus ganzem Herzen für die Geduld, das Verständnis und die Teilnahme an einem Buchprojekt, das mich einmal mehr mit Haut, Haar und Hirn verschlungen hat.

Einleitung

Auf den ersten Blick betrachtet, kommt dieses Buch reichlich spät. Die große Welle öffentlicher Aufmerksamkeit und Beunruhigung, die das Problem des freien Willens noch vor wenigen Jahren erzeugt hat, insbesondere aufgrund neurologischer Forschungen und ihrer populärwissenschaftlichen Deutung, ist inzwischen spürbar abgeebbt. Unabhängig hiervon hatte bereits das vergangene Jahrhundert vor allem in seiner zweiten Hälfte eine Reihe von Arbeiten hervorgebracht, in denen Fragestellungen und Antwortmöglichkeiten, die sich mit dem Thema Willensfreiheit verbinden, in ihren wesentlichen Zügen skizziert und in zahlreichen Details ausformuliert worden waren. Schließlich hält die philosophische Tradition spätestens seit den aufklärerischen Bewegungen und der jüngeren Neuzeit ein beträchtliches Arsenal von begrifflichen Zugängen und argumentativen Figuren bereit, die hilfreich und unerlässlich sind, um ein vertieftes Verständnis und eine begründete Meinung dahingehend zu entwickeln, was Freiheit des Willens in der natürlichen Welt und für menschliche Wesen bedeuten könnte und was nicht.

Mit einem Wort: Das Thema scheint durch zu sein.

Indessen kann sich ein solcher Moment fortgeschrittener Ausdifferenzierung mitunter auch als idealer Zeitpunkt für weitere Anstrengungen erweisen. Zum einen nämlich mag in den vorliegenden Ansätzen ein reicher Bestand an Materialien und Ideen versammelt sein, die unentbehrlich und wegweisend für eine Lösung des Problems sind. Zum anderen aber mögen diese Vorgaben nicht in jeder Hinsicht konsequent ausgelegt und korrekt zusammengefügt worden sein, um die Aufgabe in aller Konsequenz zu bewältigen. Genau in dieser Lage befinden wir uns nach meiner Auffassung gegenwärtig bei der Frage nach der Willensfreiheit.

In der Freiheitsdebatte muss man sich von Beginn an damit abfinden, dass die eigene Position, welche auch immer es sein mag, eine deutliche Stimmenmehrheit gegen sich hat. Dies ist zumindest so lange der Fall, wie man den eigenen Standpunkt einigermaßen präzise konturiert, statt seine Tätigkeit darauf zu beschränken, dass man fremde Ansichten zurückweist. Auch ich werde mit meinem Beitrag vornehmlich auf Widerspruch stoßen, und zwar nicht nur seitens jener Ansätze, die ich selbst ausdrücklich ablehne, sondern auch bei jenen Zugängen, die ich für meine Überlegungen in Anspruch nehmen und fortschreiben möchte. Ich werde also nicht nur in Opposition zu Deterministen und Libertariern geraten, die menschliche Freiheit entweder rundheraus verwerfen oder aber in allzu spekulativen Formen ausmalen, sondern mich auch im Lager der Kompatibilisten zwischen die Stühle setzen, indem ich ihre jeweiligen Positionen keineswegs durchgängig befürworte und unverändert übernehme, sondern in wesentlichen Teilen kritisiere und modifiziere.

Der aktuelle Kompatibilismus kommt vor allem in zwei Hauptvarianten daher. Die erste Version erklärt im Anschluss an Harry Frankfurt Willensfreiheit als eine reflexive Hierarchie im menschlichen Entscheiden, bei der höherstufige »Wünsche zweiter Ordnung« sich auf niederrangige »Wünsche erster Ordnung« beziehen, diese billigen oder auch durchsetzen. Die zweite Version deutet im Stil von Wilfrid Sellars Willensfreiheit als rationale Bestimmung menschlichen Handelns, das sich als solches nicht allein im »Raum der Ursachen« bewegt, sondern stets auch im »Raum der Gründe«. In beiden Fällen ist die dergestalt begriffene Willensfreiheit mit einer durchgängigen Naturkausalität verträglich, was eben die definierende Grundüberzeugung kompatibilistischer Freiheitstheorien darstellt und deren maßgeblichen Unterschied zu deterministischen oder libertaristischen Auffassungen ausmacht.

Die Ansätze von Frankfurt und Sellars zeigen in Methode und Duktus gewisse Gemeinsamkeiten, was sich nicht zuletzt daraus erklärt, dass beide ihre philosophischen Wurzeln in der analytischen Philosophie haben. Dennoch handelt es sich ihrem Inhalt nach um sehr unterschiedliche und durchaus gegenläufige Freiheitsdeutungen, indem sie einmal auf das mentalistische Modell einer Hierarchie von Wünschen setzen, einmal das logizistische Konzept eines Raums der Gründe heranziehen. Mein Programm wird darin bestehen, diese beiden Zugänge zum einen in engere Verbindung miteinander zu bringen, zum anderen aber auch an entscheidenden Stellen mit einigem Nachdruck umzudenken. Genauer werde ich Frankfurts Struktur des reflexiven Bewusstseins nicht auf subjektive Wünsche beziehen, sondern eben auf das Feld objektiver Gründe anwenden, während ich Sellars' Betonung der rationalen Bestimmung menschlichen Handelns dahingehend zuspitzen werde, dass jene Gründe hierbei als platonische Entitäten aufzufassen sind.

Diese Verknüpfung und Umgestaltung wird etwas durchaus Unvertrautes entstehen lassen. Wie sehr meine Überlegungen daher zunächst auch dem gegenwärtigen Mainstream zu entsprechen scheinen, indem sie menschliche Freiheit auf reflexives Bewusstsein und rationale Gründe stützen, so deutlich wird sich meine Theorie zuletzt gegen den dominierenden Trend wenden, wenn sie diese Komponenten in ihren Rahmen integriert und auf ihre Weise akzentuiert. Zudem hat sich nach langer Lektüre und vielen Diskussionen mein Eindruck verstärkt, dass eine solche Freiheitsdeutung bislang noch nicht entworfen und verteidigt worden ist. Konventionell dürfte sie daher kaum sein, sondern vielleicht eher schon häretisch.

Also keine Sorge: Wahrscheinlich ist noch genug Arbeit zu tun.

Die Debatte um die Willensfreiheit zeichnet sich durch eine eigentümliche Konstellation aus, die bisweilen einen durchaus entmutigenden Effekt haben kann. Dies gilt zumindest für jene Teilnehmer an der Diskussion, die menschliche Willensfreiheit nicht rundheraus abstreiten, sondern an der Möglichkeit und Wirklichkeit einer wie auch immer gearteten Freiheitsidee festhalten wollen. Ein Autor mit solcher Haltung, gleich in welch geschliffenen Konzepten und über welch gewissenhafte Argumente er sein Verständnis von Freiheit auch ausarbeitet und vertritt, kann sicher sein, dass sein Vorschlag aus mindestens einem von zwei sehr gegensätzlichen und zudem gleichermaßen unangenehmen Gründen abgelehnt werden wird. Und je mehr es ihm gelingen mag, sich der einen Kritik zu entziehen, desto wahrscheinlicher ist es, dass er der anderen Kritik anheimfällt.

Entweder nämlich wird seine Auslegung von Willensfreiheit als *zu stark, zu gewagt, zu voraussetzungsreich* erachtet werden. Solche Vorbehalte können ihm insbesondere in metaphysischer Hinsicht entgegenschlagen, speziell dahingehend, dass seine Deutung von Freiheit zwar vielleicht verbreiteten Intuitionen entgegenkomme, unter welchen Bedingungen Menschen als willensfrei gelten könnten, zugleich aber den Inhalten eines aufgeklärten Weltbildes, den Befunden der modernen Naturwissenschaften zuwiderlaufe. Nicht zuletzt libertaristische Ansätze, die menschliche Willensfreiheit und lückenlose Naturkausalität für unvereinbar halten, aber an Ersterer festhalten wollen und somit Letztere bestreiten müssen, sehen sich dergleichen Vorwürfen ausgesetzt. Beanstandet wird dann, dass ihr Bemühen, Unterbrechungen im natürlichen Kausalgeschehen aufzudecken, um hierdurch Spielräume für willensfreie Handlungen zu schaffen, philosophisch überspannt bleibe, wissenschaftlich unhaltbar sei, womöglich einem unglaubwürdigen Cartesianismus von Geist und Körper verschrieben sei oder einer zweifelhaften Akteurskausalität in Abgrenzung zur üblichen Ereigniskausalität anhänge.

Oder aber seine Auffassung von Willensfreiheit wird als *zu schwach, zu beschränkt, zu gehaltlos* eingeschätzt werden. Solche Vorwürfe können ihn namentlich in ethischer Hinsicht treffen, speziell dahingehend, dass sein Verständnis von Freiheit zwar womöglich auf keinen übermäßigen Spekulationen beruhe, wie die Welt beschaffen ist und was Menschen darin vermögen, dafür aber kaum als Grundlage moralischer Zuschreibungen dienen könne, die man bei willensfreien Personen in der Regel vornimmt. Vor allem kompatibilistische Ansätze, die lückenlose Naturkausalität und menschliche Willensfreiheit für vereinbar halten, also auch in einer vollständig determinierten Welt noch von freien menschlichen Handlungen sprechen möchten, sind oft von derartigen Vorbehalten betroffen. Bezweifelt wird dann, ob ihre theoretischen Modelle auch nur ansatzweise jene praktischen Verhältnisse begründen können, die man üblicherweise mit der Freiheit des Willens verbindet, insbesondere ob eine Person, die in diesem Sinne frei wäre, ernsthaft für ihre Entscheidungen und Handlungen verantwortlich gemacht werden dürfe, also etwa Lohn oder Strafe verdiene.

Diese Ablehnungsgründe sind so fundamental und durchschlagend, dass selbst die klarste und detaillierteste Darstellung weitgehend kraftlos bleibt, sobald sie sich verdächtig macht, von einem der beiden betroffen zu sein. Keine Theorie, gleich wie aufwändig und subtil sie auch gebaut sein mag, kann gegenüber den basalen und schlichten Einwänden bestehen, entweder gegen alle glaubhaften Annahmen eines modernen Naturverständnisses und Menschenbilds zu verstoßen oder aber hinter einer halbwegs befriedigenden Auslegung menschlicher Freiheit und Verantwortlichkeit zurückzubleiben. So kommt es bisweilen zu der seltsamen Erscheinung, dass Freiheitstheorien mit größter konzeptueller Sorgfalt und gewaltigem argumentativen Aufwand konstruiert werden, in diesen

Qualitäten auch allseits anerkannt und geschätzt werden und dennoch kaum Resonanz finden und ihre Gegner weitgehend unbeeindruckt lassen. Die einfachen und ursprünglichen Intuitionen, wie Freiheit in dieser Welt keinesfalls realisiert sein könne oder was Freiheit ihrem Sinn nach unbedingt beinhalten müsse, machen selbst die bestgebaute philosophische Auffassung zunichte, falls sie ihnen zuwiderlaufen sollte.

Meine Überlegungen in diesem Buch werden durchaus immer wieder auf solche Intuitionen Bezug nehmen. Ihr Fortgang erklärt sich im Wesentlichen dadurch, dass sie zwei kompatibilistische Positionen als maßgebliche philosophische Ausgangspunkte nehmen, bei deren genauerer Entfaltung aber gewisse Abzweigungen wählen, die sich gerade danach bestimmen, was eine gehaltvolle Freiheitskonzeption leisten muss und wie sie mit einem glaubhaften Weltbild zusammenpassen kann. Anhand dieser doppelten Struktur lässt sich eine knappe Skizze vorausschicken, wie meine Arbeit aufgebaut ist, nachdem die wesentlichen Begriffe und Positionen der Debatte geklärt sind (Kapitel I und II). Nicht zuletzt zeichnen sich darin bereits die markanten Punkte ab, in denen sich meine Theorie von anderen Ansätzen unterscheidet, sowohl was ihre metaphysische Anlage als auch was ihren ethischen Horizont betrifft (Kapitel XI).

So scheint zunächst die insbesondere von Harry Frankfurt vertretene mentalistische Freiheitskonzeption in ihrer vorliegenden Gestalt wenig vielversprechend zu sein. Speziell die Zweistufigkeit in der Wunschbildung von Personen, die Frankfurt hervorhebt, genügt als solche kaum für einen nachvollziehbaren Begriff von Willensfreiheit, da nicht erkennbar ist, wie eine Bewusstseinsstruktur auch dieses besonderen Typs eine rein kausale Willensbestimmung überschreiten sollte (Kapitel III). Demgegenüber wirkt eine namentlich an Wilfrid Sellars angelehnte logizistische Freiheitsauffassung im ersten Zugriff weitaus attraktiver. Vor allem die Eigenständigkeit des Raums der Gründe, die Sellars betont, liefert einen aussichtsreichen Ansatz für Willensfreiheit, insofern sich dafürhalten lässt, dass ein Gründebezug auf solcher Basis eine teilweise nichtkausale Willensbestimmung eröffnen könnte (Kapitel IV).

Damit dieses Programm jedoch zu einer wirklich soliden Freiheitsdeutung führt, muss man sich nach meiner Überzeugung zu drei wesentlichen Weichenstellungen bekennen, die in der aktuellen Debatte kaum explizit vorgenommen werden und die absehbar energischen Widerspruch provozieren müssen: Erstens dürfen Gründe nicht einfach als psychische oder soziale Phänomene konzipiert werden, als Erscheinungen mentaler oder kultureller Art, sondern sind als platonische Wesenheiten zu verstehen, die als solche eine unabhängige abstrakte Existenz haben und in psychischen oder sozialen Prozessen lediglich erschlossen werden (Kapitel V). Zweitens darf die auf sie gegründete Freiheit nicht allein zu einer Frage der phänomenalen oder semantischen Perspektive deklariert werden, aus der man menschliches Wollen und Tun betrachtet, sondern ist als ontologischer Bestand zu begreifen, der eine echte Alternative zu kausaler Bestimmung bildet (Kapitel VI). Drittens darf Gründen vor diesem Hintergrund nicht nur ein quasi passiver Status zuerkannt werden, indem man sie als mögliche Pfade in argumentativen Räumen ansieht, sondern ihnen ist eine reale Wirksamkeit zu attestieren, die sie auf menschliche Entscheidungen und Handlungen entfalten können (Kapitel VII).

Diese Wirksamkeit der Gründe darf weder auf spekulative Weise überhöht noch in physikalistischer Manier verkürzt werden: Gründe bestimmen Entscheiden und Handeln nicht auf mirakulösem Wege, indem sie Lücken in der kausalen Struktur der natürlichen Welt erzeugen oder ausnutzen, sondern sie wirken ganz innerhalb der kausal geschlossenen realen Welt, nämlich über ihre jeweiligen mentalen und letztlich neuronalen Repräsentationen (Kapitel VIII). Damit kollabiert der Ansatz indessen in kein Modell reiner Kausalbestimmung, die jeglichen Ausblick auf Willensfreiheit wieder zunichtemachen müsste, sondern kann das nichtkausale Element im menschlichen Entscheiden und Handeln bewahren, sofern jene Repräsentationen von Bewusstsein begleitet sind und der Handelnde entsprechend am nichtkausalen Charakter der Gründe teilhat (Kapitel IX). Eben dieses Bewusstsein von Gründen, in ihrem nichtkausalen Wesen, in ihrer rationalen Beschaffenheit, ist es dann, in dem die Ansätze von Frankfurt und Sellars zuletzt zusammenfließen müssen, um Willensfreiheit zu begründen (Kapitel X).

Die entstehende Gesamtkonzeption ist nach wie vor kompatibilistischer Art. Freiheit des menschlichen Willens ist verträglich mit einer durchgängigen Kausalität der Natur, sie setzt nicht voraus, dass es ursachenlose Episoden im realen Geschehen gäbe, sondern stützt sich allein darauf, dass wirksame Gründe das jeweilige Handeln leiten. Dies geschieht sogar gerade dadurch, dass Gründe über ihre neuronalen Repräsentationen kausale Wirksamkeit auf den Willen entfalten. Sofern man sich dabei aber der leitenden Gründe in ihrem nichtkausalen Charakter bewusst ist, lässt sich immer noch mit vollem Recht davon sprechen, dass man von diesen nichtkausalen Strukturen selbst bestimmt wird, also willensfrei ist, auch wenn die Repräsentationen der Gründe, wie alle Vorkommnisse in der Natur, durchweg kausal geartet sind.

Diese Überlegungen werde ich in den folgenden Kapiteln genauer verständlich zu machen versuchen. Sie werden sich über insgesamt elf Hauptthesen erstrecken, die zur besseren Orientierung dem Anfang des jeweiligen Kapitels vorangestellt sind. Diese Thesen markieren die wesentlichen Zwischenschritte, über die meine Argumentation verläuft. Nicht zuletzt orientieren sie sich daran, was eine tragfähige Freiheitskonzeption enthalten muss und wie sie mit einem modernen Weltbild zusammenstimmen kann.

Meine Argumentation ist damit an zentralen Stellen gerade von dem Ziel geleitet, eine substanzielle Freiheitsdeutung zu entwickeln, die sich gleichviel keiner spekulativen Exzesse schuldig macht. Dennoch ist absehbar, dass sie kaum jenen Formen grundsätzlicher Ablehnung entgehen wird, die ich oben skizziert habe. Vermutlich wird sie sogar das unangenehme Schicksal ereilen, beide Vorbehalte zugleich auf den Plan zu rufen, also von manchen Seiten als zu stark, von anderen Seiten als zu schwach eingeschätzt zu werden. Womöglich wird es mitunter sogar vorkommen, dass ihr diese zwei konträren Vorwürfe von ein und derselben Partei gemacht werden.

Zum einen werden Kritiker es als gewagt ansehen, dass ich Gründen eine platonische Existenz zuspreche, Freiheit als ontologischen Bestand deute und sie dann genauer über die reale Wirksamkeit jener Gründe erklären will: Die moderne Philosophie im Allgemeinen und die analytische Tradition im Besonderen scheuen derart nachdrückliche, offen metaphysische Einlassungen und bevorzugen demgegenüber weitaus sparsamere, rein semantische Zugänge. Dies scheint mir jedoch im vorliegenden Fall schon aus konzeptuellen Gründen nicht ausreichen zu können: Die Frage nach der Willensfreiheit ist eine ontologische Frage. Und auf eine ontologische Frage kann man keine semantische Antwort geben. Es geht beim Thema Freiheit darum, wie Welt und Dinge, Entscheidungen und Handlungen beschaffen sind. Hierfür genügt es nicht zu untersuchen, wie Welt und Dinge, Entscheidungen und Handlungen aus abweichenden Sichtweisen oder in unterschiedlichen Sprachspielen beschrieben werden mögen. Der Versuch, metaphysische Probleme ohne metaphysische Überlegungen zu bearbeiten, ist zwar in einigen Bereichen der gegenwärtigen Philosophie durchaus verbreitet, aber bei Licht besehen kaum einträglich. In aller Regel endet er nicht mit einer metaphysikfreien Lösung, sondern in schlechter Metaphysik.

Zum anderen werden Zweifel aufkommen, ob meine Auffassung von Willensfreiheit als Bewusstheit von Gründen inhaltlich ausreichend sein kann: Diese Bedenken liegen nicht zuletzt mit Blick auf die Frage nahe, ob mein metaphysischer Begriff von menschlicher Freiheit für den ethischen Gedanken moralischer Verantwortlichkeit genügt, also ob ein in meinem Sinne freier Mensch tatsächlich für seine Handlungen zur Rechenschaft gezogen werden könnte. Prekär mag vor allem erscheinen, dass ich in meiner Deutung von Freiheit auf das Prinzip des Anders-handeln-Könnens beziehungsweise Anders-wollen-Könnens verzichte: Um willensfrei in dem von mir beschriebenen Sinne zu sein, ist nicht erforderlich, dass man unter identischen Umständen sich hätte anders verhalten oder entschließen können, als man es getan hat. Insbesondere setze ich nicht voraus, dass man in seinem Tun und Denken unabhängig von vorausliegenden Ursachen und natürlichen Gesetzen wäre. Wichtig ist allein, dass der Handelnde bei alledem von Gründen bestimmt wird und dass er sich dieser Gründe in seinem Handeln bewusst ist. Die Handlung selbst darf dabei, ohne dass dies ihrer Freiheit Abbruch täte, in ihrem Verlauf kausal bestimmt und sogar streng determiniert sein, so dass es entsprechend nicht möglich war, anders zu handeln oder anders zu wollen. Ebenso ist es nach meiner Einschätzung legitim, in diesem Fall Verantwortlichkeit, namentlich Verdienst oder Schuld, zuzusprechen. Dass diese Auffassung haltbar und sinnvoll ist, wird, wie ich hoffe, im Schlusskapitel dieses Buches deutlich werden.

Ich bin mir somit im Klaren darüber, dass auch mein Freiheitsansatz sich nicht der grundsätzlichen Skylla-und-Charybdis-Konstellation entziehen kann, entweder als metaphysisch überzogen oder als ethisch unzulänglich befunden zu werden. Ob es ihm gelingt, eine schiffbare Passage zwischen beiden Übeln zu nehmen, ob er damit letztlich eine erwägenswerte Alternative zu den bisherigen Freiheitskonzeptionen anbieten kann, muss dem Urteil des Lesers überlassen bleiben. Dass dieser Ansatz nicht nur einem der zwei Vorwürfe ausgesetzt ist, sondern beide Vorbehalte in gleichem Maße auf sich ziehen wird, mag man mit ein wenig Wagemut als Hinweis darauf deuten, dass er den richtigen Mittelweg zwischen falschen Extremen einschlägt. Aber es wird einiger Argumentation bedürfen, um darzulegen, dass diese Sachlage nicht eher das Gegenteil anzeigt, nämlich dass er auf einen völligen Holzweg von allseits Absurdem geraten ist.

Schließlich gibt es einen weiteren Umstand, der auf den ersten Blick davon abschreckt, das Thema Willensfreiheit erneut anzugehen. Denn die Liste von Disziplinen, die an dieser Debatte beteiligt sind und entsprechend im Blick behalten werden wollen, ist beängstigend lang. Die Frage, ob und wie menschliche Willensfreiheit in einer kausal bestimmten Natur existieren kann, fällt klassischerweise in die Metaphysik. Das Problem, ob und wie sich moralische Verantwortlichkeit vor diesem besonderen ontologischen Hintergrund rechtfertigen lässt, verweist letztlich in die Ethik. Untersucht man das Feld und seine Gegenstände genauer, indem man etwa die Natur von Ursachen und Wirkungen, die Beziehung von Gehirn und Bewusstsein, die Struktur von Überlegungen und Gründen oder die Rechtfertigung von Lohn und Strafe erörtert, können Wissenschaftstheorie, Philosophie des Geistes, Argumentationstheorie oder Philosophie der Gerechtigkeit relevant werden. Hinzu kommen spezielle Einzelwissenschaften, die zu den aufgelisteten Fragestellungen mitunter wesentlich beitragen, darunter Grundlagenphysik und Neurobiologie, aber auch Psychologie und Soziologie.

Es mag nicht zuletzt diese Vielzahl von Sujets und Zugängen sein, welche die Frage nach Willensfreiheit und Verantwortlichkeit zu einem der herausforderndsten Gebiete von Philosophie und Wissenschaft insgesamt macht. Zudem sorgt sie dafür, dass ein einzelner Autor schwerlich beanspruchen kann, der Thematik vollumfänglich gewachsen zu sein. Wer immer sich an der Diskussion beteiligt, tut dies in einer jeweils speziellen und notwendig begrenzten Weise. Problemfokus und Lösungsansätze sind durch individuelle Wahrnehmung und disziplinären Hintergrund wesentlich mitbestimmt.

Zugleich ist bemerkenswert, dass es immer noch einen zusammenhängenden Diskurs über Willensfreiheit und Verantwortlichkeit gibt. Wie vielfältig die Auffassungsweisen und Standpunkte auch sein mögen, man redet keineswegs fortwährend aneinander vorbei. Insofern dürfte die Debatte ein tröstliches Beispiel dafür liefern, dass große Herausforderungen zuweilen vereinte Anstrengungen entstehen lassen. Dies könnte umso mehr dann der Fall sein, wenn solche Unternehmungen einem Thema gewidmet sind, das die Interpretation unser selbst als Menschen sehr unmittelbar und sehr tiefgreifend berührt.

Wenn man über Willensfreiheit im menschlichen Denken und Tun arbeitet, liegt es nahe, auch diese Beschäftigung selbst im Horizont menschlicher Freiheit zu betrachten. Versteht man Willensfreiheit dabei als Entscheiden und Handeln nach bewussten Gründen, wird man konsequenterweise auch Erörterungen jener Freiheit als autonom ansehen, sofern sie in ihrem Fortgang bewussten Gründen folgen. Diese Deutung wiederum wird nicht zuletzt den Umgang mit den Werken anderer Autorinnen und Autoren prägen. Insbesondere wird man in ihren Beiträgen nicht so sehr die subjektiven Besonderheiten und persönlichen Nuancierungen suchen, die sie für ihre Gedanken entwickeln und vortragen, sondern eher die übergreifenden Argumente und allgemeingültigen Positionen hervorheben, die sie an ihrem Gegenstand auffinden beziehungsweise zu ihm einnehmen.

Entsprechend ist die Art meines Zugriffs auf fremde Arbeiten in diesem Buch durchaus begründet und bewusst gewählt. Stets geht es mir darum, sie als exemplarische Repräsentationen von rationalen Zusammenhängen heranzuziehen, als Abbildungen und Darlegungen relevanter Gründe, die hinsichtlich des Für und Wider menschlicher Freiheit existieren. Das heißt nicht, dass ich diese Gründe durchweg als stimmig ansehe, insbesondere nicht jene, die gegen menschliche Freiheit sprechen. Aber es heißt, dass ich sie als objektive Strukturen verstehe, denen nachzugehen gerade das ausmacht, worin menschliche Freiheit besteht.

Ich habe mich beim Schreiben dieses Buchs zu einer Darstellung entschlossen, die auch für Leserinnen und Leser ohne philosophische Vorbildung zugänglich bleibt. Insbesondere habe ich versucht, die Begrifflichkeit auf einem einfachen Niveau zu halten und die Argumentation auf die wesentlichen Gesichtspunkte zu beschränken. Bezüge auf andere Theorien finden nur an den Stellen und in dem Umfang statt, wie sie für den Fortgang meiner Gedankenführung notwendig sind. Die eigene Position skizziere ich knapp, ohne mich in Nebenaspekten zu verlieren. Natürlich ist dieses Vorgehen mit einem Preis verbunden. Das wirklich Anstrengende am wissenschaftlichen Arbeiten sind ohnehin nicht die Passagen, die man niederschreibt, sondern die Teile, die man auslässt. Dieses Buch hat vor lauter Verzicht inzwischen die bedrohliche Gestalt eines Eisberges angenommen, von dem acht Zehntel unsichtbar und ungemütlich unter einer brüchigen Oberfläche dümpeln. Doch dies ist durchaus das Ergebnis einer freien Entscheidung, für die zwei bewusste Gründe den Ausschlag gegeben haben.

Erstens ist Willensfreiheit ein Thema, das über die Grenzen der Philosophie hinaus zu Recht auf Interesse stößt. Ohne in einen im prekären Sinne populären Stil verfallen zu wollen, schien es vor diesem Hintergrund den Versuch wert, eine Schrift zu verfassen, die auch außerhalb der Fachdiskussion gelesen werden kann. Die Frage der Willensfreiheit ist so fest mit unserer humanen Lebensform verbunden und so wichtig für unser menschliches Selbstverständnis, sie begegnet uns in so zahlreichen Kontexten unseres Daseins und Zusammenlebens und hat so erhebliche Auswirkungen auf unseren Selbstwert und Umgang, dass es ebenso seltsam wie beunruhigend wäre, wenn eine Antwort auf diese Frage dem engeren akademischen Kreis vorbehalten bliebe. Philosophie, zumindest zu diesem Thema, sollte imstande sein, sich auch dem aufmerksamen nichtphilosophischen Publikum mitzuteilen.

Zweitens hat sich herausgestellt, dass eine solche Darstellung mir erlaubt, alles zu sagen, worum es mir im vorliegenden Zusammenhang geht. Mein Ziel ist nicht eine vollständige Aufarbeitung des Problemfelds, sondern die klare Skizze einer Idee, und das Mittel dazu ist keine umfassende Wiedergabe der Diskussionslage, sondern die deutliche Positionierung gegenüber den Alternativen. Insoweit ein solches Vorgehen auch innerhalb der Fachdiskussion legitim ist, hoffe ich, dass dieses Buch für die akademische Debatte ebenfalls annehmbar sein wird. Entsprechend werfe ich meine Flasche hiermit demutsvoll in den Strom, der in unserer Zeit bekanntlich längst nicht mehr aus Wasser, sondern aus endlosen Wellen gläserner Botschaften besteht.

I. Freiheit des Willens und Kausalität der Natur

Das Problem der Willensfreiheit läuft in seinem Kern auf die Frage hinaus, ob und inwiefern angesichts der kausalen Beschaffenheit der Natur ein autonomes Entscheiden und Handeln von Menschen innerhalb jener Natur möglich sein kann. Nicht aussichtsreich wäre, die Lösung für dieses Problem darin suchen zu wollen, dass die für menschliches Wollen und Tun relevanten Prozesse und Systeme möglicherweise indeterministisch, unvorhersagbar oder offen für externe Einflüsse kausaler Art sind.

1. Wille und Wollen, Willensfreiheit und Handlungsfreiheit

1.1. Es ist gar nicht leicht zu sagen, was genau man unter dem menschlichen *Willen* eigentlich verstehen soll, jedenfalls wenn man hiermit etwas anderes bezeichnen möchte als ein schlichtes *Wollen*. Beide Wörter leiten sich offenkundig von demselben Verbstamm her, der in Wendungen wie »Ich will mich künftig bessern« oder »Er wollte es unbedingt haben« begegnet, doch werden sie zuweilen verwendet, um durchaus unterschiedliche Regungen beziehungsweise die hierbei zugrunde liegenden Fähigkeiten zu benennen.

Die Philosophie der klassischen Antike kennt sehr wohl ein Wollen, im Sinne eines handlungsleitenden Wunsches, und auch ein zugehöriges Vermögen der Seele, von dem jenes Wollen ausgeht. Dieses taucht in den einschlägigen Darstellungen unter Bezeichnungen wie *orektikon* (»das Strebende«) oder *thymoeidēs* (»das Beherzte«) auf und wird von anderen Bereichen und Tätigkeiten der Seele klar abgegrenzt. Zum einen wird es von der Vernunft (*dianoētikon,* »dem Überlegenden«, *logistikon*, »dem Denkenden«) unterschieden, also der Fähigkeit, das jeweils Richtige zu erfassen, sowohl im theoretischen Bereich des Erkennens als auch im praktischen Bereich des Handelns. Zum anderen wird es von dem Gefühlsleben (*aisthētikon*, »dem Wahrnehmenden«, *epithymētikon*, »dem Begehrenden«) abgehoben, insbesondere der Fähigkeit, unmittelbare Affekte zu erfahren, wie Lust oder Unlust, Freude oder Leid, Liebe oder Hass, Hoffnung oder Furcht.[1]

1 Vgl. Aristoteles, *Über die Seele*, Buch II.3, 414a-415a; Aristoteles, *Die Nikomachische*

Dieses Strebevermögen besteht in der Fähigkeit, Dinge oder Eigenschaften anzuvisieren, und in der Kraft, derartige Ziele gegen widerstreitende Regungen durchzusetzen, wobei es den Einsichten der Vernunft folgen und die Anwandlungen des Gefühlslebens überwinden kann. Es ist aber kein Wille im Sinne eines separaten Wahl- und Entschlussvermögens, das seinerseits Alternativen des Handelns abwägen und sich selbst durch Vorsatz eine Richtung geben würde.

Antike Debatten mögen sich daher mit Phänomenen wie *prohairesis* oder *akrasia* befassen, die zuweilen als »Willenswahl« beziehungsweise »Willensschwäche« übersetzt werden. Doch können sie nicht ohne weiteres mit späteren Diskussionen in Verbindung gebracht werden, die unter jenen Begriffen eigentümliche Tätigkeiten oder Beschaffenheiten eines gesonderten Seelenvermögens namens Wille thematisieren. *Prohairesis* meint vielmehr einfach eine Entscheidung oder ein Vorziehen, bei dem eine vorab erfolgende Überlegung (*bouleusis*) der Vernunft den Gegenstand des Strebens (*orexis*) bestimmt.[2] *Akrasia* bezeichnet ihrerseits schlichtweg eine Unenthaltsamkeit oder ein Unbeherrschtsein, bei dem eigentlich vorhandenes Wissen (*epistēmē*) der Vernunft sich aufgrund des Einflusses eines Affekts (*pathos*) nicht durchsetzt.[3]

All dies verbleibt ganz im Rahmen einer Dreiteilung der Seele in Vernunft, Strebevermögen und Gefühlsleben. Ein besonderer Wille, der neben diesen Instanzen bestünde, souverän zwischen deren Tendenzen wählen und sich autark zu einem Vollzug entschließen könnte, tritt nicht auf. Wenn sich die klassische Antike daher überhaupt mit dem Problem der Willensfreiheit befasst, dann jedenfalls nicht im Geiste der Frage, ob ein spezieller Wille innerhalb der menschlichen Seele frei sei. Allenfalls geht es darum, ob der Mensch in seinem Streben von der Vernunft beherrscht wird oder aber den Launen und Einfällen der Affekte unterworfen bleibt und welches Maß an Unabhängigkeit und Eigenständigkeit ihm dies gegenüber dem Lauf der Natur oder des Schicksals verleiht.

Ethik, Buch I.13, 1102a-1103a, Buch II.4, 1105b-1106a; Platon, *Politeia*, Buch IV, 437b-441c.

2 Aristoteles, *Die Nikomachische Ethik*, Buch III.4-III.5, 1111b-1113a, Buch VI.2, 1138b-1139b.

3 Ebd., Buch VII.2-VII.5, 1145b-1147b, Buch VII.8, 1150a-1150b, Buch VII.11, 1151b-1152a.

Möglicherweise bereits in der Philosophie der jüngeren Stoa, spätestens jedoch in der christlichen Spätantike und dem Mittelalter, taucht demgegenüber der Wille auf, im skizzierten Sinne eines separaten Wahl- und Entschlussvermögens und dessen spezifischer Aktivität. Dieses besondere Vermögen beziehungsweise seine charakteristische Tätigkeit wird mit Titeln wie *voluntas* oder *arbitrium* belegt und erneut von der Vernunft und deren Leistungen (*ratio, intellectus*) sowie dem Gefühlsleben und dessen Gehalten (*cupiditas, passio*) abgegrenzt. Zugleich kommt es aber auch nicht einfach mit jenem Strebevermögen überein, das im antiken Denken thematisch ist und das in diesen neueren Entwürfen ebenfalls wieder aufgegriffen wird, sondern bildet ausdrücklich eine zusätzliche Schicht in der menschlichen Seele, sowohl hinsichtlich seiner systematischen Verankerung als auch in seiner inhaltlichen Bestimmung (was sich unter anderem schon darin zeigt, dass *orektikon* oder *thymoeidēs* bereits nichtmenschlichen Tieren zugesprochen werden, *voluntas* oder *arbitrium* hingegen erst dem Menschen zukommen sollen). Dieser Wille ist nicht mehr identisch mit jenem »Strebenden« oder »Beherzten«, das unter dem Einfluss der Vernunft und vor dem Hintergrund des Gefühlslebens gewisse Dinge oder Eigenschaften anzielen und durchsetzen mag, sondern benennt ein weiteres Vermögen, das seinerseits zwischen den Einsichten der Vernunft und den Forderungen des Gefühlslebens wählen kann, das von sich aus Optionen bewertet und sich durch Entschluss selbst bestimmt (sich selbst ausrichtet, sich selbst bewegt).[4]

Die Einführung dieses Willens geht erkennbar auf konkrete Herausforderungen der damaligen Debatten zurück. Nicht zuletzt versucht man, mit seiner Hilfe gewisse Phänomene, die man im menschlichen Verhalten und Erleben zu beobachten meint, besser zu verstehen und adäquat zu interpretieren.

Beispielsweise soll jener Wille eine Erklärung dafür bieten, woher angesichts von Gottes unbegrenzter Güte, unbegrenzter Macht und unbegrenztem Wissen die ständige Versündigung des Menschen in der Welt rührt, insbesondere da sie regelmäßig auch dann aufzutreten scheint, wenn die Vernunft das Richtige eigent-

4 Vgl. Augustinus, *De libero arbitrio*, Liber I, §§ 14-31, 52-65, 71-98, 114-118, Liber II, §§ 1-3, 178-206, Liber III, §§ 1-41, 144-171; Augustinus, *Confessiones*, Liber VII, Cap. 3, 16, 17, Liber VIII, Cap. 5, 9, 10, Liber XIII, Cap. 11; Thomas von Aquin, *Summa theologica*, Pars I, Quaest. 78-83, Pars I-II, Quaest. 22-23.

lich erkennt, das Streben durchaus von ihr affiziert wird und die Affekte keineswegs übermächtig sind (dies lässt sich einsichtig machen, wenn statt der Vernunft der Wille das zuletzt maßgebliche Beschlussvermögen ist und der Wille mitunter nicht das wählt, was die Vernunft ihm anzeigt beziehungsweise was der Vernunft gemäß wäre – kurz: wenn ein Fehler in der »Willenswahl« vorliegt). Oder jener Wille soll eine Deutung dafür liefern, inwiefern Menschen mit ihren Überzeugungen, Wünschen und Regungen in einem dauerhaften Zwiespalt liegen, der typischerweise gerade darin zu bestehen scheint, dass sie das von ihnen erkannte Schlechte gezielt und tätig anstreben, obwohl sie es aus tieferer Einsicht heraus gar nicht wirklich wollen (dies lässt sich begreiflich machen, wenn Wille und Streben zwei verschiedene Antriebsvermögen sind und der Wille sich bisweilen als zu schwach erweist, um das Streben zu bestimmen beziehungsweise sich gegen das Streben durchzusetzen – kurz: wenn es zur Erscheinung der »Willensschwäche« kommt). Innerhalb solcher Konzeptionen erhält auch das Problem der Willensfreiheit eine spezielle Nuancierung, nämlich als Frage nach der Ungebundenheit und Selbständigkeit jenes besonderen Willens, etwa wenn er sich als böser Wille frevelnd von der richtigen Einsicht abwendet oder wenn er sich als guter Wille vergeblich gegen schlechte Bestrebungen stemmt.[5] Zugleich bleibt die Natur jenes besonderen Willens, im Gegensatz zum bloßen Wollen, notorisch schwer fassbar, und seine Existenz ist in der philosophischen Debatte entsprechend umstritten.[6]

Tatsächlich dürften sich nämlich Vernunft, Gefühlsleben und auch Strebevermögen im Denken, Empfinden und Trachten von Menschen einigermaßen glaubhaft abzeichnen und somit als reale Fähigkeiten hinter den psychischen Erscheinungen durchaus berechtigt anzunehmen sein. Hingegen mag ein spezieller Wille, der von ihnen unterschieden sein sollte, eine eher theoretische Grö-

5 Vgl. Dihle, *The Theory of Will in Classical Antiquity*, S. 38, 54, 71, 76, 83-87, 95-98, 128-132; Frede, *A Free Will*, S. 52-63, 76-86, 102-124, 153-174; Heinrichs, *Willenlos*, S. 105-127.

6 Vgl. Heinrichs, *Willenlos*, S. 11-16, 175-200, 240, 287-295; Melden, *Free Action*, S. 43-55, 216 f.; Mele, *Free Will and Luck*, S. 17; Pauen, *Illusion Freiheit?*, S. 27 f.; Pothast, *Freiheit und Verantwortung*, S. 63 f., 72 f.; Pothast, *Wie frei wir sind, ist unsere Sache*, S. 35-40; Ryle, *The Concept of Mind*, S. 61-67; van Inwagen, *An Essay on Free Will*, S. 8.

ße mit letztlich fragwürdiger Referenz bleiben. Er bietet sich womöglich zur Erläuterung gewisser Konstellationen an, die man im menschlichen Verhalten und Erleben auszumachen glaubt. Aber er ist vielleicht kein nachweislicher Bestandteil der seelischen Wirklichkeit, kein greifbares Vermögen hinter den mentalen Phänomenen.

1.2. Ähnlich schwierig zu beantworten ist, was ein Konzept etwaiger *Willensfreiheit* genauer meinen sollte, namentlich was hierunter in Abgrenzung zu bloßer *Handlungsfreiheit* zu verstehen wäre. Wie nachvollziehbar der letztere Gedanke eines »freien Handelns« auch sein mag, so problematisch mutet die erstere Idee eines »freien Willens« an.

Handlungsfreiheit ist recht leicht zu erklären, nämlich durch den Hinweis, dass jemand, der handlungsfrei ist, *tun kann, was er will* (oder auch unterlassen kann, was er nicht will). In Anlehnung an Autoren wie Isaiah Berlin oder Friedrich Hayek wird solche Handlungsfreiheit üblicherweise in zwei Varianten differenziert:[7] Zum einen kann sie eine *negative Freiheit* meinen, das heißt die *Freiheit von* fremden Beschränkungen oder sonstigen Vorgaben, die bloße Abwesenheit von Hindernissen und anderweitigen Einmischungen (Freiheit im Sinne von Ungebundenheit, Unabhängigkeit, Nichtbegrenztsein, Nichtgestörtwerden). Zum anderen kann sie eine *positive Freiheit* bezeichnen, das heißt die *Freiheit zu* eigenen Zielerreichungen aufgrund hinreichender Ressourcen, die tatsächliche Zugänglichkeit von Optionen angesichts geeigneter Ausstattungen (Freiheit im Sinne von Selbständigkeit, Eigenständigkeit, Befähigung, Macht).[8]

Diese klassische Aufteilung lässt sich weiter verfeinern. Beispielsweise können verschiedene Beschränkungen von Handlungsfreiheit, also mögliche Verletzungen ihrer negativen Variante, genauer voneinander abgehoben werden, namentlich Gewalt und Zwang: Gewalt (*force, constraint, violence*) besteht darin, dass man eine Option, die der Handelnde sonst wählen würde, durch unmittelbare

7 Berlin, *Four Essays on Liberty*, S. xxxvii-lxiii, 121-134; Hayek, *The Constitution of Liberty*, S. 11-13, 16 f., 19 f.

8 Vgl. Anderson, »What Is the Point of Equality?«, S. 315; Margalit, »Decent Equality and Freedom: A Postscript«, S. 159; Taylor, »What's Wrong with Negative Liberty«, S. 211-217, 227-229.

Blockaden verwehrt (etwa indem man ihn einsperrt oder festbindet). Das sich hieraus ergebende Geschehen ist dann gar nicht mehr seine eigene Handlung (er kann nicht mehr *tun*, was er will, das heißt nicht mehr jene Ziele erreichen, die er tatsächlich anstrebt), und stattdessen hat man es mit einem fremdbestimmten Vollzug zu tun, der entgegen seiner aktuellen Entscheidung mit ihm stattfindet (die »Selbstbestimmung«, die hier unterbunden wird, hat also noch nichts mit Willensfreiheit, sondern allein mit Handlungsfreiheit zu tun). Zwang (*coercion*, *compulsion*, *duress*) liegt demgegenüber vor, wenn man eine Option, die der Handelnde sonst wählen würde, mit unerträglichen Sanktionen belegt (etwa indem man ihn erpresst oder nötigt). Die sich hieran anschließende Entscheidung entspricht dann nicht mehr seinem eigentlichen Bestreben (er kann nicht mehr tun, was er *will*, das heißt nicht mehr jene Ziele verfolgen, die er sich ursprünglich gesteckt hat), und stattdessen entsteht eine unfreiwillige Handlung, zu der er entgegen seiner angestammten Präferenz genötigt ist (auch »Freiwilligkeit« hat demnach, obgleich es terminologisch seltsam erscheinen mag, noch nichts mit freiem Willen, sondern wiederum allein mit freiem Handeln zu tun).[9]

Zahlreiche Fragen schließen sich hieran an. Nicht zuletzt betreffen sie die Reichweite jenes Freiheitsbegriffs, und zwar sowohl in seiner negativen Form als auch in seiner positiven Version: Wird die Freiheit, tun zu können, was man will, nur durch offene Restriktionen und unzureichende Kapazitäten begrenzt oder auch durch fremde Lügen, Falschangaben, Verheimlichungen, Vorenthaltungen sowie durch eigene Irrtümer, Fehleinschätzungen, Missverständnisse oder Uninformiertheiten (so dass die fraglichen Handlungen oder ihre Ergebnisse letztlich *unabsichtlich*, das heißt *versehentlich* werden)? Wird sie allein durch menschliche Barrieren, Drohungen, Verweigerungen, Versagungen untergraben oder auch durch natürliche Grenzen, Gefahren, Mängel oder Defizite (wenn also Handlungen aufgrund faktischer Umstände »undurchführbar« oder auch »unzumutbar« werden)? Wird die Freiheit, tun zu können, was man will, einzig dann geschmälert, wenn jene Optionen

9 Diese Unterscheidung von Gewalt und Zwang schließt natürlich nicht aus, dass Zwang mitunter gerade dadurch ausgeübt werden kann, dass man einer Person mit Gewalt droht, oder dass Gewalt über eine Person zuweilen dadurch erlangt werden kann, dass man zunächst Zwang gegen sie anwendet.

unzugänglich bleiben, die man tatsächlich zu ergreifen wünscht, oder auch dann, wenn dies mit Optionen geschieht, die man gar nicht wählen möchte (so dass man zwar alles tun kann, was man tatsächlich tun will, aber manches andere nicht tun *könnte*, wenn man es tun *wollte*)? Wird sie lediglich dadurch vermindert, dass Sperren errichtet, Strafen angekündigt, Gelegenheiten nicht eröffnet, Unterstützungen nicht gewährt werden, oder auch dadurch, dass man in bestimmte Zustände versetzt oder mit unwiderstehlichen Anreizen konfrontiert wird (wenn man also »gewaltsam« durch übermächtiges fremdes Einwirken in eine Situation gebracht wird, zu der man keine vorherige eigene Zustimmung erteilt hat, oder wenn man sich durch das Angebot einer dringend benötigten Hilfe »gezwungen« sieht, eine eigentlich ungewollte Gegenleistung zu erbringen)?[10]

All dies sind herausfordernde Probleme (die entsprechend intensiv und kontrovers diskutiert werden). Ihrer Grundidee nach ist Handlungsfreiheit indessen ein leicht nachvollziehbares und gut anwendbares Konzept (von dem auch kaum jemals behauptet wird, es sei undurchschaubar oder wirklichkeitsfern). Ihre philosophische Bedeutung lässt sich ohne spekulative Wagnisse klären, ihre reale Anwendung auf menschliche Beziehungen ist zumeist geradlinig. Dies betrifft sowohl den privaten Umgang als auch die politischen Verhältnisse. Nicht zuletzt bildet Handlungsfreiheit einen Zentralbegriff der Individualethik und der Rechtsphilosophie: Tun zu können, was man will, stellt zwar gewiss keinen absoluten Anspruch, aber sicherlich ein hohes Gut dar. Als solches ist Handlungsfreiheit Gegenstand zwischenmenschlicher Normen wie auch staatsbürgerlicher Grundrechte: Ihre Abwägung und ihre Einschränkung bedürfen stets geeigneter Begründung, ihr Schutz und ihre Unterstützung sind grundsätzlich relevante Gebote.

Würde man diese Struktur unbesehen übernehmen, um ein Verständnis davon zu entwickeln, was Willensfreiheit bedeuten könnte, so liefe dies wohl darauf hinaus, dass jemand, der willensfrei ist, *wollen kann, was er will* (oder auch nicht wollen kann, was er nicht will). Wie schon John Locke und Arthur Schopenhauer festgestellt

10 Schließlich wäre bei alledem genauer festzulegen, ob jenes »will«, dem das »tun« folgen oder auch nicht folgen kann, im Sinne des üblichen Wollens oder aber im Sinne eines besonderen Willens gemeint sei.

haben, mutet diese Erklärung indes kaum vielversprechend an:[11] Entweder scheint Willensfreiheit in diesem Sinne auf eine *simple Tautologie* hinauszulaufen, die trivialerweise stets erfüllt ist, da man augenscheinlich *immer* will, was man will, also offenbar auch jederzeit wollen *kann*, was man will (womit Willensfreiheit ein inhaltsleerer Begriff wäre). Oder es droht ein *unendlicher Regress*, falls man die Formel dahingehend deutet, dass für Willensfreiheit der unmittelbare Wille einem *anderen, übergeordneten* Willen folgen müsse, der dann aber seinerseits wohl im gleichen Sinne frei zu sein hätte, also erneut einem *weiteren, höherstufigen* Willen gemäß sein sollte, welcher wiederum in der geforderten Weise frei sein müsste, und immer so fort, ohne dass man die Kette jemals abschließen könnte (womit Willensfreiheit ein unerreichbarer Zustand bliebe).[12]

Man mag dieses Dilemma zu vermeiden suchen, indem man die obige Formel geeignet uminterpretiert und ihre scheinbar gleichlautenden Begriffe mit einer hinreichend getrennten Deutung versieht. Nicht zuletzt die obige Unterscheidung von Wollen und Wille scheint sich für derartige Projekte anzubieten: So könnte man zunächst Handlungsfreiheit als Zustand definieren, in dem das Handeln dem Wollen (das heißt dem üblichen Strebevermögen) folgen kann (man also in diesem gewöhnlichen Sinne »tun« kann, was man »will«). Willensfreiheit ließe sich demgegenüber als Zustand konzipieren, in dem das Wollen dem Willen (das heißt einem besonderen Entscheidungsvermögen) folgen kann (man also in diesem speziellen Sinne »wollen« kann, was man »will«). Auch ein solcher Ansatz dürfte allerdings die Schwierigkeit nicht sofort ausräumen, solange man ihn nicht präziser fasst. Insbesondere müsste Willensfreiheit dann wahrscheinlich heißen, dass der Wille selbst in seinem Entscheiden frei ist, nicht allein, dass das Wollen in seinem Streben ihm entsprechen kann.[13]

Alternativ mag man das Problem lösen wollen, indem man die verschiedenen Freiheitsbegriffe unterschiedlichen Sphären des personalen Daseins zuordnet. Für solch ein Vorhaben scheint sich etwa die übliche Trennung von sozialer oder physischer Situierung

11 Locke, *An Essay Concerning Human Understanding*, Book II, Chap. 21, § 25; Schopenhauer, *Preisschrift über die Freiheit des Willens*, S. 524 f.

12 Vgl. Strawson, »The Impossibility of Moral Responsibility«, S. 5-7; Strawson, *Freedom and Belief*, S. 21-27, 41-43.

13 Vgl. Watson, »Free Action and Free Will«, S. 163.

einerseits und psychischer oder mentaler Konstitution andererseits aufzudrängen: So könnte man Handlungsfreiheit als einen Zustand deuten, in dem man keinen »äußeren« Beschränkungen unterliegt (Gewalt, Zwang, auch körperlichen Behinderungen, körperlichen Schmerzen etc.) beziehungsweise mit »äußeren« Ressourcen versehen ist (Geldmitteln, Hilfsangeboten, vielleicht körperlicher Ausdauer, körperlicher Kraft etc.), um seine Ziele zu erreichen. Willensfreiheit ließe sich demgegenüber als ein Zustand verstehen, in dem man keine »inneren« Hindernisse vorfindet (Süchte, Zwänge, auch Erinnerungslücken, Angststörungen etc.) beziehungsweise über »innere« Ausstattungen verfügt (Einsicht, Klugheit, vielleicht Gedächtnisleistung, Entschlusskraft etc.), um seine Ziele umzusetzen. Einmal mehr dürfte ein solcher Entwurf die Angelegenheit jedoch nicht unmittelbar erledigen, solange man ihn nicht näher erläutert. Nicht zuletzt sollte Willensfreiheit dann wohl nicht nur meinen, dass innere Bedingungen geeignet sind, gegebene Ziele zu erreichen, sondern auch und vor allem, dass der Wille selbst frei darin ist, solche Ziele überhaupt erst zu wählen.[14]

Es wäre sicherlich voreilig zu erklären, dass angesichts dieser Probleme der Begriff der Willensfreiheit unhaltbar oder sinnlos sei (auch wenn dies immer wieder behauptet wird). Aber es zeichnet sich zumindest ab, dass er erheblich schwieriger zu fassen ist als das Konzept der Handlungsfreiheit (wobei dieser Unterschied an Zugänglichkeit vielleicht schon deshalb zu erwarten war, weil Handlungsfreiheit wohl bereits nichtmenschlichen Tieren zugesprochen werden kann, während Willensfreiheit vermutlich erst bei vernunftbegabten Wesen vorkommen dürfte). Wenn Handlungsfreiheit meint, dass das Handeln frei ist, insofern man tun kann, was man will, muss Willensfreiheit offenbar darauf abzielen, dass der Wille selbst frei ist, während man will, dass man etwas tut. Aber was dies genauer bedeutet, was man also wollen können muss, um in diesem Sinne frei zu sein, wovon man unabhängig oder wozu man eigenständig zu sein hat, um jene Freiheit aufzuweisen, ist zunächst alles andere als offensichtlich. Wie immer man diese Probleme indes auch lösen mag, grundsätzlich wird davon auszugehen sein, dass in den faktischen Fragen, ob Handlungsfreiheit vorliegt und ob Willensfreiheit besteht, alle vier Kombinationen auftreten

14 Vgl. ebd., S. 162.

könnten: Manche Personen, die handlungsfrei agieren, mögen auch willensfrei sein, andere nicht, manche Personen, die nicht handlungsfrei agieren, mögen dennoch willensfrei sein, andere nicht. Auch könnten alle vier Kombinationen in der normativen Frage entstehen, ob man Handlungsfreiheit gewähren sollte, je nachdem ob Willensfreiheit gegeben ist: Manche Handlungen, die aus freiem Willen erfolgen, sollte man womöglich auch geschehen lassen oder sogar unterstützen, andere nicht, manche Handlungen, die nicht aus freiem Willen erfolgen, sollte man womöglich dennoch dulden oder sogar befördern, andere nicht.

1.3. Trotz der skizzierten Unwägbarkeiten gibt es ein gewisses Vorverständnis für den Sinn, der sich mit der Frage nach der Freiheit des Willens verbindet. Und es wäre falsch, diese Frage als gehaltlos oder unwesentlich abzutun, indem man erklärte, dass die Vorstellung eines Willens nur eine irreführende Erdichtung aus einer vergangenen historischen Epoche darstelle oder dass das Problem der Willensfreiheit bloß ein abwegiges Rätselspiel ohne verständliche systematische Bedeutung bilde. Vielleicht sind wir nicht sicher, ob ein besonderer Wille neben dem bloßen Wollen überhaupt existiert oder wie wir ihn hiervon trennscharf abgrenzen sollten. Aber wir verstehen doch den Sinn der Frage, ob wir in unserem Entscheiden und Handeln frei sind oder nicht. Vielleicht können wir nicht sofort definieren, was wir hierbei genauer mit dem Begriff der Willensfreiheit meinen im Unterschied zu Handlungsfreiheit. Aber wir verstehen doch den Sinn der Frage, ob unser Wollen und Tun vollständig von der gesetzhaften Struktur der natürlichen Welt bestimmt ist oder ob es dieser teilweise entzogen bleibt beziehungsweise darüber hinausweist. Eben um dieses Problem geht es, wenn wir uns mit der Freiheit unseres Willens und nachfolgend mit der Verantwortung für unser Handeln befassen. Dabei lässt sich jenes Vorverständnis, ähnlich wie schon im Falle der Handlungsfreiheit, anhand der Unterscheidung von negativer und positiver Freiheit genauer entfalten.

Willensfreiheit scheint zunächst zu bedeuten, dass Entscheidungen und Handlungen *nicht*, oder zumindest *nicht nur*, das Ergebnis einer *kausalen Bestimmung* sind, das heißt des Zusammenspiels von Ursachen und Wirkungen unter vorgegebenen Gesetzmäßigkeiten. Dabei ist unerheblich, auf welcher Ebene jene Kausalität verortet wird. Man mag, wie es lange Zeit üblich war, vor allem psychische Verursachungen (die Mechanik der individuellen Neigungen, Bedürfnisse etc.) oder auch soziale Verursachungen im Blick haben (die Dynamik von kollektiven Gruppeninteressen, Machtstrukturen etc.). Man mag, wie es in jüngerer Zeit bevorzugt wird, biologische und physikalische Verursachungen (die dem Psychischen oder Sozialen womöglich zugrunde liegen) oder genetische und neuronale Verursachungen in den Vordergrund rücken (insbesondere die Kausalität des Gehirns). Willensfreiheit in diesem ersten Sinne meint jedenfalls eine *negative Freiheit*, eine *Freiheit von* (rein) kausaler Prägung – gleich ob man diese als eine »äußere« Kausalität sozialer oder vielleicht physikalischer Faktoren oder aber als eine »innere« Kausalität psychischer oder letztlich neuronaler Parameter verstehen will.

Willensfreiheit scheint darüber hinaus zu meinen, dass *statt*, oder jedenfalls *ergänzend zu*, einer solchen Abhängigkeit von kausalen Bedingungen ein Zustand der *autonomen Bestimmung* vorliegt, das heißt eine Form von Selbstbewegung oder Selbstgesetzgebung in einem nachvollziehbaren Sinne. Wie dieser Zustand der Autonomie genauer zu denken wäre, ist sicherlich zu klären. Er könnte beispielsweise erreicht sein, wenn das Entscheiden und Handeln dem eigenen Überlegen folgt (es mit den Vorgaben zentraler eigener Präferenzen übereinkommt, sein Verlauf der stabilen eigenen Kontrolle untersteht), man in dieser Weise also der maßgebliche Ursprung des eigenen Verhaltens ist (durch ausdrückliches Bejahen der eigenen Wünsche, durch gezielte Formung des eigenen Strebens). Er könnte sich auch einstellen, wenn das Wollen und Tun von gewissen Gründen geleitet wird (moralischen oder prudentiellen, womöglich auch ästhetischen oder epistemischen), man in solcher Art mithin das eigene Verhalten an relevanten Maßstäben orientiert (richtigen oder zumindest starken, vielleicht aber auch schwachen oder falschen). Willensfreiheit in diesem zweiten Sinne meint jedenfalls eine *positive Freiheit*, eine *Freiheit zu* (zusätzlich) autonomer Prägung – wie immer diese genauer zu erläutern wäre.

Diese beiden Vorverständnisse von Willensfreiheit liefern längst keine vollständige Klärung des Begriffs, schon allein deshalb nicht, weil in den skizzierten Erläuterungen unterschiedliche konkrete Optionen angedacht wurden und auch das wechselseitige Verhältnis der negativen und positiven Aspekte darin genauer ausgeleuchtet werden müsste. Aber sie bieten eine erste Darstellung des Grundgedankens, der sich mit der Vorstellung eines freien Willens verbindet.

Dabei ist für eine solche Konzeption von Willensfreiheit nicht unbedingt erforderlich, dass sich neben der üblichen Fähigkeit des Wollens noch ein besonderes Vermögen namens Wille identifizieren lässt. Wenn Willensfreiheit bedeutet, nicht, oder zumindest nicht allein, durch kausale Beziehungen bestimmt zu sein, sondern stattdessen, oder jedenfalls zusätzlich, eine gewisse Autonomie zu entfalten, so könnte sie beispielsweise auch ganz auf dem Verhältnis zwischen Vernunft und Streben beruhen, indem etwa die Vernunft in ihrem Überlegen oder mit ihren Gründen das Streben leitet.

Insofern mag sich am Ende herausstellen, dass das antike Modell von Vernunft, Streben und Gefühlsleben ausreicht für jene eigentümliche Beziehung, die mit Willensfreiheit angesprochen ist. Zwar mag dieses Modell zu holzschnittartig sein, um der Komplexität menschlicher Psyche gerecht zu werden. Aber zumindest bedürfte es keiner Ergänzung durch eine zusätzliche Instanz eines Willens, der als solcher die spezielle Eigenschaft der Freiheit aufweisen müsste. Die beiden philosophischen Entwürfe, von denen ich in diesem Buch maßgeblich ausgehen werde, weisen eine solche Komponente jedenfalls nicht auf. Was etwa Harry Frankfurt als *will* bezeichnet, ist in der Tat nur ein Wollen im Sinne eines üblichen Strebevermögens, kein Wille im Sinne eines besonderen Entscheidungs- und Beurteilungsvermögens. Und wenn Wilfrid Sellars sich auf *reasons* bezieht, sind diese Gründe voll und ganz der Vernunft zugänglich, ohne ein separates Wahl- oder Entschlussvermögen vorauszusetzen.

Eine vertiefte Interpretation dessen, was unter Wille und Willensfreiheit zu begreifen wäre, kann erst eine vollständige Theorie liefern, die menschliches Verhalten in das besondere Spannungsfeld von Kausalität und Autonomie einordnet. Dabei sollte sie klare Standards dafür aufstellen, wann ein Wille, beziehungsweise das daraus hervorgehende Handeln, das spezifische Merkmal der Willensfreiheit aufweist statt allein die Eigenschaft der Handlungsfreiheit. Die folgenden Erörterungen werden versuchen, dieser Vorgabe gerecht zu werden. Auch sie werden sich dabei, ähnlich den antiken Modellen, damit begnügen können, den *Willen* als ein *Wollen* im üblichen Sinne menschlichen Strebens zu verstehen. Seine Freiheit werden sie aber als ein spezielles Zusammenspiel von

Komponenten entwerfen, die sich in den Theorien von Frankfurt und Sellars angelegt finden. Ein *freier Wille*, so werde ich zu zeigen versuchen, ist ein Wille, der von *bewussten Gründen* geleitet wird.

So einfach sich diese These auch formulieren lässt, so weit wird der Weg sein, den ich im Folgenden beschreiten muss, um ihren Gehalt verständlich und glaubhaft zu machen. Insbesondere wird es notwendig sein, die zentralen Begriffe und maßgeblichen Argumente sorgfältig vorzubereiten, um auf diese Weise unnötige Missverständnisse und störende Abschweifungen im weiteren Verlauf zu vermeiden.

Ich werde daher zunächst erläutern, was ich unter Ursachen verstehe und weshalb gewisse Befunde, die dem Gedanken einer deterministischen, vorhersagbaren oder abgeschlossenen Naturkausalität entgegenstehen, als solche nichts für die Frage der Willensfreiheit eintragen (Abschnitt 2 und 3). Sodann werde ich die zentralen Grundpositionen innerhalb der Freiheitsdebatte skizzieren und anhand ihrer die Frage angehen, ob es für ein willensfreies Entscheiden und Handeln erforderlich ist, dass man unter identischen Bedingungen hätte anders handeln oder anders wollen können, als man es getan hat (Kapitel II). Ich werde zwei aktuelle Interpretationen von Willensfreiheit nachzeichnen, die nach meiner Einschätzung besonders vielversprechend sind und von denen her ich meine Theorie entwickeln möchte, nämlich eben die erwähnten Freiheitsdeutungen von Harry Frankfurt und Wilfrid Sellars (Kapitel III und IV). Anschließend werde ich erklären, wie das Konzept der Gründe zu verstehen ist und welche Rolle das Bewusstsein spielen muss, um Willensfreiheit im negativen wie im positiven Sinne begreiflich zu machen (Kapitel V bis XI).

2. Was sind Ursachen?

2.1. Die Hauptfrage bezüglich der Willensfreiheit lautet, wie eine etwaige Autonomie menschlichen Entscheidens und Handelns angesichts der augenscheinlichen Kausalität natürlicher Systeme und Prozesse gedacht werden kann. Nicht zuletzt geht es darum, ob Freiheit des Willens voraussetzen würde, dass das Entscheiden und Handeln der natürlichen Kausalität in irgendeiner Weise entzogen wäre (Inkompatibilismus), oder ob es möglich ist, Willensfreiheit und Naturkausalität miteinander zu versöhnen (Kompatibilismus). Dabei hängt die Schwierigkeit dieses Problems, aber auch der Inhalt jener Lösung, die ich im Verlauf dieses Buchs vorschlagen werde, nach meiner Einschätzung nicht wesentlich von der Frage ab, welches genaue Verständnis von Kausalität man bei alledem zugrunde legt. Dennoch werde ich auf den folgenden Seiten ein paar Bemerkungen dazu machen, was ich mit Kausalität, das heißt mit dem Verhältnis einer Ursache zu ihrer Wirkung, meine.

Tatsächlich werden in Metaphysik und Wissenschaftstheorie sehr viele und sehr unterschiedliche Verständnisse kausaler Beziehungen diskutiert, die nicht zuletzt dahingehend voneinander abweichen, ob sie sich stärker an lebensweltlichen Vorstellungen oder eher an wissenschaftlichen Auffassungen von Ursachen und Wirkungen orientieren: Manche stellen auf Möglichkeiten von Interventionen, auf zumindest potentielle Ansatzpunkte für manipulierende Eingriffe und experimentelle Tätigkeiten ab (etwa »A ist Ursache für B« heißt: Wenn man B erreichen will, muss man A tun),[15] andere fokussieren auf das Auftreten von Regularitäten, auf das rein faktische Vorliegen beständiger Objektzusammenhänge und wiederkehrender Eigenschaftsrelationen (beispielsweise »Kausalität zwischen A und B« heißt: Immer wenn Ereignis A eintritt, erfolgt auch Ereignis B).[16] Manche beziehen sich auf kontrafaktische Szenarien alternativer Weltverläufe, in denen bestimmte Geschehnisse eingetreten oder ausgeblieben wären (etwa »A ist Ursache für B« heißt: Ohne A hätte es B nicht gegeben),[17] andere konzentrieren sich auf aktuale Entwicklungslinien realer Naturprozesse, in denen gewisse Erhaltungsgrößen weitergeleitet und ausgetauscht werden (beispielsweise »Kausalität zwischen A und B« heißt: Zustand A zieht Zustand B unter Übertragung des Drehimpulses nach sich).[18] Gelegentlich begegnet man sogar der Einschätzung, das Konzept der Kausalität solle vollständig aufgegeben werden: Die Rede von Ursachen und Wirkungen entstamme einem

15 Von Wright, *Explanation and Understanding*, S. 60-74, 81 f.; Woodward, *Making Things Happen*, S. 9-17, 25-151.

16 Hempel/Oppenheim, »Studies in the Logic of Explanation«, S. 135-146; Nagel, *The Structure of Science*, S. 73-78, 316-324.

17 Lewis, »Causation«, S. 556-567; Stalnaker, »A Theory of Conditionals«, S. 98-112.

18 Dowe, *Physical Causation*, S. 89-122; Salmon, *Scientific Explanation and the Causal Structure of the World*, S. 135-157.

veralteten Alltagsverständnis, wie der Zusammenhang natürlicher Geschehnisse beschaffen sei. In modernen Forschungskontexten werde gar nicht mehr von kausalen Relationen gesprochen, sondern allein von funktionalen Abhängigkeiten oder strukturellen Beziehungen, von Mechanismen oder Dynamiken, die man in Formeln und Gleichungen abzubilden versuche.[19]

Man sollte allerdings nicht meinen, das Problem der Willensfreiheit löse sich von allein auf, wenn man im Sinne des zuletzt genannten Einwandes das Denken in üblichen kausalen Begriffen schlichtweg vermeidet: Der Sache nach stellen funktionale Abhängigkeiten, strukturelle Beziehungen, Mechanismen, Dynamiken etc. die Freiheit des Willens nicht weniger in Frage, als dies kausale Verknüpfungen hergebrachter Art, namentlich das vertraute Schema von Ursachen und Wirkungen, tun.[20] Die Annahme etwa, dass Bewusstseinszustände durchweg und funktional mit Hirnzuständen verbunden sind, wäre für die Willensfreiheit keine geringere Herausforderung als die Vorstellung, dass Bewusstseinszustände lückenlos und kausal durch Hirnzustände hervorgebracht werden.[21] Und letztlich dürfte dies daran liegen, dass hierbei konzeptuelle Differenzierungen eingeführt werden, denen keine wirkliche Trennung entspricht: Auch jene alternativen Beschreibungen haben durchaus kausale Verknüpfungen zum Thema, betrachten allemal Verhältnisse zwischen Ursachen und Wirkungen, wie subtil und mathematisch sie diese auch fassen mögen. Daher ist kaum zu bestreiten, dass kausale Beziehungen unverändert als wesentliche Merkmale der physischen Wirklichkeit angesehen werden und kausale Begriffe entsprechend nach wie vor zum maßgeblichen Vokabular der empirischen Wissenschaften gehören.[22]

Dies bestätigt sich, wenn man sich wesentliche Themen und Aspekte wissenschaftlicher Tätigkeit genauer vor Augen führt: Die Gesetzmäßigkeiten, die Forscherinnen und Forscher entdecken

19 Mach, »Über das Prinzip der Vergleichung in der Physik«, S. 266 f., 283-285; Norton, »Causation as Folk Science«, S. 1-22; Russell, »On the Notion of Cause«, S. 163-175, 185 f.

20 Vgl. Earman, *A Primer on Determinism*, S. 241 f.

21 Vgl. O'Connor, *Free Will*, S. 105 f.

22 Vgl. Frisch, *Causal Reasoning in Physics*, S. 1-23; Honderich, *A Theory of Determinism*, S. 50-54; Mackie, *The Cement of the Universe*, S. 1 f., 143-159; Pearl, *Causality*, S. xv f.; Salmon, *Scientific Explanation and the Causal Structure of the World*, S. 135-137; von Wright, *Explanation and Understanding*, S. 34-37.

wollen (»Naturgesetze« im ontologischen Sinne jener Homogenitäten und Potentialitäten, von denen natürliche Phänomene bestimmt werden), sind zwar gewiss nicht allesamt kausaler Art – schon deshalb nicht, weil es sich bei ihnen teilweise gar nicht um Sukzessionsgesetze, sondern bloß um Koexistenzgesetze zwischen Objekten oder Phänomenen handelt (beispielsweise ergibt sich die Anziehungskraft zwischen zwei Körpern durch ihre Massen, wobei beides allemal gleichzeitig auftritt, die Massen und die Anziehungskraft). Aber zumindest sobald hierdurch mechanische Vorgänge eingeleitet und dynamische Prozesse gesteuert werden, hat man es mit Instanziierungen kausaler Beziehungen zu tun, in denen Wirkungen auf Ursachen folgen (wenn die beiden Körper sich aufgrund jener Anziehungskraft aufeinander zubewegen, bildet ein früherer Zustand des Systems die Ursache eines späteren Zustands, vermittelt durch eben dieses Kraftgesetz). Die funktionalen Erklärungen und strukturellen Interpretationen, die Wissenschaftlerinnen und Wissenschaftler ausarbeiten (»Naturgesetze« im epistemologischen Sinne jener Formeln und Modelle, mit denen sie natürliche Erscheinungen zu beschreiben versuchen), machen zwar sicherlich nicht durchweg kausale Aussagen – allein darum nicht, weil sie manchmal überhaupt keine diachronen Abfolgen, sondern nur synchrone Beziehungen zwischen Variablen und Parametern beinhalten (beispielsweise bestimmt man die Schwingungsdauer eines Fadenpendels über seine Fadenlänge, ohne damit behaupten zu wollen, dass erst die Fadenlänge und dann die Schwingungsdauer aufträte). Aber spätestens sobald hiermit allgemeine Bewegungsgleichungen aufgestellt und spezielle Gleichungslösungen abgeleitet werden, treten Konkretisierungen kausaler Zuordnungen auf, in denen Wirkungen aus Ursachen abgeleitet werden (wenn man die Schwingungsdauer in eine Schwingungsgleichung einsetzt, kann man einen späteren Zustand des Pendels als Wirkung eines früheren Zustands berechnen, erfasst über eben diese Gleichungsbeziehung).

Diese hohe Präsenz und Relevanz kausaler Verbindungen und Auffassungen sollte nicht überraschen: Wissenschaftliche Forschungen und Resultate sind letztlich nichts anderes als systematische Fortsetzungen und planvolle Ausarbeitungen lebensweltlicher Erfahrungen und Vorstellungen. Jeweils geht es um die Beschaffenheit und Entwicklung der natürlichen Welt, und zwar gerade gemäß der fundamentalen Struktur von Ursachen und Wirkungen. In die folgenden Darstellungen werde ich daher gleichermaßen lebensweltliche wie wissenschaftliche Kausalvorstellungen aufnehmen. Dabei werden sie nicht so sehr als ernsthaft gegensätzliche Auffassungen, sondern eher als grundsätzlich verwandte Zugänge erscheinen.

Insbesondere formulieren all diese Darstellungen gleichermaßen eine Herausforderung für die These der Willensfreiheit: Es ist die kausale Verfasstheit der natürlichen Welt als solche, bei der fraglich wird, inwieweit sie sich mit einer autonomen Gestalt menschlichen Tuns vertragen kann. Dies gilt zuletzt unabhängig davon, ob man Kausalität in lebensweltliche oder in wissenschaftliche Begriffe fasst, und es ist weitgehend losgelöst davon, welcher genauen Deutung von Kausalität man sich hierbei anschließt: Dass man die Entscheidungen von Menschen durch Interventionen in ihre Gehirne manipulieren könnte, dass ihre Handlungen aus Anfangszuständen regelhaft hervorgehen sollten, dass Menschen unter alternativen Bedingungen und Einflüssen abweichende Entscheidungen getroffen hätten, dass sämtliche Handlungen realen Verlaufsbeziehungen folgen mögen, bildet jeweils ein vergleichbares Problem für die menschliche Freiheit.

Manche Autoren meinen zwar, dass bestimmte Kausalitätsauffassungen aus der obigen Liste grundsätzlich unproblematisch für menschliche Willensfreiheit seien. Tatsächlich dürften solche Einschätzungen aber voreilig sein und letztlich auf dem Umstand beruhen, dass gewisse Kausalitätsmodelle nahelegen können, Entscheidungen und Handlungen seien von ihrem Wirkungskreis ausgenommen. Beispielsweise ist es innerhalb einer interventionistischen Deutung verlockend, menschliche Handlungen nur als mögliche Interventionen in externe Systeme zu thematisieren, ohne die Frage zu stellen, ob sie selbst für entsprechende Einflussnahmen offenstehen.[23] Ähnlich mag man in einem regularitätstheoretischen Ansatz dafürhalten, dass menschliche Entscheidungen überhaupt erst beobachtbare Regularitäten in der äußeren Welt entstehen lassen, ohne sich der Frage zu widmen, ob sie ihrerseits aus übergreifenden Regelhaftigkeiten hervorgehen.[24] Die hierdurch suggerierten Asymmetrien zwischen Entscheidungen und Handlungen

23 Ismael, *How Physics Makes Us Free*, S. 109-111, 117-137.

24 Berofsky, *Nature's Challenge to Free Will*, S. 3-5, 239-259.

einerseits und sonstigen natürlichen Vorgängen andererseits sollen dann die Auffassung stützen, dass es gar keinen Konflikt zwischen Freiheit und Kausalität gebe. Sobald man indessen die letztgenannten Fragen ernst nimmt, dürften sich die behaupteten Asymmetrien weitestgehend auflösen, womit ein freier Wille ebenso problematisch bleibt wie zuvor.

Im Folgenden werde ich zentrale Strukturen von eher lebensweltlichen oder stärker wissenschaftlichen Kausalitätsvorstellungen in einer Weise skizzieren, die derartige Suggestionen vermeidet. Genauer werde ich Kausalität als eine Kopplung zwischen Ereignissen beziehungsweise Zuständen darstellen, aus der sich zwar nachgeordnet spezifische Eingriffsoptionen oder regelmäßige Phänomenabfolgen ergeben mögen, die als solche aber unabhängigen Bestand in der Welt hat und den Lauf des realen Geschehens bestimmt. Der Vorteil scheint mir zu sein, dass ein derartiges Bild die Spannung zwischen Naturkausalität und Willensfreiheit zunächst einmal am ungeschöntesten zutage treten lässt und am einprägsamsten greifbar macht. Erst vor diesem geschärften Problemhintergrund lassen sich dann auch mögliche Lösungswege diskutieren, indem man insbesondere erwägt, ob eine solche Naturkausalität für menschliche Willensfreiheit tatsächlich unterbrochen werden müsste oder ob sie zuletzt doch mit ihr vereinbar sein mag.

2.2. Gemäß einem lebensweltlichen Verständnis ist eine Ursache ein *Ereignis* E_1, das ein anderes *Ereignis* E_2, seine Wirkung, aufgrund einer ihm innewohnenden Anlage hervorruft. Solche effektiven Zusammenhänge zwischen Ereignissen können in unterschiedlichsten Erfahrungsfeldern auftreten. Sie mögen physikalische oder chemische Erscheinungen, aber auch psychische oder soziale Phänomene betreffen. Beispielsweise kann das Fallenlassen eines Glases die Ursache dafür sein, dass es zerschellt, der Kurzschluss in einem Gebäude die Ursache dafür, dass ein Feuer ausbricht, die Verstimmung eines Menschen die Wirkung davon, dass er gekränkt wurde, oder der Aufruhr in einem Gemeinwesen die Wirkung davon, dass sich die Lebensmittel verknappt hatten. Kausalität meint die Fähigkeit von Ereignis E_1, das Ereignis E_2 geschehen zu lassen, etwa aufgrund von geeigneten Kräften, die zwischen den beteiligten Objekten auftreten. Kausalität genauer zu verstehen bedeutet vor allem, mit den wiederkehrenden Gemeinsamkeiten derartiger

Abfolgen vertraut zu sein und die relevanten Voraussetzungen ihres jeweiligen Eintretens zu kennen.

Ein solches lebensweltliches Kausalitätsverständnis ist zumeist *diskreter Art*, das heißt, es ordnet Ursache und Wirkung getrennten Momenten zu, die in einem *bestimmten zeitlichen Abstand* zueinander stehen. Auch wenn weitere Geschehnisse zu berücksichtigen sein sollten, die zwischen diesen beiden Ereignissen stattfinden und bei genauerer Betrachtung relevante Zwischenschritte ihrer kausalen Verknüpfung bilden, so werden diese wiederum als separate Begebenheiten konzipiert, so dass Kausalität sich unverändert in punktuellen Veränderungen abspielt. Zudem werden in der Benennung jener Ereignisse meistens nur bestimmte Komponenten des Ablaufs herausgegriffen, statt ihn in seiner Totalität und in sämtlichen Details zu erfassen. Dies führt insbesondere dazu, dass die Unterscheidung zwischen der dergestalt akzentuierten Ursache (dem Fallenlassen, dem Kurzschluss, der Kränkung, der Verknappung), die eine Wirkung produziert haben soll, und den positiven oder negativen Hintergrundbedingungen, die für jene Wirkung ebenso wesentlich gewesen sein mögen (der Zerbrechlichkeit des Glases, dem Fehlen von Feuerlöschern, der Verletzbarkeit eines Menschen, dem Mangel an Hilfsprogrammen), stets ein wenig willkürlich bleibt.

In einem wissenschaftlichen Verständnis begreift man als Ursache demgegenüber eher einen *Zustand* Z_1 eines Systems, der einen anderen *Zustand* Z_2 desselben Systems, die Wirkung, entlang einer empirischen Gesetzmäßigkeit hervorbringt. Die beiden Zustände sind dabei durch die maßgeblichen Variablen des jeweiligen Systems gegeben, das heißt als Punkte (a_1, b_1, c_1 …) beziehungsweise (a_2, b_2, c_2 …) in einem »Zustandsraum« oder »Phasenraum«. Dessen Variablen a, b, c etc. definieren einen jeweiligen Systemzustand zu einem bestimmten Zeitpunkt eindeutig. Beispielsweise geben sie die Positionen und Geschwindigkeiten der beteiligten Teilchen an, die Drücke und Temperaturen der betreffenden Stoffe, die Präferenzen und Ressourcen der involvierten Akteure oder die Mengen und Preise der vorhandenen Güter. Kausalität bezeichnet die Disposition von Zustand Z_1, den Zustand Z_2 entstehen zu lassen, etwa aufgrund gewisser Potentiale, die innerhalb des betrachteten Systems vorliegen. Kausalität genauer zu verstehen bedeutet vor allem, die funktionalen Abhängigkeiten zwischen den fraglichen

Variablen aufzudecken und ihre zeitliche Entwicklung durch entsprechende Bewegungsgleichungen zu beschreiben.

Ein derartiges wissenschaftliches Kausalitätsverständnis ist typischerweise *kontinuierlicher Art*, das heißt, es nimmt fortlaufende Prozesse an, innerhalb derer Ursachen und Wirkungen in einer *beständigen zeitlichen Verkettung* miteinander verknüpft sind. Die Abhängigkeiten, die es postuliert, die Bewegungsgleichungen, die es formuliert, verbinden die betreffenden Zustände in einer fließenden Entwicklung miteinander, in der Ursachen und Wirkungen letztlich eine ununterbrochene Linie von benachbarten Systemzuständen bilden. Außerdem werden jene Zustände absolut vollständig erfasst, in allen relevanten Komponenten, zumindest auf den höheren Ebenen des übergreifenden Gesamtsystems (als sogenannte »Makrozustände«, die sich etwa durch Druck, Temperatur und Volumen eines Gases definieren), möglichst sogar auf den unteren Ebenen der relevanten Einzelobjekte (als sogenannte »Mikrozustände«, die etwa durch die Positionen, Geschwindigkeiten und Momente sämtlicher beteiligter Moleküle bestimmt sind). Diese Vollständigkeit hat unter anderem den Effekt, dass die derart charakterisierte Ursache, eben als ein solch umfassender Systemzustand, alle maßgeblichen Hintergrundbedingungen, welche für die nachfolgende Wirkung einschlägig sind, mit einschließt.

Es könnte zunächst den Anschein haben, als ob lebensweltliches und wissenschaftliches Verständnis von Kausalität grundsätzlich verschieden und letztlich einander entgegengesetzt wären. Tatsächlich sind sie aber durchaus verwandt und oftmals leicht vereinbar: In aller Regel greift die lebensweltliche Perspektive lediglich gewisse Aspekte heraus, welche die wissenschaftliche Perspektive in ein umfassenderes Bild einfügt. Vor allem heben lebensweltliche Kausalzuschreibungen Beziehungen hervor, die auch in einer wissenschaftlichen Kausalanalyse Gegenstand sind, jedoch in besonderer Weise menschliche Aufmerksamkeit erregen, menschliche Interessen berühren oder menschlichem Zugriff zugänglich sind. Ein Ereignis, das man als »Wirkung« genauer ins Auge fasst, ist zumeist ein sehr markanter Zustandswechsel oder ein bestimmter Teilausschnitt hiervon, der für die betroffenen Personen und Gruppen ungewöhnlich oder einschneidend ist, im Gegensatz zu den vertrauten und unbedeutenden Phasen und Komponenten eines Gesamtgeschehens (etwa ein Brand in einem Wohnhaus, im Unterschied zu den üblichen und harmlosen Geburtstagsfeiern, die früher darin stattgefunden haben, oder eine Revolution in einem Staat, im Unterschied zu den gewohnten und friedlichen Marktverkäufen, die zeitgleich darin abgewickelt werden). Ein Ereignis, das man demgegenüber als »Ursache« einer solchen Wirkung zu bestimmen sucht, besteht typischerweise in einem hierfür kausal relevanten Zustandswechsel oder einem gewissen Teilausschnitt hiervon, der seinerseits den betroffenen Individuen und Kollektiven ungewöhnlich oder beeinflussbar erscheint, im Gegensatz zu den normalen und unkontrollierbaren Vorläufern und Hintergründen eines Prozesses (etwa das Wegwerfen eines Streichholzes, im Unterschied zu der Tatsache, dass in dem Wohnhaus zuvor wie üblich und vielleicht auch unvermeidlich brennbare Materialien verbaut wurden, oder ein Anstieg der Brotpreise, im Unterschied zu dem Umstand, dass in dem Staat überdies wie gewohnt und vielleicht auch unabänderlich verbreitete Armut herrscht).

Dieser enge Zusammenhang beider Perspektiven sollte nicht überraschen. Er stützt sich auf den oben hervorgehobenen Umstand, dass wissenschaftliche Zugänge zur Kausalität der Natur letztlich nur Vertiefungen und Verfeinerungen des lebensweltlichen Denkens in Ursachen und Wirkungen bilden: Zwar können wissenschaftliche Untersuchungen zu kausalen Beziehungen überaus raffiniert und sogar kontraintuitiv geraten, sie können mit einem gewaltigen Apparat mathematischer Kalküle daherkommen und herkömmlichen Vorstellungen natürlicher Prozesse stark zuwiderlaufen. Aber letztlich beruhen all diese Tätigkeiten auf dem lebensweltlichen Bestreben, die Abfolge der Geschehnisse in der Natur nach Ursachen und Wirkungen zu ordnen und auf diese Weise zu begreifen. Entsprechend lassen sich lebensweltliche Vorstellungen von Ursachen und Wirkungen, bei aller Verschiedenheit in Auffassung und Darstellung, zuletzt doch wieder aus den wissenschaftlichen Verwendungen und Zuordnungen dieser Begriffe erheben, denen sie letztlich zugrunde liegen und die sie seinerzeit initiiert haben. Zugleich sollte man im Konfliktfall sicherlich bereit sein, wissenschaftliche Befunde und Erläuterungen kausaler Beziehungen als die verlässlicheren Auskünfte und Interpretationen der natürlichen Welt anzuerkennen, da sie nun einmal die professionelle Fortführung unserer lebensweltlichen Erkenntnisversuche bilden, uns also wohl auch näher an die wahre Beschaffenheit der beobachteten Phänomene heranführen dürften.

Diese Erläuterungen haben offenbar allein eine begrenzte Explikation, aber sicherlich keine abschließende Definition von Kausalität geliefert: Ursache und Wirkung wurden über Ausdrücke wie »Hervorrufen«, »Fähigkeit«, »Geschehenlassen« oder »Kraft«, mit Begriffen wie »Hervorbringen«, »Disposition«, »Entstehenlassen« oder »Potential« entfaltet. Spätestens wenn gefragt würde, wie diese Konzepte ihrerseits zu erklären wären, ließe sich dies wohl nicht mehr bewerkstelligen, ohne alsbald in einen Zirkel zu geraten. Indessen ist dieser Effekt womöglich nicht zu vermeiden: Kausalität mag sich zuletzt als ein ursprüngliches Phänomen der Wirklichkeit erweisen, das sich als solches nicht mehr auf andere Erscheinungen in dieser Welt zurückführen lässt. Entsprechend ist sie auch nicht schlüssig definierbar, ebenso wenig wie etwa »Ding« oder »Masse«, »Raum« oder »Zeit«, sondern allenfalls strukturell explizierbar, eben als gesetzhafte Verbindung von Ereignissen oder Zuständen aufgrund von Kräften oder Potentialen der beteiligten Entitäten.

Bei alledem sollte Folgendes klar sein: Naturkausalität stellt nicht erst dann eine Herausforderung für Willensfreiheit dar, wenn man korrekt und vollständig nachzeichnen kann, *wie* kausale Abhängigkeiten menschliches Wollen und Tun prägen (sei es im Stil lebensweltlicher Zuschreibungen, sei es in Form von wissenschaftlichen Erklärungen). Vielleicht ist es menschlichen Beobachtern auch gar nicht möglich, einen solchen umfassenden epistemologischen Durchblick zu erlangen. Aber mit diesem Hinweis ist nichts gewonnen: Das Problem für die Freiheit besteht bereits dann, wenn man berechtigt annehmen muss, *dass* kausale Beziehungen im menschlichen Entscheiden und Handeln prägend und bestimmend sind (seien sie psychischer oder sozialer Art, seien sie neuronalen oder physischen Typs). Allein dieser ontologische Befund würde genügen, um die Freiheitsfrage aufzuwerfen.

2.3. Man könnte an dieser Stelle eine Reihe von Fragen ansprechen, die insbesondere in den Grundlagendebatten von Naturwissenschaft und Wissenschaftstheorie behandelt werden, etwa: Müssen Ursachen und Wirkungen immer räumlich und zeitlich benachbart sein? (Im Moment geht man davon aus, dass dies so ist, dass es also keine Fernwirkungen oder Spätwirkungen gibt, die nicht zumindest durch irgendwelche Austauschteilchen oder Zwischenprozesse vermittelt wären.) Müssen Ursachen ihren Wirkungen immer zeitlich vorangehen? (Auch dies wird üblicherweise bejaht, über Retrokausalität gibt es allein Spekulationen.) Besteht die zeitliche Ordnung tatsächlich unabhängig von der kausalen Ordnung, oder bringt Kausalität womöglich ihrerseits überhaupt erst Zeitlichkeit hervor? (Beruht also die objektive Unterscheidbarkeit von Vergangenheit und Zukunft vielleicht letztlich nur auf der strukturellen Beziehung von Ursachen und Wirkungen?)

Hinzu kommen Themen, die namentlich in Sprachphilosophie, Erkenntnistheorie und Metaphysik erörtert werden, beispielsweise: Ist es begrifflich zulässig, nicht nur Ereignisse oder Zustände als Ursachen und Wirkungen zu bezeichnen, sondern auch Gegenstände und die von ihnen »bewirkten« Eigenschaften anderer Objekte, oder Kräfte und die von ihnen »bewirkten« Bewegungen und Beschleunigungen? (Dies hätte den Effekt, dass in solchen Darstellungen Ursachen und Wirkungen nicht mehr zeitlich getrennt sein müssten, sondern gleichzeitig auftreten könnten.) Ist es epistemologisch gerechtfertigt, von einzelnen Beobachtungen auf allgemeine Gesetzmäßigkeiten zu schließen? (Hier begegnet man dem klassischen Induktionsproblem, dass bereits deterministische Hypothesen durch Experimente nicht streng verifizierbar sind und indeterministische Hypothesen durch Experimente nicht einmal streng falsifizierbar sind, oder modernen Problemstellungen, denen zufolge Theorien durch Beobachtungsdaten stets unterbestimmt sind und Beobachtungen immer mit Theorieannahmen beladen sind.) Könnte es ontologisch dubios sein, ob es so etwas wie Kausalität überhaupt gibt? (Sollte man sich also vielleicht einer radikalen Kausalitätsskepsis anschließen?)

Ich will auf diese Fragen und Zweifel hier nicht näher eingehen. Insbesondere denke ich nicht, dass sie für das Problem der Willensfreiheit wesentlich sind oder maßgeblich zum Fortgang der Freiheitsdebatte beitragen. Selbst wenn man sich der extremen Position einer radikalen Kausalitätsskepsis anschließen wollte, hätte man hiermit zwar vielleicht die negative Seite der Willensfreiheit, das heißt die »Freiheit von« natürlicher Kausalität gesichert, aber noch keine positive Bestimmung von Willensfreiheit, das heißt keine »Freiheit zu« im Sinne von autonomem Entscheiden und Handeln gewonnen.

Es gibt allerdings einige Aspekte kausaler Beziehungen, die gerade für ein modernes Naturbild kennzeichnend sind und von denen manche Autoren annehmen, dass sie für die Frage der Willensfreiheit bedeutsam werden könnten. Es scheint daher geboten, sich mit diesen Gesichtspunkten etwas genauer auseinanderzusetzen. Zumindest in direkter Form, also ohne geeignete Ergänzung, dürften indessen auch diese Facetten kausaler Prozesse keine belastbare Aussicht auf Willensfreiheit eröffnen, wie ich in Abschnitt 3 argumentieren werde.

(a) Erstens müssen kausale Prozesse nicht *deterministisch* sein, sondern können *indeterministisch* ablaufen. Das heißt, eine Ursache muss ihre Wirkung nicht mit strenger Notwendigkeit hervorbringen, sondern kann sie mit einer gewissen Wahrscheinlichkeit, die größer als null, aber kleiner als eins ist, entstehen lassen.

Solche Indeterminiertheit darf nicht mit der weiter unten zu besprechenden Konstellation verwechselt werden, dass man unzureichende Informationen über den fraglichen Prozess hätte: Sie gründet nicht darin, dass man die allgemeinen Gesetzmäßigkeiten, die jenen Prozess beherrschen, nicht hinreichend genau verstünde. Sie rührt auch nicht daher, dass man die konkreten Anfangszustände, von denen er seinen Ausgang nimmt, nicht präzis genug erfasste. Sie beruht insbesondere nicht auf einem Irrtum, bei dem man fälschlich glaubte, dass zwei Ursachen völlig gleich seien, und anschließend beobachtete, dass sie unterschiedliche Wirkungen hervorbringen, mit scheinbarer Zufälligkeit, während tatsächlich durchaus unterschiedliche Ursachen vorgelegen haben, die etwa in gewissen »verborgenen Variablen« voneinander abwichen, und entsprechend unterschiedliche Wirkungen nach sich gezogen haben, indem eben jene abweichenden »verborgenen Variablen« wirksam wurden, jeweils mit strenger Notwendigkeit. Vielmehr hat man es mit einer echten Unbestimmtheit zu tun, die der Natur des Prozesses selbst zukommt: Bei ihr können zwei Anfangszustände, die tatsächlich in allen relevanten Hinsichten gleich sind, dennoch unterschiedliche Endzustände liefern, weil eben diese Unentschiedenheit des Ergebnisses zum Wesen der Gesetzmäßigkeit selbst gehört. Bei ihr kann ein und dieselbe Ursache verschiedene Wirkungen erzeugen, weil die Pfade des Systems im Phasenraum Verzweigungen aufweisen, an denen das System unterschiedliche Entwicklungen nehmen kann, mit jeweiliger Wahrscheinlichkeit zwischen null und eins. Diese Wahrscheinlichkeit ist eine objektive Eigenschaft des Systems, ein Parameter seiner kausalen Gesetzhaftigkeit, kein subjektives Merkmal des Betrachters, kein Ausdruck von dessen mangelnder Kenntnis.

Dass es solche objektive Zufälligkeit zumindest im Bereich mikroskopischer Systeme gibt, ist in der modernen Physik weitgehend unbestritten. Insbesondere die Standardinterpretation der Quantenmechanik geht von einer derartigen Indeterminiertheit mikrophysikalischer Prozesse aus. Zwar gehorcht die Wellenfunktion eines Quantensystems einer festen Bewegungsgleichung, die für den jeweiligen Systemtyp einschlägig ist (etwa der Schrödinger-Gleichung oder der Dirac-Gleichung), und die Entwicklung gemäß jener Gleichung verläuft durchaus deterministisch: Aus einem gegebenen Ausgangszustand der Wellenfunktion muss eindeutig ein bestimmter Folgezustand jener Wellenfunktion entstehen. Solange das System daher sich selbst überlassen bleibt (es insbesondere zu keiner Messung seines Zustands oder sonstiger Interaktion mit der Umwelt kommt), vollzieht sich dieser vorherbestimmte Ablauf, ohne dass irgendeine Abweichung möglich wäre (also mit strikter Notwendigkeit). Aber die Observablen eines solchen Systems, das heißt die messbaren Eigenschaften seiner materiellen Komponenten (etwa Ort, Impuls, Energiezustand, Spinausrichtung etc.), verhalten sich indeterministisch: Die Wellenfunktion stellt nämlich nichts anderes als eine Überlagerung von verschiedenen Elementarzuständen und zugehörigen Wahrscheinlichkeiten dar. Wenn es nun zur Festlegung einer Observablen kommt (sei es durch Messung ihres Wertes, sei es durch Interaktion mit dem Makroskopischen), geht die Wellenfunktion in einen ihrer Elementarzustände über, aus dem sich sodann der Wert der fraglichen Observablen ergibt, und dieser Übergang erfolgt mit derjenigen Wahrscheinlichkeit, die jenem Zustand in der bisherigen Wellenfunktion zugeordnet war (also mit inhärenter Zufälligkeit). Damit sind die Gleichungen der Quantenmechanik, jedenfalls was relevante Größen wie Ort, Impuls etc. der beteiligten Teilchen betrifft (und auch was den Zustand der Wellenfunktion selbst angeht, sobald eine dieser Größen zur Festlegung gelangt), letztlich nichts anderes als Gleichungen für Wahrscheinlichkeiten. Die zentrale Entität, die quantenmechanischen Prozessen zugrunde liegt und die von quantenmechanischen Gleichungen erfasst wird, ist nichts anderes als ein Bündel von Möglichkeiten (optionalen Elementarzuständen und korrespondierenden Wahrscheinlichkeiten), worin der indeterministische Charakter dieser Theorie sehr unmissverständlich zum Ausdruck kommt.

Üblicherweise mitteln sich mikroskopische Zufallsereignisse in der großen Zahl aus (jedenfalls mit überwältigender Wahrscheinlichkeit), so dass sie keine spürbaren Zufallseffekte in der makroskopischen Welt hinterlassen. Beispielweise mögen die Orte und Impulse der einzelnen Luftmoleküle in einem abgeschlossenen Raumabschnitt allemal quantenmechanischer Unbestimmtheit unterliegen, also mit gewisser Verteilung um ihre jeweiligen Mittelwerte streuen. Aber dieses zufällige Verhalten der vielen Einzelmoleküle hebt sich in der Summe auf (zumindest mit enormer Wahrscheinlichkeit), hat also keinen messbaren Effekt auf das thermodynamische Verhalten des Gesamtgases, etwa seinen Druck oder seine Temperatur, und erzeugt folglich auch keine erkennbaren Spuren zufälligen Verhaltens darin. Es gibt allerdings unterschiedliche Mechanismen, aufgrund derer die mikrophysikalische Unbestimmtheit zuweilen durchaus auf den makrophysikalischen Bereich durchschlagen kann.

Zum einen kann ein quantenmechanisches Einzelereignis in unmittelbarer Verbindung zu höherskaligen Erscheinungen stehen, indem es sich etwa auf die Anzeige eines eigens hierfür konstruierten Detektors oder auf die Reaktion einer sonstigen vergleichbar sensitiven Apparatur auswirkt. Dann gibt es keine Vielzahl von Vorgängen mehr, deren zufällige Entwicklungen sich in der großen Zahl ausmitteln könnten (wenigstens solange sie hinreichend gegenläufig wären). Stattdessen hat man es lediglich mit einem einzelnen Ereignis zu tun, dessen mikroskopischer Ablauf geradewegs das makroskopische Verhalten des Detektors oder der Apparatur bestimmt. Damit übersetzt sich aber offenbar auch die originäre Zufälligkeit jenes mikroskopischen Geschehens direkt in eine entsprechende Zufälligkeit der makroskopischen Vorgänge: Die beobachtbaren Folgeerscheinungen sind ebenso indeterministisch verfasst wie das quantenmechanische Ursprungsereignis und können aus ein und derselben Anfangskonstellation in verschiedene Endkonfigurationen übergehen.

Zum anderen kann ein quantenmechanisches Vielteilchensystem nichtlineare Beziehungen zwischen seinen verschiedenen

Komponenten aufweisen, so dass kleinste Abweichungen in seinen Anfangsbedingungen größte Abweichungen seines Endzustands nach sich ziehen. Hierdurch entsteht eine hinreichende Irritabilität, aufgrund derer sich bestehende Zufälligkeiten auf der niederskaligen Ebene nicht mehr in der großen Zahl ausmitteln müssen (selbst wenn sie hochgradig gegenläufig sind). Stattdessen sind quantenmechanische Fluktuationen in den mikroskopischen Teilchenbewegungen imstande, spürbare Variationen in den makroskopischen Systemeigenschaften nach sich zu ziehen. Damit unterliegt das Gesamtsystem in seinen makroskopischen Merkmalen aber letztlich auch der Zufälligkeit seiner mikroskopischen Bestandteile: Selbst völlig gleich präparierte Anordnungen können extrem divergente Entwicklungen nehmen und sich auf diese Weise ebenso indeterministisch verhalten wie ihre Komponenten.

(b) Zweitens müssen kausale Prozesse nicht *vorhersagbar* sein, sondern können *unvorhersagbar* bleiben. Das heißt, die Kenntnis einer Ursache muss nicht die Kenntnis der Wirkung ermöglichen.

Solche Unvorhersagbarkeit muss nicht auf den oben besprochenen Umstand zurückgehen, dass bereits der fragliche Prozess selbst einer indeterministischen Kausalität folgt: Gewiss bringt manchmal eine Ursache ihre Wirkung ohnehin nicht mit strenger Notwendigkeit, sondern allein mit gewisser Wahrscheinlichkeit hervor. Dann lässt sich jene Wirkung eben auch nicht mit Sicherheit, sondern bestenfalls mit dieser Wahrscheinlichkeit antizipieren. Die entsprechende subjektive Unsicherheit des Betrachters würde somit eine tatsächliche objektive Ungewissheit des Geschehens reproduzieren. Indessen kann es auch bei deterministischen Verläufen vorkommen, dass künftige Ereignisse unzugänglich bleiben: Auch wenn eine Ursache ihre Wirkung notwendig entstehen lässt, ist ein Beobachter nicht unbedingt imstande, jene Wirkung vorauszusehen. Das Problem liegt dann nicht in der unhintergehbaren objektiven Unbestimmtheit des Prozesses selbst, sondern einzig in einer unauflöslichen subjektiven Unkenntnis des Beobachters. Vor allem zwei Konstellationen können dazu führen, dass eine derartige Unvorhersagbarkeit entsteht, und zwar nicht allein in pragmatischer Hinsicht, das heißt aufgrund quantitativ beschränkter Kapazitäten oder aktuell unzureichender Informationen, sondern durchaus in einem prinzipiellen Sinne, das heißt wegen qualitativ beschaffener Hürden und definitiv unüberwindlicher Grenzen.

Zum einen kann die Vorhersage eines Systems empirisch unmöglich werden, weil es einen kritischen Grad an Empfindlichkeit aufweist. In solchen Fällen würde eine sichere Prognose auch nur von begrenzter Präzision es erfordern, dass man die Gesetzmäßigkeiten und die Anfangsbedingungen des Systems oder des Prozesses mit absoluter Genauigkeit erfasst. Insbesondere nichtlineare Systeme beziehungsweise chaotische Prozesse können derartige Anforderungen an verlässliche Prognosen stellen, indem sich bei ihnen selbst beliebig eng benachbarte Zustände im Phasenraum mit der Zeit in exponentiell zunehmendem Maße auseinanderentwickeln. Bereits kleinste Unkenntnisse bezüglich der Gesetzesparameter oder der Anfangswerte können sich damit in größte Unwägbarkeiten hinsichtlich späterer Systemzustände und nachfolgender Prozessentwicklungen übersetzen, und da solche minimalen Ungenauigkeiten in realen Zusammenhängen nicht auszumerzen sind, müssen relevante Vorhersagen auf die skizzierte Weise streng unzugänglich bleiben – selbst wenn der fragliche Verlauf kausal determiniert sein mag (»deterministisches Chaos«).

Zum anderen kann die Vorhersage eines Systems logisch unmöglich werden, weil spezielle Phänomene der Rückbezüglichkeit auftreten. Bei derartigen Erscheinungen nimmt die Prognose eines Prozesses selbst Einfluss auf dessen Verlauf. Entsprechend müsste die Prognose ihr eigenes Auftreten in ihre Berechnungen des betrachteten Systems einschließen. Der Regress, der hierdurch entsteht, kann dazu führen, dass die Vorhersage sich selbst ungültig macht, und zwar ohne dass eine Nachbesserung denkbar wäre, die diesen Verfälschungseffekt schließlich einholen würde – auch wenn das fragliche Geschehen kausal determiniert sein sollte (»selbstwiderlegende Prophezeiung«).

Der letztere Zusammenhang kann insbesondere bei Systemen entstehen, die Formen von bewusstem Verhalten zeigen, welches Gegenstand entsprechender Vorhersagen wird, die zudem aber ihr Verhalten gerade danach ausrichten, welche Vorhersagen diesbezüglich gemacht werden. Ein solcher wechselseitiger Bezug, bei dem die Vorhersage das Verhalten antizipiert, das Verhalten jedoch wiederum auf die Vorhersage reagiert, mag bei Selbstprognosen des Handelnden auftreten, aber auch bei Fremdprognosen durch Dritte, er mag auf das Bestreben zurückgehen, eigene Erfolge zu optimieren, oder auch auf den Vorsatz, Erwartungen anderer zu frustrieren. Freilich können derartige Rückbezüglichkeiten zuweilen dazu führen, dass die angestellte Prognose den vorhergesagten Verlauf ihrerseits stützt: Dann wird die fragliche Vorhersage durch ihr eigenes Auftreten noch bekräftigt, im Sinne einer *self-fulfilling prophecy*. Aber ebenso kann die Prognose den Verlauf immerfort derart verschieben, dass beide niemals übereinstimmen: Dann tritt das Phänomen einer *self-defeating prophecy* ein, bei der keine Vorhersage des Systems mehr möglich ist.

Beispielsweise können psychische Systeme imstande sein, Vorhersagen über das eigene Verhalten anzustellen und gerade angesichts solcher Vorhersage jenes Verhalten immer wieder zu suspendieren und zu modifizieren: Eine Prognose eigenen Handelns kann die Entscheidung hierzu berühren und unterlaufen, kann ein neuerliches Durchdenken und Erwägen der Situation einleiten, das immerfort zu einem Verwerfen und Umgestalten des bisherigen Vorhabens führt. Auf diese Weise können Selbstvorhersagen unausweichlich fehlgehen, indem der jeweilige Handelnde sie vor sich selbst nicht zu verbergen vermag, gerade ihretwegen aber seine eigenen Entscheidungen fortwährend revidiert – bis er schließlich in einer Weise agiert, die er selbst eben nicht vorhersehen konnte. Ähnlich kann es bei sozialen Systemen geschehen, dass jede Vorhersage ihres Verhaltens ein Abweichen von der gegebenen Vorhersage nach sich zieht: Eine Prognose von Börsenkursen, Arbeitsmarktdaten, Wahlausgängen, Wanderungsbewegungen kann Verkaufsreaktionen, Berufsentscheidungen, Abstimmungsentschlüsse, Migrationstendenzen auslösen, die den Inhalt der Prognose stets falsch machen. Auf solche Art können Fremdvorhersagen notwendig scheitern, indem sie ihrerseits das fremde Verhalten beeinflussen, und zwar immer entgegen ihrem aktuellen Inhalt – bis schließlich ein Ergebnis eintrifft, das gerade nicht vorhergesagt werden konnte.

(c) Drittens schließlich müssen kausale Prozesse nicht *abgeschlossen* sein, sondern können *offen* vonstattengehen. Das heißt, neben der einem vorliegenden System innewohnenden Kausalität können externe Einflüsse anderweitiger Art darin wirksam werden.

Diesem Umstand ließe sich grundsätzlich dadurch begegnen, dass man die Perspektive erweitert und jene externen Einflüsse, zusammen mit dem gegebenen System, als ein umfassendes Gesamtsystem betrachtet, dessen kausale Struktur entsprechend zu analysieren wäre. In technischer Hinsicht liefe dies darauf hinaus, die Anzahl der Variablen zu erhöhen, die einen Systemzustand definieren, und dann den Verlauf dieser neuen Variablenmenge zu bestimmen.

Freilich droht dieser Ansatz buchstäblich uferlos zu werden, da kein System vollständig gegen externe Einflüsse abgeschirmt ist, also auch das fragliche Gesamtsystem wieder äußeren Faktoren ausgesetzt wäre, die seine neuerliche Erweiterung erforderlich machen würden. Beispielsweise hängt der Verlauf eines Experiments von der Feuchtigkeit des Labors ab, in dem es stattfindet, die Feuchtigkeit des Labors von der Wärme des Gebäudes, in dem es sich befindet, die Wärme des Gebäudes vom Wetter auf dem Gelände, das Wetter auf dem Gelände vom Klima in der Region. In letzter Konsequenz ist jenes umfassende Gesamtsystem, in das man einen kausalen Prozess einbetten müsste, um ihn in erschöpfender Weise zu behandeln, nichts anderes als das komplette Universum. Damit ist eine vollständige Auflösung kausaler Prozesse weder theoretisch zu entwerfen noch praktisch zu leisten. Zudem wird man damit rechnen müssen, dass bei jener fortlaufenden Erweiterung Systeme ganz anderen Typs ins Spiel kommen. Man hat bislang die Entwicklung eines physikalischen Systems betrachtet, das aber vom Verhalten biologischer Organismen beeinflusst wird, die wiederum ökologischen Faktoren ausgesetzt sind, welche mit ökonomischen Bedingungen zusammenhängen. Es ist unsicher, ob es gelingen kann, diese verschiedenen einander überlagernden Kausalitäten in ein homogenes Gesamtkonzept zu integrieren. Dies gilt umso mehr, wenn die externen Kausalitäten ihrerseits noch überhaupt nicht in ihrem grundlegenden Wesen aufgeklärt sind.

In den Wissenschaften wird es entsprechend kaum unternommen, solche externen Einflüsse in ein übergreifendes Kausalkonzept aufzunehmen. Vielmehr schließt man sie bewusst aus der theoretischen Betrachtung aus, um sie dann in praktischen Anwendungen nach Möglichkeit zu minimieren. Die Kausalität des betrachteten Systems fasst man in Gestalt von »Ceteris-paribus-Gesetzen«, die als solche nur unter gleichbleibenden Idealbedingungen gelten. Die Einflüsse der externen Systeme gelten demgegenüber als »Störfaktoren«, die man in Experimenten und späteren Umsetzungen weitestgehend zu eliminieren sucht.

Alle drei Aspekte, Indeterminiertheit, Unvorhersagbarkeit und Offenheit, gehören zu den zentralen Merkmalen vieler natürlicher Prozesse. Insbesondere unterlaufen sie, auf je ihre Weise, allzu naive Annahmen, denen zufolge kausale Entwicklungen realer Systeme in völlig rigider, transparenter und uniformer Manier erfolgen müssten. Da nun Naturkausalität grundsätzlich problematisch für Willensfreiheit ist, scheint es legitim zu fragen, ob derartige Aufweichungen kausaler Beziehungen relevante Räume für einen freien Willen eröffnen.

Dies könnte vor allem dann der Fall sein, wenn die genannten Eigenschaften solche kausalen Abläufe betreffen sollten, die besonders eng mit menschlichem Denken und Tun verknüpft sind. Nicht zuletzt wäre zu überlegen, ob sich Willensfreiheit auf die etwaige Indeterminiertheit, Unvorhersagbarkeit oder Offenheit des menschlichen Gehirns gründen ließe. Wenn speziell neuronale Vorgänge nicht vorherbestimmt, nicht prognostizierbar oder nicht isoliert sein sollten, könnten damit auch Vorstellungen einer übermäßig geradlinigen Kausalität menschlichen Entscheidens und Handelns merklich relativiert und zuletzt vielleicht Optionen für einen freien Willen erschlossen werden.

3. Was nicht hilft

3.1. Das menschliche Gehirn insgesamt ist eine makroskopische Struktur und besteht zugleich wie jeder physische Gegenstand aus mikroskopischen Komponenten. Die für Wahrnehmen und Denken maßgeblichen Abläufe dürften dabei vor allem in biochemischen Wechselwirkungen zwischen Neuronen, Synapsen, Axonen, Dendriten etc. bestehen und damit auf einer mesoskaligen Ebene angesiedelt sein. Vor diesem Hintergrund scheint es zumindest vorstellbar, dass bestimmte Prozesse des menschlichen Gehirns, die für Erwägen und Beschließen relevant sind, indeterministisch verfasst sein mögen, insbesondere indem sie von mikroskopischen Indeterminiertheiten auf quantenmechanischer Ebene abhängen. Sie könnten unmittelbare Verbindungen zu jener niederen Ebene aufweisen, so dass sie die zufällige Verfasstheit dortiger mikroskopischer Einzelereignisse direkt reproduzieren würden. Oder es könnte nichtlineare Beziehungen innerhalb des neuronalen Gesamtsystems geben, aufgrund derer zufällige mikroskopische Fluktuationen auch auf der höheren Ebene spürbar blieben. Insoweit jene neuronalen

Prozesse ihrerseits für Entscheidungen und Handlungen maßgeblich wären, hätten auch diese an jener objektiven Unbestimmtheit teil, welche damit zuletzt auf makroskopischer Ebene ausschlaggebend würde, in den Aktionen von Menschen und deren Konsequenzen in der Welt.

In diesem Sinne ziehen einige Autoren in Erwägung, Willensfreiheit auf die Unbestimmtheit des menschlichen Gehirns beziehungsweise menschlicher Handlungen zu gründen: Ihrer Auffassung nach unterliegen die maßgeblichen neuronalen Prozesse, und damit auch die hierzu korrespondierenden Entscheidungen und Handlungen, keiner glaubhaften Form von kausaler Determiniertheit. Infolge dieser Unbestimmtheit sei der Wille frei.[25]

Allerdings zeigt sich rasch, dass ein solcher Ansatz, auch falls seine Annahmen hinsichtlich der Indeterminiertheit des menschlichen Gehirns beziehungsweise menschlicher Handlungen zutreffen sollten, für sich allein genommen keine Lösung für das Problem der Willensfreiheit bieten kann: Selbst wenn im menschlichen Gehirn objektive Zufallsprozesse ablaufen sollten, selbst wenn es »stochastisch« verfasst wäre, selbst wenn darin »gewürfelt« würde und selbst wenn all dies entsprechend auch für menschliches Entscheiden und Handeln gelten sollte, so lieferte dies nur erst die *Zufälligkeit und Beliebigkeit* eines probabilistischen Geschehens, aber noch längst keine *Freiheit oder Verantwortlichkeit* menschlichen Tuns. Nicht zuletzt hätte man es nach wie vor mit einer kausalen Bestimmung dieses Entscheidens und Handelns zu tun, obgleich es nun keine

25 Vgl. Ekstrom, *Free Will*, S. 99-129; Hameroff, »Quantum Coherence in Microtubules: A Neural Basis for Emergent Consciousness?«, S. 91 f., 96, 106; Hameroff, »How Quantum Brain Biology Can Rescue Conscious Free Will«, S. 1 f., 10-14; Heisenberg, »Is Free Will an Illusion?«, S. 164 f.; Hodgson, *Rationality + Consciousness = Free Will*, S. 114-179; Kane, *Free Will and Values*, S. 142-164, 166-174; Kane, *The Significance of Free Will*, S. 124-151; Kane, »Responsibility, Luck, and Chance: Reflections on Free Will and Indeterminism«, S. 217-240; Kane, *A Contemporary Introduction to Free Will*, S. 132-146; Margenau, »Quantum Mechanics, Free Will, and Determinism«, S. 717-725; Margenau, *Scientific Indeterminism and Human Freedom*, S. 58-87; McCall, *A Model of the Universe*, S. 250-279; Mele, *Autonomous Agents*, S. 211-236; Mele, *Free Will and Luck*, S. 9-14, 105-136; Searle, *Freedom and Neurobiology*, S. 10 f., 44 f., 58-66, 70-76; Stapp, *Mind, Matter and Quantum Mechanics*, S. 39-47, 81-146, 181-191, 203-260; van Inwagen, *An Essay on Free Will*, S. 2-5, 191-202, 213-217.

deterministische Kausalität mehr wäre, sondern eben eine *indeterministische Kausalität.*[26]

Vorbehalte dagegen, Willensfreiheit auf Indeterminiertheit zu gründen, sind verbreitet. Oft werden sie allerdings in fehlerhafter Weise vorgetragen, insbesondere indem man Indeterminiertheit mit Nichtkausalität gleichsetzt, um auf dieser Grundlage Kausalität zuletzt als unschädlich oder sogar als unentbehrlich für Willensfreiheit auszuweisen:[27] Zunächst stellt man korrekterweise fest, dass Indeterminiertheit als solche nicht *hilfreich* für Willensfreiheit und Verantwortlichkeit sei. Tatsächlich sei sie ihr sogar *abträglich*, da

26 Vgl. Beckermann, *Gehirn, Ich, Freiheit*, S. 101, 107-110; Bok, *Freedom and Responsibility*, S. 3 f., 43 f.; Broad, *Determinism, Indeterminism, and Libertarianism*, S. 37 f., 41 f.; Chisholm, *Human Freedom and the Self*, S. 3, 7; Dennett, *Elbow Room*, S. 1 f.; Dennett, *Freedom Evolves*, S. 6-9, 97-139; Dupré, *The Disorder of Things*, S. 214 f.; Dupré, *Human Nature and the Limits of Science*, S. 155-157, 161; Earman, *A Primer on Determinism*, S. 245 f., 249 f.; Griffith, »Why Agent-Caused Actions Are Not Lucky«, S. 49-51; Habermas, »Freiheit und Determinismus«, S. 871 Anm. 4; Honderich, *A Theory of Determinism*, S. 175-206, 332-334; Honderich, *How Free Are You?*, S. 36-38, 67; Ismael, *How Physics Makes Us Free*, S. 98 f.; MacKay, »On the Logical Indeterminacy of a Free Choice«, S. 31; MacKay, *Freedom of Action in a Mechanistic Universe*, S. 16 f.; Mackie, *Ethics*, S. 220, 226; Nagel, *The View from Nowhere*, S. 110, 115; Nida-Rümelin, *Über menschliche Freiheit*, S. 73, 77, 93, 164; O'Connor, *Free Will*, S. 57-59; O'Connor, »Indeterminism and Free Agency: Three Recent Views«, S. 506-525; O'Connor, *Persons and Causes*, S. 27-42; Pauen, *Illusion Freiheit?*, S. 49-54, 62 f.; Pereboom, *Living Without Free Will*, S. 41-54, 89 f., 125 f., 127 f.; Pereboom, »Defending Hard Incompatibilism«, S. 243; Pereboom, *Free Will, Agency, and Meaning in Life*, S. 30-49; Planck, »Vom Wesen der Willensfreiheit«, S. 301 f.; Popper, *Objective Knowledge*, S. 226-229, 254 f.; Popper, *The Open Universe*, S. 123-127; Pothast, *Die Unzulänglichkeit der Freiheitsbeweise*, S. 12 f. Anm. 3; Ross, *Foundations of Ethics*, S. 223; Roth, *Fühlen, Denken, Handeln*, S. 511; Ryle, *The Concept of Mind*, S. 78; Scanlon, »The Significance of Choice«, S. 152 f.; Scanlon, *What We Owe to Each Other*, S. 249 f.; Smilansky, *Free Will and Illusion*, S. 61 f., 69 f., 71-73; Strawson, »Consciousness, Free Will, and the Unimportance of Determinism«, S. 9-24; Strawson, »The Impossibility of Moral Responsibility«, S. 7, 17-20; Strawson, »The Unhelpfulness of Indeterminism«, S. 149-155; Strawson, *Freedom and Belief*, S. 21 f.; Tugendhat, »Der Begriff der Willensfreiheit«, S. 342; Walde, *Willensfreiheit und Hirnforschung*, S. 36 f.; Waller, *Freedom Without Responsibility*, S. 4; Walter, *Neurophilosophie der Willensfreiheit*, S. 194-205; Walter, *Illusion freier Wille?*, S. 378 f.

27 Vgl. Ayer, »Freedom and Necessity«, S. 274-276; Bergmann, *On Being Free*, S. 233-237; Hobart, »Free Will as Involving Determination and Inconceivable Without It«, S. 1 f., 6 f., 12-14, 21 f.; Schlick, *Fragen der Ethik*, S. 483 f., 493-495; Smart, »Free-Will, Praise and Blame«, S. 292-298, 300-303.

Entscheidungen oder Handlungen, die ernsthaft auf indeterministischen Vorgängen beruhten und somit in zufälliger Weise erfolgten, kaum als frei und verantwortlich gelten könnten. Dann fügt man jedoch fälschlich hinzu, Indeterminiertheit sei *eine nichtkausale Erscheinung*, genauer sogar die einzige: Zufälligkeit sei gerade *die ontologische Negation* von Kausalität, insofern kausale Beziehungen stets deterministischer Art seien, nichtkausale Bestimmungen demgegenüber überhaupt nur in indeterministischer Zufälligkeit bestehen könnten. Damit zeige sich aber insgesamt, dass (indeterministische) Nichtkausalität für Willensfreiheit unnütz sei oder diese sogar zunichtemache. Entsprechend sei (deterministische) Kausalität unproblematisch für Willensfreiheit oder sogar erforderlich für sie, um eine offenbar unergiebige und letztlich nachteilige Zufälligkeit im menschlichen Entscheiden und Handeln zu überschreiten und abzuwehren.

Auf den ersten Blick hat es den Anschein, dass diese Argumentation völlig zwingend sei. Bei genauerer Betrachtung zeigt sich jedoch, dass sie die wesentlichen Zusammenhänge in prekärer Weise verdreht:[28] Kausalität *ist* ein Problem für Willensfreiheit und Verantwortlichkeit, insofern ein kausales oder jedenfalls ein rein kausales Entscheiden und Handeln sicherlich nicht als frei und verantwortlich gelten könnte. Nur *nichtkausale* Bestimmungen menschlichen Entscheidens und Handelns, etwa aufgrund einer geeigneten Autonomie des Überlegens oder der Gründe, liefern eine Aussicht auf Willensfreiheit und Verantwortlichkeit, wenn sie die kausalen Komponenten menschlichen Denkens und Tuns durchbrechen oder zumindest geeignet ergänzen. Indeterminiertheit ist indessen gerade *kein nichtkausales Phänomen*, keine Alternative zu kausaler Bestimmung, geschweige denn die einzige: Zufälligkeit ist lediglich *eine ontologische Variante* von Kausalität, eine gleichberechtigte Form kausaler Beziehungen, neben der deterministischen Version derartiger Verbindungen. Eben deshalb kann (kausale) Indeterminiertheit keinen Beitrag dazu leisten, Willensfreiheit und Verantwortlichkeit zu stiften, genauso wenig wie Determiniertheit oder auch eine raffinierte Mischung beider. Eben deshalb gefährdet sie diese Willensfreiheit und Verantwortlichkeit womöglich sogar, falls sie deren (nichtkausale) Bestimmungen nicht zur Geltung

28 Vgl. Foot, »Free Will as Involving Determinism«, S. 441-443, 449; Ginet, »An Action Can be Both Uncaused and Up to the Agent«, S. 244f., 247-251.

kommen lässt, das heißt nicht den Platz für sie räumt oder wenigstens ihre simultane Präsenz erlaubt.

Um Willensfreiheit tatsächlich auf Indeterminiertheit zu gründen, müsste man einige weitreichende und sehr spekulative Annahmen hinzufügen. Allein der Hinweis darauf, dass womöglich gewisse Prozesse im Gehirn und damit die entsprechenden Entscheidungen und Handlungen indeterministisch, das heißt kausal zufällig ablaufen, stellt keinerlei Verbesserung gegenüber der Annahme dar, dass diese Vorgänge und Vollzüge deterministisch, also kausal vorherbestimmt geschehen. Stattdessen müsste man zusätzlich davon ausgehen, dass es irgendeine nichtkausale, freie Instanz gäbe, die das Entscheiden und Handeln bestimmt. Diese müsste zum einen außerhalb der indeterministischen Verfasstheit des betrachteten Gehirns stehen, um nicht ihrerseits zu einem bloßen Spielball von dessen zufälligen Verläufen zu werden. Sie müsste zum anderen an den probabilistischen Systemstellen dieses gegebenen Gehirns ansetzen und eingreifen können, um dessen neuronalen Prozessverlauf nach ihrem autonomen Willen zu lenken. Die kausale Unbestimmtheit, die dem jeweiligen Gehirn nach Voraussetzung zukommen soll, müsste also durch eine äußere Entität genutzt werden (die nicht ihrerseits von jener zufälligen Kausalität erfasst wäre, sondern sich in originärer Freiheit verhielte), um das System gemäß ihren souveränen Vorgaben zu bewegen (also in ihrer ureigenen Wahl zu entscheiden, welchen der möglichen Pfade es nimmt).

Nun scheint namentlich die Quantenmechanik eine solche Option zu eröffnen: Immerhin behauptet sie, jedenfalls gemäß ihrer üblichen Interpretation, dass es probabilistische Systemstellen gibt, und erklärt zudem, zumindest in manchen Deutungen, dass der anschließende Prozessverlauf erst durch eine Messung oder Beobachtung entschieden wird. Aus einem *gegebenen Anfangszustand* können offenbar *unterschiedliche Folgezustände* entstehen, und das *tatsächliche Eintreten* eines dieser Zustände realisiert sich womöglich erst mit der *bewussten Wahrnehmung* eines Betrachters. Vor diesem Hintergrund scheint sich eine Chance aufzutun, dass vielleicht das »Bewusstsein« oder das »Selbst« imstande sein könnte, dem eigenen intrinsisch unbestimmten Gehirn, von dessen zufälligem physikalischen Verhalten es seinerseits entkoppelt wäre, als ein solcher äußerer Beobachter gegenüberzutreten, um dann dessen indeterministisch beschaffene Verläufe, den bestehenden probabilistischen Freiraum nutzend, in die von ihm gewünschte Richtung zu lenken.[29] Dies wäre anscheinend möglich, ohne hierbei die relevanten Naturgesetze zu verletzen, also ohne die neuronale Naturkausalität zu durchbrechen. Vielmehr geschähe es angeblich gerade auf der Grundlage jener Kausalität, die solch eine externe Auflösung ihrer indeterministischen Unbestimmtheit zuließe, wenn nicht gar erforderte.

Die notwendigen Annahmen, die hierfür zu machen wären, erscheinen freilich in zunehmendem Maße gewagt. Erstens müsste das menschliche Gehirn auf relevanten Ebenen ein stochastisches Verhalten zeigen, zweitens müssten seine probabilistischen Zustandswechsel durch eine Beobachtung getriggert werden, drittens müsste das jeweilige Bewusstsein als nichtkausale Instanz außerhalb jener zufälligen Hirnprozesse stehen, und viertens müsste es gleichwohl die initiierende Beobachterrolle für deren Auslösung übernehmen. Doch selbst wenn man sämtliche Bedingungen dieser Liste annehmen wollte, zeigt sich bei genauerem Hinsehen, dass der Versuch, hieraus ein Modell autonomer Beeinflussung zu konstruieren, sich keineswegs auf die Natur indeterministischer Prozesse berufen kann. Ganz im Gegenteil ist er gezwungen, Lücken im kausalen Geschehen zu postulieren, um den behaupteten Einfluss geltend zu machen. Schließlich muss er offenbar behaupten, dass jene nichtkausale, freie Instanz sich nicht darauf beschränkt, eine probabilistische Entscheidung im Gehirn anzustoßen und dann sich selbst zu überlassen, sondern dass sie zudem in ihrem autonomen, selbstbestimmten Tun fähig ist, ein gewünschtes Ergebnis dieses Prozesses herbeizuführen. Dafür müsste sie aber die vorliegenden Wahrscheinlichkeitswerte verändern oder beiseitedrängen, wie sie durch die bestehenden Kausalbeziehungen hervorgebracht und wirksam werden, damit eben nicht einfach jener kausale Zufall herrscht und sein arbiträres Resultat erzeugt (gemäß den gegebenen Wahrscheinlichkeiten zwischen null und eins), sondern stattdessen ihr autonomer Wille geschieht und das von ihr souverän Gewählte eintritt (möglichst in völliger Eindeutigkeit von Ja oder Nein).

29 Vgl. Hodgson, »Quantum Physics, Consciousness, and Free Will«, S. 59, 65 f., 71, 78-83; Margenau, *The Miracle of Existence*, S. 36-47, 92-97; Russell, *Human Knowledge*, S. 54-56; Stapp, *Quantum Theory and Free Will*, S. 1-15, 35-44.

Nun kommen dergleichen Umgestaltungen oder Übertrumpfungen in üblichen Wechselwirkungen zwischen kausalen Systemen fraglos vor: Man kann einen Würfel anschleifen und dadurch seine probabilistischen Tendenzen verschieben, man kann einen Würfel auffangen und die bevorzugte Zahl schlicht nach oben drehen. Dass aber eine *nichtkausale Entität* allein durch *wollende Beobachtung* imstande sein sollte, die inhärenten Parameter eines indeterministischen Systems, nämlich eben *dessen Wahrscheinlichkeitswerte*, zu manipulieren oder zu suspendieren, würde die relevanten Naturgesetze in nicht weniger dramatischer Weise untergraben, als wenn ein solches Wesen durch bloße Betrachtung die zentralen Kenngrößen eines deterministischen Systems, etwa *dessen Kraftbeziehungen*, steuern oder überschreiben könnte. Die Vorstellung also, dass das »Bewusstsein« oder das »Selbst« einerseits in völliger Autonomie der neuronalen Kausalität gegenüberstünde, ja sogar jeglicher Kausalität überhaupt entzogen wäre, andererseits durch bloßes Beobachten und gezieltes Wollen indeterministische Prozesse im eigenen Gehirn regulieren könnte, um sie gemäß seinen souveränen Bestrebungen zu lenken, ist durch die wissenschaftlichen Vorgaben kaum gedeckt, sondern steht eher in klarem Widerspruch hierzu.[30] Und selbst wenn man eine solche Einwirkung für möglich hält, gewinnt der skizzierte Ansatz sein Verständnis von Freiheit offenbar gar nicht mehr aus dem Phänomen der Indeterminiertheit als solcher, die angeblich im Gehirn walten soll, sondern gerade umgekehrt aus der Annahme, dass diese probabilistische Kausalität durch geeignete Interventionen unterbrochen, das heißt wesentlich verzerrt oder vollständig umgangen wird. Genauer gehört er in jene Reihe von Vorschlägen, die davon ausgehen, Freiheit des Willens bestehe darin, dass nichtkausale Größen kausale Verkettungen aufsprengen, indem sie selbst zu Ursachen nachfolgender Geschehnisse werden, ohne ihrerseits Wirkungen vorausliegender Bedingungen zu sein (siehe Abschnitt 4.1).

Und womöglich ist es ohnehin ein verirrter Ansatz, Freiheit an einen Mangel an Geregeltheit knüpfen zu wollen. Womöglich hat Freiheit weit mehr mit der stabilen Kontrolle subjektiver Bestrebungen oder der verlässlichen Orientierung an objektiven Standards zu tun, die in deterministischen Systemen viel eher umsetz-

30 Vgl. Penrose, *The Emperor's New Mind*, S. 558; Penrose, *Shadows of the Mind*, S. 329 f., 349 f.; Wiggins, »Towards a Reasonable Libertarianism«, S. 51 f.

bar sein dürften als in indeterministischen Systemen. Zwar kann sich Willensfreiheit gewiss nicht in der kausalen Vorherbestimmtheit solcher Systeme erschöpfen. Aber ihre nichtkausalen Bestimmungen mögen immer noch besser an deterministische Strukturen anschließbar sein als an indeterministische Strukturen (siehe Abschnitt 30.3).

3.2. Es dürfte kaum zu bezweifeln sein, dass das menschliche Gehirn, verglichen mit anderen Gegenständen der realen Welt, ein überaus komplexes Gebilde darstellt. Allein die Anzahl der relevanten Einheiten und Verbindungen ist nach üblichen Maßstäben enorm, die ablaufenden Prozesse sind ihrer Natur nach vielfältig, und es existieren zahlreiche Rückkopplungen zwischen seinen Ebenen. Hinzu kommt, dass der Versuch, diese Entitäten und Mechanismen zu begreifen, ein grundsätzlich reflexives Unterfangen ist. Die Erforschung und das Verständnis neuronaler Prozesse sind ihrerseits mit den Kapazitäten und Funktionen menschlicher Gehirne zu leisten, bilden also letztlich selbstbezogene Bemühungen, in denen untersuchende Instanz und untersuchtes Objekt von gleicher Art sind. Vor diesem Hintergrund ist es durchaus glaubhaft, dass neuronale Prozesse, auch wenn sie vielleicht nicht inhärent probabilistisch verfasst sein sollten, doch zumindest teilweise strikt unvorhersagbar sein könnten, beispielsweise weil in ihnen deterministisches Chaos herrscht oder weil es bei ihnen zu selbstwiderlegenden Prophezeiungen kommt. Entsprechend mögen Entscheidungen und Handlungen, die ihrerseits aus neuronalen Funktionen hervorgehen, die gleiche Unzugänglichkeit aufweisen, also ebenfalls einer subjektiven Unkenntnis empirischer oder logischer Art unterliegen, die niemals gänzlich zu beheben wäre.

In dieser Linie stellen manche Autoren Betrachtungen an, denen zufolge Willensfreiheit sich auf die Unvorhersagbarkeit des menschlichen Gehirns beziehungsweise menschlicher Handlungen gründen ließe: Diesen Vorstellungen gemäß entziehen sich zumindest manche neuronalen Prozesse, und damit auch die entsprechenden Entscheidungen und Handlungen, jeder soliden Aussicht auf vollständige Prognostizierbarkeit. Angesichts dieser Unvorhersagbarkeit sei der Wille frei.[31]

31 Vgl. Ismael, *How Physics Makes Us Free*, S. 169-171; MacKay, »On the Logical Indeterminacy of a Free Choice«, S. 32 f., 34 f., 37-39; MacKay, *Freedom of Action*

Indessen ist leicht einzusehen, dass ein derartiger Ansatz, auch falls die Voraussetzung der Unvorhersagbarkeit des menschlichen Gehirns beziehungsweise menschlicher Handlungen korrekt sein sollte, für sich allein genommen keine Antwort auf die Frage der Willensfreiheit liefern kann: Selbst wenn das menschliche Gehirn keine verlässlichen Prognosen gestatten sollte, selbst wenn es der fraglichen Person immer unergründlich bleiben müsste, selbst wenn es für äußere Beobachter niemals durchschaubar werden könnte und selbst wenn all dies entsprechend auch für menschliches Entscheiden und Handeln zutreffen sollte, ergäbe sich hieraus nur erst die *Unzugänglichkeit und Unwägbarkeit* eines unverstandenen Geschehens, aber noch längst keine *Freiheit oder Verantwortlichkeit* menschlichen Tuns. Vor allem ginge es nach wie vor um eine kausale Bestimmung jenes Entscheidens und Handelns, obgleich es keine *vorhersagbare Kausalität* mehr wäre, sondern eben eine *unvorhersagbare Kausalität*.[32]

Die Versuchung, Willensfreiheit auf Unvorhersagbarkeit zu gründen, ist groß. Jedoch beruht sie häufig auf dem fundamentalen Irrtum, Kausalität und Vorhersagbarkeit rundheraus gleichzusetzen oder jedenfalls zu eng miteinander zu verbinden, um auf diese Weise Unvorhersagbarkeit als Zustand von oder zumindest als Hinweis auf Willensfreiheit interpretieren zu können.[33] Im ersten Fall heißt es, Kausalität sei mit Vorhersagbarkeit identisch, beides bedeute semantisch dasselbe. Im zweiten Fall wird behauptet, Kausalität schlage sich in Vorhersagbarkeit nieder, sie sei durch diese kriteriell nachweisbar.

Die erstere Auffassung ist offenkundig falsch: Kausalität und Vor-

in a Mechanistic Universe, S. 7-9, 11-17, 36-38; Nida-Rümelin, *Über menschliche Freiheit*, S. 49-51, 61-69; Scriven, »An Essential Unpredictability in Human Behavior«, S. 419 f., 425; Walde, *Willensfreiheit und Hirnforschung*, S. 20-22, 174-179.

32 Vgl. Keil, *Willensfreiheit*, S. 74; Mackie, *Ethics*, S. 222 f.; Margenau, *Scientific Indeterminism and Human Freedom*, S. 59 f.; Penrose, *The Emperor's New Mind*, S. 559; Popper, *The Open Universe*, S. 123-127; Roth, *Fühlen, Denken, Handeln*, S. 507, 511, 530; Russell, *Our Knowledge of the External World*, S. 238; Seebaß, »Freiheit und Determinismus (Teil 1)«, S. 4 f.; Smilansky, *Free Will and Illusion*, S. 58; Wallace, *Responsibility and the Moral Sentiments*, S. 3 f.

33 Vgl. Ginet, »Can the Will be Caused?«, S. 49-55; Planck, »Kausalgesetz und Willensfreiheit«, S. 157, 161-165; Planck, »Vom Wesen der Willensfreiheit«, S. 302-310; Planck, »Determinismus oder Indeterminismus«, S. 335-337; Schlesinger, »The Unpredictability of Free Choices«, S. 214, 219, 221.

hersagbarkeit haben keinesfalls dieselbe *Bedeutung*. Dies geht schon daraus hervor, dass beide Konzepte sich auf völlig unterschiedlichen Ebenen bewegen. Kausalität bezeichnet ein ontologisches Verhältnis, nämlich eine Beziehung zwischen Ereignissen oder Zuständen, Vorhersagbarkeit hingegen benennt ein epistemologisches Verhältnis, nämlich eine Beziehung zwischen solchen Vorkommnissen und deren Betrachtern. Eher noch mag die letztere Auffassung plausibel erscheinen: Vorhersagbarkeit könnte ein *Kriterium* für Kausalität sein. Vorhersagbarkeit würde mithin als epistemologisches Indiz für das ontologische Phänomen der Kausalität aufgefasst. Die Frage hieran anschließend wäre, ob sie notwendig oder hinreichend für sie sein sollte.

Notwendig ist sie sicherlich nicht. Kausalität kann allemal auch ohne Vorhersagbarkeit auftreten, nämlich wenn sie indeterministischer Art ist und somit allein probabilistische Verläufe vorzeichnet (objektiv unbestimmt ist) oder wenn sie sich aufgrund übergroßer Empfindlichkeit oder selbstaufhebender Rückbezüglichkeit nicht hinreichend aufschlüsseln lässt (subjektiv unzugänglich ist).[34] Allenfalls könnte sie hinreichend sein. Vorhersagbarkeit müsste dann stets Kausalität implizieren, genauer offenbar eine solche, die keinerlei Zufälligkeit enthielte (objektiv deterministisch wäre) und keinerlei Unauflösbarkeit aufwiese (subjektiv transparent wäre).

Selbst dieser Zusammenhang ist indessen fragwürdig: Vorhersagen könnten auch gelingen, weil man Kenntnis von den Überlegungen oder den Gründen hat, die einen Entscheider bewegen. Sie könnten erfolgreich sein, weil man Vertrauen in die Klugheit oder die Moralität hegt, die einen Handelnden bestimmen. Einsichten in eine etwaige *Kausalität*, die hinter seinen Entscheidungen und Handlungen stehen könnte, müssen hierbei keine Rolle spielen. Dann ist solche Vorhersagbarkeit menschlichen Verhaltens aber auch nicht uneingeschränkt als hinlängliches Kriterium für dessen Kausalität anzusehen: Vielleicht findet das Anstellen von Überlegungen oder das Befolgen von Gründen in Lücken der Kausalität statt oder durchbricht diese sogar aktiv, so dass in solchen Fällen gar keine Kausalität vorliegt. Vielleicht treten Überlegungen oder Gründe zwar zugleich mit Kausalität auf oder werden über-

34 Vgl. Dupré, *The Disorder of Things*, S. 174 f.; Earman, *A Primer on Determinism*, S. 5-10; Smart, *Between Science and Philosophy*, S. 293-295; Suppes, »The Transcendental Character of Determinism«, S. 244-250.

haupt erst durch diese effektiv, ohne dabei aber das Vorliegen jener Kausalität eindeutig anzuzeigen. Speziell die *Vorhersagbarkeit* einer Entscheidung oder Handlung müsste nicht unbedingt von jener Kausalität herrühren, so dass sie als deren zureichendes Indiz gelten dürfte, sondern könnte allein auf der Überlegtheit oder Begründetheit beruhen, auch wenn diese ihrerseits von Kausalität begleitet wäre oder über sie wirksam würde.

Wenn man Willensfreiheit ernsthaft auf Unvorhersagbarkeit gründen wollte, so müsste man Fälle aufzeigen, bei denen solche Unvorhersagbarkeit nachweislich aus nichtkausalen Bestimmungen entspringt. Sie dürfte nicht lediglich auf dem Umstand beruhen, dass kausale Abläufe in ihren genauen Ergebnissen nicht vollkommen determiniert oder nicht vollständig aufzulösen sind. Sie müsste darin wurzeln, dass ein nichtkausales Element im Entscheiden nicht antizipierbar ist. Sie müsste darauf zurückgehen, dass eine autonome Komponente des Handelns sich nicht prognostizieren lässt.

Der bloße Sachverhalt, dass man eine Entscheidung oder Handlung nicht vorhersehen kann, bezeichnet zunächst nur einen epistemologischen Zustand subjektiver Unkenntnis. Mit einem ontologischen Zustand objektiver Freiheit, wie auch immer dieser genauer zu fassen wäre, hat dies noch nichts zu tun. Unvorhersagbarkeit für sich allein genommen besagt somit nicht viel, sie mag lediglich darauf beruhen, dass kausale Hintergründe inhärent zufällig verfasst sind oder dass sich diese kausalen Hintergründe empirisch oder logisch nicht aufschlüsseln lassen. Dass das Entscheiden oder Handeln, stattdessen oder zusätzlich, einer autonomen Bestimmung unterliegt, wäre erst noch nachzuweisen (siehe Abschnitt 19 und 20).

Und vielleicht ist es sowieso keine ausgemachte Sache, ob sich Freiheit in einem Mangel an Prognostizierbarkeit aussprechen muss. Vielleicht kann sich Freiheit mindestens ebenso gut in der Verlässlichkeit und Absehbarkeit unserer Entscheidungen und Handlungen äußern wie in Unsicherheiten und Überraschungen hinsichtlich unseres Denkens und Tuns. Zwar wird man sich hierbei nicht mit rein kausal basierten Prognosen begnügen dürfen, wenn Willensfreiheit involviert sein soll. Aber für auch nichtkausal angelegte Vorhersagen könnte sie ihrem Wesen nach allemal offenstehen (siehe Abschnitt 30.2).

3.3. Schließlich kann kaum ein vernünftiger Zweifel daran bestehen, dass menschliche Gehirne offene Systeme sind. Ganz ersichtlich hängen ihre jeweiligen Zustände nicht allein von einer internen, neuronalen Kausalität ab, sondern werden von jenseits ihrer physiologischen Grenzen her massiv durch externe, nichtneuronale Ereignisse beeinflusst. Zu fast jedem Zeitpunkt sind menschliche Gehirne sensorisch und motorisch auf äußere Bedingungen gerichtet, die in ihrer Beschaffenheit und ihrem Verlauf keiner neuronalen Kausalität unterliegen. Über ihre gesamte Lebensspanne hinweg sind menschliche Gehirne überaus plastische Gebilde, die in ihren genauen Verschaltungen durch vielfache Umweltreize nichtneuronaler Art geprägt werden. Somit mag zwar ein gegebenes mentales Ereignis stets an eine neuronale Grundlage gekoppelt sein, doch diese neuronale Basis muss ihrerseits nicht durch eine ausschließlich neuronale Kausalität bestimmt werden. Entsprechend mögen auch Entscheidungen und Handlungen zwar aus neuronalen Zuständen hervorgehen, ohne deshalb aber einer rein neuronalen Kausalität zu unterstehen.

Diese Tatsache könnte ebenfalls geeignet sein, eine Aussicht auf Willensfreiheit zu eröffnen: Obschon menschliches Entscheiden und Handeln sicherlich auf neuronalen Strukturen und Prozessen aufruht, unterliegt es offenbar nicht durchweg neuronaler Kausalität, sondern unterschiedlichsten anderen Prägungen. Wegen dieser Offenheit könnte der Wille frei sein.[35]

Freilich ist dieser Ansatz, wie treffend und bedeutsam seine Grundeinsicht auch sein mag, für sich allein genommen wiederum nicht ausreichend für Willensfreiheit: Die Offenheit des Gehirns als solche impliziert nur erst die *Externalität gewisser Einflüsse*, aber noch längst keine *Freiheit oder Verantwortlichkeit* menschlichen Tuns. Insbesondere mögen die fraglichen nichtneuronalen Bestimmungen des Entscheidens und Handelns nach wie vor kausaler Art sein, so dass nun zwar keine *monistische Kausalität* mehr vorläge, aber dafür eben eine *pluralistische Kausalität*.[36]

Für Willensfreiheit wäre durch jene Offenheit erst etwas ge-

35 Vgl. Sturma, »Freiheit im Raum der Gründe«, S. 141; Walter, *Illusion freier Wille?*, S. 248-250, 370-372.

36 Vgl. Roth, *Fühlen, Denken, Handeln*, S. 556 f.; Singer, *Ein neues Menschenbild?*, S. 18-20, 23, 69-71, 97 f.

wonnen, falls an den entsprechenden Systemgrenzen irgendwelche nichtkausalen Strukturen ansetzen könnten. Solange dort lediglich weitere kausale Einflüsse nichtneuronaler Art wirksam werden sollten, seien es physikalische oder biologische Bedingungen der natürlichen Umwelt, seien es psychische oder soziale Konstellationen und Prozesse seitens anderer Personen oder Gruppen, wäre dies ohne Ertrag für das Freiheitsproblem.

Willensfreiheit, verstanden als der Zustand, nicht oder zumindest nicht nur kausal, sondern stattdessen oder zumindest zudem autonom bestimmt zu sein, kann sich nicht schon aus dem systemischen Wechselspiel unterschiedlicher Verursachungstypen ergeben. Sie bedarf vielmehr der ontologischen Wirksamkeit nichtkausaler Bestände, um sowohl ihren negativen Sinn als auch ihre positive Bedeutung zu erfüllen.

Tatsächlich werde ich im weiteren Verlauf dieses Buchs nachzuzeichnen versuchen, wie eine solche Konstellation ohne übermäßige Spekulation denkbar ist. Insbesondere werde ich bemüht sein, verständlich zu machen, dass eine *nichtkausale Prägung* menschlichen Handelns stattfinden kann, ohne hierbei die *kausale Verbindung* der realen Welt unterbrechen zu müssen. *Empfänglichkeit* für nichtkausale Strukturen setzt nicht voraus, dass *Lücken* im kausalen Gefüge bestehen. Insbesondere muss es keine Ursachen in der realen Welt geben, die nicht ihrerseits Wirkungen von kausalen Vorbedingungen wären.

Die Offenheit des Gehirns wird für die geforderte Verknüpfung in einem gewissen Sinne zentral sein. Aber es genügt nicht eine *strukturelle Offenheit* für *kausale Einflüsse*, welche die äußere Umwelt oder andere Menschen ausüben. Erforderlich ist eine *repräsentationale Offenheit* für *rationale Strukturen*, die über das individuelle Dasein wie über das kollektive Miteinander hinausweisen. Es bedarf der Abbildung von Gründen, die ihrerseits weder psychische Strukturen noch soziale Gebilde sind (siehe Abschnitt 22 bis 24).

Und möglicherweise sollte es keine zu große Überraschung sein, dass Freiheit nur über den Zugang zu etwas Andersartigem zu erreichen ist. Menschen sind an sich selbst völlig kausale Gebilde. Ihr eigenes Sein erschöpft sich vollständig in biologischen und physikalischen Beständen, in psychischen und sozialen Gegebenheiten. Wenn ihr Entscheiden und Handeln zusätzlich einer nichtkausalen Bestimmung fähig sein soll, kann dies nur über den Anschluss an

Strukturen gelingen, die grundsätzlich jenseits dieser Dimensionen und Räume liegen (siehe Abschnitt 30.1).

In jedem Fall dürften die vorstehenden Erörterungen dazu beigetragen haben, das Problem der Willensfreiheit präziser aufzufassen: Freiheit des Willens müsste eine ontologische Beschaffenheit des Entscheidens und Handelns kennzeichnen, welche die übliche Prägung von Dingen und Vorgängen gemäß der Kausalität der Natur übersteigt, das heißt entweder tatsächlich durchbricht oder zumindest geeignet ergänzt. Dafür genügt es nicht, wenn jene Kausalität sich ihrerseits auf maßgeblichen Ebenen, etwa mit Blick auf das menschliche Gehirn, als indeterministisch, unvorhersagbar oder offen erweisen sollte: Indeterminiertheit ist lediglich eine ontologische Variante von Kausalität, Unvorhersagbarkeit bezeichnet allein ein epistemologisches Verhältnis zu jener Kausalität, und Offenheit bildet nur erst eine systemische Anordnung dieser Kausalität.

Für sich allein würden diese Befunde daher nichts an der kausalen Bestimmung menschlichen Entscheidens und Handelns ändern, die für Willensfreiheit problematisch ist: Willensfreiheit im negativen Sinne, als »Freiheit von«, muss zuletzt Freiheit von bloßer Kausalität sein. Und für sich allein liefern diese Befunde auch keine autonome Komponente im menschlichen Entscheiden und Handeln, die für Willensfreiheit nötig wäre: Willensfreiheit im positiven Sinne, als »Freiheit zu«, wird nicht einfach durch Zufälligkeit, Unkenntnis oder Externalität gewonnen.

II. Zwei Wege des Kompatibilismus

Kompatibilistische Positionen gehen davon aus, dass Willensfreiheit und Naturkausalität miteinander vereinbar sind. Dabei bildet der Kompatibilismus im Anschluss an Harry Frankfurt und Wilfrid Sellars zwei Hauptlinien aus, die Willensfreiheit entweder über die reflexive Struktur des Überlegens, genauer über eine spezielle Hierarchie in der Wunschbildung von Personen, oder aber über die rationale Struktur von Gründen, namentlich über ihre besondere Normativität im Gegensatz zu Ursachen, erklären wollen.

4. Kompatibilismus und Inkompatibilismus

4.1. Es gibt verschiedene Möglichkeiten, philosophische Positionen zum Verhältnis von Willensfreiheit und Naturkausalität zu klassifizieren.[1] Eine wichtige Einteilung verläuft entlang der grundlegenden Frage, ob Freiheit und Kausalität miteinander vereinbar sind (Kompatibilismus) oder ob sie einander widersprechen (Inkompatibilismus). Im letzteren Fall ergibt sich die weiterführende Differenz, ob es somit keine Freiheit gibt, weil alle realen Geschehnisse einer lückenlosen Kausalität unterliegen (Determinismus), oder ob Freiheit sehr wohl existiert, indem es zu geeigneten Unterbrechungen jener natürlichen Kausalität kommt (Libertarismus).[2] Auch ich werde diese Einteilungen im Folgenden verwenden, möchte sie aber aus systematischen Gründen in zweierlei Hinsicht besonders akzentuieren. Dies mag gelegentlich zu kleineren Abweichungen demgegenüber führen, wie diese Ansätze in anderen Werken definiert sind oder welche Autorinnen und Autoren ihnen jeweils zugeordnet werden. Es scheint mir aber eine günstige Weichenstellung zu sein, um die wesentlichen Standpunkte der Debatte zu kennzeichnen und eine Lösung der eigentlichen Probleme vorzubereiten.

1 Vgl. Kane, *A Contemporary Introduction to Free Will*, S. 12-31; Pereboom, *Living Without Free Will*, S. xiii-xix; Strawson, *Freedom and Belief*, S. 4-7; van Inwagen, *An Essay on Free Will*, S. 13-15.

2 Vgl. Beckermann, *Gehirn, Ich, Freiheit*, S. 91-95; Keil, *Willensfreiheit*, S. 6-14; Walde, *Willensfreiheit und Hirnforschung*, S. 56-87; Walter, *Illusion freier Wille?*, S. 23-26, 51-72.

Zum einen soll es bei der Frage der Vereinbarkeit von Freiheit und Kausalität dezidiert um *Willensfreiheit*, nicht um *Handlungsfreiheit* gehen: Dass Handlungsfreiheit und Naturkausalität zusammen bestehen können, ist trivial, da man auch bei durchweg kausal bestimmten Entscheidungen und Handlungen offenbar zuweilen tun kann, was man will – namentlich solange man sich keiner Gewalt und keinem Zwang ausgesetzt findet und man über die nötigen Ressourcen und die erforderlichen Ausstattungen verfügt (siehe Abschnitt 1.2). Sich also damit abzugeben, ob und inwieweit menschliche Handlungsfreiheit bestehen kann, wenn eine durchgängige Naturkausalität herrschen sollte, wäre vom Ansatz her kaum ein interessantes Projekt und liefe zudem an der Thematik menschlicher Willensfreiheit vorbei. Speziell als *Kompatibilismus* werde ich daher im Folgenden nur solche Positionen einstufen, in denen ausdrücklich *Willensfreiheit* als verträglich mit Naturkausalität angesehen wird (auch wenn die Gegner solcher Entwürfe womöglich behaupten würden, dass das darin vertretene Konzept von Willensfreiheit unzureichend sei und letztlich doch nur als eine spezielle Version von Handlungsfreiheit durchgehen könne). Wenn demgegenüber manche Autoren erklären, angesichts der lückenlosen Kausalität natürlicher Prozesse gebe es keine Freiheit des Willens, sehr wohl indessen eine Freiheit des *Handelns* (wie beispielsweise Hobbes oder Hume), sollte man sie passenderweise als *Deterministen* klassifizieren (so wie etwa auch Spinoza oder Voltaire) – und zwar genauer nicht nur dann, wenn sie hierbei eine tatsächlich deterministisch verfasste Natur voraussetzen, sondern auch dann, wenn sie lediglich eine durchweg kausal strukturierte Natur annehmen.

Zum anderen nämlich soll es bei der Frage des Verhältnisses von Freiheit und Kausalität stets auch um *indeterministische* Kausalität, nicht allein um *deterministische* Kausalität gehen: Dass indeterministische Kausalität als solche keine menschliche Willensfreiheit begründen kann, ist offenkundig, insofern rein probabilistisch verfasste Entscheidungen oder Handlungen zwar vielleicht nicht vorherbestimmt, aber sicherlich auch nicht willensfrei wären – sondern immer noch ausschließlich kausal beschaffen und zudem zufällig und beliebig (siehe Abschnitt 3.1). Sich folglich damit aufzuhalten, ob die kausalen Zusammenhänge in der realen Welt vielleicht gar nicht allesamt deterministisch, sondern teilweise indeterministisch angelegt sein mögen, wäre für die Existenz von Freiheit in der Welt unerheblich und bliebe auch für die Vereinbarkeit von Kausalität und Freiheit nachrangig. Speziell den *Inkompatibilismus* werde ich darum im Folgenden als die Auffassung konzipieren, dass *jede durchgängige Naturkausalität* mit menschlicher Willensfreiheit unverträglich sei (auch wenn die Vertreter dieser Auffassung mitunter auf den Fall deterministischer Kausalität fokussieren und die Variante indeterministischer Kausalität vernachlässigen mögen). Wenn demgegenüber einige *Libertarier* behaupten, dass menschliches Entscheiden und Handeln willensfrei sein könne, weil es indeterministische Prozesse im Gehirn gebe (wie beispielsweise Kane oder van Inwagen), müssen sie darüber hinaus an jenen indeterministischen Systemstellen eine Unterbrechung der Naturkausalität durch *eine freie Instanz* postulieren (so wie etwa auch Eccles oder Chisholm) – die ihrerseits eben nicht nur der deterministischen Kausalität entzogen wäre, sondern über jeglicher Kausalität stünde.

Entsprechend bezeichne ich in diesem Buch mit *Determinismus* eine bestimmte Gruppe *philosophischer Theorien*, nämlich jene, deren Vertreter Willensfreiheit und Verantwortlichkeit mit Verweis auf die lückenlose Kausalität aller natürlichen Prozesse bestreiten, gleich ob sie diese natürliche Kausalität genauer als deterministisch oder auch als indeterministisch einschätzen. Demgegenüber verwende ich den Begriff *Determiniertheit* für eine bestimmte Beschaffenheit *kausaler Verhältnisse*, nämlich jene, bei denen eine Ursache ihre Wirkung mit strenger Notwendigkeit hervorbringt, im Unterschied zu indeterministischen Beziehungen kausaler Art, bei denen dies nur mit gewisser Wahrscheinlichkeit geschieht.

Insbesondere sind damit *Kompatibilisten* keine Deterministen, obgleich sie allemal eine lückenlose Determiniertheit aller natürlichen Prozesse, inklusive menschlicher Entscheidungen und Handlungen, *annehmen können*, indem sie diese, beziehungsweise kausale Verhältnisse überhaupt, als verträglich mit Willensfreiheit und Verantwortlichkeit einschätzen. Noch offenkundiger sind *Libertarier* keine Deterministen, da sie tatsächlich jene lückenlose Determiniertheit aller natürlichen Prozesse, speziell für menschliche Entscheidungen und Handlungen, *bestreiten müssen*, weil sie diese, beziehungsweise kausale Verknüpfungen insgesamt, für unverträglich mit Willensfreiheit und Verantwortlichkeit halten.

Kompatibilisten gehen also davon aus, dass Freiheit des Willens, zumindest in einem angemessenen Verständnis des Begriffs, und Kausalität der Natur, als gesetzhafte Verknüpfung von Ereignissen oder Zuständen, miteinander vereinbar sind. Es existiert kein wirklicher Konflikt zwischen beiden Formen der Bestimmung von Geschehnissen (so dass die eine ganz oder teilweise aussetzen müsste, damit die andere ganz oder teilweise bestehen könnte). Vielmehr können Willensfreiheit und Naturkausalität bei ein und derselben Begebenheit zugleich vorliegen. Insbesondere kann es auch in einer lückenlos kausalen Natur autonome menschliche Entscheidungen und Handlungen geben (die als reale Geschehnisse nun einmal nicht außerhalb der natürlichen Welt liegen, sondern innerhalb ihrer stattfinden, etwa als psychische oder soziale Vollzüge, und entsprechend von jenem lückenlos kausalen Charakter erfasst wären).

Es wäre prinzipiell denkbar, eine kompatibilistische Auffassung zu vertreten, also Willensfreiheit und Naturkausalität als miteinander vereinbar anzusehen, ohne zugleich auch der Meinung zu sein, dass sich diese Vereinbarkeit tatsächlich realisiert: Dann würde man einräumen, dass Willensfreiheit und Naturkausalität zusammen bestehen *können*, ohne indes davon auszugehen, dass sie es jemals *tun*. Man mag sogar die Vereinbarkeit beider zugeben und zugleich der Überzeugung sein, dass es keine Willensfreiheit gibt, dass es keine Naturkausalität gibt oder dass am Ende keines von beiden existiert.[3] Üblicherweise gehen Kompatibilisten jedoch davon aus, dass *beides in der Welt vorkommt*, und für gewöhnlich meinen sie auch, dass Willensfreiheit und Naturkausalität *bei manchen Gelegenheiten zugleich vorliegen*. Genauer nehmen sie in der Regel eine lückenlose Kausalität der Natur an, zu der gelegentlich eine Freiheit des Willens hinzutritt: Insbesondere trifft Letzteres nach ihrer Einschätzung auf zumindest manche menschlichen Entscheidungen und Handlungen zu. Diese sind zwar, wie alle Geschehnisse, kausal beschaffen. Aber sie sind, aufgrund besonderer Eigenschaften, auch autonom bestimmt.

Willensfreiheit zu besitzen heißt demzufolge für einen Kompatibilisten genauer, *nicht nur* kausal (negativer Sinn von Freiheit), *sondern auch* autonom (positiver Sinn von Freiheit) verfasst zu sein. Aus kompatibilistischer Sicht ist es kein Problem, dass freie Ent-

3 Vgl. Mele, *Autonomous Agents*, S. 142; Mele, *Free Will and Luck*, S. 3 f.; Strawson, *Freedom and Belief*, S. 5-7.

scheidungen und Handlungen *zudem einer kausalen Bestimmung* unterliegen, und womöglich verlangt ein angemessenes Konzept von Willensfreiheit sogar, bei seinen Entscheidungen und Handlungen *in der richtigen Weise* kausal bestimmt zu sein.[4] Zwar *beschränken* sich autonome Entscheidungen und Handlungen gewiss nicht auf irgendwelche kausalen Konstellationen und Relationen (Willensfreiheit erschöpft sich nicht in bloßer Naturkausalität), aber sie realisieren sich zugleich *mit* ihnen, vielleicht neben ihnen, vielleicht sogar durch sie (Willensfreiheit erlaubt eine gleichzeitige Naturkausalität). Willensfreiheit geht sicherlich über Naturkausalität *hinaus*, und dennoch kann freies Entscheiden und Handeln in gewissen natürlichen Prozessen und Geschehnissen *anzutreffen* sein, sie womöglich begleiten, sie womöglich auch prägen, ungeachtet ihrer grundsätzlichen kausalen Beschaffenheit, oder gerade aufgrund ihrer besonderen kausalen Beschaffenheit.[5]

4 Ayer, »Freedom and Necessity«, S. 276-282; Bergmann, *On Being Free*, S. 236 f.; Hobart, »Free Will as Involving Determination and Inconceivable Without It«, S. 13 f.; Nowell-Smith, »Freewill and Moral Responsibility«, S. 45-48.

5 Beckermann, *Gehirn, Ich, Freiheit*, S. 110-132; Bieri, *Das Handwerk der Freiheit*, S. 21-24, 49-53, 158 f., 187-192, 230-279, 417-423; Bok, *Freedom and Responsibility*, S. 3-9, 52; Dennett, *Elbow Room*, S. 26-34, 165-172; Dennett, *Freedom Evolves*, S. 13, 15 f., 97 f., 101 f., 221-226, 287, 304-308; Dworkin, *Justice for Hedgehogs*, S. 12 f., 219-252; Fischer, *The Metaphysics of Free Will*, S. 147-154, 158 f., 178-183, 188 f.; Fischer/Ravizza, *Responsibility and Control*, S. 14-16, 28-34, 151-169, 225-230; Haji, *Incompatibilism's Allure*, S. 26 f.; Haji, *Reason's Debt to Freedom*, S. 234-239; Hart, »Legal Responsibility and Excuses«, S. 28-31; Kenny, *Will, Freedom and Power*, S. 145-161; Mackie, *Ethics*, S. 220-226; Melden, *Free Action*, S. 201 f.; Nelkin, *Making Sense of Freedom and Responsibility*, S. 3, 6; Pauen, *Illusion Freiheit?*, S. 14-20, 105 f., 162-165, 184 f.; Pauen/Roth, *Freiheit, Schuld und Verantwortung*, S. 10, 39, 46; Pothast, *Wie frei wir sind, ist unsere Sache*, S. 22 f.; Rescher, *Predicting the Future*, S. 145-148; Ross, *Foundations of Ethics*, S. 243-251; Russell, *Our Knowledge of the External World*, S. 231-240; Russell, »Compatibilist-Fatalism«, S. 199-218; Russell, »Free Will, Art and Morality«, S. 307-325; Ryle, *The Concept of Mind*, S. 73-80; Scanlon, »The Significance of Choice«, S. 152-155, 166-177; Scanlon, *What We Owe to Each Other*, S. 248-251, 255 f., 274-277, 281 f.; Schlick, *Fragen der Ethik*, S. 482-495; Skorupski, *The Domain of Reasons*, S. 468 f.; Smart, »Free-Will, Praise and Blame«, S. 302-306; Smart, *Between Science and Philosophy*, S. 301-304; Spohn, »Der Kern der Willensfreiheit«, S. 72-77; Strawson, »Freedom and Resentment«, S. 1-4, 22-27; Sturma, »Die Natur der Freiheit«, S. 385, 393; Sturma, »Ausdruck von Freiheit«, S. 194 f., 206, 211; Tugendhat, »Der Begriff der Willensfreiheit«, S. 342; Vihvelin, *Causes, Laws, and Free Will*, S. 1-3, 16-20; von Wright, *Explanation and Understanding*,

Inkompatibilisten meinen demgegenüber, dass Willensfreiheit, jedenfalls in einem gehaltvollen Sinne des Konzepts, und Naturkausalität, als nomologische Ordnung von Entitäten und Prozessen, nicht miteinander vereinbar sind. Es lässt sich keinerlei Koexistenz zwischen beiden Arten der Bestimmung von Begebenheiten denken (so dass diese zwar zum einen kausal, aber zum anderen autonom wären). Daher können Willensfreiheit und Naturkausalität nicht bei ein und demselben Geschehnis zugleich auftreten. Insbesondere könnten in einer lückenlos kausalen Natur keine freien menschlichen Entscheidungen und Handlungen vorkommen (da sie als reale Begebenheiten nun einmal innerhalb jener natürlichen Ordnung stattfinden, sich in der Zeit abspielen, im Raum verortet sind und entsprechend auch ihrem ununterbrochenen Gefüge von kausalen Abfolgen unterworfen wären).

Es ist grundsätzlich möglich, eine inkompatibilistische Position einzunehmen, der zufolge Freiheit und Kausalität nicht vereinbar sind, ohne zugleich die Einschätzung zu vertreten, dass stets eine der beiden Bestimmungsformen vorliegen muss: Es wäre auch vorstellbar, dass sich bei manchen Begebenheiten *weder* Willensfreiheit *noch* Naturkausalität findet. Man könnte sogar der Auffassung sein, dass zwar beide einander ausschließen würden, dass aber tatsächlich keines von beidem jemals existiert.[6] Normalerweise meinen Inkompatibilisten jedoch, dass *zumindest eines von beidem in der Welt vorkommt*, Willensfreiheit oder Naturkausalität, und vielfach gehen sie auch davon aus, dass *bei jeder Gelegenheit exakt eines von beidem vorliegt.* Genauer werden vor diesem Hintergrund vor allem drei Positionen inkompatibilistischen Typs vertreten: Entweder sämtliche Begebenheiten sind frei und nicht kausal. Oder sämtliche Begebenheiten sind kausal und nicht frei. Oder manche Begebenheiten sind kausal und andere frei.

Erstens behaupten manche Autoren, es gebe in der Natur eigentlich gar keine Kausalität, sondern alles reale Geschehen gehe auf be-

S. 118-131; von Wright, »Of Human Freedom«, S. 162-168; Wallace, *Responsibility and the Moral Sentiments*, S. 2 f., 7 f., 154 f., 180-186; Walter, *Neurophilosophie der Willensfreiheit*, S. 205-236, 241-299, 327-354, 361 f.; Walter, *Illusion freier Wille?*, S. 369-380; Willaschek, »Freiheit als Bedingung für Verantwortung«, S. 202-205; Wolf, *Freedom Within Reason*, S. 68-81, 96 f., 100-116.

6 Vgl. Mele, *Autonomous Agents*, S. 142; Mele, *Free Will and Luck*, S. 3 f.; Strawson, *Freedom and Belief*, S. 5-7.

ständige Freiheit zurück. Ein solcher *Idealismus* (präziser vielleicht als *spekulativer panlibertärer Idealismus* zu bezeichnen) ist eine sehr ungewöhnliche Position, da er nicht nur einigen menschlichen Entscheidungen und Handlungen, sondern allen Prozessen in der realen Welt, der belebten wie der unbelebten Natur, letztlich die kausale Verfasstheit abspricht und sie stattdessen auf einen freiheitlichen Urgrund zurückführt. In der Geschichte der Philosophie findet man solche Idealismen vorrangig in der Form, dass sämtliche Geschehnisse von einem göttlichen Willen bestimmt seien, womit es zwar keine menschliche, aber eben eine göttliche Freiheit sei, die hinter der scheinbaren Ursächlichkeit, Gesetzhaftigkeit und Unvermeidlichkeit der natürlichen Begebenheiten stehe.[7] In Einzelfällen begegnet man indessen auch Varianten, denen zufolge die äußeren Objekte tatsächlich vom betrachtenden Subjekt abhängig seien, die angebliche Selbständigkeit, Kausalität und Notwendigkeit der materiellen Dinge also auf der souveränen Setzung zwar nicht eines empirischen, aber doch eines absoluten Ich beruhe, das hierin mit ursprünglicher Freiheit agiere.[8]

Zweitens halten einige Autoren umgekehrt dafür, in der Natur existiere keinerlei Freiheit, sondern alle realen Begebenheiten seien einer lückenlosen Kausalität unterworfen. Ein derartiger *Determinismus* (manchmal auch *harter Determinismus* genannt), dem zufolge sämtliche Prozesse in der realen Welt, insbesondere sämtliche menschlichen Entscheidungen und Handlungen, nicht frei, sondern kausal bestimmt sind, ist eine recht verbreitete Position, wobei die jeweiligen Felder und die genauen Formen jener Kausalität unterschiedlich markiert und charakterisiert werden. In der philosophischen Tradition finden sich dergleichen Ansätze sowohl mit Blick auf eine umfassende kausale Determiniertheit des gesam-

7 Berkeley, *A Treatise Concerning the Principles of Human Knowledge*, Part I, §§ 1-7, 22-33, 36, 51-53, 57, 60-66, 102-109, 146-150; Leibniz, *Essais de théodicée*, Partie III, § 345; Leibniz, *Monadologie*, §§ 36-55; Schelling, *Philosophische Untersuchungen über das Wesen der menschlichen Freiheit und die damit zusammenhängenden Gegenstände*, VII 349-352, VII 394-397; Schelling, *Die Weltalter*, VIII 209 f., VIII 239, VIII 244, VIII 252, VIII 269; Schelling, *Philosophie der Offenbarung*, Buch III, XIV 6-12.

8 Fichte, *Grundlage der gesammten Wissenschaftslehre als Handschrift für seine Zuhörer*, I 99, I 110, I 119 f., I 143-145, I 280 f.; Fichte, *Versuch einer neuen Darstellung der Wissenschaftslehre*, I 422 f., I 425 f., I 429-449, I 457 f., I 477 f., I 498-500; Fichte, *Wissenschaftslehre nova methodo*, S. 344-354.

ten Weltverlaufs, etwa einer natürlichen oder göttlichen Notwendigkeit, in die ausnahmslos alle Geschehnisse eingeordnet seien, als auch unter Verweis auf besondere kausale Determiniertheiten menschlichen Tuns, etwa psychischer oder sozialer Art, aber auch biologischen oder physikalischen Typs.[9] In der aktuellen Debatte stehen weiterhin psychische und soziale Kausalbeziehungen, etwa die Abhängigkeit menschlichen Handelns von vorgegebenen Persönlichkeitsanlagen oder Umwelteinflüssen, vermehrt aber auch genetische oder neuronale Kausalverhältnisse im Vordergrund der Betrachtung, wobei oftmals hervorgehoben wird, dass Willensfreiheit und Verantwortlichkeit nicht nur durch eine deterministische Form solcher kausaler Festlegungen, sondern auch durch eine indeterministische Beschaffenheit jener kausalen Bestimmungen ausgeschlossen seien.[10]

Drittens nehmen diverse Autoren an, dass sowohl Freiheit des Willens als auch Kausalität der Natur vorkommen, aber in unterschiedlichen Bereichen beziehungsweise bei verschiedenen Begebenheiten auftreten. Dies ist die Auffassung des *Libertarismus*

9 D'Holbach, *Système de la nature*, Partie I, Chap. 11; Hobbes, *Leviathan*, Part I, Chap. 5, § 5, Part I, Chap. 8, § 27, Part II, Chap. 21, § 4, Part V, Chap. 46, § 31; Hobbes, *Of Liberty and Necessity*, S. 239-278; Hume, *A Treatise of Human Nature*, Book II, Part 3, Sect. 1-2, Book III, Part 3, Sect. 4; Hume, *An Enquiry Concerning Human Understanding*, Sect. 8; Priestley, *The Doctrine of Philosophical Necessity Illustrated*, Pref., Sect. 1-10; Priestley, *A Free Discussion of the Doctrines of Materialism and Philosophical Necessity*, Part III, Additional Illustrations, Sect. 5; Spinoza, *Ethica*, Pars I, Prop. 16-17, 28-29, 32-33, 35, Pars II, Prop. 3, 48-49, Pars III, Prop. 2, Pars V, Praef., Prop. 6, 42; Voltaire, »Liberté (De la)«, S. 76-83.

10 Broad, *Determinism, Indeterminism, and Libertarianism*, S. 20-48; Double, *The Non-Reality of Free Will*, S. 5, 130 f., 217-229; Edwards, »Hard and Soft Determinism«, S. 117-125; Honderich, *A Theory of Determinism*, S. 106-113, 163-175, 244-250, 334-336, 373-375, 613; Honderich, *How Free Are You?*, S. 25 f., 31-43, 53 f.; Levy, *Hard Luck*, S. 1-10, 36-40; Markowitsch, »Warum wir keinen freien Willen haben«, S. 163-168; Pereboom, *Living Without Free Will*, S. 127-157; Pereboom, *Free Will, Agency, and Meaning in Life*, S. 1-4; Prinz, »Der Mensch ist nicht frei«, S. 20-26; Roth, *Fühlen, Denken, Handeln*, S. 494-544, 553 f.; Roth, »Worüber dürfen Hirnforscher reden – und in welcher Weise?«, S. 227-232; Singer, *Ein neues Menschenbild?*, S. 12 f., 20 f., 58 f., 64 f.; Singer, »Selbsterfahrung und neurobiologische Fremdbeschreibung«, S. 246-248, 250-255; Skinner, *Beyond Freedom and Dignity*, S. 19-22; Skinner, *About Behaviorism*, S. 57-61; Strawson, »The Impossibility of Moral Responsibility«, S. 5-7, 12-22; Strawson, *Freedom and Belief*, S. vi-viii, 21-51; Wegner, *The Illusion of Conscious Will*, S. 1-3, 26-28, 63-70, 95-98, 317-325, 334-342.

(oder *Libertarianismus*), dem gemäß gewisse Phänomene in der realen Welt, namentlich manche menschlichen Entscheidungen und Handlungen, nicht kausal, sondern frei sind. Vertreter dieser Position bestreiten zunächst oftmals grundsätzlich, dass natürliche Phänomene einer lückenlosen Kausalität unterliegen müssen, indem sie etwa hervorheben, dass solch eine unverbrüchliche Kausalität des gesamten Naturgeschehens keineswegs eine unbestreitbare empirische Tatsache darstelle, die durch lebensweltliche Beobachtungen oder wissenschaftliche Experimente eindeutig belegt sei oder notwendig vorausgesetzt werde, sondern auf einer hochgradigen metaphysischen Spekulation beruhe, deren ontologische Angemessenheit bei nüchterner Betrachtung durchaus fragwürdig bleibe.[11] Sodann führen sie häufig genauer an, dass gewisse autonome Entitäten oder Prozesse eben in den Unterbrechungen jener Naturkausalität ansetzen und ihrerseits den Gang des Naturgeschehens prägen können, so dass insbesondere manche menschlichen Entscheidungen und Handlungen beziehungsweise deren Effekte in der realen Welt frei und verantwortet seien.[12]

Genauer dürfen jene Entitäten oder Prozesse selbst keine Wirkungen vorausliegender Ursachen sein, da sie sonst offenbar nicht dem Gang der Naturkausalität entgehen und somit nach voraus-

11 Anscombe, »Causality and Determination«, S. 142-147; Berlin, *Four Essays on Liberty*, S. x f., xxiii-xxv, xxvii f., xxxvii; Dupré, *The Disorder of Things*, S. 171-214; Dupré, *Human Nature and the Limits of Science*, S. 153-173; Keil, *Willensfreiheit*, S. 30-39, 42-49, 101 f., 121-123, 127-129, 179 f.; Libet, »Do We Have Free Will?«, S. 55-57; Libet, *Mind Time*, S. 151-156; Lucas, *The Freedom of the Will*, S. 51-55, 59-62; Nida-Rümelin, *Über menschliche Freiheit*, S. 163 f.; Suppes, »The Transcendental Character of Determinism«, S. 253 f.; Suppes, »Voluntary Motion, Biological Computation, and Free Will«, S. 459-462.

12 Anscombe, »Causality and Determination«, S. 145-147; Dupré, *The Disorder of Things*, S. 214-217; Dupré, *Human Nature and the Limits of Science*, S. 173-182; Ginet, »Freedom, Responsibility, and Agency«, S. 85-93; Ginet, »An Action Can be Both Uncaused and Up to the Agent«, S. 243-255; Keil, *Willensfreiheit*, S. 87-117, 130-153; Libet, »Do We Have Free Will?«, S. 51-53; Libet, *Mind Time*, S. 137-147; Lucas, *The Freedom of the Will*, S. 62 f.; Nida-Rümelin, *Über menschliche Freiheit*, S. 156 f., 170 f.; Nozick, *Philosophical Explanations*, S. 294-316; Prichard, »Acting, Willing, Desiring«, S. 193 f.; Seebaß, »Freiheit und Determinismus (Teil 1)«, S. 13 f.; Seebaß, »Freiheit und Determinismus (Teil 2)«, S. 244 f.; Suppes, »The Transcendental Character of Determinism«, S. 256; Suppes, »Voluntary Motion, Biological Computation, and Free Will«, S. 462-466; Wiggins, »Towards a Reasonable Libertarianism«, S. 50-53.

gesetzter libertaristischer Auffassung auch keine Willensfreiheit begründen könnten. In diesem Sinne des Nicht-verursacht-Seins müssen sie also nichtkausale Größen darstellen, damit die Bedingung negativer Freiheit erfüllt ist und die entsprechenden Entscheidungen und Handlungen nicht letztlich doch auf einen kausalen Ursprung zurückgehen. Zugleich müssen sie aber ihrerseits Ursachen nachfolgender Wirkungen werden, so dass die durch sie induzierten und dirigierten freien Entscheidungen und Handlungen tatsächlich in der realen Welt stattfinden und reale Effekte darin erzeugen können. In diesem Sinne des Selbst-wirksam-Werdens müssen sie kausale Kraft entfalten, damit die Bedingung positiver Freiheit erfüllt ist und die fraglichen Entitäten oder Prozesse ihren autonomen Einfluss wirklich werden lassen können. Um diese spezielle Kombination aus Nicht-verursacht-Sein und Selbst-wirksam-Werden zu etablieren, bieten sich vor allem zwei Modelle an. Sie gehen auf bekannte Ansätze innerhalb der Philosophiegeschichte zurück, finden aber auch in neuerer Zeit ihre Anhänger.

Zum einen kann man sich für die Freiheit des Willens auf einen Körper-Geist-Dualismus beziehungsweise Leib-Seele-Dualismus berufen. Das klassische Beispiel hierfür ist René Descartes' Auffassung, dass der Geist in seiner ursprünglich außernatürlichen, immateriellen Beschaffenheit (als unteilbare, bewusste *res cogitans*) absolut frei sei, das heißt keine Wirkung von Vorausliegendem darstelle, zugleich aber den Körper und über diesen die sonstige natürliche, materielle Welt (als teilbare, ausgedehnte *res extensa*) kausal beeinflussen könne, das heißt als Ursache von Nachfolgendem agiere. Auf diese Weise werde die gesetzhafte Ordnung der realen Natur durch einen externen Eingriff einer autonomen Instanz durchbrochen, die insbesondere imstande sei, menschliche Entscheidungen und Handlungen zu veranlassen und zu leiten.[13] Dieses Modell wirft unter anderem die schwierige Frage auf, wie die Verbindung von psychisch-immaterieller und physisch-materieller Welt genauer vorzustellen wäre. Hierzu postuliert Descartes aufgrund gewisser Eigenheiten der menschlichen Physiologie, dass die Zirbeldrüse als benötigte Schnittstelle zwischen beiden Bereichen fungiere, indem die Seele über dieses Hirnorgan einerseits passiv

13 Descartes, *Meditationes de prima philosophia*, Med. II, §§ 6, 8, Med. III, §§ 1-2, Med. IV, §§ 8, 12, 14, Med. VI, §§ 9, 19, 23; Descartes, *Les passions de l'âme*, Partie I, Art. 3-4, 17-18, 30, 41.

wahrnehmend, andererseits aktiv bewegend mit dem Körper verbunden sei. Genau betrachtet verläuft der kausale Kontakt damit grundsätzlich in beiden Richtungen, wobei jedoch der Einfluss des Körpers auf die Seele nur Sinnlichkeit und Empfinden betrifft, während im Entscheiden und Handeln die Seele die Steuerung des Körpers übernimmt.[14]

Manche modernen Libertarier gründen Willensfreiheit ebenfalls auf einen solchen Dualismus psychophysischer Art. Auch bei ihnen ist der Geist (die Seele, das Selbst, mentale Ereignisse, psychische Zustände) insgesamt keineswegs kausal bestimmt, beeinflusst aber seinerseits kausal den Körper (den Leib, das Gehirn, neuronale Ereignisse, physische Zustände). Entscheidungen und Handlungen können dann frei sein, weil das seelische Element nicht Wirkung vorausliegender Bedingungen ist, aber sehr wohl Ursache von körperlichen Vollzügen und deren weiteren Folgen werden kann.[15] Dabei müssen auch diese Autoren das Problem einer geeigneten Verbindung beider Bereiche, des Mentalen und des Physischen, lösen. Diesbezüglich nimmt John Eccles beispielsweise an, dass das freie Selbst sein eigenes Gehirn steuere, indem es indeterministische Wahrscheinlichkeitsfelder quantenmechanischen Ursprungs modifiziere, von denen die maßgeblichen Ausschüttungen bestimmter Neurotransmitter abhängen. Genauer sollen hierbei mentale Elementarereignisse (*psychons*) und neuronale Basiseinheiten (*dendrons*) in einer eindeutigen Verknüpfung zueinander stehen, die sich bei unmittelbarem Wahrnehmen oder Erinnern in der einen Richtung, bei intentionalem Denken oder Tun in der anderen Richtung ausprägt, ohne dass es zu einer Verletzung von Erhaltungssätzen komme.[16]

Zum anderen kann man sich für die Freiheit des Willens auf

14 Descartes, *Meditationes de prima philosophia*, Med. VI, § 20; Descartes, *Les passions de l'âme*, Partie I, Art. 31-32, 34-35.

15 Compton, *The Freedom of Man*, S. 25-71; Eddington, *The Nature of the Physical World*, S. 282-303; Foster, *The Immaterial Self*, S. 1-15, 202-237, 266-280; Popper, *Conjectures and Refutations*, S. 293-303; Popper, *Objective Knowledge*, S. 206-255; Swinburne, *The Evolution of the Soul*, S. 1-4, 7-10, 45-61, 145-160, 231-261.

16 Eccles, *How the Self Controls Its Brain*, S. 1-26, 55 f., 68 f., 71 f., 80-83, 87-112, 145-183; vgl. Beck/Eccles, »Quantum Aspects of Brain Activity and the Role of Consciousness«, S. 11357-11361; Eccles, *Facing Reality*, S. 118-127, 173-175; Eccles, »A Unitary Hypothesis of Mind-Brain Interaction in the Cerebral Cortex«, S. 433-451; Popper/Eccles, *The Self and Its Brain*, S. 471-478, 539-547.

das Konzept einer besonderen Akteurskausalität im Gegensatz zur üblichen Ereigniskausalität berufen. Der historische Fixpunkt hierfür ist Thomas Reids Einschätzung, dass Menschen zu einer freien Bestimmung des eigenen Willens fähig seien, bei der dieser ganz in der Macht des Handelnden selbst liege. Die Person sei mithin die letztgültige Ursache ihrer Entscheidungen und Handlungen, ebenso wie der davon ausgehenden Folgen, ohne dass sie selbst wiederum die notwendige Wirkung anderer Konstellationen, etwa ihrer vorlaufenden Motive, wäre.[17] Laut Reid macht dieses Modell einer originären Kraft von Akteuren, die völlig aus sich selbst heraus Veränderungen hervorbringen können (*active power*), von ursprünglichen Ursachen in der Welt, die nicht ihrerseits wieder Wirkungen von etwas anderem sind (*efficient cause*), sogar den eigentlichen Kern des kausalen Denkens aus und liegt als maßgebliche Erfahrung allen kausalen Vorstellungen zugrunde. Demgegenüber sei die Idee einer fortlaufenden Verkettung von Ereignissen, bei welcher auch der Handelnde allein notwendiges Produkt von Vorausbedingungen wäre (*necessary agent*), einer dauernden Abfolge von Begebenheiten, in welcher auch die Ursache wieder notwendige Wirkung unter einem Naturgesetz wäre (*necessary cause*), allenfalls abgeleitet und letztlich widersprüchlich. Sowohl hinsichtlich des menschlichen Tuns als auch bezüglich des natürlichen Geschehens müsse das kausale Denken eigentlich auf eine erste Ursache (*first cause*), das heißt einen frei Handelnden, der nicht seinerseits wieder eine kausale Wirkung wäre, ausgerichtet sein.[18]

Einige moderne Libertarier gründen Willensfreiheit ebenfalls auf ein solches Konzept einer besonderen Akteurskausalität. Auch sie heben hervor, dass ein Ereignis, das als Ursache von nachfolgenden Ereignissen auftritt, selbst wieder Wirkung von vorausgehenden Kausalbestimmungen sein muss. Demgegenüber soll sich ein Akteur dadurch auszeichnen, dass er die ursprüngliche Ursache bestimmter Ereignisse werden kann, ohne selbst die nachgeordnete Wirkung vorlaufender Kausalbeziehungen zu sein, und in diesem besonderen Sinne die Fähigkeit zu freien Entscheidungen und

17 Reid, *Essays on the Active Powers of Man*, Essay I, Chap. 5, S. 36f., Essay IV, Chap. 1, S. 267-274, Essay IV, Chap. 4, S. 291-302, Essay IV, Chap. 9, S. 336f.

18 Ebd., Essay I, Chap. 1, S. 12f., Essay I, Chap. 5-6, S. 33-47, Essay IV, Chap. 2-3, S. 275-291, Essay IV, Chap. 6, S. 313, Essay IV, Chap. 8, S. 330, Essay IV, Chap. 9, S. 340-346.

Handlungen haben.[19] Nach Roderick Chisholm etwa ist Willensfreiheit weder mit einem deterministischen noch mit einem indeterministischen Weltverlauf verträglich und setzt vielmehr voraus, dass Akteure imstande sind, direkt Ereignisse in der natürlichen Welt zu bewirken (*immanent causation*), die ihrerseits weitere Folgen nach sich ziehen mögen, aber nicht durch andere Ereignisse verursacht werden, die wiederum Effekte vorausliegender Bedingungen wären (*transeunt causation*). Dabei sollen jene Ereignisse, die von den Akteuren unmittelbar hervorgebracht werden, letztlich neuronale Abläufe im eigenen Gehirn sein, welche dann erneut nachfolgende Ereignisse wie etwa eigene Körperbewegungen auslösen mögen. Indem jedoch der Akteur selbst bei alledem keiner weiteren Kausalität unterliegt, weder des Ereignistyps noch des Akteurtyps, kann er als unbewegter Beweger (*a prime mover unmoved*) gelten, ist also in diesem Sinne frei.[20]

4.2. Die drei Unterarten des Inkompatibilismus sind so verschieden voneinander, dass man sie kaum miteinander verwechseln wird. Insbesondere Determinismus und Libertarismus, obgleich beide inkompatibilistisch, stellen scharfe Gegenpositionen innerhalb der Debatte dar, indem der Erstere meint, angesichts der lückenlosen Kausalität der Natur könne es keine Willensfreiheit geben, während der Letztere glaubt, Willensfreiheit gerade in den Unterbrechungen jener natürlichen Kausalität annehmen zu können.[21]

Aber auch der Kompatibilismus bildet unterschiedliche Formen

19 Campbell, »In Defence of Free Will«, S. 36f., 40-44, 50-54; Clarke, »Toward a Credible Agent-Causal Account of Free Will«, S. 191-199; Clarke, »Agent Causation and Event Causation in the Production of Free Action«, S. 19-31, 40-44; Clarke, *Libertarian Accounts of Free Will*, S. 133-137, 144-149, 151-158; Griffith, »Why Agent-Caused Actions Are Not Lucky«, S. 43-49; O'Connor, »Indeterminism and Free Agency: Three Recent Views«, S. 501, 506, 525; O'Connor, »Agent Causation«, S. 173-187; O'Connor, *Persons and Causes*, S. 43-84; Rowe, »Two Concepts of Freedom«, S. 49-55, 59f.; Taylor, *Metaphysics*, S. 36-41, 50-53; Taylor, *Action and Purpose*, S. 108-116, 120-129; Thorp, *Free Will*, S. 95-124.

20 Chisholm, *Human Freedom and the Self*, S. 3, 7-12; vgl. Chisholm, »The Agent as Cause«, S. 200-207; Chisholm, »Agents, Causes, and Events: The Problem of Free Will«, S. 95, 98-100.

21 Vgl. Kane, *A Contemporary Introduction to Free Will*, S. 32-39, 67-79; Pereboom, *Living Without Free Will*, S. xiv; Pothast, *Wie frei wir sind, ist unsere Sache*, S. 15-17; Strawson, *Freedom and Belief*, S. 5; Waller, *Freedom Without Responsibility*, S. 4f.

aus. Gegenwärtig tritt er vor allem in zwei Hauptrichtungen auf, die in der Tat sehr abweichende Zugänge wählen, um Willensfreiheit und Naturkausalität miteinander zu versöhnen, in der Diskussion allerdings oftmals nicht hinreichend sorgfältig getrennt, sondern allzu unbekümmert vermengt werden.[22]

Die erste Strömung gründet Willensfreiheit darauf, dass menschliches Wollen und Tun sich durch *reflexive Strukturen* auszeichne: Neben den unmittelbaren Bestrebungen, die sich auf gewisse Handlungen oder die daraus entspringenden Folgen richten und diese veranlassen könnten, gebe es höherrangige Überlegungen, die jene niederrangigen Wünsche beziehungsweise die hierauf aufbauenden Entscheidungen bewerten oder bestimmen könnten. Diese Mehrstufigkeit des Überlegens eröffne eine Aussicht auf Willensfreiheit, etwa im Sinne einer Identifikation mit den eigenen Entscheidungen oder auch im Sinne einer Urheberschaft an den eigenen Handlungen: Freiheit liege vor, wenn die Antriebe und Aktionen der unteren Ebene durch die Perspektiven und Instanzen der höheren Ebene zumindest gebilligt, bekräftigt, affirmiert, integriert, womöglich auch geprägt, geschaffen, kreiert, initiiert würden. Sie bestehe in der Aneignung der eigenen Wünsche, in ihrer Zurechnung zum eigenen Selbst, oder auch in der Erzeugung der eigenen Wünsche, in ihrer Hervorbringung durch eigenes Überlegen. Sie liege in der Authentizität des eigenen Wollens, in dessen Kohärenz mit den eigenen Werten, oder auch in der Autorschaft an den eigenen Bestrebungen, in entsprechender Effektivität des eigenen Urteils.

Willensfreiheit beruht dieser Auffassung nach auf einem speziellen Merkmal der subjektiven Entscheidungsfindung: Sie wurzelt in der reflexiven Struktur des Bewusstseins, in der hierarchischen Beschaffenheit dessen, was Hegel den »subjektiven Geist«[23] oder Popper die »Welt 2«[24] nennt, beziehungsweise in der wechselseiti-

22 Vgl. Kane, *A Contemporary Introduction to Free Will*, S. 93-106, 165-168; Pereboom, *Living Without Free Will*, S. 100-110; Pothast, *Wie frei wir sind, ist unsere Sache*, S. 83-87; Strawson, *Freedom and Belief*, S. 8 f.; Waller, *Freedom Without Responsibility*, S. 13-26, 51-58.

23 Hegel, *Enzyklopädie der philosophischen Wissenschaften im Grundrisse*, §§ 385, 387, 413.

24 Popper, *Objective Knowledge*, S. 73 f., 106-112, 153-158; Popper, »Three Worlds«, S. 143-145, 156-160, 166 f.; Popper, *The Open Universe*, S. 114-122.

gen Bezugnahme von deren Inhalten. Dabei sind diese reflexiven Beziehungen im menschlichen Überlegen und Wünschen problemlos mit einer durchgängigen Kausalität der Welt und auch des mentalen Geschehens verträglich: Wünsche höherer Ordnung können Wünsche niederer Ordnung billigen und auch prägen, trotz oder gerade aufgrund der spezifischen Kausalität beider Ebenen. Es tritt mithin keinerlei Konflikt zwischen Willensfreiheit und Naturkausalität auf. Der entstehende Kompatibilismus lässt sich auf die Formel bringen, dass man *nicht nur* kausal verfasst ist in seiner Psyche und Physis, *sondern auch* reflexiv strukturiert ist in seinem Überlegen und Wünschen.

Die zweite Strömung gründet Willensfreiheit darauf, dass menschliche Entscheidungen und Handlungen für *rationale Strukturen* empfänglich seien: Statt allein durch Ursachen, psychischer oder sozialer, biologischer, physikalischer, genetischer oder neuronaler Art, seien sie auch durch Gründe, moralischen oder prudentiellen, logischen, mathematischen, ästhetischen oder epistemischen Typs, bestimmt. Dieses Angebundensein an Gründe schaffe eine Basis für Willensfreiheit, als Teilhabe an einer besonderen Form von Determination, welche den Horizont kausaler Abläufe in der Natur überschreite: Freiheit liege vor, wenn Entscheiden und Handeln durch Gehalte geleitet würden, welche dem Wechselspiel von Ursachen und Wirkungen entzogen seien. Genau dies sei aber bei Gründen der Fall. Der Raum der Gründe sei eben nicht durch kausale Beziehungen zwischen Ereignissen oder Zuständen, zwischen Gegenständen oder Eigenschaften, sondern durch das rationale Geflecht von Prämissen und Schlüssen, von Argumenten und Folgerungen geprägt.

Willensfreiheit ergibt sich dieser Auffassung nach aus einem besonderen Moment in der objektiven Handlungsbestimmung: Sie fußt auf der rationalen Struktur des Geistigen, auf der normativen Verfasstheit dessen, was man mit Hegel den »objektiven Geist«[25] oder mit Popper die »Welt 3«[26] nennen könnte, beziehungsweise auf unserer nachweislichen Orientierung an deren Vorgaben. Dabei lässt sich diese rationale Ausrichtung menschlichen Entscheidens

25 Hegel, *Enzyklopädie der philosophischen Wissenschaften im Grundrisse*, §§ 385, 483, 487.

26 Popper, *Objective Knowledge*, S. 73 f., 106-112, 153-158; Popper, »Three Worlds«, S. 143-145, 156-160, 166 f.; Popper, *The Open Universe*, S. 114-122.

und Handelns durch Gründe wiederum problemlos mit der lückenlosen Wirkung von Ursachen in der Welt und auch im eigenen Tun vereinen: Man kann rationalen Erwägungen folgen, auch und gerade wenn man zudem einer kausalen Bestimmung unterliegt. Einmal mehr findet also keinerlei Widerstreit zwischen Willensfreiheit und Naturkausalität statt. Der entsprechende Kompatibilismus kann in der Formel zusammengefasst werden, dass man *nicht nur* den kausalen Ursachen folgt, *sondern auch* den rationalen Gründen nachgeht.

4.3. In den Kapiteln III und IV werde ich diese beiden Varianten des Kompatibilismus anhand ihrer Hauptvertreter Harry Frankfurt und Wilfrid Sellars genauer erläutern. Die darauffolgenden Teile des Buchs werden eine eigene Freiheitstheorie kompatibilistischer Art entwickeln, welche die beiden Entwürfe aufgreift, mit geeigneten Modifikationen versieht und zuletzt in spezifischer Weise miteinander verbindet.

An dieser Stelle möchte ich jedoch zunächst noch einmal hervorheben, wie unterschiedlich die beiden Ansätze sind. Zwar bilden sie keinen unmittelbaren Gegensatz (wie etwa die beiden inkompatibilistischen Primärvarianten Determinismus und Libertarismus), und neben ihrer kompatibilistischen Grundausrichtung weisen sie durchaus einige weitere Gemeinsamkeiten auf (die ich in den Abschnitten 5 und 6 skizzieren werde). Doch müssen sie zunächst einmal strikt voneinander getrennt werden, da sie ihre Auffassungen menschlicher Freiheit an ganz verschiedenartige Gegenstände und Befunde heften. Im einen Fall appellieren sie an die reflexive Struktur des Überlegens (an die Kohärenz zwischen höher- und niederstufigen Wünschen oder an die Effektivität der höheren in der niederen Ebene), im anderen Fall berufen sie sich auf die rationale Struktur von Gründen (in ausdrücklichem Gegensatz zum kausalen Verhältnis von Ursachen und Wirkungen). Einmal geht es ihnen um ein mentalistisches Konzept hierarchischer Wunschbeziehungen, einmal berufen sie sich auf ein logizistisches Konzept vernünftiger Rechtfertigungszusammenhänge. Dies sind alles andere als äquivalente Zugänge.

Vor diesem Hintergrund sind Auflistungen, die in einem Atemzug »Überlegungen und Gründe«, »Überzeugungen und Prinzipien« oder »Wünsche und Normen« in ihrer Bedeutung für die Willensfreiheit erörtern, allzu undifferenziert: Hier werden pauschal Entitäten zusammengeführt, die in höchst unterschiedlichen Bereichen angesiedelt sind, zum einen psychische Erscheinungen mit ihrer reflexiven Kontur (Überlegungen, Überzeugungen, Wünsche), zum anderen argumentative Bestände in ihrer rationalen Beschaffenheit (Gründe, Prinzipien, Normen). Auch Formulierungen, in denen von »meinen Gründen«, »deinen Gründen« oder »jemandes Gründen« als Fundamenten der Willensfreiheit die Rede ist, sind zumindest problematisch: Gründe (als objektive Entitäten) lassen sich nicht ohne weiteres bestimmten Personen zuschreiben, in klarem Gegensatz zu Überlegungen (als subjektiven Prozessen).

Man tut also gut daran, sich die Verschiedenartigkeit jener zwei Kompatibilismen und ihrer jeweiligen Referenzpunkte nachdrücklich vor Augen zu führen. Zwar werde auch ich im Verlauf dieses Buchs versuchen, die beiden Ansätze in geeigneter Form aufeinander zu beziehen. Aber hierbei geht es eben um eine *Zusammenführung*, die ich mit ihnen vornehmen möchte, nicht um eine *Einheit*, die immer schon zwischen ihnen bestünde. Und diese Zusammenführung wird auch nicht einfach darauf hinauslaufen, dass Überlegungen sich mitunter von Gründen leiten lassen, sondern auf eine etwas speziellere Verbindung, welche die beiden Komponenten der *Reflexivität* und der *Rationalität* in einem freien Willen miteinander eingehen müssen.

5. Anders-handeln-Können, Anders-wollen-Können

5.1. Eine zentrale Frage, an der sich die Geister in der Freiheitsdebatte auf charakteristische Weise scheiden, lautet: Setzt Willensfreiheit voraus, dass man unter identischen Umständen hätte anders handeln (anderes tun, anderes unterlassen) können oder auch anders wollen (anderes entscheiden, anderes wählen) können, als man gehandelt beziehungsweise gewollt hat? Dabei betrifft die Rede von den identischen Umständen sämtliche Parameter einer Situation, das heißt alle aktuellen Gegebenheiten, seien sie interner oder externer Art: Lässt sich von Willensfreiheit also nur dann sprechen, wenn man aus einer vollständig gleichen psychischen, mentalen, neuronalen Position heraus, unter vollständig gleichen sozialen, kulturellen, physischen Bedingungen andere Handlungen hätte vollziehen können beziehungsweise andere Entscheidungen hätte treffen können als jene, die man tatsächlich vollzogen und getroffen hat?

Ein derartiges Anders-handeln-Können oder Anders-wollen-Können wäre mit deterministischer Kausalität unverträglich, könnte also in einer *lückenlos kausalen*, zudem auch *vollständig deterministischen* Welt nicht vorkommen: Wenn sämtliche Geschehnisse in der realen Welt einer strengen Determiniertheit unterlägen, müssten sich aus identischen Umständen, das heißt exakt gleichen Anfangsbedingungen, zusammen mit den deterministischen Gesetzmäßigkeiten, also strikt notwendigen Ursache-Wirkungs-Beziehungen, auch stets identische Folgezustände in jener realen Welt ergeben. Diese Unausweichlichkeit und Einsinnigkeit würde alle menschlichen Handlungen und Entscheidungen, ebenso wie ihre weiteren Effekte und Konsequenzen, mit einschließen.[27] Genauer wäre die ganze reale Welt, mit sämtlichen Handlungen und Entscheidungen, inklusive deren Ausgängen und Ergebnissen, seit ihrem allerersten Anfang auf einen einzigen Verlauf fixiert: Nichts in dieser Welt könnte anders sein, als es ist, auch jede Tat und jede Wahl wäre eindeutig bestimmt durch den Zustand, den die Welt bei ihrem frühesten Beginn hatte, oder auch zu irgendeinem sonstigen Zeitpunkt in der Vergangenheit. Insbesondere der Handelnde und Entscheidende selbst hätte keine anderen Taten vollziehen und keine anderen Wahlen treffen können, weil er weder einen Weltzustand vor seiner Geburt noch die Gehalte der Naturgesetze ändern konnte, beide zusammen aber jeden späteren Weltzustand in seinen sämtlichen Komponenten notwendig festlegten, einschließlich seiner Aktionen und Entschlüsse.[28]

Eine indeterministische Kausalität würde an dieser Bilanz nichts Wesentliches ändern, so dass es auch in einer immer noch *lückenlos kausalen*, dabei aber *teilweise indeterministischen* Welt kein rele-

27 Vgl. Fischer, *The Metaphysics of Free Will*, S. 6-14, 62-65, 88-94; Fischer, »Semicompatibilism«, S. 6 f.; Fischer/Ravizza, *Responsibility and Control*, S. 18-24; O'Connor, *Persons and Causes*, S. 5-18; Wiggins, »Towards a Reasonable Libertarianism«, S. 41-46.

28 Vgl. Ekstrom, *Free Will*, S. 28-37; Ginet, *On Action*, S. 92 f., 95-117; Haji, *Incompatibilism's Allure*, S. 29-55; Taylor, *Metaphysics*, S. 46, 49 f.; van Inwagen, »The Incompatibility of Free Will and Determinism«, S. 190-194; van Inwagen, *An Essay on Free Will*, S. 55-105; van Inwagen, »Free Will Remains a Mystery«, S. 2-10; Wallace, *Responsibility and the Moral Sentiments*, S. 251-255.

vantes Anders-handeln-Können oder Anders-wollen-Können gäbe: Zwar würde solche Indeterminiertheit die Option eröffnen, dass sich aus identischen Bedingungen zuweilen abweichende Verläufe ergeben. Aber ob sich derartige Abweichungen realisieren und welchen genauen Pfad sie nehmen, läge wiederum nicht in der Gewalt des Handelnden und Entscheidenden selbst, sondern hinge nun eben von Gestalt und Wirken des Zufalls ab, der sich nach Voraussetzung ohne Zäsur aus dem vorliegenden Zustand gemäß einem probabilistischen Gesetz entfaltete.[29] Damit stellen sich deterministische Kausalität und indeterministische Kausalität kaum verschieden dar mit Blick auf die Frage, ob man unter ihren Voraussetzungen anders handeln oder wollen könnte: Im ersten Fall gibt es überhaupt keine alternativen Möglichkeiten, wie ein gegebenes Geschehen ablaufen könnte, so dass auch jedes Handeln und Entscheiden eindeutig festgelegt ist, auf seine aktuelle Version. Im zweiten Fall liegt es nicht bei der fraglichen Person, welche jener alternativen Möglichkeiten sich realisiert, sondern es könnte sich lediglich in ihrem Handeln und Entscheiden etwas anderes ereignen, mit vorgegebener Wahrscheinlichkeit.[30]

Inkompatibilisten erachten Anders-handeln-Können und Anders-wollen-Können üblicherweise als unentbehrlich für Willensfreiheit. Und die Tatsache, dass Anders-handeln-Können und Anders-wollen-Können mit Naturkausalität unverträglich sind, dient ihnen nicht selten gerade als Argument dafür, dass auch Willensfreiheit und Naturkausalität unvereinbar seien, also nicht bei denselben Vorgängen zusammen auftreten können, und dass daher das eine oder das andere ganz oder teilweise aufzugeben sei. Deterministen nehmen eine lückenlose Naturkausalität an, der insbesondere sämtliche menschlichen Akteure in all ihrem Entscheiden und Handeln unterworfen seien, bestreiten daher Anders-handeln-Können und Anders-wollen-Können und *genau deshalb* auch Willensfreiheit. Ihnen zufolge unterliegen nicht nur psychisch kranke Menschen, oder auch Menschen in misslichen sozialen Lagen, sondern ebenso gesunde Menschen, Menschen unter üblichen Gegebenheiten, durchweg kausaler Bestimmung, können folglich nicht anders handeln oder wollen, als sie es tun, und sind *deswegen* als unfrei einzustufen. Libertarier wiederum verteidigen Willensfreiheit,

29 Vgl. Ginet, »An Action Can be Both Uncaused and Up to the Agent«, S. 249 f.
30 Vgl. ebd., S. 252-254.

jedenfalls für manche menschlichen Entscheidungen und Handlungen, fordern daher auch Anders-handeln-Können und Anders-wollen-Können und postulieren *eben hierfür* entsprechende Lücken in der Naturkausalität. Ihnen zufolge sind zumindest normal veranlagte Menschen, Menschen mit angemessener Erziehung, oder immerhin ausreichend begabte Menschen, vielleicht auch Menschen in wichtigen Wahlsituationen, als frei einzuschätzen, können also anders handeln oder wollen, als sie es tun, und müssen *dafür* kausaler Bestimmung entgehen.

Kompatibilisten befinden demgegenüber Anders-handeln-Können und Anders-wollen-Können typischerweise als unerheblich für Willensfreiheit. Und angesichts der Sachlage, dass Anders-handeln-Können und Anders-wollen-Können mit Naturkausalität unverträglich sind, kommen sie zuletzt auch nicht umhin, diese beiden als notwendige Bedingungen menschlicher Freiheit fallenzulassen, wenn sie daran festhalten wollen, dass Willensfreiheit und Naturkausalität vereinbar seien. Kompatibilisten werden somit zwar argumentieren, dass auch in einer Welt mit ununterbrochen kausalem Verlauf Menschen durchaus *frei* entscheiden und handeln können. Dies ist so lange der Fall, wie ihr Verhalten *nicht allein* deterministisch fixiert ist oder indeterministisch stochastisch abläuft, *sondern zudem* durch Formen und Strukturen nachweislich autonomer Art geprägt ist. Sie werden dabei aber einräumen, dass diese etwaigen autonomen Ergänzungen nicht dazu führen, dass Menschen *anders* handeln oder wollen können, als sie es tun. Denn eben die lückenlose kausale Bestimmung, die *gleichzeitig* und *durchgängig* herrscht, sorgt dafür, dass entweder gar keine Abweichungen unter identischen Umständen möglich sind oder aber der Zufall aus den alternativen Pfaden auswählt.

Und tatsächlich fällt es Kompatibilisten in der Regel nicht schwer, auf Anders-handeln-Können und Anders-wollen-Können zu verzichten. Die zwei Hauptwege des Kompatibilismus, die ich in Abschnitt 4.2 skizziert habe, stützen ihre Freiheitskonzepte auf Strukturen, die keine abweichenden Handlungen oder Entscheidungen unter gleichen Bedingungen verlangen oder auch nur nahelegen: Wenn es die reflexive Struktur in meiner Wunschbildung ist, die mich frei macht, dann darf und sollte dieses Überlegen unter identischen Umständen allemal zu denselben Ergebnissen kommen, ohne dass dies meine Freiheit korrumpiert. Wichtig ist allein, dass es sich wirklich um *meine Überlegungen* handelt (dass meine Wünsche mit meinen Werten übereinstimmen, dass ihre Inhalte aus meinen Überzeugungen entspringen). Wenn es die rationale Struktur von Gründen ist, die mich frei macht, dann dürfen und sollten diese Gründe unter identischen Umständen ebenfalls auf dieselben Schlüsse hinauslaufen, ohne dass dies meine Freiheit untergräbt. Maßgeblich ist allein, dass ich wirklich *aus Gründen* handle (dass ich von Gründen bestimmt werde, dass ich nach Gründen entscheide).

Für einen Kompatibilisten können Handlungen und Entscheidungen also allemal autonom sein, auch wenn sie unter identischen Umständen stets in gleicher Weise erfolgen würden. Nicht anders handeln oder wollen zu können ist in seiner Konzeption kein Defizit und insbesondere kein Zeichen von Unfreiheit: Im Gegenteil, eher ist es ein Merkmal stabiler Reflexivität in der eigenen Wunschbildung oder ein Ausdruck konsistenter Rationalität in der eigenen Entschlussfassung. Dass Anders-handeln-Können oder Anders-wollen-Können dabei *zusätzlich* aufgrund einer durchweg kausalen Struktur der natürlichen Welt ausgeschlossen sein mag, dass *auch* die lückenlose Verknüpfung gemäß Ursache-Wirkungs-Beziehungen aus identischen Umständen gleiche Ergebnisse entstehen lassen muss, wird den Kompatibilisten nicht bekümmern. Vielmehr wird er diese Tatsache als weiteres Beispiel dafür nehmen, dass Willensfreiheit und Naturkausalität eben miteinander *verträglich* sind, dass Freiheit sich vielleicht gerade *in* bestimmten Formen von Kausalität realisiert. Wenn Freiheit heißt, nicht nur kausal, sondern auch autonom zu sein, wenn beides in freien Entscheidungen und Handlungen in spezifischer Weise zusammenfließt, ist es allemal unproblematisch und womöglich nur konsequent, wenn auch beides dafür sorgt, dass man nicht anders handeln oder wollen kann, als man es tut.

In Abschnitt 3 habe ich hervorgehoben, dass die Indeterminiertheit, die Unvorhersagbarkeit oder die Offenheit eines Systems für sich allein genommen keine Willensfreiheit begründen können: Alle drei stellen nur erst gewisse Eigenschaften kausaler Prozesse dar, deren Vorliegen noch längst keine Freiheit entstehen lässt. Dies gilt gleichermaßen für libertaristische wie für kompatibilistische Freiheitsdeutungen: Zufälligkeit, Undurchschaubarkeit oder Beeinflussbarkeit markieren als solche keine Lücken im kausalen Verlauf der Welt, die nach libertaristischer Meinung für Willensfreiheit erforderlich wären, und sie bilden an sich selbst auch keine Merkmale autonomer Entscheidungen und Handlungen, die gemäß kompatibilistischer Ansicht zugleich mit Naturkausalität bestehen können.

Libertarier wären daher schlecht beraten, speziell das von ihnen geforderte Anders-handeln-Können oder Anders-wollen-Können über jene Eigenschaften erklären zu wollen: Die alternativen Verläufe, die hierdurch möglich, vorstellbar oder erzeugbar würden, wären damit lediglich kausal begründet, müssten also, wie alle kausalen Strukturen, zuletzt unterbrochen werden, um wirkliches Anders-handeln-Können oder Anders-wollen-Können in einem relevanten Sinne zu erlauben. Kompatibilisten sind dieser Versuchung ohnehin kaum ausgesetzt: Da sie kein Anders-handeln-Können oder Anders-wollen-Können für Willensfreiheit verlangen, werden sie auch auf keine vorgeblichen Aufweichungen der Naturkausalität in Form von Indeterminiertheit, Unvorhersagbarkeit oder Offenheit hoffen, um hierdurch alternative Entscheidungen oder Handlungen unter identischen Bedingungen zu ermöglichen.

Tatsächlich mögen Kompatibilisten für ihr Verständnis von Willensfreiheit sogar die entgegengesetzten Eigenschaften, also Vorherbestimmtheit, Vorhersagbarkeit und Abgeschlossenheit, bevorzugen: Zwar werden sie diese nicht als bloße Merkmale kausaler Prozesse fordern, da Naturkausalität als solche auch für sie ungeeignet ist, Willensfreiheit zu erbringen. Aber sie können sie als unmittelbare Attribute jener besonderen Konstellationen schätzen, auf die sie menschliche Freiheit gründen wollen, neben aller gleichzeitigen Kausalität: Vorherbestimmtheit, Vorhersagbarkeit und Abgeschlossenheit mögen sich dann daraus ergeben, dass Überlegen oder Gründe eindeutig, erkennbar und ungestört im Entscheiden und Handeln wirksam sind, womit ihre Gegenwart eher als Signum von deren Freiheit zu gelten hätte, ihr Fehlen eher als ein Hinweis auf Unfreiheit.

Der Satz »Hier stehe ich, ich kann nicht anders« mag in diesem kompatibilistischen Verständnis als Ausdruck höchster Freiheit gelten.[31] Dies ist jedenfalls dann nachvollziehbar, wenn sich die von

31 Vgl. Dennett, *Elbow Room*, S. 133 f.; Dennett, *Freedom Evolves*, S. 116 f.; Frankfurt, »The Importance of What We Care About«, S. 85-88; Frankfurt, »Concerning the Freedom and Limits of the Will«, S. 79-81; Neely, »Freedom and Desire«, S. 47; Nelkin, *Making Sense of Freedom and Responsibility*, S. 20 f.; Wolf, *Freedom Within Reason*, S. 55-62, 79-81.

ihm behauptete Vorherbestimmtheit daraus ergibt, dass das Entscheiden und Handeln vollständig durch das unmissverständliche Resultat persönlichen Überlegens festgelegt ist (dass es absolut mit dem eigenen Charakter und der eigenen Identität zusammenpasst, die jenes subjektive Urteil unverkennbar vorgeben) oder dass es vollkommen von der eindeutigen Forderung relevanter Gründe bestimmt wird (dass es strikt den Standards und Normen folgt, die jene objektive Empfehlung zweifelsfrei aussprechen). Ähnlich mag es höchste Freiheit anzeigen, wenn man weiß, wie ein bestimmter Mensch sich verhalten wird, gleich ob man selbst dieser Mensch ist oder ob es sich um eine andere Person handelt.[32] Dies ist zumindest dann glaubhaft, wenn jene Vorhersagbarkeit darin gründet, dass man jemandes unerschütterliche Fähigkeit zum klaren Überlegen durchschaut (seine völlige Authentizität, seine souveräne Autorschaft) oder dass man sich auf jemandes unbeugsame Zugänglichkeit für deutliche Gründe verlässt (seine unnachgiebige Klugheit, seine unbestechliche Gewissenhaftigkeit). Schließlich mag es höchste Freiheit bedeuten, wenn jemand von keinerlei externen Gegebenheiten irritiert wird. Dies ist dann anzunehmen, wenn jene Abgeschlossenheit meint, dass er allein dem eigenen Überlegen folgt (einzig seine höherrangigen Wünsche die niederrangigen Wünsche bestätigen und hervorbringen) oder dass er nur den geteilten Gründen nachgeht (sich ausschließlich an vernünftigen Ideen und sittlichen Maßstäben orientiert).

Demgegenüber mögen in diesem Modell Menschen, bei denen tatsächlich unbestimmt, ungewiss oder einflussoffen ist, was sie tun, eher hochgradig unfrei erscheinen. Kleinkinder, Geisteskranke oder Drogenabhängige etwa zeichnen sich oftmals dadurch aus, dass ihr Verhalten sich jeder nachhaltigen Geregeltheit entzieht, dass es keinerlei verlässliche Vorausberechnung zulässt oder dass es maximal von äußeren Reizen abhängig bleibt. Nach verbreiteter Einschätzung sind Menschen mit solchen Eigenschaften kaum als frei anzusehen, sondern eher als Sklaven unkontrollierter Prozesse, undurchschaubarer Leidenschaften oder beliebiger Einwirkungen. Der Kompatibilismus unterstützt diese Auffassung nachdrücklich. Und er macht geltend, dass er mit seiner Deutung von Willens-

32 Vgl. Hobart, »Free Will as Involving Determination and Inconceivable Without It«, S. 15 f.; Rescher, *Predicting the Future*, S. 145-148; Russell, *Our Knowledge of the External World*, S. 238; Walter, *Illusion freier Wille?*, S. 146-153.

freiheit den philosophischen Hintergrund dieser plausiblen Einschätzung erhellen kann. Denn jene Sprunghaftigkeit, Unkalkulierbarkeit und Beeinflussbarkeit, angesichts derer solche Menschen gemeinhin als unfrei gelten, gründet genau darin, dass sie weder zu konsistentem Überlegen fähig noch für verbindliche Gründe zugänglich sind.

Wenn Kompatibilisten auf diese Weise Vorherbestimmtheit, Vorhersagbarkeit und Abgeschlossenheit zu bezeichnenden Merkmalen eines freien Willens erheben, wird einmal mehr verständlich, weshalb ihnen Anders-handeln-Können und Anders-wollen-Können nicht als maßgebliche Attribute menschlicher Freiheit gelten: Derartige Optionen scheinen die von ihnen geschätzten Charakteristika eher zu unterlaufen als zu befördern. Zugleich wird noch einmal einsichtig, dass Willensfreiheit für sie allemal mit Naturkausalität verträglich sein kann, sogar wenn diese deterministisch, prognostizierbar oder abgeschlossen sein sollte: Solche Eigenschaften könnten für jene Vorherbestimmtheit, Vorhersagbarkeit und Abgeschlossenheit, die sie für den Verlauf des Überlegens oder für das Befolgen von Gründen verlangen, durchaus unbedenklich und sogar vorteilhaft sein.

Freilich muss das Verhältnis beider Bestimmungsformen genauer aufgeschlüsselt werden: Läuft die Gleichzeitigkeit des kausalen Spiels von Ursachen und Wirkungen einerseits und der autonomen Bestimmung durch Überlegen oder Gründe andererseits auf ein bloßes Nebeneinander hinaus, letztlich auf eine Art von Überdeterminiertheit menschlichen Entscheidens und Handelns? Oder ergänzen sich beide wechselseitig, tritt das eine vielleicht gerade in Form oder mit Hilfe des anderen auf (siehe Abschnitt 22)? Und wie ist die Beziehung zwischen der möglichen Vorherbestimmtheit, Vorhersagbarkeit und Abgeschlossenheit des Überlegens oder der Gründe einerseits und der etwaigen Determiniertheit, Prognostizierbarkeit und Abgeschlossenheit kausaler Prozesse andererseits genauer zu verstehen: Liegen beide gewissermaßen in Parallele zueinander, oder kommt es zu Verschiebungen zwischen ihnen? Kann das eine ohne das andere nicht bestehen, oder verträgt sich autonome Vorherbestimmtheit, Vorhersagbarkeit und Abgeschlossenheit gegebenenfalls auch mit kausaler Indeterminiertheit, Unvorhersagbarkeit und Offenheit (siehe Abschnitt 30)?

5.2. George Edward Moore ist Kompatibilist. Ungewöhnlicherweise erachtet er jedoch Anders-handeln-Können beziehungsweise Anders-wollen-Können unter identischen Umständen als notwendig für Willensfreiheit (wenngleich nicht als hinreichend für sie). Zugleich behauptet er, dass es solche alternativen Möglichkeiten des Handelns und Wollens, jedenfalls in einer bestimmten Interpretation, auch in einer lückenlos kausalen Welt, selbst bei durchweg deterministischer Kausalität geben könne, und meint eben deshalb eine kompatibilistische Position beziehen zu dürfen. Allerdings erscheint fragwürdig, ob die von Moore vertretene Deutung von Anders-handeln-Können und Anders-wollen-Können tatsächlich haltbar ist (sie dürfte zu weit, zu schwach sein).

Moore interpretiert Anders-handeln-Können gemäß einem Schema, das man üblicherweise als »konditionale Analyse« bezeichnet. Demzufolge ist der Satz »Ich hätte anders handeln können« zu verstehen als »Ich hätte anders gehandelt, wenn ich anders hätte handeln wollen (wenn ich anders entschieden hätte, wenn ich anders gewählt hätte)«. Bei meiner letzten Reise mit der Bahn etwa habe ich auf meinem Platz gesessen und an einem neuen Aufsatz gearbeitet. Aber ich hätte gewiss auch von meinem Sitz aufstehen und durch den Wagen umherschlendern können, jedenfalls in der beschriebenen Bedeutung, dass ich dies getan hätte, wenn ich es gewollt hätte, im Sinne einer Fähigkeit, über die ich verfügte, auch wenn ich sie nicht realisiert habe (ich war imstande hierzu). Solche Konstellationen sind klar verschieden von Fällen, die sich ebenfalls nicht realisiert haben, aber nun aufgrund einer Unfähigkeit meinerseits, wie etwa der, an die Decke des Abteils zu schweben oder trotz verschlossener Türen aus dem fahrenden Zug auszusteigen. Diese Dinge hätte ich in der Tat nicht tun können, das heißt, ich hätte sie auch dann nicht getan, wenn ich sie gewollt hätte (ich war nicht imstande hierzu).

Aber zweifellos gibt es Fälle der ersteren Art, und in diesem Sinne gibt es nach Moore Anders-handeln-Können: Auch in einer lückenlos kausalen Welt, selbst bei durchweg deterministischer Kausalität, hätte ich zumindest mitunter anders gehandelt, wenn ich anders hätte handeln wollen. Und somit bleiben für Moore Naturkausalität, die solchem Anders-handeln-Können offensichtlich nicht entgegensteht, und Willensfreiheit, die solches Anders-handeln-Können angeblich voraussetzt, vereinbar (worin der spezielle

Kompatibilismus von Kausalität und Freiheit bei Moore besteht). Jene Fähigkeit, jenes Anders-handeln-Können wäre nach Moore lediglich dann generell zu bestreiten, wenn man einem ausnahmslosen Fatalismus anhinge, etwa an eine umfassende Prädestination glaubte: Falls solche Bedingungen herrschen sollten, wäre auch dann stets das Gleiche geschehen, hätte ich auch dann stets das Gleiche getan, wenn ich anders gewollt hätte, indem ein übermächtiges Schicksal, ein unerschütterlicher Lenker immerfort dafür gesorgt hätte, dass sich unverändert der gleiche Weltverlauf einstellt, dass ich unverändert die gleiche Handlung vollziehe. Diese Vorstellung völliger Unverrückbarkeit geht aber über den Gedanken kausaler Determination weit hinaus (und ist nach Moore zudem eine abwegige Idee).[33]

Moore weiß, dass die Frage naheliegt, ob ich denn wohl auch anders hätte wollen können (anders hätte entscheiden können, anders hätte wählen können). Ohne solches Anders-wollen-Können hängt sein Anders-handeln-Können gewissermaßen in der Luft und erscheint wenig relevant für Freiheit (womöglich stellt es ohne dies nur eine spezielle Form von Handlungsfreiheit dar, indem man eben etwas anderes tun kann, wenn man es will, nicht aber einen eigentlichen Aspekt von Willensfreiheit, für die man dann wohl analog imstande sein müsste, etwas anderes zu wollen). Auch das Anders-wollen-Können ist nach Moore indes gemäß dem obigen Schema der konditionalen Analyse zu deuten. Der Satz »Ich hätte anders wollen können« besagt demzufolge eben »Ich hätte anders gewollt, wenn ich anders hätte wollen wollen (wenn ich anders hätte entscheiden wollen, wenn ich anders hätte wählen wollen)«. Wieder bezeichnet er eine Fähigkeit, nun meine Fähigkeit, etwas anderes zu wollen, zu entscheiden, zu wählen, sofern ich dieses andere Wollen, Entscheiden, Wählen gewollt hätte. Und auch diese Fähigkeit ist, selbst in einer lückenlos kausalen Welt, sogar bei durchweg deterministischer Kausalität, zumindest manchmal gegeben, solange wiederum kein ausnahmsloser Fatalismus angebracht ist, keine umfassende Prädestination es einrichtet, dass ich immer dasselbe Wollen ausbilde, selbst wenn ich mich zu einem anderen Wollen entschließe.

Gewiss kündigt sich hiermit ein Regress an: Immerhin drängt

33 Moore, *Ethics*, S. 102-113.

sich sofort die Frage auf, ob ich denn auch anders hätte wollen wollen können, anders hätte entscheiden wollen können, anders hätte wählen wollen können. Und offenbar hätte die Antwort wieder in gleicher Manier zu erfolgen, womit die Kette der Vorausbedingungen letztlich endlos zu werden droht (sich irgendwann vielleicht auch vor meine Wahlakte und womöglich sogar vor meine Existenz erstrecken mag). Dies stellt für Moore indes kein Problem dar, da es angeblich nichts an der Tatsache jener Möglichkeiten ändert: Anders-handeln-Können wie auch Anders-wollen-Können mögen zuletzt auf komplett abweichende Vorgeschichten hinauslaufen, in denen andere Handlungen aus anderen Entscheidungen, andere Entscheidungen aus anderen Wahlen, andere Wahlen aus anderen Entschlüssen entstanden wären. Aber solange diese abweichenden Vorgeschichten denkbar sind, ist nach Moore nichts verkehrt an der Aussage, dass ich in gewissem Sinne tatsächlich hätte anders handeln beziehungsweise anders wollen können, als ich es getan habe (unter ansonsten identischen Umständen).[34]

Moores Analyse hat einiges für sich. Insbesondere erhellt sie überzeugend, wie sich *Fähigkeiten* zu einem Tun (man kann etwas tun, wenn man es tun will) von *Unfähigkeiten* zu jenem Tun unterscheiden (man kann etwas nicht tun, auch wenn man es tun will). Zudem zeigt sie eindringlich, wie sich etwaige *fatalistische oder prädestinierte* Weltverläufe (man hätte nicht einmal dann anders handeln können, wenn man anders gewollt hätte) von üblicher *kausaler und deterministischer* Bestimmung unterscheiden (man konnte nicht anders handeln, weil man bereits nicht anders wollen konnte).

Dennoch dürfte Moores Analyse letztlich an dem vorbeigehen, was man gewöhnlich mit den Begriffen Anders-handeln-Können oder Anders-wollen-Können meint. Insbesondere sind diese beiden, *korrekt* aufgefasst, wohl *keineswegs* mit Kausalität und Determiniertheit verträglich, anders als Moore behauptet. In einem basalen Sinne verstanden dürften sie zumindest mit *deterministischer Kausalität*, in einem anspruchsvollen Sinne genommen sogar mit *jeglicher Kausalität* konfligieren.

Erstens bleibt die Frage, ob ich *wirklich*, und nicht nur hypothetisch, hätte anders handeln können (anders wollen können), abhängig von der tatsächlichen, und nicht etwa irrealen, Erfüllbarkeit der

34 Ebd., S. 113-115.

aufgestellten Bedingungen, das heißt davon, ob ich *wirklich* hätte anders wollen können (anders wollen wollen können). Jene Bedingungen müssen eine *echte Möglichkeit*, nicht eine *bloße Denkbarkeit* bezeichnen, damit es legitim ist, unter Hinweis auf sie von einem Können zu sprechen, und sei es nur in einem basalen Sinne des Wortes. Wenn ich de facto *nicht* hätte anders wollen können (anders wollen wollen können), dann hätte ich tatsächlich auch *nicht* anders handeln können (anders wollen können). Das Problem ist dabei nicht, dass die fragliche Alternative womöglich eine komplett abweichende Vorgeschichte verlangt, sondern vielmehr, dass diese Vorgeschichte und damit eben jene Alternative vielleicht nicht real werden konnte.[35] Wenn man dieses Problem der Erfüllbarkeit von Bedingungen ausblenden dürfte, müsste man auch den Satz »Ich hätte an die Decke schweben können« interpretieren dürfen als »Ich wäre an die Decke geschwebt, wenn mein Körper schwerelos gewesen wäre«. Der letztere Satz mag allemal richtig sein, aber da mein Körper de facto *nicht* hätte schwerelos sein können, in keinem möglichen alternativen Weltverlauf, bei keiner möglichen abweichenden Vorgeschichte, hätte ich auch tatsächlich *nicht* an die Decke schweben können, womit der erstere Satz offenkundig falsch bleibt. Wenn nun die Welt einer lückenlosen kausalen Determiniertheit unterläge, würde sich dies bei allen anderen nicht erfolgten Tätigkeiten ebenso verhalten, auch beim Aufstehen und Umherschlendern. Auch dann hätte ich, entgegen dem ersten Anschein, tatsächlich *nicht* anders handeln können, *nicht* anders wollen können, weil die notwendigen Bedingungen hierfür, nämlich anders handeln zu wollen, anders wollen zu wollen, nicht realisierbar waren.[36]

35 Zwar bringt man Anders-handeln-Können oder Anders-wollen-Können oftmals im Irrealis zum Ausdruck, indem man eben sagt: »Ich *hätte* anders handeln können«, oder: »Ich *hätte* anders wollen können«. Aber dieser Irrealis will allein besagen, dass jener alternative Verlauf ausgeblieben ist, nicht etwa, dass er keine umsetzbare Option gewesen wäre. Das Wörtchen »hätte« mit seinem »irrealen« Sinn bezieht sich also auf das »Anders-Handeln« oder »Anders-Wollen«, die eben nicht real geworden sind, nicht auf das »Können« oder die »Möglichkeit«, die nicht real gewesen wären. Gemeint ist letztlich: »Ich *konnte* anders handeln«, beziehungsweise: »Ich *konnte* anders wollen«.

36 Vgl. Anscombe, »Soft Determinism«, S. 163-172; Austin, »Ifs and Cans«, S. 162-178; Campbell, »Is ›Free Will‹ a Pseudo-Problem?«, S. 30-33; Chisholm, *Human Freedom and the Self*, S. 5 f.; Keil, *Willensfreiheit*, S. 56-62, 91 f.; Lehrer, »›Could‹

Zweitens ist die Frage, ob wirklich *ich* hätte anders handeln können (anders wollen können), abhängig von der Zugänglichkeit jener Bedingungen für mich, das heißt davon, ob wirklich *ich* hätte anders wollen können (anders wollen wollen können). Jene Bedingungen müssen zu meinen *eigenen Möglichkeiten*, nicht zu irgendwelchen *fremden Optionen* gehören, damit es angemessen ist, auf ihren Horizont mein Können zu gründen, jedenfalls in einem anspruchsvollen Sinne des Wortes. Wenn nicht *ich* diese Bedingungen wahr machen kann (sondern allein etwas oder jemand anderes), dann hätte auch nicht *ich* anders handeln oder wollen können (sondern es hätte allein etwas anderes geschehen können). Die fraglichen Alternativen müssen nicht nur realisierbar, sondern zudem durch mich realisierbar gewesen sein, was etwa bei komplett abweichenden Vorgeschichten, aber auch in vielen anderen Konstellationen offenbar nicht der Fall ist.[37] Wenn man diesen Aspekt der Zugänglichkeit für den Handelnden vernachlässigen dürfte, müsste man auch den Satz »Ich hätte aus dem Zug aussteigen können« verstehen dürfen als »Ich wäre aus dem Zug ausgestiegen, wenn jemand die Türen entriegelt hätte«. Der zweite Satz mag durchaus korrekt sein, aber da nicht *ich* die Türen hätte entriegeln können, sondern eben nur eine andere Person, die mir zur Hilfe gekommen wäre, hätte auch eigentlich nicht *ich* aus dem Zug aussteigen können, womit der erste Satz erkennbar verkehrt bleibt. Wenn nun die Welt einer durchgehenden kausalen Bestimmung unterläge, würde dies ebenso für alle anderen nicht erfolgten Tätigkeiten gelten, auch für Aufstehen und Umherschlendern. Auch dann hätte nicht wirklich *ich* anders handeln können, nicht *ich* anders wollen können, sondern es wäre allenfalls, durch entsprechenden Zufall und mit

and Determinism«, S. 159 f.; Lucas, *The Freedom of the Will*, S. 22-26; Nida-Rümelin, *Über menschliche Freiheit*, S. 20-23; Seebaß, »Freiheit und Determinismus (Teil 2)«, S. 233 f., 241 f.; Taylor, *Metaphysics*, S. 44, 49 f.; Wiggins, »Towards a Reasonable Libertarianism«, S. 48-50; Wolf, *Freedom Within Reason*, S. 97-100.

37 Zwar verwendet man das Verb »können« zuweilen auch im Zusammenhang mit bloßen Widerfahrnissen, indem man etwa sagt: »Ich hätte bei dem gestrigen Unfall *umkommen* können«, oder: »Ich hätte bei ungünstigem Hergang nicht *geboren* werden können«. Aber wenn das Verb »können« ein Handeln oder Wollen betrifft, ist der Verweis auf eigene Möglichkeiten regelmäßig mitgedacht. Hier begnügt man sich nicht mit der Möglichkeit des Eintritts, sondern verlangt dessen Zugänglichkeit für den Akteur. Allein in diesem Sinne sagt man beispielsweise: »Ich hätte etwas *tun* können«, oder: »Ich hätte mir etwas *vornehmen* können«.

zugehöriger Wahrscheinlichkeit, etwas anderes geschehen, so dass ich anders gehandelt oder gewollt hätte.[38]

Falls die Welt also lückenlos deterministisch oder zumindest durchweg kausal beschaffen ist, sind Vollzüge wie Aufstehen oder Umherschlendern, die mir anscheinend möglich, aber tatsächlich ausgeblieben sind, nicht wesentlich verschieden von Dingen, die entweder *streng* unmöglich sind, wie an die Decke des Abteils zu schweben, oder jedenfalls *mir* unmöglich sind, wie trotz verschlossener Türen aus dem fahrenden Zug auszusteigen. Das heißt nicht, dass es gar keinen Unterschied zwischen beiden Arten von Tätigkeiten gäbe. Und Moores konditionale Analyse bringt diesen Unterschied klar zum Ausdruck. Im ersten Fall hängt die fragliche Alternative von meinem eigenen Wollen ab, im zweiten Fall nicht. Dies kann man sinnvoll als Differenz von *Fähigkeit* gegenüber *Unfähigkeit* markieren (bin ich fähig, etwas zu tun, könnte ich anders handeln, wenn ich anders wollte, bin ich unfähig, etwas zu tun, könnte ich nicht einmal dann anders handeln, wenn ich anders wollte). Aber es ändert nichts daran, dass ich, wenn die Welt vollständig deterministisch beziehungsweise kausal verfasst ist, auch im ersten Fall jene alternative Option nicht hätte realisieren können, dass meine jeweilige *Fähigkeit*, anders zu handeln, nicht auch eine eigene *Möglichkeit* in sich schloss, anders zu handeln (wenn alles deterministisch oder kausal ist, kann ich nicht anders wollen, also auch nicht anders handeln). Ich war wohl *imstande* zum Anders-Handeln oder Anders-Wollen, insofern ich aufgrund meiner psychischen und somatischen Ausstattung sowie angesichts der sozialen und physischen Gegebenheiten anders gehandelt oder anders gewollt hätte, wenn ich anders hätte handeln wollen beziehungsweise anders hätte wollen wollen. Und doch *konnte* ich nicht anders handeln oder anders wollen, denn jene alternative Option konnte sich nicht verwirklichen, oder zumindest konnte ich sie nicht verwirklichen.

Kurz: Nach Moore sollen Anders-handeln-Können und Anders-wollen-Können mit Determiniertheit und Kausalität verträglich sein (und damit soll unter diesen Bedingungen auch Willensfreiheit bestehen können, für welche Anders-handeln-Können sowie

38 Vgl. Austin, »Ifs and Cans«, S. 166 f.; Berofsky, *Nature's Challenge to Free Will*, S. 74; Ekstrom, *Free Will*, S. 64-66; Keil, *Willensfreiheit*, S. 61 f.; Lehrer, »Cans Without Ifs«, S. 32; van Inwagen, *An Essay on Free Will*, S. 114-119.

Anders-wollen-Können angeblich notwendig sind). Beide sollen lediglich mit fatalistischen oder prädestinierten Weltverläufen unverträglich sein (und sie wären dies entsprechend auch mit den im folgenden Abschnitt zu besprechenden *Frankfurt Cases*).

Aber: Moores Interpretation von Anders-handeln-Können und Anders-wollen-Können ist zu weit, zu schwach. Insbesondere erfasst sie unzureichend, dass die Komponente des »Könnens« in diesen Wendungen nicht schon bloße Denkbarkeiten oder lediglich fremde Optionen meinen kann, sondern zumindest *echte Möglichkeiten* oder sogar *eigene Möglichkeiten* bezeichnen muss: Ich »kann« erst dann etwas tun oder anstreben, wenn sich mir mindestens tatsächliche Chancen oder gar verfügbare Zugänge zu diesem Handeln oder Wollen eröffnen, was eine engere, stärkere Auffassung des Begriffs »Können« darstellt als bei Moore. Dann aber werden Anders-handeln-Können und Anders-wollen-Können sehr wohl durch Determiniertheit oder Kausalität durchkreuzt, in einem basalen Sinne zumindest durch deterministische Kausalität, in einem anspruchsvollen Sinne sogar durch jegliche Kausalität, anders als Moore vermutet. Denn diese lassen eben keine *wirklichen Alternativen* beziehungsweise keine *greifbaren Alternativen* zu: Ich kann dann nicht anders handeln, nicht anders wollen, weil überhaupt nichts in der Welt anders sein kann oder weil dies zumindest nicht in meiner Hand liegt.

Man sollte erwarten, dass Anders-handeln-Können und Anders-wollen-Können dann erst recht mit fatalistischen oder prädestinierten Weltverläufen und auch mit den im folgenden Abschnitt zu behandelnden *Frankfurt Cases* kollidieren müssten: Schließlich lassen diese augenscheinlich nicht einmal ein Anders-handeln-Können oder Anders-wollen-Können in Moores Sinne zu. Bei ihnen läuft die Welt angeblich stets in gleicher Weise ab, egal wie ich will oder beschließe, so dass ich offenbar nicht einmal dann anders handeln oder wollen kann, wenn ich anders handeln oder wollen will. Mithin scheinen sie schon gar kein Anders handeln Können oder Anders-wollen-Können erlauben zu können, wenn man diese beiden in einem noch engeren Sinne auslegt, sich dabei also nicht mit einem bloß konditionalen Können begnügt, sondern echte eigene Möglichkeiten verlangt.

Tatsächlich aber mögen fatalistische oder prädestinierte Weltverläufe wie auch *Frankfurt Cases* bei näherem Hinsehen doch mit

Anders-handeln-Können und Anders-wollen-Können verträglich sein, anders als Moore meint: Genau betrachtet lässt sich in diesen Fällen sehr wohl davon sprechen, dass man etwas anderes tun oder wollen kann, und zwar auch in einem engen Verständnis von »Können«, zumindest als echte Möglichkeit, womöglich sogar als eigene Möglichkeit. Hierbei käme es allein auf ein angemessenes Verständnis dessen an, was es heißt, »anders« zu handeln beziehungsweise »anders« zu wollen. Dies werde ich im Folgenden zu erläutern versuchen.

5.3. Harry Frankfurt ist ebenfalls Kompatibilist. Wenig überraschend sieht er Anders-handeln-Können beziehungsweise Anders-wollen-Können unter identischen Umständen daher nicht als notwendig für Willensfreiheit an (und schon gar nicht als hinreichend für sie). Dies versucht er anhand einschlägiger Gedankenexperimente einsichtig zu machen, in denen zwar allem Anschein nach durchaus ein freies Tun und Denken stattfindet, in denen aber angeblich, ebenso wie bei einem lückenlos kausalen oder sogar durchweg deterministischen Geschehen, keine alternativen Möglichkeiten des Handelns und Wollens gegeben sind, was eine kompatibilistische Position nahelege. Indessen ist zweifelhaft, ob in den skizzierten Szenarien tatsächlich kein Anders-handeln-Können und Anders-wollen-Können vorliegt oder ob Frankfurts Interpretation jener Konzepte nicht verfehlt ist (sie dürfte zu eng, zu stark sein).

Frankfurt will die Irrelevanz von Anders-handeln-Können für Willensfreiheit und Verantwortlichkeit anhand gewisser Fallbeispiele nachweisen, die man gemeinhin als »*Frankfurt Cases*« bezeichnet. Deren grundsätzliche Struktur folgt stets dem gleichen Schema. Eine Person namens Black ist imstande, die Handlung einer Person namens Jones zu kontrollieren. Wenn Jones im Begriff steht, Handlung B auszuführen, sorgt Black dafür, dass Jones stattdessen Handlung A vollzieht. Die Art des Eingriffs, den Black hierfür vornehmen müsste, darf man sich beliebig fundamental vorstellen, je nachdem welches Verständnis von »Jones tut A« man zugrunde legen möchte. Black mag Zwang, Erpressung oder Bedrohung, aber auch eine Hypnose, einen Zauberbann oder eine Gehirnmanipulation anwenden, was auch immer im Ergebnis jener Intervention die Aussage rechtfertigen mag, dass tatsächlich »Jones A tut«. Nun stelle man sich vor, dass Jones sich gar nicht anschickt,

Handlung B auszuführen, sondern von allein, in üblicher Manier, Handlung A vollzieht. Jones tut also A, aufgrund eigenen Bestrebens, eigener Entscheidung etc., ohne dass es zu einem Eingriff durch Black kommt.

Dann ist, so Frankfurt, Jones offenbar *willensfrei*: Es besteht kein Anlass, dies zu bestreiten (jedenfalls nicht, sofern man davon ausgeht, dass es überhaupt willensfreie Handlungen gibt). Jones tut in freier Weise A, aufgrund seiner Überlegungen, seiner Gründe, oder welches Freiheitsverständnis man immer zugrunde legen mag. Black tritt überhaupt nicht in Aktion, kann also diesen willensfreien Charakter von Jones' Vollzug auch nicht kompromittieren. Womöglich weiß Jones nicht einmal, dass Black einschreiten würde, wenn er sich zu B entschließen sollte, so dass seine Überlegungen, Gründe etc. von dieser Aussicht gänzlich unberührt sind, die Wahl seiner Handlung überhaupt nicht beeinflusst ist von der drohenden Intervention bei gegenteiliger Entscheidung. Dennoch hätte Jones *nicht anders handeln können*: Wenn Jones sich für B entschieden hätte, wäre Black eingeschritten und hätte ihn A tun lassen (dann wäre Jones auch sicherlich nicht willensfrei gewesen, aber dieser Fall ist nun einmal nicht eingetreten). Dieses Nicht-anders-handeln-Können ist sogar besonders radikal. Tatsächlich hätte Jones nicht einmal im Sinne von Moores konditionaler Analyse anders handeln können. Denn auch und gerade wenn Jones hätte B tun wollen, wäre Black eingeschritten und hätte ihn A tun lassen. Dabei gründet jene Alternativlosigkeit von Jones' Tun nicht in einer etwaigen Kausalität oder Determiniertheit, aufgrund derer sein Wollen und Handeln bestimmt oder festgelegt gewesen wären. Sie gründet vielmehr in Blacks potentiellem Eingreifen bei jeglichem Ausscheren, ähnlich einer fatalistischen oder prädestinierten Weltordnung, bei der auch ein abweichendes Wollen die vorgezeichnete Handlung nicht aufhalten kann.[39]

39 Frankfurt, »Alternate Possibilities and Moral Responsibility«, S. 829-836. Tatsächlich empfiehlt es sich, bei der Diskussion der *Frankfurt Cases* jegliche Kausalität oder Determiniertheit, zum Zwecke der Eindeutigkeit, gewissermaßen einzuklammern. Allein hierdurch kann das Gedankenexperiment ungehindert seine Grundidee entfalten, dass Jones deshalb nicht anders handeln kann, *weil Black* einschreiten würde, *wenn Jones* sich anders entscheiden würde. Falls demgegenüber zusätzlich Kausalität oder Determiniertheit im Spiel wären, könnte Jones bereits aufgrund *ihrer Gegenwart* nicht anders handeln und sich auch gar nicht erst anders entscheiden, nicht *wegen Black*. Das spezielle Argument der *Frank-*

Frankfurt legt sein Gedankenexperiment so an, dass Blacks Eingriff sich auch auf Jones' Wollen erstrecken könnte (seine Entscheidung, seine Wahl). Auch Jones' Anders-wollen-Können mag also durch eine potentielle Intervention von Blacks Seite untergraben sein (sonst könnte man womöglich einwenden, dass Jones zwar vielleicht als handlungsfrei gelten darf, indem er eben tun kann, was er will, solange er nach eigenem Entschluss A vollzieht, auch wenn ihm die Option für B verschlossen ist, dass Jones aber nicht schon als willensfrei gelten könne, weil er hierfür wohl frei sein müsste, seinen Willen zu bestimmen, und diese Freiheit dann vielleicht voraussetzen würde, dass er hätte anders wollen können, als er es getan hat). Auch das Anders-wollen-Können wäre somit durch das beschriebene Muster der *Frankfurt Cases* ausgeschlossen. Nach Frankfurt soll dies indessen wiederum unerheblich für Willensfreiheit sein. So stelle man sich vor, dass Black auch Jones' Wollen kontrolliert. Sobald Jones im Begriff steht, Handlung B zu wollen, sorgt Black dafür, dass Jones dennoch Handlung A will. Wiederum handelt es sich um einen beliebig tiefen Eingriff, etwa in Jones' mentale Ausstattung oder in seine neuronale Konstitution, so dass man nach jener Manipulation berechtigt ist zu behaupten, dass tatsächlich Jones A will. Nun will Jones aber von allein, auf übliche Weise A, ohne dass Black zu irgendeiner Intervention schreitet.

Dann ist, so Frankfurt, Jones wiederum *willensfrei*: So wie er will, folgt er seinem Überlegen, seinen Gründen, oder welche Konstellation auch immer dafür hinreichend sein mag, von Willensfreiheit zu sprechen. Aber Jones hätte *nicht anders wollen können*: Sobald sich angebahnt hätte, dass er B wollte, wäre Black eingeschritten und hätte ihn so beeinflusst, dass er doch A wollte. Nicht einmal im Sinne von Moores konditionaler Analyse hätte Jones anders wollen können. Auch und gerade wenn er anders hätte wollen wollen, hätte Black interveniert und Jones' Wollen korrigiert. Dabei hängt Jones' Nicht-anders-wollen-Können, wie bereits sein Nicht-anders-handeln-Können, nicht an einer etwaigen Kausalität oder Determiniertheit, die Jones' Wollen und Handeln bestimmt oder festgelegt

furt Cases würde damit quasi verpuffen, insofern sein Sinn und sein Ziel gerade darin liegen, zunächst die Unschädlichkeit des Nicht-anders-handeln-Könnens anhand des fiktiven Szenarios einer externen Intervention nachzuweisen, um hieraus auf die Unschädlichkeit des Nicht-anders-handeln-Könnens aufgrund kausaler Determination in der realen Welt zu folgern.

hätten. Zwar wären auch diese nach Frankfurt imstande, dafür zu sorgen, dass Jones nicht anders hätte handeln oder wollen können, als er es tat. Zudem wären sie ebenso irrelevant für seine Willensfreiheit, wie es Blacks drohende Intervention ist, da sie nichts daran ändern, dass Jones' Handeln und Wollen auch durch seine Überlegungen oder Gründe fundiert ist (womit sich bei Frankfurt der übliche Kompatibilismus von Kausalität und Freiheit ergibt). Aber im vorliegenden Fall gründet Jones' Nicht-anders-wollen-Können, wie schon sein Nicht-anders-handeln-Können, in dem potentiellen Auftreten externer Einflüsse, ähnlich wie bei einem fatalistischen oder prädestinierten Weltverlauf. Diese Einflüsse sind zwar tatsächlich nicht in Kraft getreten, und eben deshalb haben sie Jones' Willensfreiheit nicht berührt. Aber jene Einflüsse hätten gegebenenfalls ihr Werk verrichtet, und dabei hätten sie Jones' Willensfreiheit auch allemal zunichtegemacht, weil es hiermit nicht länger seine Überlegungen oder Gründe gewesen wären, die sein Handeln und Wollen bestimmt hätten, sondern allein Blacks Eingriff (als einzig wirksamer Ursprung des Geschehens).[40]

Frankfurt hebt nachdrücklich hervor, dass derartige Gegebenheiten, die ein anderes Handeln oder Wollen unmöglich machen, nicht unbedingt auch das tatsächliche Handeln und Wollen herbeigeführt haben müssen. Willensfreiheit und Verantwortlichkeit sind nach Frankfurt jedoch erst dann gefährdet, wenn nicht nur *Ersteres*, sondern auch *Letzteres* der Fall ist (und das trifft bei *Frankfurt Cases* nun einmal nicht zu, da Black hier *überhaupt nicht* in Aktion tritt).[41] Genauer müssten nach Frankfurt jene Gegebenheiten, welche die Alternative unmöglich machten, zugleich die *einzige* Quel-

40 Frankfurt, »Alternate Possibilities and Moral Responsibility«, S. 836-839. Libertaristische Kritiker könnten einwenden, dass ein kompatibilistischer Rekurs auf Überlegungen oder Gründe nicht genüge, um Jones' Willensfreiheit sicherzustellen. Jones könne nur dann als willensfrei gelten, wenn er völlig *nichtkausal* agiere, etwa im Sinne eines Cartesianismus oder einer Akteurskausalität. Wie oben erwähnt, spricht indes ohnehin einiges dafür, *kausale* Faktoren bei der Diskussion der *Frankfurt Cases* außen vor zu lassen. Entsprechend kann man die *Frankfurt Cases* ohne weiteres dahingehend formulieren, dass Jones seine Entscheidung und Handlung in cartesianischer oder akteurskausaler Manier vollzieht, solange sein Anders-handeln-Können und Anders-wollen-Können unverändert durch Blacks drohende Intervention verhindert sind.

41 Frankfurt, »Alternate Possibilities and Moral Responsibility«, S. 836 f.; vgl. Frankfurt, »What We Are Morally Responsible For«, S. 96.

le, der *alleinige* Ursprung des tatsächlichen Handelns oder Wollens gewesen sein, um dessen Willensfreiheit und Verantwortlichkeit zu untergraben (und das stimmt noch nicht einmal bei Kausalität oder Determiniertheit, da Jones hier *zumindest auch* von seinen Überlegungen oder Gründen bestimmt wird).[42]

Allerdings erhebt sich die Frage, ob in den diskutierten Szenarien Jones, genau betrachtet, wirklich nicht anders hätte handeln oder wollen können, wie Frankfurt behauptet. Zwar hätte er sicherlich nicht *Handlung B* vollziehen oder wollen können, da Blacks Eingriff ihn genau daran gehindert hätte, aber er hätte wohl auch nicht schlichtweg *Handlung A* vollzogen oder gewollt, ohne jeglichen Unterschied zur unmanipulierten Version. In dieser Hinsicht hätte er also sehr wohl anders handeln können, anders wollen können, in *manchen Fällen* sogar in einem anspruchsvollen Sinne, in *sämtlichen Fällen* zumindest in einem basalen Sinne.

Zum einen hätte in dem alternativen Verlauf, bei dem Black eingeschritten wäre, der notwendige *Anlass* für diesen Eingriff womöglich gerade darin gelegen, dass Jones ein anderes Handeln oder Wollen wenigstens *begonnen* hätte. Selbst wenn daher dieses andere Handeln oder Wollen sofort der ursprünglichen Fassung angeglichen worden wäre, selbst wenn Jones nur kurzzeitig von seinem Pfad abgewichen wäre, um von Black sogleich wieder auf Kurs gebracht zu werden, hätte diese korrigierte Version sich doch jedenfalls am *Anfang* von der realen Variante unterschieden, wäre also auch in der *Gesamtsicht* ein anderes Handeln oder Wollen gewesen als jenes, in dem keine derartige Abirrung stattfand. Beispielsweise hätte Jones einen *Handlungsentschluss* gefasst, B zu tun, eine *Wollensanbahnung* eingeleitet, sich für B zu entscheiden, und eben deshalb hätte Black interveniert. Oder Jones hätte einen *Versuch* unternommen, Handlung B zu vollziehen, einen *Ansatz* gemacht, Handlung B zu wollen, und genau darum hätte Black ihn manipuliert. Solche Entschlüsse und Versuche gehören aber zu einer vollständigen Beschreibung dessen, was und wie gehandelt oder gewollt wird, dazu. Und da dergleichen Anbahnungen und Ansätze im aktuellen Verlauf offenbar ausgeblieben sind, hätte es sich im alternativen Verlauf nachweislich um ein anderes Handeln oder Wollen gehandelt als jenes,

42 Frankfurt, »Alternate Possibilities and Moral Responsibility«, S. 838 f.; vgl. Frankfurt, »What We Are Morally Responsible For«, S. 95.

das tatsächlich erfolgt ist.[43] Jones hätte also allemal anders handeln oder wollen können, und zwar durchaus in einem anspruchsvollen Sinne: Es war eine echte Möglichkeit, die nach Voraussetzung bestand, wobei er sie zudem mit seinem eigenen Tun verwirklicht hätte, mit seinem abweichenden Entschluss beziehungsweise seiner abweichenden Anbahnung.[44]

Zum anderen hätte in dem alternativen Verlauf, bei dem Black aktiv geworden wäre, die bloße Tatsache jenes *Eingriffs* unweigerlich dafür gesorgt, dass Jones ein offenkundig *anderes* Handeln oder Wollen vollzogen hätte. Selbst wenn daher die Indikation für jene Einmischung womöglich *vor* dem eigentlichen Handeln oder Wollen gelegen hätte, etwa als ein physiologisches Signal oder eine neuronale Sequenz, die man nicht schon zu einem alternativen Handeln oder Wollen rechnen würde, wäre das hieran *anschließende* Handeln oder Wollen doch immer noch ein anderes gewesen als jenes, das tatsächlich stattgefunden hat, ganz einfach weil es maßgeblich durch ein externes Einschreiten geprägt gewesen wäre. Schließlich hätte eine Manipulation durch Blacks Techniken oder Apparaturen stattgefunden, eine Intervention gemäß Blacks Überlegungen oder Gründen, damit Handlung A vollzogen oder gewollt wird. Schon dieser schlichte historische Umstand, dass eben *Black* der Urheber des Geschehens gewesen wäre, nicht mehr *Jones*, zeigt an, dass es ein anderes Handeln oder Wollen gewesen wäre, als wenn das Geschehen ohne Eingriff abläuft. Letztlich gibt Frankfurt diesen Unterschied sogar selbst zu, insofern nach seiner Auffassung ein solcher manipulierter Jones als unfrei gelten müsste, der tatsäch-

43 Dabei geht es nicht darum, dass jenes andere Handeln oder Wollen nicht *numerisch identisch* mit dem tatsächlichen Handeln oder Wollen wäre: Das ist trivialerweise immer der Fall bei zwei Geschehnissen, von denen das eine ausgeblieben ist und das andere stattgefunden hat. Es geht darum, dass die beiden auch nicht *qualitativ gleich* sind: Sie weichen in wesentlichen Komponenten ihrer Struktur voneinander ab, nicht nur in ihrer raumzeitlichen Instanziierung oder Nichtinstanziierung.

44 Vgl. Fischer, *The Metaphysics of Free Will*, S. 136; Ginet, »In Defense of the Principle of Alternative Possibilities: Why I Don't Find Frankfurt's Argument Convincing«, S. 405-407, 411-413; Keil, *Willensfreiheit*, S. 66-71; McKenna, »Alternative Possibilities and the Failure of the Counterexample Strategy«, S. 75; Nida-Rümelin, *Über menschliche Freiheit*, S. 95-103; O'Connor, *Persons and Causes*, S. 81-84; Stump, »Alternative Possibilities and Moral Responsibility: The Flicker of Freedom«, S. 312; Vihvelin, *Causes, Laws, and Free Will*, S. 92-101, 109-114.

liche unmanipulierte Jones hingegen als frei anzusehen ist. Bereits diese erhebliche metaphysische Differenz, die nach Frankfurts eigener Einschätzung zwischen beiden Verläufen bestehen soll, einmal *Unfreiheit*, einmal *Freiheit*, zeigt deutlich an, dass man es wohl mit einem jeweils anderen Handeln oder Wollen zu tun haben muss.[45] Jones hätte also wiederum anders handeln oder wollen können, jedenfalls in einem basalen Sinne: Es war eine echte Möglichkeit, die gemäß Voraussetzung vorlag, auch wenn sie vielleicht nicht mehr durch sein eigenes Tun realisiert worden wäre, sondern allein durch vorlaufende Indikatoren und fremdes Einwirken.[46]

Man kann leicht Szenarien in Frankfurts Linie entwerfen, bei denen im Falle des äußeren Eingriffs ganz offensichtlich eine andere Handlung, ein anderes Wollen vorgelegen hätte:[47] Jemand könnte mein Auto derart kontrollieren, dass er dessen Radachse auch dann nach links wendet, wenn ich das Lenkrad nach rechts drehe. Wenn ich dann das Lenkrad selbst nach links drehe, hätte ich sicherlich anders handeln oder wollen können, eben indem ich das Lenkrad nach rechts gedreht hätte (jedenfalls sofern wir im Sinne des Arguments davon ausgehen, dass mir dieser alternative Vollzug unter identischen Umständen offengestanden hätte). Zwar wäre letztlich das Gleiche passiert, das heißt, das Auto wäre wiederum nach links abgebogen. Aber dies wäre allenfalls eine entferntere *Folge* meiner

45 Vielleicht wird man nicht *jede abweichende Entstehungsgeschichte* als hinreichenden Grund dafür ansehen, von einem anderen Handeln oder Wollen zu sprechen: Ein Tun oder Streben wird nicht schon dadurch qualitativ verschieden, dass es mit einem minimal abgewandelten Akt oder Denken eingeleitet wird. Doch wenn *eine abweichende Urheberschaft* vorliegt, wird dies sicherlich als ausreichend für solche Andersartigkeit zu gelten haben: Ob man selbst oder jemand anderes der Initiator eines Handelns oder Wollens ist, macht gewiss eine erhebliche ontologische Differenz darin aus.

46 Vgl. Fischer, »Responsibility and Control«, S. 28-30, 36 f.; Fischer, *The Metaphysics of Free Will*, S. 134-140; McKenna, »Alternative Possibilities and the Failure of the Counterexample Strategy«, S. 72-78; Mele, *Free Will and Luck*, S. 91 f., 115; O'Connor, *Persons and Causes*, S. 18-22; Rowe, »Two Concepts of Freedom«, S. 55-59; Stump, »Alternative Possibilities and Moral Responsibility: The Flicker of Freedom«, S. 311-320, 322; van Inwagen, *An Essay on Free Will*, S. 166-170; Wallace, *Responsibility and the Moral Sentiments*, S. 256-263.

47 Vgl. Fischer, *The Metaphysics of Free Will*, S. 132-135, 238; Fischer/Ravizza, *Responsibility and Control*, S. 30-32; Ginet, »In Defense of the Principle of Alternative Possibilities: Why I Don't Find Frankfurt's Argument Convincing«, S. 411 f.; Nida-Rümelin, *Über menschliche Freiheit*, S. 95 f., 98-100.

Handlung gewesen, vermittelt über den provozierten *Eingriff* durch den Kontrollierenden, nicht meine Handlung selbst und schon gar nicht mein Wollen. Meine *Handlung* wäre gewesen, das Lenkrad nach rechts zu drehen, und mein *Wollen* wäre gewesen, das Auto nach rechts zu steuern – auch wenn Ersteres wirkungslos und Letzteres unerfüllt geblieben wäre. Eine ähnliche Differenz wird indessen auch bei Szenarien von Frankfurts Typ erkennbar, in denen der äußere Eingriff mein Handeln, mein Wollen sehr viel rascher, sehr viel unmittelbarer trifft:[48] Jemand mag meine Affekte, meine Kognition, meine Nerven, mein Gehirn derart kontrollieren, dass ich das Lenkrad auch dann nach links drehe und sogar drehen will, wenn sich ein gegenteiliges Handeln oder Wollen meinerseits anbahnt oder ankündigt. Dennoch hätte ich, wenn ich nun das Lenkrad von allein nach links drehe, durchaus anders handeln oder wollen können, womöglich sogar in einem anspruchsvollen Sinne, zumindest aber in einem basalen Sinne (jedenfalls sofern man im Rahmen der Diskussion daran festhält, dass jener andersartige Verlauf unter identischen Umständen hätte eintreten können). Zwar hätte dann eine Intervention mein Handeln und Wollen dahingehend bestimmt, dass ich das Lenkrad zuletzt doch wieder nach links gedreht hätte beziehungsweise hätte drehen wollen. Aber es wäre trotzdem immer noch ein *anderes* Handeln, ein *anderes* Wollen gewesen als in der unmanipulierten Version. In manchen Fällen wäre es ein *initial* abweichendes Handeln oder Wollen gewesen, in allen Fällen wäre es ein *extern* bestimmtes Handeln oder Wollen gewesen – auch wenn dieses letztlich ebenso sehr im Sinne des Intervenierenden gelegen hätte wie das unmanipulierte Handeln oder Wollen, das tatsächlich stattgefunden hat.

Kurz: Nach Frankfurt sollen Anders-handeln-Können und Anders-wollen-Können mit *Frankfurt Cases* unverträglich sein (und sie wären dies entsprechend auch mit fatalistischen oder prädestinierten Weltverläufen in Moores Sinne). Beide sollen ebenfalls mit Kausalität oder Determiniertheit unverträglich sein (und dennoch soll es in all diesen Fällen Willensfreiheit geben können, weil jeweils dasjenige, was einem Anders-handeln-Können oder Anders-

48 Vgl. Fischer, *The Metaphysics of Free Will*, S. 135; Fischer/Ravizza, *Responsibility and Control*, S. 29 f.; Ginet, »In Defense of the Principle of Alternative Possibilities: Why I Don't Find Frankfurt's Argument Convincing«, S. 412 f.; Nida-Rümelin, *Über menschliche Freiheit*, S. 100.

wollen-Können entgegenstünde, das tatsächliche Entscheiden und Handeln entweder überhaupt nicht oder zumindest nicht ausschließlich bestimmen würde).

Aber: Frankfurts Deutung von Anders-handeln-Können und Anders-wollen-Können ist zu eng, zu stark. Namentlich berücksichtigt sie ungenügend, dass ein Handeln oder Wollen nicht erst dann »anders« ist, wenn es im finalen Resultat oder im äußeren Vollzug abweicht, sondern bereits dann, wenn es einen *unterschiedlichen Anfang* genommen hat oder ihm eine *andersartige Herbeiführung* zugrunde liegt: Ein »anderes« Handeln oder Wollen liegt auch vor, wenn ihm ein abweichender Entschluss vorausging oder es auf eine korrigierende Manipulation zurückgeht, was eine weitere, schwächere Auslegung des Begriffs »anders« darstellt als bei Frankfurt. Dann aber darf man bei *Frankfurt Cases*, ebenso wie bei fatalistischen oder prädestinierten Weltverläufen, sehr wohl von Anders-handeln-Können oder Anders-wollen-Können sprechen, manchmal sogar in einem anspruchsvollen Sinne, stets zumindest in einem basalen Sinne, anders als Frankfurt denkt. Denn unter divergierenden Anbahnungen oder externen Interventionen kämen jeweils *abweichende Verläufe* beziehungsweise *differierende Gestaltungen* zustande gegenüber dem ursprünglichen und unbeeinflussten Fall: Wenn ich von allein handle oder will, hätte ich allemal anders handeln oder wollen können, falls sich ein widerstrebender Vollzug oder Entschluss hätte anbahnen beziehungsweise ankündigen können, sei es im eigenen Handeln oder Wollen selbst, sei es in Anzeichen sonstiger Art, und nur ein äußerer Eingriff, sei es durch einen obskuren Gehirnmanipulator, sei es durch ein übermächtiges Lebensschicksal oder einen unerschütterlichen Weltenlenker, hätte gewährleisten können, dass sich das gleiche Resultat oder der gleiche Prozess einstellt.

Man sollte erwarten, dass Anders-handeln-Können und Anders-wollen-Können dann erst recht mit Determiniertheit oder Kausalität verträglich sein müssten: Schließlich droht dort noch nicht einmal ein externer Eingriff, welcher in den *Frankfurt Cases* Handeln und Wollen auf einen bestimmten Verlauf festschreiben soll. Die Abläufe können ganz sich selbst überlassen bleiben, ohne jede Kontrolle von außen. Somit scheinen sie umso mehr ein Anders-handeln-Können oder Anders-wollen-Können zulassen zu müssen, wenn man diese beiden in dem skizzierten weiteren Sinne versteht, also bereits alternative Anbahnungen oder korrigierende Interventionen als abweichende Verläufe zählt.

Tatsächlich aber sind Determiniertheit oder Kausalität mit Anders-handeln-Können und Anders-wollen-Können unvereinbar, wie auch Frankfurt selbst feststellt: Gerade ihre internen Gesetzhaftigkeiten lassen es nicht zu, etwas anderes tun oder wollen zu können, als was man tatsächlich tut oder will, gleichgültig welch einen weiten Begriff von »anders« man hierbei verwenden möchte. Dies gilt jedenfalls so lange, wie man einen angemessenen Begriff davon zugrunde legt, was es heißt, handeln zu »können« oder wollen zu »können«, nämlich zumindest echte Möglichkeiten oder sogar eigene Möglichkeiten zu haben. Determiniertheit und Kausalität hingegen schreiben entweder einen einzigen Weltverlauf fest, in den auch alles menschliche Handeln und Wollen unverrückbar eingefügt ist, oder erlauben allenfalls solche Abweichungen, die der betroffenen Person entzogen sind und ausnahmslos dem Zufall überlassen bleiben.

6. Vorzüge des Kompatibilismus

6.1. Will man die Freiheit des menschlichen Willens in der realen Welt verteidigen, entgegen dem Determinismus, ohne dabei diese Freiheit gleich zur wundersamen Quelle alles natürlichen Geschehens zu erklären, wie der Idealismus, bleiben nur zwei Optionen. Entweder man schließt sich dem Libertarismus an, der solche Freiheit in etwaigen Lücken der Kausalität sucht. Oder man votiert für den Kompatibilismus, dem zufolge menschliche Freiheit auch bei lückenloser Kausalität der Natur bestehen kann. Der Kompatibilismus zahlt dabei einen hohen Preis, indem diese lückenlose Kausalität kein Anders-handeln-Können oder Anders-wollen-Können unter identischen Umständen zulässt.

Begnügt man sich mit dem basalen Sinn dieser Begriffe, bei dem es nur erst um *echte Möglichkeiten* geht, so kann man zwar in sämtlichen *Frankfurt Cases*, ebenso wie bei allen fatalistischen oder prädestinierten Weltverläufen, davon sprechen, dass jemand unter identischen Umständen hätte anders handeln oder wollen können: Allein dass eine Manipulation seines Handelns beziehungsweise Wollens stattgefunden hätte, allein dass eine Intervention sein Tun und Entscheiden bestimmt hätte, macht offenkundig, dass stets ein *anderes Geschehen* entstanden wäre als im tatsächlichen Verlauf. Aber eine umfassende *deterministische Kausalität* lässt es, entgegen Moores konditionaler Analyse, nicht zu, dass solch ein alternatives Geschehen unter identischen Umständen tatsächlich statthat: Dann kann es nur einen *einzigen Verlauf* der Welt geben, in dem auch sämtliche Entscheidungen und Handlungen eindeutig festgelegt sind. Ein Anders-handeln-Können oder Anders-wollen-Können ist damit in ontologischer Hinsicht strikt ausgeschlossen.

Wählt man den anspruchsvollen Sinn der Begriffe, bei dem es genauer um *eigene Möglichkeiten* geht, so lässt sich zwar in manchen *Frankfurt Cases*, ebenso wie bei einigen fatalistischen oder prädestinierten Weltverläufen, noch von Anders-handeln-Können oder Anders-wollen-Können reden: Wenn es zu einem anderen Handlungsentschluss gekommen wäre, wenn eine andere Wollensanbahnung erfolgt wäre, so hätte es vielleicht im *originären Möglichkeitsraum* der fraglichen Person selbst gelegen, ein entsprechend abweichendes Handeln beziehungsweise Wollen zu vollziehen. Aber jegliche *lückenlose Kausalität* macht es, entgegen Moores konditionaler Analyse, unmöglich, dass eine derartige Modifikation tatsächlich dem Handelnden selbst zuzurechnen ist: Sie lässt bestenfalls solche Alternativen in dieser Welt entstehen, deren Auswahl das Resultat *durchgehenden Zufalls* ist und somit dem betroffenen Akteur entzogen bleibt. Ein Anders-handeln-Können oder Anders-wollen-Können in einem relevanten Sinne kann damit nicht stattfinden.

Indessen hat der Kompatibilismus auch spezifische Vorzüge, namentlich gegenüber dem Libertarismus, weshalb ich im Folgenden seinen wichtigsten Entwürfen weiter nachgehen werde, um Willensfreiheit zu begründen. Insbesondere werde ich mich der zentralen Auffassung vieler Kompatibilisten anschließen, dass Anders-handeln-Können und Anders-wollen-Können nicht erforderlich für Freiheit und Verantwortung sind. Eine solche Einschätzung mag zunächst befremdlich erscheinen, lässt sich aber plausibel machen, wenn man bedenkt, dass Freiheit vielleicht ohnehin nicht darauf beruhen sollte, welche kontrafaktischen Verläufe hätten stattfinden *können*, also ob in irgendwelchen alternativen Szenarien abweichende Entscheidungen oder Handlungen vollzogen worden *wären* oder nicht. Statt von derartigen Irrealitäten abzuhängen, sollte Freiheit wohl letztlich allein darin liegen, welcher reale Vollzug *eintritt*, also ob das tatsächliche Handeln und Wollen eine geeignete Beschaffenheit *aufweist* oder nicht.

Vor diesem Hintergrund ist es insbesondere kein Problem, dass in *Frankfurt Cases*, oder auch bei fatalistischen oder prädestinierten Weltverläufen, die möglichen Alternativen des Handelnden in ihrem effektiven Umfang am Ende *überaus geringfügig* erscheinen mögen:[49] Vielleicht bestünden sie bloß in kurzzeitigen Handlungsentschlüssen oder vorübergehenden Wollensanbahnungen, die zwar durchaus eigene Möglichkeiten des jeweiligen Akteurs bilden mögen, aber von äußerst flüchtigem Bestand wären und sogleich der externen Korrektur unterzogen würden. Vielleicht lägen sie sogar nur in vorlaufenden Konstellationen und Indikationen vor seinem eigentlichen Entscheiden und Tun, die zwar noch echte Möglichkeiten von alternativen Verläufen einleiten mögen, aber bereits seinem eigenen Handeln und Wollen entzogen wären und ebenfalls sofort eine äußere Manipulation und Intervention heraufbeschwören würden. Wenn Freiheit und Verantwortung indessen ohnehin nicht in den gangbaren Alternativen der handelnden Person, in der etwaigen Zugänglichkeit kontrafaktischer Optionen wurzeln, sondern allein auf der wirklichen Beschaffenheit ihres realen Tuns beruhen, etwa auf der Reflexivität ihrer Wunschbildung oder auf der Rationalität ihrer Entscheidungsfindung, dann steht auch nicht zu befürchten, dass sie sich zuletzt auf jene marginalen Spielräume des jeweiligen Akteurs beschränken müssten. Vielmehr eröffnet sich die Perspektive, dass sie den gesamten Verlauf seines tatsächlichen Handelns und Wollens betreffen könnten, insofern dieser eben durch sein Überlegen oder durch seine Gründe bestimmt ist, auch wenn er weite Teile hiervon nicht hätte anders gestalten können.

Ebenso wenig ist es bei einem solchen Ansatz ein Problem, dass Determiniertheit oder Kausalität, entgegen Moores konditionaler Analyse, ein Anders-handeln-Können oder Anders-wollen-Können in einem basalen beziehungsweise in einem anspruchsvollen

49 Vgl. Fischer, »Responsibility and Control«, S. 30-32; Fischer, *The Metaphysics of Free Will*, S. 140-147, 158 f.; Fischer, »Frankfurt-Type Examples and Semicompatibilism: New Work«, S. 250 f.; Fischer, »Semicompatibilism«, S. 7; McKenna/Widerker, »Introduction«, S. 6-8; Mele, *Free Will and Luck*, S. 92 f.; Nida-Rümelin, *Über menschliche Freiheit*, S. 100-102.

Sinne *völlig unmöglich* machen:[50] Wenn Freiheit und Verantwortung allein auf Überlegen oder Gründen beruhen, sind eben überhaupt keine Spielräume des Akteurs für sie nötig, weder als echte Möglichkeiten noch als eigene Möglichkeiten, sondern es genügt, wenn er in seinem Entscheiden und Tun reflexiv beziehungsweise rational agiert, wie eindeutig und unverrückbar seine Vollzüge in diesem Verlauf auch ausfallen mögen. Auch dann wird man sich zwar nicht damit zufriedengeben können, dass jene Prozesse, die sein Handeln oder Wollen bedingen, womöglich deterministisch verfasst sind, vielleicht indeterministisch beschaffen sind, oder auch unvorhersagbar oder offen sein mögen. Das liegt nun aber nicht mehr daran, dass solche Gegebenheiten dem jeweiligen Akteur entweder überhaupt keine echten Möglichkeiten oder zumindest keine eigenen Möglichkeiten eröffnen, anders zu handeln oder zu wollen. Vielmehr liegt es einzig daran, dass sie als solche allesamt im kausalen Bereich verbleiben, also schon deshalb von sich aus keine freiheitstauglichen Formen des Handelns und Wollens entstehen lassen und durch nichtkausale Bestimmungsgründe des Entscheidens und Handelns zu ergänzen sind.

6.2. Libertaristische Ansätze kommen letztlich nicht umhin, menschliche Willensfreiheit, die ihnen zufolge allein in entsprechenden Lücken der Kausalität stattfinden kann, auf geeignete Dualismen des Seins zu gründen. Insbesondere müssen sie bestimmte Entitäten postulieren, die einerseits der kausalen Verursachung entzogen sind, damit sie als frei gelten können, die andererseits aber kausale Wirksamkeit entfalten, damit ihre ureigene Freiheit sich in Entscheidungen und Handlungen innerhalb der realen Welt manifestieren kann. Beispielsweise legen sie einen Dualismus von Körper und Geist zugrunde, dem zufolge das Mentale in seiner spezifischen Aktivität nicht selbst natürlichen Kausalverläufen unterworfen sei, aber durch seinen autonomen Eingriff das natürliche Kausalgeschehen des Physischen beeinflussen könne (Cartesianismus). Oder sie stützen sich auf einen Dualismus von Akteuren und Ereignissen, dem zufolge Personen als Ursachen bestimmter Ereignisse in der realen Welt fungieren können, ohne dass

50 Vgl. Fischer, *The Metaphysics of Free Will*, S. 131, 135, 153 f.; Nida-Rümelin, *Über menschliche Freiheit*, S. 22 f.

ihre eigenen Handlungen und Vollzüge wiederum Wirkungen vorausgehender Ereignisse wären (Akteurskausalität).

Derartige Seins-Dualismen von Körper und Geist oder von Akteuren und Ereignissen sind überaus spekulativ. So erscheint bereits fragwürdig genug, dass Mentales beziehungsweise Personen in ihren wesentlichen Bestimmungen keine Wirkungen vorausgehender Bedingungen sein sollten. Besonders befremdlich mutet indessen an, dass diese Größen dann ihrerseits doch wieder mit ihrer bezeichnenden Tätigkeit Ursachen nachfolgender Geschehnisse werden sollten. Speziell diese Kombination aus kausaler Unbeeinflussbarkeit und kausaler Wirkmächtigkeit macht libertaristische Ansätze kaum mit einem wissenschaftlichen Weltbild vereinbar.

Kompatibilistische Entwürfe können derartige Seins-Dualismen leicht vermeiden. Da sie Willensfreiheit und Naturkausalität als miteinander verträglich ansehen, brauchen sie keine Entitäten oder Prozesse einzuführen, die einerseits nicht kausal beschaffen wären, damit sie als originär frei gelten könnten, andererseits aber kausal effektiv wären, damit sie real relevant werden könnten.

Erklärt man Willensfreiheit etwa mit Harry Frankfurt als eine reflexive Struktur des Überlegens, so mag man sicherlich dafürhalten, dass das Mentale *phänomenal* verschieden ist vom Physischen: Ein Wunsch ist *erfahrungsmäßig*, seiner erlebnishaften Gestalt nach, kein Prozess oder Zustand des Gehirns, sondern ein bestimmtes Empfinden im individuellen Bewusstsein. Aber man muss keineswegs behaupten, dass das Mentale *ontologisch* verschieden vom Physischen sei: Ein Wunschempfinden und ein Hirnprozess sind *seinsmäßig* identisch, nicht zwei verschiedene Dinge oder Ereignisse in der Welt, sondern ein und derselbe Gegenstand oder Vorgang, lediglich aus der Teilnehmer- oder aber aus der Beobachterperspektive erfahren (siehe Abschnitt 16.2).

Bezieht man Willensfreiheit demgegenüber nach Wilfrid Sellars auf die rationale Struktur von Gründen, so mag man vielleicht annehmen, dass diese *Gründe* ontologisch eigenständige Gebilde sind: Gründe, ebenso wie logische Schlüsse oder mathematische Objekte, sind sicherlich keine *kausalen Entitäten*, sie werden durch nichts verursacht, und sie sind als solche nicht wirksam. Aber man muss keineswegs meinen, dass *Personen* ontologisch eigenständige Gebilde seien: Personen können durchaus mit Körpern, jedenfalls von bestimmter Beschaffenheit und unter geeigneten Bedingungen, identisch sein und hierdurch in den *kausalen Bereich* fallen, das heißt einerseits gewisse Wirkungen entfalten, aber andererseits eben auch selbst wieder bestimmten Ursachen unterliegen (siehe Abschnitt 16.3).

Überdies haben jene Kompatibilismen den Vorteil, dass sich die von ihnen geltend gemachten Bestände kaum leugnen lassen: Wir *stellen Überlegungen* an in unserem Entscheiden und Handeln (zumindest manchmal), und hierbei *kommen reflexive Strukturen* zur Geltung (jedenfalls mitunter), indem wir Wünsche haben, die sich auf Wünsche beziehen. Wir *folgen Gründen* in unserem Entscheiden und Handeln (zumindest gelegentlich), und damit *spielen rationale Strukturen* eine Rolle (jedenfalls zuweilen), beispielsweise moralischer oder prudentieller Art, aber auch ästhetischen oder epistemischen Typs. Freilich bleibt hiermit eine Reihe von Fragen zu klären, etwa: Welchem der beiden Entwürfe sollte man sich anvertrauen, und wie wäre er in seinen Details auszuformulieren? Lassen sich die zwei Vorschläge womöglich in einen engeren Bezug zueinander stellen, und wie ist das genaue Verhältnis zwischen entsprechend fundierter Willensfreiheit einerseits und eingeräumter lückenloser Naturkausalität andererseits in letzter Konsequenz zu denken?

6.3. Beide Ausgangspunkte des Kompatibilismus, Überlegen und Gründe, schließen die Möglichkeit von iterativen Anwendungen in sich: Es kann Überlegungen zu Überlegungen, es mag Gründe für Gründe geben. Jeder Wunsch, auch ein höherrangiger, kann zum Gegenstand eines erneut übergeordneten Wunsches werden, jedes Argument, auch ein fundamentales, mag zu seiner Stützung wiederum ein weiteres Argument heranziehen. Solche Schichtungen können zwar real nicht in aller Vollständigkeit durchlaufen werden, aber sie sind potentiell gegeben und würden mithin ein Merkmal von Willensfreiheit ausmachen, sofern man diese durch Überlegen oder Gründe erklärt.

Auch sind beide Ansatzpunkte keineswegs auf moralische Aspekte festgelegt: Überlegen, genauer die Billigung oder Erzeugung von Wünschen niederer Ordnung durch Wünsche höherer Ordnung, ebenso wie Gründe, auch sehr elaborierte und differenzierte, können moralisch geartet sein, aber ebenso wohl nichtmoralisch (etwa prudentiell, ästhetisch, epistemisch) wie auch unmoralisch (also falsch, verwerflich, schlecht). Dies hat den Vorteil, dass eine Freiheitskonzeption, die auf derartige Strukturen rekurriert, nicht zu dem Schluss genötigt ist, dass eine willensfreie Entscheidung oder Handlung immer gut sein müsse. Vielmehr kann auch eine neutrale Aktion willensfrei sein (was angemessen erscheint, insofern indifferentes Verhalten zumindest mitunter freiheitsfähig sein dürfte), ebenso wie ein böser Entschluss willensfrei sein kann (was plausibel erscheint, da sonst niemals ein moralischer Vorwurf gerechtfertigt wäre).

Schließlich können beide Ansätze den praktischen Bereich des Handelns überschreiten und ihre jeweiligen Vorstellungen auf den theoretischen Bereich des Erkennens ausdehnen. Dies sollte nicht überraschen, da Handeln und Erkennen, wie unterschiedlich sie als aktiv-verändernde oder aber passiv-betrachtende Weltzugänge auch sein mögen, durchaus miteinander verflochten sind. Tätigkeit baut oftmals auf Einsicht auf, Kontemplation übersetzt sich häufig in Aktion. Dies gilt wiederum nicht nur im moralischen Bereich, wo Entscheidungen, etwas zu tun oder zu unterlassen, oftmals Urteile vorausgehen, was richtig oder falsch ist. Es gilt auch im prudentiellen, ästhetischen oder epistemischen Bereich, wo jeweilige Ansichten, was klug, gelungen oder korrekt wäre, häufig zu nachfolgenden Bestrebungen führen, etwas zu verfolgen, zu schaffen oder umzusetzen. Entsprechend können Überlegen wie Gründe, in all diesen Sektoren, nicht nur Handlungen, sondern auch Erkenntnisse leiten.

Der letztere Zusammenhang eröffnet eine interessante Aussicht, einem deterministischen Freiheitsgegner einen performativen Widerspruch nachzuweisen. Denn auch solch ein Freiheitsgegner überlegt ja und begründet seine Position. Er ist in aller Regel von seiner Auffassung überzeugt und argumentiert für sie. Damit würde er selbst eigentlich beweisen, dass es Willensfreiheit gibt, jedenfalls im kompatibilistischen Sinne eines Vollzugs von Überlegungen oder eines Rekurses auf Gründe. Und entsprechend erschiene es widersprüchlich, wenn er, in seinen Überlegungen, mit seinen Gründen, eben diese Freiheit bestreiten wollte. Er verneinte hiermit explizit etwas, was er doch zugleich implizit voraussetzte.

Ohnehin drängt sich der Eindruck auf, dass es unstimmig ist, wenn Freiheitsgegner sich von ihrer Auffassung *überzeugt* geben oder für sie zu *argumentieren* versuchen. Konsequenterweise, so scheint es, müssten sie erklären, dass sie selbst zu ihrer Position allenfalls *überredet* sind und ihr Gegenüber lediglich für sie zu *beeinflussen* suchen. Damit wird erstens der epistemische Rang ihrer

Position empfindlich untergraben, indem die Auffassung, die sie selbst vertreten, zu einem bloßen Effekt kausaler Mechanismen verkommt: In ihrem eigenen Lichte erscheint sie plötzlich allein als ein Resultat psychischer Dispositionen und Prägungen, sozialer Formung und Erziehung, als Produkt von Veranlagung und Umwelt, von Neurobiologie und Genetik statt als Ergebnis von kritischer Erörterung und Entschluss, von logischem Nachdenken und Beurteilung. Ebenso leidet zweitens der diskursive Charakter ihrer Beiträge erheblich, indem sämtliche Versuche, mit Gegnern zu streiten und deren Ansichten zu verändern, latent absurd werden: Auf ihrer eigenen Grundlage wirken sie zuletzt bestenfalls wie Manöver gezielter Indoktrination, wie Versuche strategischer Manipulation statt wie Ansätze zur gemeinsamen Erwägung, wie Vorschläge zur kommunikativen Einigung.

In einem sachlichen Disput über die Möglichkeit von Freiheit kann sich der deterministische Diskutant daher nicht beklagen, wenn seine Gegnerin nicht auf seine freiheitsskeptischen Ansichten eingeht, sondern bei ihren freiheitsaffirmativen Auffassungen bleibt: Schließlich war eben diese Uneinsichtigkeit nach seiner eigenen Einschätzung rein kausal bestimmt. Wenn er sich hierüber ernsthaft *beklagt*, wenn er hieraus einen *Vorwurf* macht, setzt er die Freiheit seiner Gesprächspartnerin voraus (welcher Freiheitsdeutung er sich dabei auch immer anschließen will). Ein rein kausaler oder gar vollständig determinierter Prozess lässt keinen Vorwurf zu (sondern allenfalls ein gezieltes *Beeinflussungsmanöver* in Gestalt eines *scheinbaren* Vorwurfs).

In einer politischen Debatte über die Berechtigung von Strafe kann sich der deterministische Reformer nicht beschweren, wenn seine Widersacherin teilweise am retributiven Konzept der Vergeltung für verantwortetes Verschulden festhält, statt vollständig auf den präventiven Gedanken der Verhinderung künftiger Vergehen einzuschwenken: Immerhin war eben diese Beharrlichkeit gemäß seiner eigenen Überzeugung rein kausal bestimmt. Wenn er sich hierüber ernsthaft *beschwert*, wenn er hierauf einen *Tadel* gründet, muss er der Diskutantin Freiheit zugestehen (in irgendeinem Wortsinne). Ein rein kausaler oder gar vollständig determinierter Vorgang gestattet keinen Tadel (sondern lediglich einen bewussten *Überredungsversuch* in Form eines *vorgeblichen* Tadels).

Die etwas pikierte Anmerkung der Freiheitsbefürworterin

»Wenn alles, was wir denken und sagen, rein kausal bestimmt ist, *können wir genauso gut aufhören*, miteinander zu reden« bringt dieses Problem klar zum Ausdruck: Richtig aufgefasst meint sie nicht, dass es *keinen Unterschied* in der Welt macht, ob wir reden oder nicht (dies träfe nur dann zu, wenn man einen fatalistischen oder prädestinierten Weltverlauf annähme, in dem sich stets das gleiche Schicksal einstellt, gleichgültig was Menschen tun oder lassen). Stattdessen behauptet sie, dass unser Reden *keinen Sinn* hat, sofern wir es allein als Einleitung eines naturalen Prozesses verstehen: Wenn unser Sprechen lediglich dazu dient, den Partner kausal zu beeinflussen oder gar deterministisch zu formen, verliert es seine wesentliche Bedeutung als ein freies Interagieren, um stattdessen zu einem bloßen Geschehen wechselseitiger Einwirkung zu werden (es darf aus kompatibilistischer Sicht zwar womöglich *auch* kausal oder deterministisch wirksam sein, aber nicht *nur*).

Der durchaus lakonische Kommentar des Freiheitsgegners »Weil alles, was wir denken und sagen, rein kausal bestimmt ist, *können wir gerade nicht aufhören*, miteinander zu reden« steht daher auch nicht in Widerspruch zu jenem Vorwurf: Recht verstanden leugnet er seinerseits nicht, dass irgendein Ereignis und womöglich gerade die obige Einlassung allemal dazu führen könnte, dass wir *nicht mehr* weiter reden (dies verhielte sich wiederum erst dann anders, wenn man einen fatalistischen oder prädestinierten Weltverlauf unterstellte, der unweigerlich nur eine Fortsetzung des Gesprächs zuließe, gleichgültig was seine Teilnehmer äußern oder was andere Menschen unternehmen). Aber er bekräftigt wiederum, dass unser Reden oder auch Nichtreden *sinnlos ist*, falls es in seinem Auftreten ausschließlich naturalen Gesetzen unterliegt: Wenn einzig eine kausale Prägung oder gar eine deterministische Bestimmung festlegt, ob und wie wir die Unterhaltung weiterführen, ist sie eben kein freier Austausch, sondern ein purer Ablauf (wobei deterministische Auffassungen darin auseinandergehen, wie *tiefgreifend* und ob *überhaupt* diese Einsicht unseren Umgang miteinander verändern würde oder müsste).

Die Ablehnung von Freiheit droht somit jede glaubhafte Stellungnahme zu der Frage und jede ernsthafte Diskussion über das Thema zu untergraben. In ihrem Horizont verkümmern entsprechende Kundgaben und Debatten zu mechanischen Artikulationen und Konfrontationen von Meinungen, bei denen es allenfalls zu gewissen psychosozialen Beeinflussungen, niemals aber zu einem echten inhaltlichen Austausch kommt. Nun könnte es natürlich sein, dass dieser Eindruck kognitiver Sinnlosigkeit richtig ist, und der Freiheitsgegner mag gegenüber der Freiheitsbefürworterin bekräftigen, dass die menschliche Situation im Allgemeinen und ihr philosophischer Disput im Besonderen gerade so absurd beschaffen seien. Indessen ist es durchaus möglich, hieraus den Vorwurf eines performativen Widerspruchs zu gewinnen, indem man genauer zeigt, dass eine solche Freiheitsleugnung letztlich die eigenen Geltungsbedingungen aufhebt. Dies wäre dann der Fall, wenn sich nachweisen ließe, dass jede Gewissheit, jede Rechtfertigung, auch die der Unfreiheit, eigentlich Freiheit voraussetzt. Ein solcher Nachweis ist innerhalb der beiden kompatibilistischen Ansätze, die sich jeweils auf Überlegen oder auf Gründe berufen, unterschiedlich naheliegend, aber grundsätzlich möglich.

In Frankfurts Ansatz könnte man nicht nur Wünsche, sondern auch Überzeugungen gemäß niederen und höheren Ordnungen unterscheiden. Entsprechend gäbe es Freiheit nicht nur bei praktischen Entscheidungen (im Handeln), sondern auch bei theoretischen Behauptungen (im Erkennen), sofern hier eine entsprechende Kohärenz oder Effektivität im Überlegen bestünde, im Gegensatz zu dem Zustand, dass jemand auf der niederen Ebene zu gewissen Glaubenssätzen neigt, sich Hoffnungen macht, Befürchtungen hegt etc., die er selbst auf der höheren Ebene nicht wirklich anerkennen mag oder nicht eigentlich hervorgebracht hat. Solche Freiheit würde indessen wohl auch ein deterministischer Freiheitsgegner beanspruchen beziehungsweise voraussetzen, indem er eine derartige Authentizität oder Autorschaft für seine eigenen Überzeugungen annähme und bei seiner Gesprächspartnerin erzeugen wollte. Er selbst würde sich also als frei *einschätzen* und auch von der Freiheit seines Gegenübers *ausgehen*, in diesem Sinne eines Einklangs zwischen niederen Überzeugungen und höheren Überzeugungen oder einer Hervorbringung der Ersteren durch Letztere, und widerspräche somit seiner eigenen angeblichen Ablehnung von Freiheit – jedenfalls sofern man jenes Frankfurt'sche Freiheitsmodell als stimmig ansieht.[51]

51 Ein noch stärkerer Vorwurf würde lauten, dass ein Freiheitsgegner diesen Einklang oder diese Hervorbringung gar nicht *erreichen* könne, dass er selbst von

In Sellars' Entwurf mögen Gründe nicht nur das Entscheiden und Handeln, sondern auch das Erkennen und Wissen betreffen. Wenn Freiheit dann bedeutet, von Gründen bestimmt zu sein, so wird diese nicht nur in jedem gründegeleiteten (praktischen) Tun oder Unterlassen belegt, sondern auch in jedem gründegeleiteten (theoretischen) Denken und Abwägen. Auch diese Freiheit wird aber von einem deterministischen Freiheitsgegner reklamiert beziehungsweise anerkannt, indem er für seine Position Gründe anführt und seine Gesprächspartnerin für jene Gründe gewinnen will. Wer seinerseits Gründe *benennt*, wer anderen Gründe *vorschlägt*, weshalb wir unfrei sein sollten, nimmt Freiheit bei sich selbst und auch beim Gegenüber an – zumindest solange man jene Sellars'sche Freiheitskonzeption als angemessen betrachtet.[52]

Gewiss muss ein solcher Vorwurf eines performativen Widerspruchs nicht in jedem Fall beim deterministischen Freiheitsgegner verfangen. Wenn er das Frankfurt'sche oder Sellars'sche Modell, das sich an Überlegungen beziehungsweise Gründen orientiert, *nicht* als plausible Deutung von Freiheit einschätzt (sondern beispielsweise nur eine libertaristische Freiheitsauffassung gelten lassen würde, etwa einen Cartesianismus oder eine Akteurskausalität), muss er auch nicht zugestehen, dass er irgendeine relevante Form von Freiheit *verwirklicht*, indem er sich auf seine Überlegungen stützt oder jemanden für seine Gründe einzunehmen versucht (die ihm gemäß eben gegen jene libertaristische Willensfreiheit sprechen, und zwar offenbar ohne selbst eine immaterielle Seele oder einen unabhängigen Akteur vorauszusetzen). Einräumen muss er dann lediglich, dass, in seinem Verständnis, auch seine eigene Ablehnung von Willensfreiheit, gleichgültig wie wohlüberlegt, kein Ergebnis einer autonomen Wahl sein könnte. Gestehen muss er dann allein, dass, in seiner Deutung, auch seine Auseinandersetzung mit der jeweiligen Gesprächspartnerin, gleichgültig wie wohlbegründet, als Ziel bloß eine kausale Beeinflussung haben könnte.

seiner Überzeugung der Unfreiheit gar nicht überzeugt *sein* könne. Dies mag gelegentlich stimmen, muss aber wohl nicht immer zutreffen.

52 Ein deutlich schärferer Einwand bestünde darin, dass der Freiheitsgegner keine *guten* Gründe für seine Position habe, dass er sie anderen gegenüber nicht *erfolgreich* begründen könne. Ein Stück weit ist dies mit dem skizzierten Problem eines performativen Widerspruchs bereits angedeutet, aber es bedarf weiterer Vertiefung durch zusätzliche Argumente.

Dennoch bleibt die Position, von Unfreiheit überzeugt zu sein oder für Unfreiheit zu argumentieren, mit einer gewissen Spannung beladen. Und die kompatibilistischen Modelle von Frankfurt und Sellars bringen diese *Spannung* (insbesondere die drohende *Sinnlosigkeit,* die allen Debatten zur Freiheit anhängt, falls ihre Beteiligten tatsächlich keine Freiheit aufweisen sollten) sehr klar und deutlich auf den *Punkt* (nämlich als möglichen *Widerspruch*, der entsteht, wenn man einerseits Freiheit explizit bestreitet und andererseits Freiheit implizit voraussetzt). Umgekehrt sind sie selbst von keinen vergleichbaren Problemen betroffen, das heißt, ihre Freiheitsdeutungen machen keine Freiheitsdiskussion sinnlos oder widersprüchlich, auch dann nicht, wenn sie ganz im Geiste des Kompatibilismus annehmen, dass zusätzlich zu ihren reflexiven Vollzügen und rationalen Strukturen eine lückenlose Kausalität oder auch eine ununterbrochene Determiniertheit des Geschehens am Werk sein mag. Denn dann kann jene Diskussion immer noch sinnvoll durch Überlegen oder Gründe geleitet sein, kann gemäß jener Deutung frei durch Überzeugungen und Argumente entschieden werden, die *neben* jener durchgängigen kausalen Bestimmung vorhanden sind und vielleicht sogar gerade *durch* eine geeignete kausale Bestimmung wirksam werden.

III. Der Ansatz von Harry Frankfurt

Nach Auffassung von Harry Frankfurt liegt Willensfreiheit dann vor, wenn handlungsbezogene »Volitionen zweiter Ordnung« den handlungswirksamen »Willen erster Ordnung« bestimmen. Indessen weist dieser Ansatz nicht über eine rein kausale Verfasstheit der beteiligten mentalen Ebenen hinaus, so dass er für sich allein genommen keine zufriedenstellende Konzeption eines freien Willens liefert.

7. Frankfurt über »Wille« und »Volition«

7.1. In seinem Aufsatz »Freedom of the Will and the Concept of a Person« entwickelt Harry Frankfurt ein sehr einprägsames Verständnis davon, was ein Wille ist und worin Willensfreiheit besteht, indem er zunächst genauer erläutert, wodurch sich seiner Einschätzung nach Personen von anderen Lebewesen mit Bewusstsein unterscheiden. Insbesondere grenzt er sich hierbei von bestimmten Positionen innerhalb der analytischen Tradition ab.

Jene Positionen, wie sie sich etwa bei Peter Strawson oder Alfred Ayer finden, definieren Personen allein dadurch, dass ihnen sowohl mentale Eigenschaften als auch physische Eigenschaften zugesprochen werden können: Für sie ist der Begriff der Person einfach der Begriff einer Entität, der sich gleichursprünglich Bewusstseins-Prädikate wie Gestalt-Prädikate zuordnen lassen. Im Zentrum dieser Ansätze steht somit die Frage nach dem Verhältnis von Geist und Körper. Personen sollen sich ihrer Auffassung nach durch eine besondere psychophysische Beziehung auszeichnen, möglicherweise indem sie eine irreduzible leibseelische Einheit bilden.[1]

Für Frankfurt sind solche Überlegungen zwar nicht verkehrt, aber doch unzureichend zur Bestimmung des Personbegriffs: Schließlich kann man auch vielen nichtmenschlichen Tieren gleichursprünglich sowohl psychische als auch physische Merkmale zuschreiben, ohne dass man deshalb all diese Lebewesen als Personen bezeichnen würde. Zwar sind vielleicht manche Mitglieder nichtmenschlicher Gattungen durchaus Personen, während umgekehrt vielleicht

1 Frankfurt, »Freedom of the Will and the Concept of a Person«, S. 5.

manche Mitglieder der menschlichen Gattung keine Personen sind, aber auch und gerade angesichts solcher Fälle wäre das skizzierte Modell offensichtlich zu korrigieren beziehungsweise zu ergänzen, um Personen in ihren charakteristischen Besonderheiten zu erfassen und gegenüber sonstigen Wesen mit Bewusstsein abzugrenzen. Dabei liegt das wesentliche Merkmal von Personen nach Frankfurt darin, dass ihre Willensbildung eine reflexive Struktur aufweist.[2]

Personen verfügen zum einen, wie viele andere bewusste Lebewesen, über »Wünsche erster Ordnung« (*first-order desires*), die sich unmittelbar auf die eigenen Handlungen beziehen (oder auf die Gegenstände oder Zustände, die sich mit jenen Handlungen erreichen lassen). Wenn ein solcher Wunsch erster Ordnung tatsächlich handlungswirksam in dem Lebewesen wird (also sein Handeln bestimmt oder jedenfalls bestimmen wird, sobald sich die entsprechende Gelegenheit zu einem künftigen Zeitpunkt ergibt, oder zumindest bestimmen würde, sofern ihm keine äußeren Hindernisse entgegenstehen und er über die erforderlichen Ausstattungen verfügt), so bezeichnet Frankfurt ihn genauer als »Wille« (*will*). Personen entwickeln zum anderen jedoch, abweichend von den meisten sonstigen bewussten Lebewesen, auch »Wünsche zweiter Ordnung« (*second-order desires*), die ihrerseits auf Wünsche erster Ordnung bezogen sind (das heißt jene Wünsche erster Ordnung befürworten, ablehnen, begrüßen, bedauern, billigen, zurückweisen etc.). Wenn ein solcher Wunsch zweiter Ordnung in einer Person genauer darauf aus ist, dass ein bestimmter Wunsch erster Ordnung tatsächlich handlungswirksam wird (also den Status eines Willens erlangt), so bezeichnet Frankfurt jenen Wunsch zweiter Ordnung als »Volition« (*volition*).[3]

Frankfurt schließt nicht aus, dass es auch Wünsche höherer Ordnung geben mag, die wiederum Wünsche zweiter Ordnung bewerten. Diese Möglichkeit ist jedoch nicht bedeutsam für sein Personmodell, und tendenziell sieht er in solch einer Konstellation eher die Gefahr, dass es zu einem unfruchtbaren Aufschub und einer obsessiven Unentschiedenheit im Umgang mit den eigenen Wünschen kommen könnte. Wichtig für Personen ist nach Frankfurt eine reflexive Struktur der Wunschbewertung und Wunschbil-

2 Ebd., S. 5-7.
3 Ebd., S. 7-10.

dung, die mit den beiden Stufen von erster und zweiter Ordnung vollumfänglich gegeben ist und deren stabiles Verhältnis sich in etwaige nachfolgende Ebenen fortschreiben beziehungsweise die aufgeworfene Frage nach noch höheren Stellungnahmen irrelevant machen würde. Demgegenüber ist ein Wesen, das (wie etwa viele nichtmenschliche Tiere oder sehr kleine Kinder) nur Wünsche erster Ordnung, vielleicht zudem einen Willen, womöglich auch Wünsche zweiter Ordnung, aber jedenfalls keine Volitionen hat, also nicht ernsthaft danach strebt, etwas zu wollen, für Frankfurt keine Person, sondern lediglich ein gleichgültiger Spielball seiner unkontrollierten Bestrebungen (*wanton*).[4]

7.2. Auf der Grundlage dieses zweistufigen Modells personaler Wünsche entwickelt Frankfurt anschließend seine Konzeption von Willensfreiheit. Willensfreiheit liegt nach Frankfurt nämlich genau dann vor, wenn handlungsbezogene Wünsche zweiter Ordnung, das heißt Volitionen, die handlungswirksamen Wünsche erster Ordnung, also den Willen, bestimmen.

Diese Deutung von Willensfreiheit ist in vielerlei Hinsicht attraktiv und plausibel. Nicht zuletzt liefert sie einen Begriff von Willensfreiheit, der parallel zum Konzept der Handlungsfreiheit angelegt ist, dabei aber nicht in eine tautologische oder regressive Struktur abgleitet, sondern einen guten nachvollziehbaren Sinn bewahrt.

Handlungsfreiheit bedeutet, tun zu können, was man will (siehe Abschnitt 1.2). Für Frankfurt wäre dabei jenes »will« im Sinne eben dessen zu verstehen, was er als »Wille« bezeichnet: Es geht um einen handlungswirksamen Wunsch erster Ordnung, genauer darum, ob einem solchen handlungswirksamen Wunsch keine äußeren Hindernisse entgegenstehen und er über die erforderlichen Ausstattungen verfügt, um sich in ein entsprechendes Handeln zu übersetzen. Handlungsfreiheit heißt in Frankfurts Modell somit, genauer notiert, *tun können, was man tun* $will_1$.[5]

Wenn man Willensfreiheit analog interpretiert, so müsste sie darin bestehen, wollen zu können, was man will, was üblicherweise auf eine leere Tautologie oder einen unabschließbaren Regress hinauszulaufen scheint (siehe Abschnitt 1.2). In Frankfurts zweistu-

4 Ebd., S. 10-14, 16 f.

5 Ebd., S. 13, 15.

figem Modell aber gewinnt diese Formulierung eine nichttriviale und solide Bedeutung, die überdies genau seinem Verständnis von Willensfreiheit entspricht: Willensfreiheit liegt dann vor, wenn eine Volition, das heißt ein handlungsbezogener Wunsch zweiter Ordnung, imstande ist, den Willen, also einen handlungswirksamen Wunsch erster Ordnung, zu bestimmen. Willensfreiheit bedeutet in Frankfurts Modell tatsächlich, präziser gefasst, *wollen*$_1$ *können, was man wollen*$_1$ *will*$_2$.[6]

Genauer meint Handlungsfreiheit nach Frankfurt nicht, dass *meine Handlung frei ist*, in dem Sinne, dass ich ebenso gut irgendeine andere Handlung vollziehen könnte. Vielmehr meint Handlungsfreiheit, dass *ich frei bin* zu tun, was ich tun will$_1$ (*I am free to do what I want*$_1$ *to do*). *Ich* wähle frei meine Handlung, oder besser: Mein Wille bestimmt die Handlung (ist in seinem originären Bestreben, die Handlung zu leiten, erfolgreich). Freiheit ist also *keine Eigenschaft meiner Handlung* (die *Handlung* ist vielmehr hochgradig abhängig, nämlich gerade von meinem Willen). Freiheit meint vielmehr *meine Autorschaft an meiner Handlung* (*ich* bin frei in meiner Handlung, indem sie meinem Willen entspricht). Und auch das heißt nicht, dass ich imstande sein müsste, ebenso gut alles Mögliche *andere* zu tun, was ich vielleicht tun *wollte* (in diesem Sinne gilt nicht: *I am free to do whatever I want*). Es heißt nur, dass ich das, was ich *jetzt* tue, aus meinem Willen heraus *tue* (in diesem Sinne gilt: *I act freely*).

Dies zeigt zum einen, dass Handlungsfreiheit sich nicht in einer bloßen *Kohärenz* von Handlung und Wille erschöpft (*I do what I want*$_1$ *to do*): Solch eine schlichte Übereinstimmung könnte auch einem günstigen Zufall entspringen, aufgrund dessen mein Tun oder Unterlassen zwar einem eigenen Wunsch erster Ordnung entspräche, ohne dass dieser Wunsch aber in meinem Handeln tatsächlich wirksam geworden wäre. Handlungsfreiheit meint vielmehr, dass eine *Effektivität* des Willens in der Handlung besteht (*I am free to do what I want*$_1$ *to do*): Die Handlung ist von meinem Willen selbst ausgelöst worden und liegt eben deshalb auf der Linie meiner Bestrebungen (ich handle so, *weil* ich so handeln will$_1$). Es zeigt zum anderen, dass Handlungsfreiheit kein Anders-handeln-Können voraussetzt (so dass die Handlung selbst in diesem Sinne

6 Ebd., S. 13-15.

der Unbestimmtheit oder gar Beliebigkeit frei wäre): Jene Effektivität des Willens in meiner Handlung, und auch die Willensbildung selbst, kann völlig eindeutig sein, ohne dass dies meiner Handlungsfreiheit irgendeinen Abbruch täte. Zudem mögen etwaige Alternativen durch Kausalität beziehungsweise Determiniertheit oder durch exotische Szenarien wie in den *Frankfurt Cases* verstellt sein: All dies ändert nichts daran, dass die gewählte Handlung durch meinen wirksamen Willen geleitet wurde, ich also frei war zu tun, was ich tun wollte$_1$.[7]

Analog bedeutet Willensfreiheit nach Frankfurt nicht, dass *mein Wille frei ist*, in dem Sinne, dass ich ebenso gut irgendeinen anderen Willen haben könnte. Vielmehr meint Willensfreiheit, dass *ich frei bin* zu wollen$_1$, was ich wollen$_1$ möchte$_2$ (*I am free to will$_1$ what I want$_2$ to will$_1$*). *Ich* bestimme frei meinen Willen, oder besser: Meine Volition bestimmt den Willen (ist in ihrem originären Bestreben, den Willen zu leiten, erfolgreich). Freiheit ist somit *keine Eigenschaft meines Willens* (so wie man sagen könnte: »Meine Gefühle *sind frei*«, im Sinne von: »Sie sind *in sich* losgelöst, eigenständig, unkontrolliert, offen«). Freiheit bezeichnet vielmehr *meine Autorschaft an meinem Willen* (so wie man sagt: »Dies ist *meine freie* Entscheidung«, im Sinne von: »Sie ist *durch mich* getroffen«). Mein Wille ist nicht *prädikativ* frei, insofern *er* sich verwandeln kann (es gilt nicht: *my will is free*, im Sinne von: »Mein Wille ist in sich ungebunden«). Mein Wille ist vielmehr *attributiv* frei, insofern *ich* ihn gebildet habe (es gilt: *I act of my own free will*, im Sinne von: »Ich vollziehe eine Handlung aus dem von mir selbst bestimmten Willen heraus«).

Dies heißt zum einen, dass auch Willensfreiheit nicht in einer schieren *Kohärenz* von Wille und Volition besteht (*I will$_1$ what I want$_2$ to will$_1$*): Solch eine pure Übereinstimmung könnte wiederum nur ein glücklicher Zufall sein, bei dem mein Bestreben zwar gewissen höherrangigen Wünschen entspräche, ohne dass jene höherrangigen Wünsche jedoch mein Bestreben tatsächlich geleitet hätten. Willensfreiheit erfordert demgegenüber, dass die Volition *Effektivität* für den Willen hat (*I am free to will$_1$ what I want$_2$ to will$_1$*): Es muss zu einer aktiven Bestimmung des Willens durch meine Volition kommen, die Konformität des Willens muss durch

7 Ebd., S. 15, 17, 19.

meine Volition selbst besorgt werden (ich habe jenen Willen$_1$, *weil* ich jenen Willen$_1$ haben möchte$_2$). Es heißt zum anderen, dass für Willensfreiheit wiederum kein Anders-handeln-Können, und auch kein Anders-wollen-Können, erforderlich ist (so dass der Wille als solcher in diesem Sinne der Unbestimmtheit oder gar Beliebigkeit frei wäre): Jene Effektivität der Volition in meinem Willen kann vollständig eindeutig sein, ohne dass dies meine Willensfreiheit irgendwie in Frage stellte. Überdies mögen sämtliche Alternativen einmal mehr durch Kausalität beziehungsweise Determiniertheit oder durch spezielle Konstellationen wie in den *Frankfurt Cases* verbaut sein: Nichts davon ändert etwas daran, dass der gewählte Wille durch meine wirksame Volition bestimmt wurde, ich also frei war zu wollen$_1$, was ich wollen$_1$ mochte$_2$.[8]

7.3. Bei Frankfurt gründet Willensfreiheit somit in einer bestimmten Struktur des Überlegens, genauer in der reflexiven Bewertung und Formung der Wünsche von Personen. Diese hierarchische Beziehung mentaler Akte macht, Frankfurt zufolge, Willensfreiheit aus. Dabei setzt sie keinerlei metaphysisch spekulative Entitäten oder Vollzüge voraus. Insbesondere dürfte kaum ein sinnvoller Zweifel daran bestehen, dass es jene besonderen reflexiven Akte »gibt«, dass sie »in der Welt« sind.

Traditionell kennzeichnet man das Mentale, Psychische als die »Welt 2«, um es von der »Welt 1« des Körperlichen, Physischen abzuheben, ohne damit aber seine Realität in Frage zu stellen oder auch seine weitgehenden ontologischen Parallelen gegenüber den üblichen materiellen Dingen zu leugnen. Beispielsweise findet Mentales offenkundig in der Zeit statt: Ich habe Überzeugungen, Wünsche, Empfindungen, Gedanken in bestimmten Momenten oder in bestimmten Phasen. Sie kommen und gehen, sie folgen einander und lösen sich wechselseitig ab (nicht zuletzt können sie für den Betroffenen selbst wie auch für andere Personen gegenwärtig, vergangen oder zukünftig sein). Ebenso kann man Mentales sicherlich im Raum verorten: Zwar mag es keine Ausdehnung haben, jedenfalls nicht in der eigenen unmittelbaren Erfahrung, aber das trifft auch auf bestimmte physische Entitäten zu, etwa auf Elementarteilchen. Gerade wie diese dürfte es sich indessen alle-

8 Ebd., S. 15, 18-20.

mal an bestimmten Stellen oder in bestimmten Gebieten aufhalten (jedenfalls entspricht es meinem subjektiven Empfinden wie wohl auch den objektiven Gegebenheiten, dass mein Bewusstsein gerade in diesem Zimmer und in diesem Kopf ist und nicht an einem anderen Ort). Schließlich lässt sich für das Mentale gewiss Kausalität annehmen: Wie diese psychische Kausalität genauer beschaffen ist oder wie sie mit anderen Kausalitäten zusammenhängt, etwa neuronaler oder genetischer, sozialer oder kultureller Art, mag dahingestellt sein. Aber sowohl im lebensweltlichen Denken als auch im wissenschaftlichen Zugriff erscheint es plausibel und korrekt, dass mentale Ereignisse oder Zustände in Ursache-Wirkungs-Beziehungen treten, sei es zu ihresgleichen, sei es zu Vorgängen und Sachverhalten anderen Typs (sie erzeugen einander, sie werden voneinander hervorgebracht, sie bewirken physische Geschehnisse, sie werden von physischen Abläufen verursacht).

Nicht zuletzt mag man die Auffassung vertreten, dass jene Welt 2 letztlich mit gewissen Bereichen oder Geschehnissen der Welt 1 zusammenfällt. Zwar sind mentale Ereignisse und Zustände phänomenal und semantisch von physischen Vorgängen und Sachverhalten unterschieden: In ihrer spezifischen Qualität als mentale Akte erschließen sie sich nur von bestimmten personalen Standpunkten her und aus gewissen konzeptuellen Sichtweisen heraus. Aber ontologisch mögen sie mit einigen solcher Vorgänge und Sachverhalte, insbesondere biologischer oder neuronaler Art, identisch sein (siehe Kapitel VI). Hierdurch wären nicht zuletzt die Zeitlichkeit, Räumlichkeit und Kausalität des Mentalen unmittelbar erklärt: All diese ontologischen Attribute kämen dem Mentalen letztlich genau deshalb zu, weil es ontologisch mit bestimmten physischen Gegenständen oder Vorgängen identisch ist. Diese sind ganz gewiss zeitlich, räumlich und kausal beschaffen, und damit eben auch alle Entitäten und Prozesse, die mit ihnen identisch sind (nicht zuletzt könnte sich hierdurch zeigen, dass das Mentale seiner objektiven Realität nach sehr wohl räumlich ausgedehnt ist, indem es letztlich in Gehirnen beziehungsweise Hirnprozessen besteht, auch wenn es in der subjektiven Erfahrung räumlich unausgedehnt erscheinen mag). Zudem wäre angesichts jener Identität mit dem Physischen die Existenz des Mentalen keineswegs in Frage gestellt, sondern im Gegenteil noch einmal nachdrücklich bekräftigt: Eben weil das Mentale ontologisch Physisches ist, ist seine Realität in der

Welt gesichert. Eben weil Bewusstsein und Erleben mit Gehirnen beziehungsweise Hirnprozessen ontologisch identisch sind, sind sie ebenso existent wie diese (wenngleich phänomenal und semantisch von ihnen verschieden).

8. Anknüpfungen

8.1. In späteren Publikationen hat Frankfurt sein hierarchisches Modell von Wünschen erster Ordnung und Wünschen zweiter Ordnung vielfach wieder aufgegriffen. Unter anderem diskutiert er in diesem Rahmen, welche Arten von Zwang Freiheit und Verantwortung untergraben,[9] inwiefern eine vorbehaltlose Identifikation mit den eigenen Wünschen eine endlose Stufung von höheren Volitionen vermeidet,[10] welcher Grenzen und Notwendigkeiten in der volitionalen Ausstattung ein freier Wille bedarf[11] oder wie vor diesem philosophischen Hintergrund menschliche Haltungen wie Sorgen oder Liebe genauer zu verstehen sind.[12] Im Wesentlichen hat man es bei alledem jedoch mit speziellen Anwendungen und punktuellen Verfeinerungen seines Modells zu tun, wobei die Frage der Freiheit auch nicht mehr durchweg im Vordergrund des Interesses steht. Seine philosophische Zentralschrift zur Willensfreiheit, und folglich auch den wichtigsten Verweispunkt für Autoren, die diesbezüglich an Frankfurts Ideen anschließen, bildet daher unverändert seine ursprüngliche Arbeit »Freedom of the Will and the Concept of a Person«.

Der Gedanke, die Freiheit des Willens auf die Fähigkeit zum Überlegen zu gründen, ist allemal plausibel. Insbesondere der Versuch, eine reflexive Stufung in der Wunschbewertung und Wunschbildung von Personen als Basis menschlicher Freiheit auszuzeichnen, bietet nicht nur einen philosophisch reizvollen Ansatzpunkt für einen kompatibilistischen Freiheitsbegriff, sondern passt auch gut mit einem alltäglichen Verständnis von Freiheit zusammen: Als

9 Frankfurt, »Three Concepts of Free Action«, S. 47-57.

10 Frankfurt, »Identification and Wholeheartedness«, S. 159-176.

11 Frankfurt, »On the Necessity of Ideals«, S. 108-116.

12 Frankfurt, »Autonomy, Necessity, and Love«, S. 129-141; Frankfurt, »On Caring«, S. 155-180; Frankfurt, *The Reasons of Love*, S. 10-21.

frei gilt nach verbreiteter Ansicht derjenige, dessen unmittelbare Handlungsbestrebungen mit seinen höherrangigen Zielbewertungen harmonieren oder aus diesen hervorgehen (wie man es eben bei reflektiert agierenden Personen, bei vorsatzstarken und konsequenten Menschen antrifft). Unfrei scheint im klaren Gegensatz hierzu derjenige zu sein, bei dem eine ernsthafte Spannung zwischen beiden Ebenen herrscht beziehungsweise bei dem die höhere Ebene die niedere Ebene nicht zu regulieren vermag (wie es etwa bei kleinen Kindern oder geistig Behinderten, bei Personen mit pathologischen Süchten oder bei Menschen mit psychischen Erkrankungen zu beobachten ist).

Es verwundert daher nicht, dass neben Frankfurt eine Reihe weiterer Philosophinnen und Philosophen diese wichtige Intuition aufgreift und Willensfreiheit auf die Befähigung zum Überlegen gründet.[13] Entscheiden und Handeln können diesen Ansätzen zufolge dann als frei und verantwortlich gelten, wenn sie mit zentralen Überzeugungen und originären Wünschen einer Person, ihren maßgeblichen Werten und wesentlichen Bestrebungen in Einklang stehen beziehungsweise ihren Ursprung darin haben.[14] Typischerweise erscheint Freiheit hierbei nicht als eine unbedingte Größe, die menschlichen Lebewesen aufgrund ihrer essenziellen Ausstattung zukäme, sondern eher als ein bedingtes Phänomen, das von der psychischen Verfasstheit einer konkreten Person abhängt, das insbesondere nicht dauerhaft sein muss, sondern zu bestimmten Zeiten erlangt werden und in anderen Phasen verloren gehen mag, das nicht umfassend sein muss, sondern in gewissen Bereichen bestehen und in anderen Sektoren fehlen kann und das nicht absolut sein muss, sondern in seinem jeweiligen Vorliegen eine graduelle Erscheinung sein darf. Wesentliche Unterschiede zwischen diesen Vorschlägen ergeben sich vor allem dahingehend, ob sie für Freiheit bereits die *Kohärenz* zwischen höherrangigen und niederrangigen Wünschen, die Affirmation der Letzteren seitens der Ersteren, als hinreichend erachten oder ob sie wie Frankfurt genauer die *Effek-*

13 Vgl. Bok, *Freedom and Responsibility*, S. 118-122; Rescher, *Predicting the Future*, S. 145-148; Tugendhat, »Der Begriff der Willensfreiheit«, S. 338-341, 345 f.

14 Vgl. Bratman, »A Desire of One's Own«, S. 221-242; Bratman, »Three Theories of Self-Governance«, S. 21-46; Dworkin, *The Theory and Practice of Autonomy*, S. 12-20; Feigl, »The ›Mental‹ and the ›Physical‹«, S. 389; Pauen/Roth, *Freiheit, Schuld und Verantwortung*, S. 26-40, 46; Slote, »Understanding Free Will«, S. 136-151.

tivität der höheren in den niederen Wünschen, die Formierung der Letzteren durch die Ersteren verlangen.

Nach Ronald Dworkin etwa sind Entscheidungen und Handlungen als frei und verantwortet einzustufen, wenn sie zentralen Strebungen und Wertungen eines Menschen entspringen, etwa seinem Ehrgeiz (*ambition*) oder Geschmack (*taste*), seinen Vorlieben (*preferences*) oder Anschauungen (*convictions*). Denn indem diese Orientierungen eine bestimmte Konzeption eines wünschenswerten und erfolgreichen Lebens definieren, also wesentliche Zielsetzungen eines Menschen ausmachen, sind sie dem inneren Bestand der Person selbst zuzurechnen – anders als sonstige Vorteile oder Mängel geistiger oder körperlicher Art, die diesbezüglich allein als nachgeordnete Mittel oder Hindernisse erscheinen und die somit eher dem Bereich äußerer Umstände zuzuordnen sind, wie etwa eine Begabung (*endowment*) oder eine Behinderung (*handicap*), Talente (*talents*) oder Fähigkeiten (*skills*). Dabei geht Dworkin keineswegs davon aus, dass der Betroffene die erstgenannten Überzeugungen und Wünsche ultimativ für sich ausgesucht oder aktiv in sich erzeugt hätte. Aber insofern der Betroffene sie billigt und befürwortet, können sie, beziehungsweise die hieraus hervorgehenden Aktionen und Konsequenzen, auch ihm selbst zugerechnet werden, als Gegenstände seiner eigenen Wahl – anders als etwa ein Verlangen oder eine Besessenheit, die der Betroffene nicht bejaht und begrüßt und die deshalb, mitsamt den daraus entspringenden Handlungen und Folgen, nicht ihm selbst, sondern wiederum allein dem Feld seiner unverschuldeten Umstände zugeordnet werden müssen.[15]

Auch einige andere Autoren begnügen sich für Freiheit und Verantwortung mit einer solchen Kohärenz zwischen den beteiligten mentalen Ebenen. Gemäß Peter Bieri muss Willensfreiheit in einem Prozess der Aneignung des eigenen Willens und der Identifikation mit den eigenen Wünschen erarbeitet werden, um die etwaige Fremdheit jener Bestrebungen zu überwinden und ihre Zugehörigkeit zum eigenen Selbst zu erreichen, und zwar über die drei Stufen der bewussten Artikulation eigener Wünsche, des hermeneutischen Verstehens ihres eigentlichen Sinns sowie ihrer

15 Dworkin, *Sovereign Virtue*, S. 6 f., 81-83, 89-92, 287-296, 322-325; Dworkin, *Justice for Hedgehogs*, S. 225-227, 234-236, 241-243.

billigenden Bewertung hinsichtlich des individuellen Selbstbilds.[16] Frithjof Bergmann sieht eine Handlung dann als frei an, wenn der jeweilige Handelnde sich mit den Überlegungen, Gedanken, Entscheidungen, Wünschen oder sonstigen Persönlichkeitselementen identifiziert, durch die sie veranlasst wurde, also die psychischen Ursachen jener Handlung als Teil seines wahren Selbst akzeptiert, sie in harmonischem Zusammenhang mit seinem authentischen Ich erfährt.[17] Nach Wright Neely ist Freiheit in umso größerem Maße erreicht, wie jene niederstufigen Wünsche, die eine Handlung zuletzt bestimmen, aus Sicht der höherstufigen Wünsche des Handelnden eine relative Priorität gegenüber den anderen niederstufigen Wünschen haben, die bei der Handlung übergangen werden.[18]

Für Ulrich Pothast hingegen gründen Freiheit und Verantwortung nicht nur im Erleben der »*Meinigkeit*« eigenen Wollens, sondern auch in der Erfahrung des »*Aktivseins*« im eigenen Wollen. Zwar ist Pothast insgesamt zurückhaltend, was allgemein den Begriff menschlicher Willensfreiheit und speziell den Gedanken einer unmittelbaren Wollenslenkung angeht. Aber er erkennt zumindest an, dass es zu einer mittelbaren Einflussnahme auf das eigene Wollen kommen kann, vor allem durch vorausgehendes »*Überlegen*« und einübendes »*Handeln*«. Auf diesen indirekten Wegen lasse sich in gewissem Umfang negative Freiheit von kurzfristiger Impulssteuerung sowie positive Freiheit zu langfristiger Selbstorientierung erreichen, das heißt zu weiteren Handlungen gemäß den eigenen Überlegungen und deren normativen Vorgaben auch in kritischen Lebenslagen.[19]

Auch einige weitere Autoren verlangen für Freiheit und Verantwortung eine derartige Effektivität der höheren in der niederen Ebene. Michael Pauen definiert eine freie Handlung dadurch, dass die entsprechende Entscheidung auf personale Präferenzen der handelnden Person zurückführbar ist, das heißt auf jene Überzeugungen, Wünsche etc., die konstitutiv, wenngleich nicht unüber-

16 Bieri, *Das Handwerk der Freiheit*, S. 381-415.

17 Bergmann, *On Being Free*, S. 37, 52 f., 63-65, 78, 90-103, 236-238.

18 Neely, »Freedom and Desire«, S. 41-45, 48 f.

19 Pothast, *Freiheit und Verantwortung*, S. 72-80; Pothast, *Wie frei wir sind, ist unsere Sache*, S. 11-14, 19-21, 29-35, 40-49, 61-63, 66-69, 101-106, 120-122, 150-153.

windlich für sie sind.[20] Laut Ansgar Beckermann liegt Willensfreiheit vor allem im Vermögen des Innehaltens und Überlegens, der Kontrolle über die eigenen Wünsche und der Formung des eigenen Willens.[21] Gary Watson versteht Freiheit als die Fähigkeit, seine ureigenen Werte und Urteile, seine langfristigen Ziele und Prinzipien in handlungsleitende Wünsche und Motivationen, das heißt in einen entsprechenden Willen und damit zuletzt in Handeln zu übersetzen.[22]

Freiheitskonzeptionen entlang der Frankfurt'schen Linie sind somit sehr verbreitet. Ein Grund hierfür mag darin liegen, dass solche Freiheitsauffassungen an mindestens zwei bedeutsame philosophische Strömungen anschließen.

8.2. Zum einen knüpfen derartige Freiheitsbegriffe an die angloamerikanische Tradition der Philosophie der Person und der Philosophie des Geistes an. Hier liegt der Fokus ohnehin auf einer Analyse des Ich beziehungsweise des Bewusstseins, seiner mentalen Inhalte (Überzeugungen, Wünsche etc.) und deren spezifischer Beziehungen (Stufungen, Beeinflussungen etc.). Wenn man davon ausgeht, dass diese mentalen Strukturen das Wesen einer Person maßgeblich ausmachen, erscheint es folgerichtig, auch die Freiheit der Person in solchen mentalen Verhältnissen zu suchen. Namentlich deren besondere Reflexivität liefert dann eine interessante Aussicht, freie menschliche Entscheidungen und Handlungen auch in einem vollständig kausalen Verlauf der Welt verankern zu können.

John Locke gilt gemeinhin als einer der Stammväter sowohl der modernen Philosophie der Person als auch der modernen Philosophie des Geistes. Und obgleich Locke dem Konzept der Willensfreiheit grundsätzlich distanziert gegenübersteht, lässt er zumindest ein Verständnis dieses Begriffs zu, das Frankfurts Deutung bereits stark vorwegnimmt.

Nach Locke besteht die Freiheit eines Menschen wesentlich darin, vor der Ausübung beziehungsweise Befriedigung eines Wunsches innezuhalten und nachzudenken, insbesondere dahingehend, ob der fragliche Wunsch tatsächlich dem eigenen Glück förderlich ist oder nicht. Es ist diese Fähigkeit zum Aufschieben (*suspension*)

20 Pauen, *Illusion Freiheit?*, S. 71-73, 80-86, 96-99, 131-133.

21 Beckermann, *Gehirn, Ich, Freiheit*, S. 14, 95, 119-121.

22 Watson, »Free Agency«, S. 205-216, 220.

und Untersuchen (*examination*), ehe ein gegebener Wunsch den eigenen Willen bestimmt, worin nach Locke die einzig verständliche Bedeutung des Begriffs von einem freien Willen liegen könnte. Freiheit in diesem Sinne zeichnet sich dadurch aus, dass man seine unmittelbaren Wünsche der reflektierten Erörterung (*consideration*) und sorgfältigen Überlegung (*deliberation*) unterzieht, hierdurch seine Leidenschaften beherrscht und seine Bestrebungen formt. Wer demgegenüber auf die Betrachtung und Beurteilung seiner Wünsche verzichtet, indem er sich namentlich von jener Beschränkung frei macht, welche der übergeordnete Wunsch nach eigenem Glück jeder menschlichen Wahl auferlegt, ist ein Narr oder ein Verrückter und damit gewiss kein Subjekt von Freiheit.[23]

Obschon hierbei nicht explizit von Wünschen erster und zweiter Ordnung die Rede ist, erkennt man ein ähnliches Motiv wie in Frankfurts Theorie: Freiheit des Willens liegt in der Fähigkeit des Überlegens, in der Reflexion eigener Wünsche im Lichte höherstufiger Interessen, ehe jene Wünsche in Handlungen überführt werden.

8.3. Zum anderen lehnt sich ein solcher Freiheitsbegriff an die kontinental-europäische Tradition der Subjektphilosophie und Lebensphilosophie an. Wenngleich in anderer Akzentuierung und Beschreibung, steht auch hier eine Untersuchung des Ich beziehungsweise des Bewusstseins im Vordergrund, vor allem in seiner Stellung gegenüber der äußeren Welt (vorstellend oder wollend) sowie in der Beschaffenheit seiner inneren Kräfte (Erfahrungen und Bestrebungen). Auch Entscheidungen und Handlungen lassen sich von diesem Ausgangspunkt einer erkennenden und tätigen Subjektivität her denken und in deren allgemeinen und umfassenden Lebensvollzug einbetten. Dabei kann wiederum das Moment der Reflexivität bedeutsam werden, um, ungeachtet aller kausalen Bestimmungen, die Freiheit des Menschen zu begründen.

Arthur Schopenhauer ist ein früher Vertreter von Subjektphilosophie und Lebensphilosophie. Und obwohl auch Schopenhauer dem Gedanken der Willensfreiheit generell reserviert gegenübersteht, akzeptiert er zumindest eine Auslegung des Begriffs, die wiederum Frankfurts Interpretation erkennbar vorgreift.

23 Locke, *An Essay Concerning Human Understanding*, Book II, Chap. 21, §§ 47-53, 56, 71.

Gemäß Schopenhauer ist der Mensch, anders als das Tier, nicht allein zur unmittelbaren Anschauung seiner Umgebung fähig, sondern auch zur Formung von abstrakten Begriffen. Durch diese grundsätzliche Differenz im *theoretischen* Zugang zur Welt entsteht auch ein erheblicher Unterschied in seiner *praktischen* Motivationslage und Willensbildung. Während nämlich das Tier in seinen Motivationen nur vom Gegenwärtigen bestimmt werden kann, bezieht der Mensch auch das Abwesende, etwa das Vergangene oder das Zukünftige, in seinen Willenshorizont und damit in seine Wahlsphäre ein. Der Mensch denkt und reflektiert, er ist zu Überlegen und Deliberation fähig, und in diesem Sinne wird er zumindest *relativ frei*, vom unmittelbaren Zwang des anschaulich Gegenwärtigen, sowie *komparativ frei*, gegenüber dem vernunftlosen Tier und seinen beschränkteren Motivationen.[24]

Auch wenn hier einmal mehr nicht ausdrücklich von Wünschen erster und zweiter Ordnung die Rede ist, klingt ein vergleichbarer Gedanke wie in Frankfurts Konzeption an: Freiheit des Willens liegt im Vermögen der Überlegung, im Reflektieren gegebener Motive im Angesicht weiterreichender Bestrebungen, bevor jene Motive den Willen bestimmen.

9. Grenzen

9.1. Frankfurts Freiheitsmodell ist klar artikuliert und leicht nachvollziehbar, es greift verbreitete alltägliche Vorstellungen und wichtige philosophische Traditionen auf und formt hieraus ein stringentes Bild personaler Selbstbestimmung. Dennoch besteht Grund zum Zweifel, ob es in letzter Konsequenz den wesentlichen Ansprüchen an eine überzeugende Konzeption menschlicher Willensfreiheit genügen kann.

Frankfurt diskutiert eine Reihe von Beispielen, um sein Freiheitsmodell zu erläutern und plausibel zu machen. Insbesondere erörtert er verschiedene Fälle von Suchtkranken, bei denen sich das Verhältnis von Wünschen erster Ordnung und Wünschen zweiter Ordnung, von Wille und Volitionen, abweichend darstellt, und erläutert, weshalb ihnen, gemäß seiner Theorie und angesichts dieser

24 Schopenhauer, *Preisschrift über die Freiheit des Willens*, S. 552-554.

Differenzen, Willensfreiheit und Verantwortlichkeit jeweils abzuerkennen oder aber zuzusprechen sind.

Unfrei ist nach Frankfurt ein Suchtkranker, der eine Droge nehmen will, diese Neigung aber lieber nicht hätte (*unwilling addict*), ebenso wie ein Suchtkranker, der eine Droge nehmen will, gegenüber dieser Neigung aber gleichgültig bleibt (*wanton addict*): In beiden Szenarien ist der handlungswirksame Wille (die Droge zu nehmen) weder in Übereinstimmung mit noch das Ergebnis einer handlungsbezogenen Volition (die jenen Willen bewerten und leiten wollte). Im ersten Fall besteht eine offene Diskrepanz zwischen beiden, indem insbesondere die Volition, die gegen die Sucht gerichtet ist, offenbar keine ausreichende Durchsetzungskraft hat, um den Willen entsprechend zu leiten. Im zweiten Fall hat man es mit einer völligen Indifferenz zu tun, insofern überhaupt keine Volition vorhanden ist, die jene Sucht bewerten würde, geschweige denn irgendeinen Versuch unternehmen wollte, den Willen diesbezüglich zu bestimmen.

Frei ist demgegenüber nach Frankfurt ein Suchtkranker, der eine Droge nehmen will und diese Neigung sogar befürwortet und befördert (*willing addict*): In diesem Fall (wie ungewöhnlich er auch sein mag) sind Wille und Volition in Einklang miteinander, und tatsächlich hat der Wille auch in der Volition seinen Ursprung. Die Ebenen zeichnen sich durch Kohärenz der Bestrebungen aus (er $will_1$, *was* er $will_2$, er hat den Willen, der den Vorgaben seiner Volition entspricht, was immer ihn dazu bewogen haben mag, eine solche Präferenz höherer Stufe auszubilden). Zudem hat die Volition Effektivität im Willen (er $will_1$, *weil* er es $will_2$, selbst wenn sein Wille dabei womöglich überdeterminiert ist, das heißt sowohl durch die Volition als auch durch die Sucht bestimmt wird, und auch wenn er vielleicht gar keinen anderen Willen ausbilden könnte, weil die bestehende Sucht eine gegenläufige Volition stets überwiegen würde).[25]

Nun würde möglicherweise nicht jeder Frankfurts Ansicht teilen, dass der *unwilling addict* und der *wanton addict* unfrei seien: Abweichende Freiheitsmodelle könnten in diesen Fällen sehr wohl Willensfreiheit annehmen, und nachfolgend auch Verantwortlichkeit für das eigene Entscheiden und Handeln. Wichtiger erscheint

25 Frankfurt, »Freedom of the Will and the Concept of a Person«, S. 12 f., 15, 19 f.

mir an dieser Stelle jedoch der entgegengesetzte Zweifel, nämlich ob der *willing addict* tatsächlich als frei eingeschätzt werden sollte: Gerade auf der Grundlage der Frankfurt'schen Konzeption von Wille und Volition, gerade im Sinne von Frankfurts Forderung nach reflexiver Kontrolle eigener Wünsche, mag sich der Verdacht aufdrängen, dass eine solche Person, vielleicht sogar stärker noch als in den beiden anderen Fällen, von krankhaften Bestrebungen beherrscht wird, eben deshalb keine Willensfreiheit aufweist, und entsprechend auch keine Verantwortlichkeit. Immerhin scheint in einer solchen Konstellation, zumindest dem ersten Eindruck nach, nicht allein der Wille, sondern auch die Volition von der Sucht infiziert zu sein und von deren Vorgaben überrannt zu werden. Und indem die Volition diese Ausrichtung nun am eigenen Willen gutheißen beziehungsweise an den eigenen Willen weitergeben würde, könnte es sich letztlich um einen besonders gravierenden Fall von fremdbestimmtem Verhalten handeln.

Vielleicht kann man Frankfurt also darin folgen, bestimmten Menschen, deren höhere Bestrebungen ihre handlungswirksamen Süchte nicht beherrschen können oder nicht einmal beherrschen wollen (*unwillig addict* beziehungsweise *wanton addict*), keinen freien Willen zuzuschreiben: Schließlich liefe solch eine Erscheinung am ehesten auf den psychiatrischen Befund einer *Zwangsstörung* hinaus, bei welcher der Betroffene selbst sich zwar durchaus von seinen Zwängen distanziert, auch allemal unter ihnen leidet, sie aber nicht abzustellen vermag oder ihnen, womöglich aus einer Erfahrung der Vergeblichkeit heraus, nicht einmal entgegenzutreten versucht. Vielleicht sollte dann aber gewissen Menschen, bei denen auch noch die höheren Bestrebungen jene unkontrollierten Süchte begrüßen oder sogar befördern (*willing addict*), erst recht kein freier Wille zu attestieren sein, anders als Frankfurt meint: Namentlich könnte solch eine Konstellation der psychiatrischen Diagnose einer *Zwangspersönlichkeitsstörung* entsprechen, bei welcher der Betroffene vollumfänglich von seinen Zwängen beherrscht wird, sie daher gar nicht als krankhaft ansieht, sondern sie als angemessen einschätzt oder sie, womöglich gegen den Widerstand seiner Umgebung, sogar bewusst bestärkt. Gerade eine solche Kohärenz zwischen beiden Ebenen, gerade eine derartige Effektivität der höheren Ebene in der niederen, wäre wohl kaum als Zustand von Freiheit zu deuten, sondern eher als Zeichen einer besonders schweren Pathologie – einer umfassenden Unterwanderung durch krankhafte Neigungen, einer mangelnden Einsicht in den eigenen Defekt, einer völlig verdrehten Selbsteinschätzung, und damit eindeutig fehlender Freiheit. Einen zwanghaften Wunsch ernsthaft für richtig zu halten und sogar weiter zu bestärken, scheint mindestens ebenso krank, ebenso unfrei zu machen, wie einen zwanghaften Wunsch abzulehnen und vergeblich zu bekämpfen – ähnlich wie eine wahnhafte Überzeugung rundheraus zu glauben und sogar zu nähren, mindestens ebenso krank, ebenso unfrei machen dürfte, wie eine wahnhafte Überzeugung zu verneinen und vergebens abzuwehren.[26]

9.2. Bislang haben sich die geschilderten Bedenken auf Beispiele von Kranken beschränkt. Sie lassen sich jedoch zu einer grundlegenderen Kritik ausweiten, die auch Fälle von Gesunden einschließen würde. So mag man etwa im obigen Beispiel des *willing addict* annehmen, dass seine Volition *nicht ihrerseits* von der Sucht befallen ist, sondern etwa aufgrund von klinischer Neugier oder sonstiger subtiler Motive einen auf die Droge ausgerichteten Willen befürwortet oder befördert.[27] Oder man mag gänzlich andere Fälle als den *willing addict* betrachten, in denen *überhaupt keine* Pathologien am Werk sind, sondern beliebige Entscheidungen in der geforderten psychischen Harmonie oder Wirksamkeit zwischen beiden Ebenen getroffen werden.[28]

Auch in diesen Szenarien verbleibt indes ein Zweifel, ob jenes Wechselverhältnis zwischen Wünschen zweiter Ordnung und Wünschen erster Ordnung tatsächlich hinreichend für Willensfreiheit sein kann. Und dieser Zweifel stellt sich durchaus als Verallgemeinerung der obigen Bedenken gegenüber krankhaften Einflüssen dar. Bisher ging es um das spezielle Problem, dass Volitionen, ähnlich wie der Wille, zuweilen von *pathologischen Neigungen* heimgesucht werden mögen und in solchen Fällen, trotz aller Kohärenz und Effektivität, wohl keine Freiheit verbürgen können – gerade wenn man Frankfurts Grundidee folgt, dass Freiheit eine gewis-

26 Vgl. Ekstrom, *Free Will*, S. 122; Haji, *Reason's Debt to Freedom*, S. 208 f.; Wallace, *Responsibility and the Moral Sentiments*, S. 171-175; Wolf, *Freedom Within Reason*, S. 35-45.

27 Vgl. Frankfurt, »Freedom of the Will and the Concept of a Person«, S. 9, 19 f.

28 Vgl. ebd., S. 10.

se Form von *reflexiver Kontrolle* darstellen sollte. Nun wird es um das generelle Problem gehen, dass all diese mentalen Phänomene, Wünsche erster Ordnung wie Wünsche zweiter Ordnung, vollständig *kausaler Bestimmung* unterliegen und schon von daher an sich selbst kein freiheitliches Element, keine nachweislich autonome Bestimmung, in menschliches Entscheiden und Handeln einbringen können – jedenfalls solange man daran festhält, dass hierfür irgendeine Art von *nichtkausaler Prägung* erforderlich wäre.

Wünsche erster Ordnung wie Wünsche zweiter Ordnung, Volitionen wie Wille, sind mentale Gebilde. Als solche sind sie ohne jegliche Abstriche kausale Entitäten, gleichgültig ob man sie in ihrer unmittelbaren psychischen Verfasstheit betrachtet oder ob man sie auf bestimmte neuronale Vorgänge zurückführt. Frankfurt selbst hebt hervor, dass das Aufkommen von Wünschen erster Ordnung wie auch von Wünschen zweiter Ordnung, die Entstehung des Willens wie auch der Volitionen, durchweg kausaler Bestimmung unterliegen kann. Nicht zuletzt die Frage, ob man tatsächlich willensfrei in seinem Sinne ist, ob man also frei ist zu wollen_1, was man wollen_1 möchte_2, mag daher nach seiner Einschätzung gänzlich von kausalen Faktoren abhängen, seien sie deterministischer oder indeterministischer Art.[29]

Damit wird aber unklar, inwiefern die Kohärenz von zweiter Ordnung und erster Ordnung oder auch die Effektivität der Volitionen im Willen überhaupt hinreichend für die Freiheit einer Person sein sollte. Dass die zweite Ordnung die erste Ordnung billigt oder auch formt, ist ebenso wie die jeweils beteiligten Entitäten ein vollständig kausales Phänomen. Gleichgültig ob man dieses Phänomen allein in seinen psychisch-mentalen Dimensionen erfasst (Wünsche, Überzeugungen) oder zudem mit physisch-neuronalen Beständen identifiziert (Hirnaktivitäten, Hirnprozesse), gleichgültig ob man es in sozial-kulturelle Kontexte einbettet (Umwelt, Erziehung) oder auf biologisch-genetische Ausstattungen reduziert (Veranlagung, Vererbung), es bleibt eine rein kausale Erscheinung. Weder eine negative Freiheit, das heißt eine gewisse Emanzipation von jener bloßen Kausalität, noch eine positive Freiheit, das heißt ein irgendwie geartetes Moment ursprünglicher Autonomie, hält hierdurch Einzug in die Betrachtung.[30]

29 Ebd., S. 20.

30 Vgl. Earman, *A Primer on Determinism*, S. 248 f.; Kane, *The Significance of Free*

Das Problem liegt hierbei nicht darin, dass gemäß Frankfurts Ansatz jene angebliche Willensfreiheit *zusammen* mit einer lückenlosen Naturkausalität bestünde: Dies ist die legitime Auffassung jeder kompatibilistischen Freiheitsdeutung, und solange man demgegenüber keine libertaristische Freiheitsinterpretation befürwortet, darf man nicht erwarten oder gar verlangen, dass Kausalität *unterbrochen* würde, dass sie *aussetzen* müsste, um hierdurch Raum für Freiheit zu schaffen (für den Kompatibilismus meint Willensfreiheit nicht, dass Entscheiden und Handeln *gar nicht* kausal *und stattdessen* autonom sind, sondern lediglich, dass sie nicht *nur* kausal, sondern *auch* autonom sind). Das Problem liegt vielmehr darin, dass in Frankfurts Modell eines freien Willens überhaupt kein autonomes Moment *erkennbar* wird: Es führt keine nichtkausalen Bestimmungen menschlicher Entscheidungen oder menschlicher Handlungen ein, die zu ihrer Kausalität *hinzutreten* würden, die sie *ergänzen* könnten, um somit als Quelle von Freiheit zu fungieren (und wenn Willensfreiheit heißt, *nicht nur* kausal, *sondern auch* autonom bestimmt zu sein, dann setzt diese Wendung eben voraus, dass jene *autonome* Komponente von *nichtkausaler* Art ist).

Frankfurts »Wille«, das heißt ein handlungswirksamer Wunsch erster Ordnung, ist letztlich nur ein Wollen, ein unmittelbares Streben nach bestimmten Handlungen oder deren Folgen: Dieses Wollen mag selbstbejaht oder selbstbestimmt sein gemäß Frankfurts Modell, aber damit wird noch kein freier Wille erkennbar, im Sinne einer (auch) nichtkausalen, (auch) autonomen Bestimmung des Entscheidens und Handelns. Frankfurts »Volitionen«, also die handlungsbezogenen Wünsche zweiter Ordnung, sind ebenfalls nur ein Wollen, nun ein höherstufiges Streben nach bestimmten Wünschen beziehungsweise deren Durchsetzung: Dieses Wollen mag kohärent oder effektiv sein hinsichtlich der niederen Ordnung, aber wiederum gibt es keinerlei Ansatz bei Frankfurt, in welchem Sinne es seinerseits (auch) nichtkausal, (auch) autonom beschaffen sein sollte.

Frankfurt kann sicherlich geltend machen, die Tautologie zu vermeiden, die droht, wenn man Willensfreiheit als *wollen können,*

Will, S. 64-72; Pauen, *Illusion Freiheit?*, S. 54-58; Pothast, *Freiheit und Verantwortung*, S. 155 Anm. 4; Pothast, *Wie frei wir sind, ist unsere Sache*, S. 123-129; Waller, *Freedom Without Responsibility*, S. 40-42, 55-58; Wolf, *Freedom Within Reason*, S. 47, 76f.

was man will deutet: Indem er zwei Ebenen von Wünschen unterscheidet, präzisiert sein Modell von Willensfreiheit diese Formel zu dem Gedanken, dass man frei sei, wenn man *wollen*$_1$ kann, was man *will*$_2$ – und dies ist keine selbstverständliche Beziehung. Auch ist verständlich, dass Frankfurt den Regress scheut, der sich ankündigt, wenn er Willensfreiheit als *wollen*$_1$ *können, was man will*$_2$ versteht: Indem er die Einführung weiterer Ordnungen als zwar grundsätzlich denkbar, aber letztlich überflüssig und sogar schädlich erachtet, will er sein Modell von Willensfreiheit gegenüber der naheliegenden Frage abschirmen, ob nicht auch das höherstufige *Wollen*$_2$ frei sein müsse, indem es womöglich von einem noch höherrangigen *Wollen*$_3$ geleitet würde – und immer so weiter in unendlichem Fortgang. Allerdings bietet Frankfurts Konzeption auch keine wirkliche Lösung für das hierdurch aufgeworfene Problem an, inwiefern die höherstufigen Volitionen ihrerseits überhaupt als frei gelten dürften. Damit mag sein Freiheitsverständnis zwar weder auf eine Tautologie noch auf einen Regress hinauslaufen, nimmt letztlich aber den Charakter eines Dogmas an: Sein Zwei-Ebenen-Modell beschreibt vielleicht einen mentalen Mechanismus, der eine gewisse Kohärenz oder sogar Effektivität innerhalb der menschlichen Wunschbewertung und Wunschbildung verwirklichen mag. Dabei bleibt jedoch zuletzt unbegründet, weshalb jene kausale Schichtung Freiheit in irgendeinem gehaltvollen Sinne des Wortes realisieren sollte. Und für diesen Einwand ist am Ende völlig unerheblich, über wie viele Ebenen sich jene mentale Struktur erstreckt: Ob es eine oder zwei, vielleicht doch drei oder gar unendlich viele sind, niemals überschreiten sie die Grenzen des Kausalen.

Man könnte hier vielleicht dagegenhalten, dass Frankfurt mit seinem Freiheitsmodell auch gar kein nichtkausales Element einzuführen versuche: Die strikte Forderung, freies Entscheiden und Handeln müsse *nicht nur kausal, sondern auch autonom* sein, sei für seine Theorie keinesfalls maßgeblich. Er begnüge sich mit einer schwächeren Version von Willensfreiheit, die auch mit einem rein kausalen Ablauf verträglich sei: Freies Entscheiden und Handeln sei *sowohl kausal als auch autonom*, einfach indem es die skizzierte Hierarchie zweier Wunschebenen ausbilde, ohne dass mit dieser mentalen Stufung die kausale Sphäre überschritten werden solle. Allerdings erscheint ein solcher Ansatz aus seiner eigenen Dynamik heraus wenig konsequent und von unabhängiger Warte besehen wenig zufriedenstellend. Nicht zuletzt ist auffällig, dass Frankfurt selbst an zentralen Stellen durchaus an die strengere Variante appelliert und sie allemal für sein eigenes Modell reklamiert: Verantwortlichkeit liegt ihm zufolge ausdrücklich darin, dass *nicht nur* kausale Determinanten, *sondern auch* höherstufige Wünsche das Handeln bestimmen.[31] Willensfreiheit ist für ihn gerade dann gegeben, wenn *nicht nur* eine etwaige Sucht, *sondern auch* eine entsprechende Volition den Willen leitet.[32] Aber Wünsche und Volitionen höherer Ordnung sind ihrerseits uneingeschränkt kausale Erscheinungen, und somit kann sein Modell jenen Anspruch der nicht nur kausalen, sondern auch autonomen Bestimmung letztlich nicht einlösen: Tatsächlich unterliegen auch die vorgeblich nichtkausalen Komponenten darin vollständig kausaler Bestimmung, folgen Wünsche wie Volitionen an sich selbst gleichermaßen rein kausalen Mechanismen, ohne dass irgendeine nichtkausale Alternative oder Ergänzung jener Prozesse erkennbar würde, wie man sie für Willensfreiheit bräuchte.

Vor diesem Hintergrund ist es vielleicht kein Zufall, dass die beiden genannten Klassiker, die eine weitgehend ähnliche Freiheitsauffassung wie Frankfurt erwägen, jener Konzeption letztlich doch skeptisch gegenüberstehen. Dies tun sie mit abweichendem Nachdruck und aus unterschiedlichen Gründen, aber im Kern und im Ergebnis auffällig übereinstimmend: Sowohl Locke als auch Schopenhauer lehnen den Gedanken der Willensfreiheit grundsätzlich ab, nicht zuletzt weil sie meinen, dass der Zustand, wollen zu können, was man will, entweder tautologisch oder regressiv geartet sei.[33] Beide schätzen demgegenüber allein das Konzept der Handlungsfreiheit, das heißt den Zustand, tun zu können, was man will, als sinnvolles Verständnis menschlicher Freiheit ein.[34] Die Fähigkeit des Überlegens, des Innehaltens im Handlungsvollzug, des Reflektierens über die Wunschbildung wird von ihnen zwar durchaus eingeräumt und auch hervorgehoben, aber diese Fähigkeit als Willensfreiheit zu bezeichnen, erachten sie letztlich

31 Frankfurt, »Alternate Possibilities and Moral Responsibility«, S. 838 f.

32 Frankfurt, »Freedom of the Will and the Concept of a Person«, S. 19 f.

33 Locke, *An Essay Concerning Human Understanding*, Book II, Chap. 21, §§ 14, 16, 21-25; Schopenhauer, *Preisschrift über die Freiheit des Willens*, S. 523-527, 554 f.

34 Locke, *An Essay Concerning Human Understanding*, Book II, Chap. 21, §§ 8, 15, 21, 27; Schopenhauer, *Preisschrift über die Freiheit des Willens*, S. 521-523.

doch als unpassend und oberflächlich.[35] Eine wirkliche Freiheit des menschlichen Willens ist auch für sie hierdurch nicht gegeben, und zwar vor allem deshalb, weil jenes Überlegen nicht der Kausalität entgeht, sondern vollständig bestimmt bleibt durch das psychische Spiel von Verlangen und Unbehagen, von Motiven und Charakter, gleich auf welcher Ebene es stattfinden mag.[36]

Wie erwähnt, würde dieser Einwand nicht nur libertaristische Ambitionen untergraben, die eine durchgehende Kausalität, also auch jene des Überlegens und der Wunschbildung, bestreiten müssten, um Freiheit behaupten zu können. Auch ein kompatibilistisches Modell wie das von Frankfurt ist hierdurch betroffen, da es jener durchgehenden Kausalität des Überlegens und der Wunschbildung nichts hinzufügt, was eine nichtkausale, autonome Verfasstheit menschlicher Entscheidungen und Handlungen begründen könnte: Letztlich reduziert es sich darauf, Freiheit dort zu behaupten, wo nicht (nur) äußere Kräfte den Menschen bestimmen, sondern (auch) die innere Kausalität seiner Psyche tätig ist, genauer eine wechselseitige Harmonie und abwärtslaufende Wirksamkeit zwischen ihren verschiedenen Ebenen besteht. Dieses Vorgehen hat indessen bereits Immanuel Kant zu Recht als »elende[n] Behelf« in der Freiheitsdebatte tituliert.[37] Denn psychische Kausalität (für sich allein genommen) ist in Hinsicht auf die Freiheit nicht unproblematischer und nicht hilfreicher als physische Kausalität (oder irgendeine andere). Eine angebliche Freiheit aufgrund innerer Bestimmungen, die lediglich in Kohärenz und Effektivität zueinander stehen, wäre daher in der Tat nicht besser als die »Freiheit eines Bratenwenders, der auch, wenn er einmal aufgezogen worden, von selbst seine Bewegungen verrichtet«.[38]

9.3. Angesichts dieses ungünstigen Fazits möchte ich Frankfurts Freiheitsmodell hier zunächst zurückstellen. Ich werde aber zu einem späteren Zeitpunkt darauf zurückkommen. Tatsächlich wird

35 Locke, *An Essay Concerning Human Understanding*, Book II, Chap. 21, § 47; Schopenhauer, *Preisschrift über die Freiheit des Willens*, S. 554.

36 Locke, *An Essay Concerning Human Understanding*, Book II, Chap. 21, §§ 23-24, 29-36; Schopenhauer, *Preisschrift über die Freiheit des Willens*, S. 554 f., 557 f., 561-568, 579-581.

37 Kant, *Kritik der praktischen Vernunft*, A 171 f.

38 Ebd., A 173 f.

Frankfurts Ansatz nämlich eine wesentliche Ergänzung liefern, damit ein anderer Zugang zur Freiheitsproblematik zuletzt erfolgreich sein kann. Vor allem der Aspekt der Reflexivität wird sich als unabdingbar erweisen, um die Freiheit des Willens zu begründen.

Der Gegenstand dieser Reflexivität wird sich jedoch erheblich gegenüber Frankfurts Entwurf sowie auch gegenüber anderen Konzeptionen in seiner Linie verschieben: Freiheit wird nicht länger darin bestehen, dass man sich seiner *Wünsche* bewusst ist, sie aus höherer Warte betrachtet und aus jenem Überlegen heraus bestätigt oder auch prägt. Vielmehr wird jene Reflexivität auf bestimmte nichtpsychische Größen, genauer auf gänzlich nichtkausale Entitäten zu beziehen sein: Freiheit wird darin liegen, sich der *Gründe* bewusst zu sein, die das eigene Entscheiden und Handeln bestimmen.

IV. Der Zugang von Wilfrid Sellars

In Anlehnung an Wilfrid Sellars ist Willensfreiheit dann anzunehmen, wenn Personen in ihren Entscheidungen und Handlungen nicht nur von Ursachen, sondern auch von Gründen bestimmt werden. Dabei ist der »Raum der Gründe« strikt verschieden vom »Raum der Ursachen«, indem die in ihm enthaltenen Verknüpfungen eben rationaler statt kausaler Art sind, womit dieser Gedanke tatsächlich einen vielversprechenden Zugang zum Verständnis eines freien Willens eröffnet.

10. Sellars über den »Mythos des Gegebenen« und den »Raum der Gründe«

10.1. In seinem Essay *Empiricism and the Philosophy of Mind* befasst sich Wilfrid Sellars nicht unmittelbar mit dem Thema Willensfreiheit, sondern schwerpunktmäßig mit Fragen der Erkenntnistheorie und der Philosophie des Geistes. Speziell geht es ihm um eine grundlegende Kritik an empiristischen Auffassungen davon, was Wissen in erkenntnistheoretischer Hinsicht bedeutet und wie Wissenszustände des menschlichen Geistes zu begreifen sind.

Empiristische Positionen, klassischer Art wie bei John Locke oder modernen Typs wie bei Moritz Schlick, verstehen Wissen gemeinhin als eine Stufenfolge von ursprünglich Gegebenem (*given*), einer Basis (*foundation*) von nichtinferenziellem Wissen, das weder aus anderem Wissen folgt noch sonstwie von anderem Wissen abhängt, und dem hieraus Abgeleiteten, einem Derivat von inferenziellem Wissen, das von jener unabhängigen Grundlage aus durch geeignete Operationen gewonnen wird. Beispielsweise nehmen sie eine fundamentale erste Wissensebene an, die aus unmittelbaren Sinnesgehalten, konkretem Beobachtungswissen oder Ähnlichem besteht, sowie eine hieraus generierte zweite Wissensebene, in der sich etwa Wissen um einzelne Fakten findet, welche sich nicht direkt beobachten, sondern nur indirekt erschließen lassen, oder Wissen um allgemeine Zusammenhänge, beispielsweise in Form von übergreifenden Begriffen, abstrakten Vorstellungen etc. Wissen erscheint in diesem Modell als ein *hierarchisches System*, das auf einer nichtbegrifflichen, nichtpropositionalen, aber epistemisch relevanten, kognitiv fruchtbaren Grundlage aufruht und sich von dort in begriffliche, propositionale Bereiche erstreckt.[1] Vor dem Hintergrund dieses gestuften Modells zweier Wissensebenen gelten dann Wissenszustände, also die entsprechenden Bewusstseinszustände vernünftiger Wesen, als vollständig *empirisch beschreibbar* und *kausal erklärbar*. Sie sind entweder primäre Eindrücke (*impressions*), die durch die unmittelbare physische Einwirkung von Gegenständen auf die Sinnesorgane erzeugt werden. Oder sie sind sekundäre Vorstellungen (*ideas*), die durch die weitere mentale Verarbeitung jener Eindrücke im Geist hervorgebracht werden.[2]

Sellars' Essay ist ein vehementer Angriff auf diesen empiristischen »Mythos des Gegebenen« (*Myth of the Given*), genauer auf jeglichen Fundamentalismus, der einen bestimmten Bereich des Wissens als unmittelbar zugänglich, das heißt als unabhängig von sonstigem Wissen, zugleich aber als epistemisch maßgeblich, also als grundlegend für nachfolgendes Wissen, auszeichnen will. Dabei ist gleichgültig, ob (wie im Empirismus) Sinnesgehalte oder auch materielle Objekte oder aber (wie im Rationalismus) Universalien oder auch erste Prinzipien die Rolle jenes Gegebenen spielen sollen. Wissen ist für Sellars kein hierarchisches System aus Gegebenem und Abgeleitetem, sondern ein *korreliertes Netzwerk* von wechselseitig aufeinander verweisenden, dabei immer schon sprachlich verfassten Beständen, von denen jeder einzelne fallibel ist, ohne dass alle zugleich verworfen werden können.[3] Vor diesem Hintergrund sind auch Wissenszustände als solche nur *logisch charakterisierbar* und *rational ausweisbar*. Sie sind angemessen zu begreifen allein als Erscheinungen und Bestandteile im »Raum der Gründe« (*space of reasons*). Sie sind adäquat zu verstehen einzig als Gegenstände möglicher Rechtfertigung in einem Bezugsrahmen geeigneter Begründungsregeln.[4]

Diese Auffassung verteidigt Sellars zunächst auf der Ebene der Erkenntnistheorie: So können ihm zufolge keine Erfahrungsgehalte existieren, die zum einem »gegeben«, »nichtinferenziell« sind, zum anderen aber epistemisch relevant und kognitiv fruchtbar zu wer-

1 Sellars, *Empiricism and the Philosophy of Mind*, §§ 3, 32-34, 38.

2 Ebd., §§ 7, 25-26, 36.

3 Ebd., §§ 1, 19, 32, 38, 63.

4 Ebd., § 36.

den vermöchten. Erfahrungsgehalte können nicht derart beschaffen sein, dass sie einerseits weder aus anderem Wissen gewonnen werden noch sonstwie durch anderes Wissen bedingt sind, andererseits aber nachgeordnetes, inferenzielles Wissen zu liefern imstande wären.[5] Denn nach Sellars gibt es keine Analyse von epistemischen Fakten in nichtepistemische Fakten, keine Ableitung von kognitiven Gehalten aus nichtkognitiven Gehalten. Jeder epistemisch-kognitive Bestand, jedes Wissen ist aber seinerseits immer schon begrifflich, immer schon propositional verfasst und damit unweigerlich in andere epistemisch-kognitive Bestände, in anderes Wissen eingebunden.[6]

Zwar mögen bloße *Sinnesgehalte* (*sense contents*) frei von begrifflicher Fassung, von propositionaler Darstellung und mithin von anderem Wissen unabhängig sein. Entsprechend mag auch die zugehörige Fähigkeit, solche Sinnesgehalte zu empfinden, angeboren statt erworben sein. Aber eben deshalb sind bloße *Sinnesgehalte* auch nicht epistemisch, nicht kognitiv, das heißt, sie konstituieren kein *Wissen*, insbesondere kein nichtinferenzielles, und sie implizieren auch kein Wissen oder bringen es hervor.[7] Der bloße *Sinneseindruck eines roten Buches* ist nicht und begründet nicht das *Wissen, dass dort ein rotes Buch ist.* Das letztere *Wissen* setzt vielmehr begriffliche Einlassungen voraus (etwa »dort«, »rot«, »Buch«), es hat propositionale Gestalt (als »Behauptung, dass etwas der Fall ist«). Damit ist es unauflöslich mit anderem begrifflichen, propositionalen Wissen verflochten, also weit davon entfernt, nichtinferenziell zu sein.[8]

Bereits *Sehen, dass dort ein rotes Buch ist,* hat einen solchen begrifflichen, propositionalen Anteil, indem es eben das *Wissen, dass dort ein rotes Buch ist,* konstituiert. Schon jedes *Wahrnehmen* in diesem Sinne hat einen epistemischen Charakter, ist ein kognitives Geschehen.[9] Auch jedes *Beobachtungswissen* (*observational knowledge*) ist sprachlich verfasst, linguistisch geprägt und daher gewiss nicht nichtinferenziell, nicht unabhängig. Es mag zwar *gelegentlich* als lokale Grundlage für bestimmtes anderes Wissen dienen, aber es kann nicht *generell* die unabhängige Basis für jegliches andere

5 Ebd., §36.
6 Ebd., §5.
7 Ebd., §§6-7, 37.
8 Ebd., §§6-7, 19.
9 Ebd., §§16-17, 22, 45, 61.

Wissen darstellen.[10] Vielmehr ist es in dessen umfassendes Geflecht eingebunden, als Gegenstand wie als Ausgangspunkt von Rechtfertigungen. Denn nur so kann es selbst ein Wissen sein und anderes Wissen begründen.

Analoges behauptet Sellars hinsichtlich der Philosophie des Geistes: So dürfen ihm gemäß Bewusstseinszustände durchaus als »innere Episoden« verstanden werden, zu denen die jeweilige Person einen »privilegierten Zugang« hat. Dies gilt jedenfalls so lange, wie man hierunter keine direkt gegebenen Entitäten versteht, die sich unmittelbar der Introspektion des eigenen Ich in seiner (rein subjektiven) Selbstwahrnehmung erschließen sollten, sondern gezielt postulierte theoretische Objekte, die man ursprünglich zur Erklärung von fremdem Verhalten einführt und erst von hier aus auch für (wesentlich intersubjektive) Selbstberichte verwenden mag.[11] Allerdings zerfallen diese Bewusstseinszustände in zwei sehr unterschiedliche Gruppen. Die erste bilden Eindrücke, Empfindungen oder Gefühle (*impressions, sensations, feelings*), die zweite besteht aus Gedanken, Beobachtungen oder Wahrnehmungen (*thoughts, observations, perceptions*).[12]

Eindrücke, Empfindungen oder Gefühle mögen tatsächlich als unmittelbare Erfahrungen (*immediate experiences*) gelten, insofern sie nicht sprachlich, nicht linguistisch verfasst sind. Daher können sie auch rein kausal beschrieben werden. Man kann sie etwa als Wirkungen von Gegenständen auf den Körper beziehungsweise seine Sinnesorgane verstehen, man kann sie ihrerseits als Ursachen von Assoziationen zwischen Begriffen und Objekten auffassen.[13] Eben deshalb aber sind sie auch keine Wissenszustände und können keine Wissenszustände erzeugen. Sie sind nicht begrifflich-propositional, nicht epistemisch-kognitiv verfasst. Genau darum können sie nicht begrifflich-propositional, nicht epistemisch-kognitiv wirksam werden.[14]

Dies sind beziehungsweise können erst Gedanken, Beobachtungen oder Wahrnehmungen, die aber eben auch keine unmittelbaren Erfahrungen darstellen. Sie sind vielmehr immer schon sprachlich,

10 Ebd., §§ 35-38.
11 Ebd., §§ 10, 48, 51-52, 56-62.
12 Ebd., §§ 25, 38, 45, 47, 60.
13 Ebd., §§ 7, 29, 38, 45, 60.
14 Ebd., §§ 7, 29-30.

linguistisch beschaffen, auch wenn sie nicht unbedingt verbal ausgedrückt werden müssen, sei es äußerlich oder auch nur innerlich.[15] Genauer ist bereits jedes Sortieren, jedes Wiederkennen von Eindrücken eine sprachliche, linguistische Angelegenheit (*a linguistic affair*). Denn alles Bewusstsein von Ähnlichkeiten, von Tatsachen setzt begriffliche, propositionale Einlassungen voraus.[16] Damit sind aber auch diese Bewusstseinszustände allein als Elemente im Raum der Gründe angemessen beschreibbar. Nur so lassen sie sich in ihrem speziellen Charakter als Wissenszustände sowie in ihrem Einfluss auf andere Wissenszustände korrekt erfassen.

10.2. Wie erwähnt, spricht Sellars selbst in seinem Essay die Frage der Willensfreiheit nicht explizit an. Dennoch ist der Text ein zentraler Referenzpunkt für eine wichtige Strömung innerhalb der Freiheitsdebatte geworden. Und in der Tat ist eine entsprechende Erweiterung von Sellars' Konzeption allemal naheliegend. Hierzu muss man lediglich vom theoretischen Bereich des Erkennens und Wissens zum praktischen Bereich des Entscheidens und Handelns übergehen und Sellars' Überlegungen auf die dortigen Phänomene übertragen.

So lässt sich argumentieren, dass nicht nur Wissen, sondern auch Entscheidungsempfehlungen oder Handlungsanweisungen kein hierarchisches System darstellen, etwa aus »gegebenen« Zielen und hieraus »abgeleiteten« Vorschriften. Vielmehr bilden auch sie ein korreliertes Netzwerk, das sich aus vielfach miteinander verflochtenen Stellungnahmen in stets sprachlich verfassten Urteilen zusammensetzt. Analog kann man dafürhalten, dass nicht nur Wissenszustände, sondern auch Entscheidungen und Handlungen nicht vollständig empirisch zu fassen oder kausal zu beschreiben sind, als Erscheinungen im Raum der Ursachen, etwa indem man sie auf das harmonische oder wirksame Zusammenspiel von Wünschen erster und zweiter Ordnung reduzieren wollte. Vielmehr wären sie ebenfalls allein logisch verständlich und rational rekonstruierbar, als Vollzüge im Raum der Gründe, nicht zuletzt als Gegenstände moralischer oder prudentieller Rechtfertigung, ästhetischer oder epistemischer Bewertung.

Jener Raum der Gründe (*space of reasons*) ist aber nun einmal an-

15 Ebd., §§ 31, 38, 46-48, 50, 58.
16 Ebd., §§ 26, 28-29, 45.

ders strukturiert als der Raum der Ursachen (*space of causes*). Seine Inhalte zu charakterisieren, seien es epistemische Einstellungen zu kognitiven Beständen, seien es Entscheidungen oder Handlungen, bedeutet nicht, kausale Aussagen zur Aufeinanderfolge mentaler Erscheinungen zu machen. Es bedeutet, die fraglichen Gehalte in ihrer rationalen Beschaffenheit zu kennzeichnen.[17]

Die Freiheit des Willens mag nun gerade hierin liegen, dass menschliches Entscheiden und Handeln sich als solches nicht (nur) im Raum der Ursachen, sondern (auch) im Raum der Gründe bewegt. Eine korrekte Darstellung jenes Entscheidens und Handelns ließe sich damit nicht auf eine empirische Beschreibung anhand von Ursachen und Wirkungen beschränken. Vielmehr müsste sie eine logische Charakterisierung anhand von Gründen und Rechtfertigungen enthalten, die über die kausale Beschaffenheit unseres Denkens und Tuns hinausweist.[18]

10.3. An Sellars anknüpfend, könnte man Willensfreiheit also aus der besonderen Struktur von Gründen zu gewinnen suchen, namentlich aus ihrer rationalen Kontur und Funktion in der Rechtfertigung von Geltungsansprüchen. Diese logische Dimension, die Sellars für Wissenszustände hervorhebt, mag auch menschliche Entscheidungen und Handlungen ausmachen und so deren Willensfreiheit gewährleisten. Hierbei wären keinerlei metaphysisch spekulative Gegenstände oder Prozesse involviert. Allenfalls könnte man in terminologischer Hinsicht darüber debattieren, ob es jene spezifisch rationalen Gebilde »gibt«, ob sie »in der Welt« sind.

Vielleicht möchte man zur »Welt« nur das physisch oder mental Reale zählen, also insbesondere materielle Objekte, Abläufe, Ereignisse, Zustände sowie psychische Phänomene, Vorgänge, Geschehnisse, Verhältnisse, eventuell zudem deren Beziehungen oder Gesetze. Vielleicht soll es nur dies »geben«, das heißt die Inhalte und Verbindungen der Welt 1 und der Welt 2 – wobei diese beiden außerdem ontologisch zusammenfallen mögen (indem bestimmte Teile des physischen Seins zugleich die eigentlichen Träger mentaler Eigenschaften sind). Man könnte aber die »Welt« sicherlich auch als Gesamtheit aller Entitäten und ihrer Relationen verstehen, über die sich wahre Urteile fällen und wahre Behauptungen treffen las-

17 Vgl. ebd., § 49.
18 Vgl. ebd., § 36.

sen, gleich wie abstrakt sie auch sein mögen. In dem Sinne »gäbe« es dann etwa auch Zahlen und Gleichungen, Operatoren und Schlussformen, moralische Prinzipien und prudentielle Normen, ästhetische Grundsätze und epistemische Konzeptionen – kurz, auch die Inhalte der Welt 3, der Sphäre des Geistigen.

Ich selbst bevorzuge die letztere Auffassung, wenngleich es sich hierbei, wie erwähnt, letztlich um eine sprachliche Festlegung handelt. Ich werde also sagen, dass es Zahlen, Gleichungen, Prinzipien, Normen und damit auch Gründe »gibt«, dass sie »in der Welt« sind – nur eben nicht in der physischen Welt 1 oder in der mentalen Welt 2, sondern in der geistigen Welt 3, die von den beiden anderen ontologisch strikt verschieden ist (siehe Kapitel V). Insbesondere werde ich hervorheben, dass jenes Geistige nicht in Zeit und Raum existiert und nicht der Kausalität unterliegt. Gründe als solche haben keine Dauer und keinen Ort, sie werden nicht verursacht und bewirken nichts – eben weil sie strikt verschieden sind von allem Physischen und Mentalen, von allem Psychischen oder auch Sozialen.

11. Verbindungen

11.1. In nachfolgenden Veröffentlichungen hat Sellars vereinzelt auch direkt zu Fragen der Willensfreiheit und Verantwortlichkeit Stellung bezogen. Insbesondere sieht er Freiheit und Determiniertheit als miteinander verträglich an, indem er zum einen diese beiden Bestände den alternativen Sichtweisen von lebensweltlichem Menschenbild (*manifest image of man-in-the-world*) oder wissenschaftlichem Menschenbild (*scientific image of man-in-the-world*) zuordnet,[19] während er zum anderen Anders-handeln-Können und Anders-wollen-Können im klassischen Sinne der konditionalen Analyse interpretiert und verteidigt.[20] Ein systematischer Anschluss an sein eigenes Konzept vom Raum der Gründe deutet sich hierbei insoweit an, als er nun nicht allein bei Gedanken und Überzeugungen, sondern auch bei Intentionen und Volitionen sowie letztlich bei Entscheidungen und Handlungen die logisch-rationale Struktur und speziell die sozial-normative Einbettung gegenüber psy-

19 Sellars, »Philosophy and the Scientific Image of Man«, S. 4 f., 9 f., 18, 38-40.

20 Sellars, »Fatalism and Determinism«, S. 141-174.

chisch-kausalen Faktoren hervorhebt. Seine philosophische Grundlegung dieser Betrachtungsweise, und somit auch die wesentliche Bezugsquelle für Autoren, die sich bei der Frage der Willensfreiheit auf Sellars' Ansatz berufen, bleibt indessen seine oben skizzierte Arbeit *Empiricism and the Philosophy of Mind.*

Die Idee, die Freiheit des Willens als Bestimmung durch Gründe zu begreifen, ist sehr attraktiv. Namentlich der Hinweis, dass die rationale Struktur von Gründen grundverschieden von einer kausalen Prägung durch Ursachen ist und daher als Quelle von Freiheit fungieren könnte, ist nicht allein ein philosophisch interessanter Ausgangspunkt für ein kompatibilistisches Freiheitsverständnis, sondern stimmt auch mit alltäglichen Vorstellungen von Freiheit gut zusammen: Als frei werden bevorzugt Menschen angesehen, die aus Gründen zu handeln verstehen (und in diesem Sinne von ihrer Vernunft geleitet werden). Unfrei scheinen demgegenüber Menschen zu sein, die keinen Gründen folgen können (und somit Spielbälle oder Sklaven ihrer eigenen Instinkte und Triebe oder auch fremder Anweisungen und Vorgaben sind).

Es überrascht daher nicht, dass neben Sellars eine Zahl weiterer Autorinnen und Autoren diesen plausiblen Gedanken aufnimmt und Willensfreiheit als Bestimmtsein durch Gründe deutet.[21] So wie theoretisches Denken und Wissen sich im Raum der Gründe bewegt und nur in dieser Hinsicht richtig und vollständig zu begreifen ist, so sind auch praktische Entscheidungen und Handlungen im Raum der Gründe beheimatet und eben vor diesem Hintergrund als frei und verantwortlich anzuerkennen.[22] Zwar ist gewiss nicht jedes menschliche Wollen und Tun immer und durchweg durch Gründe geleitet und damit als frei einzustufen, aber zumindest die allgemeine menschliche Lebensform und Lebenswelt scheint grundsätzlich und wesentlich auf Gründe ausgerichtet und

21 Vgl. Dennett, *Elbow Room*, S. 20-34, 49; Dennett, *Freedom Evolves*, S. 259 f., 268 f.; Fischer/Ravizza, *Responsibility and Control*, S. 34-46; Nelkin, *Making Sense of Freedom and Responsibility*, S. 7-15; Scanlon, »The Significance of Choice«, S. 171 f., 176; Scanlon, *What We Owe to Each Other*, S. 281 f.; Skorupski, *The Domain of Reasons*, S. 390-392, 465-469; von Wright, *Explanation and Understanding*, S. 118, 124, 165 f.; von Wright, »Of Human Freedom«, S. 136, 152, 155, 163, 165, 170.

22 Vgl. Sturma, »Freiheit im Raum der Gründe«, S. 144-147, 150-152; Sturma, »Die Natur der Freiheit«, S. 393-395; Sturma, »Freiheit und Selbstbewusstsein im Raum der Gründe«, S. 161-164, 166-168; Sturma, »Ausdruck von Freiheit«, S. 205-212; Wingert, »Gründe zählen«, S. 198 f.

somit als Bereich von Freiheitlichkeit zu verstehen zu sein. Merkliche Differenzen zwischen diesen Ansätzen bestehen vor allem dahingehend, ob hierbei mit Sellars zuletzt *sämtliche Gründe* als konstitutiv für menschliche Freiheit angesehen werden, gleich welchen Typs und welcher Qualität, oder ob nur *bestimmten Gründen*, namentlich moralischen Gründen oder guten Gründen, eine freiheitsfundierende Funktion zugesprochen wird.

Nach Stuart Hampshire etwa beziehen sich einschlägige Erklärungen menschlichen Verhaltens stets auf die Gründe des Willens, von denen vor allem die Gedanken eines Menschen, aber auch seine Überzeugungen und Wünsche wesentlich bestimmt werden. Kausale Erklärungen, namentlich durch naturwissenschaftliche Gesetze oder mittels psychologischer Theorien, spielen hierbei keine maßgebliche Rolle, sondern betreffen allein nachgeordnete Aspekte – etwa die Fähigkeiten eines Menschen, nicht willensbezogene Aspekte seines Verhaltens oder etwaige Ursachen fehlerhaften Überlegens. Freiheit zeigt sich vor diesem Hintergrund darin, dass insbesondere der Handelnde selbst ein Wissen von eigenen künftigen Handlungen haben kann, das nicht die Form einer induktiven Ableitung (*inference*) oder Vorhersage (*prediction*) hat, wie wenn man ein bloßes Geschehen aus geeigneten Belegen erschließen würde. Vielmehr ist es Sache einer expliziten Kundgabe (*declaration*) oder Entscheidung (*decision*), mit der man seine anstehende Handlung relevanten Gründen unterstellt – wobei solch ein Wissen eigener künftiger Handlungen, das man aufgrund einer festen und eindeutigen Absicht hat, ebenso unmittelbar und ebenso sicher ist wie das Wissen von eigenen vergangenen Handlungen, das man aufgrund einer festen und eindeutigen Erinnerung hat.[23]

Auch einige andere Autoren geben sich in dieser Weise für Willensfreiheit mit dem Einfluss irgendwelcher nicht näher bestimmter Gründe zufrieden. Gemäß Robert Brandom unterscheidet sich die normative Ordnung von Rechtfertigung und Begründung (*normative order of justification and reason giving*) innerhalb sozialer Praktiken grundsätzlich von der deskriptiven Ordnung kausaler Verhältnisse (*causal or descriptive order*), womit sich menschliche Freiheit als Begrenzung durch die Normativität entsprechender

23 Hampshire, *Thought and Action*, S. 103-111, 126-132, 169-178; Hampshire, *Freedom of the Individual*, S. 21-27, 53-60, 65-71.

Gründe erklären lasse.[24] John McDowell kontrastiert den Raum der Gründe (*space of reasons*) und das Reich der Naturgesetze (*realm of law*) als klar getrennte Strukturen in der Welt mit strikt verschiedenen Modi der Verständlichkeit, um auf dieser Basis Freiheit als Empfänglichkeit für Gründe zu deuten.[25] Nach John Martin Fischer liegt moralische Verantwortlichkeit genau dann vor, wenn der fragliche Handlungsvollzug durch Führungskontrolle (*guidance control*) geprägt ist, was wiederum genau dann zutrifft, wenn der entsprechende Entscheidungsprozess sich durch Gründeempfänglichkeit (*reasons-responsiveness*) auszeichnet.[26]

Für Jürgen Habermas hingegen beruhen »freie[] Handlungen« nicht allein auf ihrem internen Zusammenhang mit Gründen, sondern genauer auf der motivationalen Bestimmung des Handelnden durch »gute Gründe«, entlang einer qualitativen Stufung von pragmatischen, ethischen und moralischen Gründen. Dabei ist die von guten Gründen ausgehende Bestimmung nicht als »kausale[r] Zwang« irgendwelcher Ursachen, sondern allenfalls als diskursiver Zwang des »besseren Arguments« zu verstehen. Zudem ist der öffentliche Raum der Gründe, beziehungsweise der »objektive[] Geist«, in seiner symbolischen Organisation relativ eigenständig und letztlich primär gegenüber dem »subjektiven Geist[]«, das heißt dem privaten Bewusstsein und dessen Gehirn als seinem naturalen Substrat. Denn tatsächlich strukturiert der »Raum der Gründe« den subjektiven Geist in seiner individuellen Entwicklung, so dass berechtigt von einer »Programmierung des Gehirns durch den objektiven Geist« die Rede sein kann.[27]

Auch einige weitere Autoren setzen in diesem Sinne für Willensfreiheit eine Orientierung an guten oder auch näherhin moralischen Gründen voraus. Abraham Melden definiert einen freien Willen als die Fähigkeit, nach vernünftigen beziehungsweise moralischen Gründen zu entscheiden und zu handeln.[28] Laut Jay

24 Brandom, »Freedom and Constraint by Norms«, S. 187-190.

25 McDowell, *Mind and World*, S. xxiii, 70-78.

26 Fischer, *The Metaphysics of Free Will*, S. 160-168, 188 f.

27 Habermas, »Freiheit und Determinismus«, S. 873-875, 880, 885-888; Habermas, »Das Sprachspiel verantwortlicher Urheberschaft und das Problem der Willensfreiheit: Wie lässt sich der epistemische Dualismus mit einem ontologischen Monismus versöhnen?«, S. 670-676, 682, 690, 697.

28 Melden, *Free Action*, S. 217 f.

Wallace liegt moralische Verantwortlichkeit genau dann vor, wenn eine Person die Fähigkeit besitzt, die moralischen Gründe für eine gegebene Norm zu erfassen und anzuwenden sowie ihr Verhalten in deren Licht zu regulieren und zu kontrollieren.[29] Susan Wolf bezeichnet die bei moralischer Verantwortlichkeit relevante Freiheit als Fähigkeit, die richtige Sache aus den richtigen Gründen zu tun, das heißt, gemäß dem Wahren und dem Guten zu entscheiden und zu handeln.[30]

Freiheitsentwürfe gemäß dem Sellars'schen Programm sind mithin sehr gebräuchlich. Dies mag nicht zuletzt auf den Umstand zurückzuführen sein, dass solche Freiheitsdeutungen an zumindest zwei wirkmächtige philosophische Traditionen anknüpfen.

II.2. Der erste Anschlusspunkt besteht zur Transzendentalphilosophie in der Tradition Immanuel Kants: So ist schon auf erkenntnistheoretischer Ebene eine enge Verwandtschaft zwischen Sellars' Überlegungen und Kants Denken spürbar. Insbesondere sind sich beide Autoren darin einig, dass aller Erkenntnis eine originär begriffliche Struktur eignet, während bloß sinnliche Gehalte nicht als Erfahrung, nicht als Wissen gelten können.

Auch in der Frage der Willensfreiheit ist eine merkliche Nähe festzustellen: Nach Kant gibt es zunächst in theoretischer Hinsicht zwei abweichende Sichtweisen, die auf Dinge oder Geschehnisse eingenommen werden können, wobei die eine unausweichlich Kausalität zu erkennen gibt, während die andere gerade nicht von Kausalität zu sprechen erlaubt. Dieser Dualismus zweier Perspektiven eröffnet zunächst die kompatibilistische Option einer Vereinbarkeit von Naturkausalität und Willensfreiheit. Hieran anschließend unterscheidet Kant in praktischer Hinsicht unfreie Handlungen, die allein auf psychische Neigungen zurückgehen, und freie Handlungen, die zudem durch das moralische Gesetz bestimmt werden. Diese Differenz identifiziert er ausdrücklich mit der Gegenüberstellung von Ursachen und Gründen.

Nach Kant lässt sich zunächst innerhalb der theoretischen Philosophie, genauer in erkenntnistheoretischer Hinsicht, jedes Ding und jedes Geschehnis auf zweierlei Weise betrachten: Zum einen kann man es dahingehend auffassen, wie es sich dem menschlichen

29 Wallace, *Responsibility and the Moral Sentiments*, S. 1 f., 7 f., 15 f., 154-166.

30 Wolf, *Freedom Within Reason*, S. 67-94, 117 f.

Erkenntnisvermögen darstellt, insbesondere der Sinnlichkeit und dem Verstand (als *phaenomenon* oder *Ding in der Erscheinung* betrachtet). Aus dieser empirischen Perspektive muss es notwendig als unter den Anschauungsformen stehend verstanden werden, also als in Zeit und Raum existierend, und auch als den Verstandesbegriffen unterworfen, insbesondere als sich gemäß der Kategorie der Kausalität verhaltend (denn diese Strukturen sind subjektive, transzendentale Erkenntnisbedingungen, das heißt Bedingungen der Möglichkeit dafür, dass ein Ding *überhaupt* zu einer objektiven Erscheinung oder Erfahrung für das erkennende Subjekt *werden kann*). Zum anderen kann man es dahingehend erörtern, wie es unabhängig von jenem menschlichen Erkenntnisvermögen beschaffen sein mag (als *noumenon* oder *Ding an sich selbst* betrachtet). Aus dieser intelligiblen Perspektive dürfen jene Bestimmungen, also Zeit und Raum oder auch Kategorien wie Kausalität, nicht berechtigt angenommen werden (denn diese Strukturen lassen sich eben *nur* als subjektive, apriorische Erkenntnisbedingungen rechtfertigen, das heißt als spezifische Ausstattungen des erkennenden Subjekts, *nicht aber* als objektive Eigenschaften des Dinges an sich selbst).[31]

Ding in der Erscheinung und Ding an sich selbst sind somit nicht etwa zwei verschiedene Gegenstände oder Vorgänge, nicht getrennte ontologische Objekte: Vielmehr bezeichnen sie jeweils ein und dasselbe Ding oder Geschehnis, das aber aus zwei grundsätzlich verschiedenen und gleichermaßen zulässigen Sichtweisen betrachtet werden kann. Dieses erkenntnistheoretische Schema ist auf alle realen Gegenstände anwendbar, auch auf den Menschen und seine Handlungen. Hierdurch lässt sich in der klassischen Freiheitsfrage eine kompatibilistische Position begründen, der zufolge menschliche Handlungen *nicht nur*, in empirischer Hinsicht, als kausal, *sondern auch*, in intelligibler Hinsicht, als frei betrachtet werden dürfen. In diesem Sinne schreibt Kant, dass »Freiheit und Natur«, je nach gewählter Perspektive, »bei eben denselben Handlungen« zugleich und widerspruchsfrei angenommen werden können.[32] Indessen lässt sich, in theoretisch-metaphysischer Hinsicht,

31 Kant, *Kritik der reinen Vernunft*, B 42-45, B 49-53, B 55 f., B 116-127, B 147 f., B 161, B 164 f., B 193-197, B 247, B 289, B 294-315, B 816; Kant, *Prolegomena zu einer jeden künftigen Metaphysik, die als Wissenschaft wird auftreten können*, AA 282-285, AA 308-313.

32 Kant, *Kritik der reinen Vernunft*, B 569; vgl. Kant, *Prolegomena zu einer jeden*

über jenes Ding an sich selbst keinerlei positive Aussage treffen, sondern lediglich die negative Feststellung machen, dass es *nicht* als raumzeitlich verfasst, *nicht* als kausal beschaffen gedacht werden darf.[33] Entsprechend ist auch die hierdurch markierte Freiheit menschlicher Handlungen bislang allein *negativer* Art, indem eine fragliche Handlung, sofern sie als *noumenon* betrachtet wird, eben *nicht kausal* vorzustellen ist.

Sodann lässt sich aber nach Kant innerhalb der praktischen Philosophie, das heißt in ethischer Hinsicht, weiter fragen, wie eine solche Handlung genauer veranlasst sein könnte: Als *phaenomenon* betrachtet kommen hierfür nur kausale Bestimmungen in Frage. Für Kant sind dies insbesondere *psychische Neigungen*, also mentale Ursachen wie etwa Antriebe und Motivationen. Als *noumenon* betrachtet hingegen könnte sich eine Handlung auch als durch andere Bestimmungen geleitet erweisen. Insbesondere könnte sie dem *moralischen Gesetz* folgen, was laut Kant tatsächlich die einzige Option neben der kausalen Determination ist.[34]

Nach wie vor geht es bei dieser Differenzierung nicht um unterschiedliche Handlungen, die als getrennte Geschehnisse in der Welt vorliegen sollten: Einmal mehr geht es allein um eine Alternative von unterschiedlichen Sichtweisen, die auf ein und dieselbe Handlung in der Welt gerichtet werden können. Als Vorgang in der Erscheinung betrachtet ist solch eine Handlung unweigerlich kausal determiniert, als Vorgang an sich selbst betrachtet mag sie jedoch zudem moralisch verfasst sein. Folglich ist, ganz in kompatibilistischem Sinne, davon zu sprechen, dass ein und dieselbe Handlung *nicht nur* von psychischen Neigungen (von Begierden, insbesondere dem Streben nach Glückseligkeit) bestimmt wäre, *sondern auch* durch das moralische Gesetz (durch Pflicht, also das Prinzip der Sittlichkeit) geleitet sein könnte. Stellt sich dabei eine Handlung aus jener letzteren Perspektive tatsächlich als moralisch und damit als frei dar, so redet auch Kant explizit davon, dass der Wille in solch einem Fall nicht (nur) subjektiven »Ursachen«, sondern (auch) ob-

künftigen Metaphysik, die als Wissenschaft wird auftreten können, AA 343-347; Kant, *Grundlegung zur Metaphysik der Sitten*, AA 453; Kant, *Kritik der praktischen Vernunft*, A 84, A 187.

33 Kant, *Kritik der reinen Vernunft*, B 307-312.

34 Kant, *Grundlegung zur Metaphysik der Sitten*, AA 431-435, AA 440-447.

jektiven »Gründen« folgt.[35] Entsprechend ist, in praktisch-ethischer Hinsicht, mit dem moralischen Gesetz eine eigene Bestimmungsquelle genannt, die zusätzlich zur kausalen Bestimmungsweise das menschliche Handeln leiten kann, und indem die menschliche Vernunft sich dieses moralische Gesetz selbst auferlegt, sich ihm unterwirft, handelt es sich zudem um einen Fall von Selbstgesetzgebung, von Autonomie.[36] Auf diese Weise kann die fragliche Handlung, als *noumenon* betrachtet, nun auch in *positivem* Sinne als frei, eben als *autonom bestimmt* angesehen werden.

II.3. Den zweiten Anschlusspunkt bildet die Sprachphilosophie im Ausgang von Ludwig Wittgenstein: Zunächst teilen Sellars und Wittgenstein den analytischen Zugriff, um sowohl epistemische Gehalte als auch mentale Zustände zu charakterisieren und zu untersuchen. Sodann wenden sich beide Autoren von einer empiristischen Ausrichtung ab, welche mit ihren starken reduktionistischen Einlassungen noch die frühe analytische Philosophie geprägt hatte, und heben stattdessen die logischen Voraussetzungen jeglichen Wissens, seine unhintergehbare Eingebundenheit in sprachliche Rechtfertigungskontexte hervor.

Auch mit Blick auf die Freiheitsthematik gibt es deutliche Anklänge: Zwar legt Wittgenstein ebenfalls keine umfassende und detaillierte Theorie der Willensfreiheit vor. Aber bereits er artikuliert energisch die fundamentale Differenz von Gründen und Ursachen, die bei der Erörterung menschlichen Entscheidens und Handelns zu beachten sei. Dabei wurzelt diese Trennung bei Wittgenstein wiederum in einem Modell verschiedener Sichtweisen, in denen man menschliches Denken und Tun betrachten kann, genauer in einer Konzeption unterschiedlicher Sprachspiele, innerhalb derer Handlungen entweder als durch Ursachen bestimmt oder als durch Gründe geleitet beschrieben werden können. Dieser Dualismus zweier Perspektiven eröffnet erneut eine kompatibilistische Aussicht auf Versöhnung von Naturkausalität und Willensfreiheit.

Wittgenstein unterscheidet mit großem Nachdruck zwischen kausalen Erklärungen, die sich auf Ursachen beziehen, und ratio-

35 Ebd., AA 413; vgl. Kant, *Prolegomena zu einer jeden künftigen Metaphysik, die als Wissenschaft wird auftreten können*, AA 345; Kant, *Grundlegung zur Metaphysik der Sitten*, AA 453; Kant, *Kritik der praktischen Vernunft*, A 47 f., A 85 f., A 187 f.

36 Kant, *Grundlegung zur Metaphysik der Sitten*, AA 431-433, AA 440, AA 444, AA 447.

nalen Begründungen, die auf Gründe rekurrieren: Im ersten Fall macht man Behauptungen zum Naturgeschehen, gibt zur Stützung Erfahrungsbelege an, formuliert Gesetzeshypothesen und führt Laborexperimente durch. Dies ist das Geschäft der Naturwissenschaften beziehungsweise, mit Blick auf menschliches Verhalten, der Psychologie. Im zweiten Fall geht es um das Verständnis von Rechtfertigungen, um die Einsicht in Argumentationen, um die Verbindlichkeit von Regeln und die Gültigkeit von Aussagen. Dies ist das Gebiet der Philosophie beziehungsweise, in Wittgensteins spezieller Terminologie, der Logik.[37]

Indessen sind beide Zugänge gleichermaßen legitim: Man *darf* beispielsweise durchaus die Ursachen einer Begriffsbildung, die Gesetze einer Regelbefolgung erforschen. Man *darf* aber ebenso nach den Gründen für Untersuchungen, nach den Rechtfertigungen von Behauptungen fragen. Hiermit kündigt sich erneut ein Kompatibilismus von alternativen Perspektiven auf menschliches Denken und Tun an. Insbesondere lässt sich ebenso wohl die »Ursache« wie der »Grund« einer Handlung thematisieren, solange man sich darüber klar ist, dass man hiermit unterschiedliche Fragen stellt, unterschiedliche Methoden wählt und unterschiedliche Antworten erhält.[38] Dabei bewegt sich auch das Ursachen-Denken in einem bestimmten Sprachspiel, so dass es für seine *kausalen Behauptungen*, seine empirischen Aussagen, seine induktiven Folgerungen, seinerseits allemal *geeignete Gründe* angeben muss.[39] Nur ist dies nicht das Sprachspiel der *beobachteten Personen*, sondern der jeweiligen Hypothesen über sie, und es sind nicht die Gründe für die *betrachteten Handlungen*, sondern für die eigenen Theorien hiervon.

Diese Unterscheidung unterfüttert Wittgenstein mit konkreten Beispielen aus einschlägigen Feldern: Ein Kunstwerk zu deuten heißt nicht, psychologische Ursachen für Geschmacksregungen aufzudecken. Es heißt, ästhetische Gründe für Qualitätsurteile zu nennen. Einen Scherz zu verstehen bedeutet nicht, unbewusste Ur-

37 Wittgenstein, *Vorlesungen 1930-1935*, S. 82, 125, 149 f.; Wittgenstein, *Philosophische Untersuchungen*, Teil I, §§ 89, 169, Teil II, S. 518, 532, 556, 570.

38 Wittgenstein, *Vorlesungen 1930-1935*, S. 150; vgl. Wittgenstein, *Das Blaue Buch*, S. 34 f.; Wittgenstein, *Vorlesungen 1930-1935*, S. 103 f.; Wittgenstein, *Philosophische Untersuchungen*, Teil I, §§ 217, 324-325, Teil II, S. 554 f., 578.

39 Wittgenstein, *Vorlesungen 1930-1935*, S. 181; Wittgenstein, *Philosophische Untersuchungen*, Teil I, §§ 475-481.

sachen für Heiterkeitsreaktionen zu finden. Es bedeutet, zustimmbare Gründe für Witzigkeit auszumachen.[40]

Einmal mehr sind jedoch beide Zugänge gleichermaßen wählbar: Man kann Gründe anführen, die dann freilich nur *innerhalb* eines jeweiligen Sprachspiels gelten. Man kann Ursachen thematisieren, die jedoch ebenfalls allein *innerhalb* ihres besonderen Sprachspiels relevant sind. Hiermit entsteht wiederum ein Kompatibilismus alternativer Perspektiven, von Gründe-Sprachspielen und Ursachen-Sprachspielen, mit deren spezifischen Vokabularen und Klassifikationen man sich einem betrachteten Gegenstand oder Vorgang zuwenden mag. Insbesondere hat kein Zugang eindeutigen Vorrang vor dem anderen, keiner liefert eine letztgültige Begründung beziehungsweise Erklärung, die »Kette der Gründe hat ein Ende«, und die »Rechtfertigung durch die Erfahrung hat ein Ende«.[41] Fragt man etwa, auf *welchem Boden* ein gegebenes Gründe-Sprachspiel aufruht, weshalb es sich bewährt, warum man ihm folgt, so lassen sich hierfür letztlich nur noch *kontingente Ursachen* nennen.[42] Diese *kausalen Bedingungen* freilich auszuzeichnen, die behaupteten Ursachen geltend zu machen, folgt seinerseits wieder *gewissen Regeln*, in einem entsprechenden Gründe-Sprachspiel.

12. Aussichten

12.1. Eine an Sellars orientierte Freiheitsauffassung ist verständlich und plausibel, sie greift starke alltägliche Intuitionen auf und wird durch wichtige philosophische Theorien gestützt. Zudem dürfte sie in einer wesentlichen Hinsicht dem Frankfurt'schen Zugriff entscheidend überlegen sein.

In Frankfurts Modell blieb unklar, wie die reflexive Struktur des Überlegens irgendein nichtkausales Element in menschliches Entscheiden und Handeln einbringen sollte: Das Zusammenspiel zwischen Wünschen erster Ordnung und Wünschen zweiter Ord-

40 Wittgenstein, *Vorlesungen 1930-1935*, S. 193-198.

41 Wittgenstein, *Philosophische Untersuchungen*, Teil I, §§ 326, 485; vgl. Wittgenstein, *Das Blaue Buch*, S. 33 f.; Wittgenstein, *Vorlesungen 1930-1935*, S. 108, 125, 149; Wittgenstein, *Philosophische Untersuchungen*, Teil I, §§ 211, 217.

42 Wittgenstein, *Philosophische Untersuchungen*, Teil I, § 480; Wittgenstein, *Über Gewißheit*, § 474.

nung, die Kohärenz beider Ebenen oder auch die Effektivität der Letzteren in der Ersteren, war ein gänzlich psychisch-mentales Geschehen. Folglich fügte es der natürlichen Verkettung von Ursachen und Wirkungen nichts hinzu: Das Reflexive ist als solches immer noch rein kausal (siehe Abschnitt 9.2). Sellars' Ansatz mit seiner Betonung der rationalen Struktur von Gründen stellt sich diesbezüglich völlig anders dar: Gründe sind strikt verschieden von Ursachen. Und wenn es stimmt, dass sie zumindest in manchen Fällen unser Entscheiden und Handeln leiten, so scheint hiermit eine nichtkausale Bestimmung dieses Entscheidens und Handelns greifbar: Das Rationale ist als solches eben nicht kausal (siehe Abschnitt 10.2).

Als einfaches Beispiel betrachte man einen logischen Grund, wie er etwa in einem Schluss gemäß *modus ponens* bestimmend ist: (1) Wenn A der Fall ist, ist auch B der Fall (Obersatz). (2) A ist der Fall (Untersatz). (3) Hieraus folgt, dass B der Fall ist (Schlusssatz). Ihrem äußerlichen Aufbau nach gleicht diese logische Begründung einem kausalen Zusammenhang, wie er durch empirische Gesetze gestiftet wird: (1) Wann immer Zustand A eintritt, folgt Zustand B (Gesetz). (2) Zustand A tritt ein (Ursache). (3) Es folgt Zustand B (Wirkung).

Aber diese *strukturelle Parallele* beider Schemata kann nicht ihre *inhaltliche Differenz* verschleiern. Eine logische Verbindung *ist keine* kausale Verknüpfung. Eine logische Unabweislichkeit *ist keine* empirische Notwendigkeit. Eine Folgerung zwischen *Aussagen oder Sachverhalten* gemäß ihrer formalen Beschaffenheit ist keine Beziehung von *Ursachen und Wirkungen* nach natürlichen Gesetzen. Man kann sicherlich ein kausales Gesetz in einen logischen Schluss *aufnehmen*, man kann auf eine empirische Ursache in einer logischen Begründung *verweisen*. Aber diese Optionen heben den Unterschied zwischen beiden Beziehungsformen nicht *auf*, sondern machen ihn nur umso *deutlicher*. Dies gilt erst recht für andere logische Verhältnisse, bei denen nicht einmal mehr die strukturelle Parallele zu kausalen Beziehungen nahtlos aufgeht, wie bereits in einem Schluss gemäß *modus tollens* (aus A folgt B, nun ist B aber nicht der Fall, also kann auch A nicht der Fall sein). Und es gilt umso mehr für nichtlogische Gründe, die ebenfalls keine empirischen Phänomene sind, ihnen von ihrer internen Struktur her noch nicht einmal entfernt ähneln (etwa moralische oder prudentielle, ästhetische oder epistemische Gründe).

12.2. Wenn uns also Gründe leiten (und dies scheint zumindest manchmal der Fall zu sein), dann könnten sie uns frei machen (im Sinne einer nichtkausalen Prägung unseres Entscheidens und Handelns). Dabei ließe sich ein solcher Freiheitsansatz problemlos in kompatibilistischer Weise formulieren. Man bräuchte durchaus nicht anzunehmen, dass jene nichtkausale Bestimmung durch Gründe nur in *Unterbrechungen*, nur in *Lücken* der kausalen Bestimmung durch Ursachen stattfinden könnte, wie es libertaristische Positionen fordern würden. Vielmehr könnte eine Bestimmung durch Gründe allemal zugleich mit einer Bestimmung durch Ursachen statthaben, vielleicht gerade durch geeignete Formen von ursächlicher Bestimmung vermittelt sein, so dass die fragliche Entscheidung oder Handlung, ganz in kompatibilistischer Manier, *nicht nur* kausal (negative Freiheit), *sondern auch* autonom (positive Freiheit) bestimmt wäre.

Trotz dieser günstigen Ausgangslage muss der Sellars'sche Ansatz genauer ausformuliert werden, um ein tragfähiges Modell menschlicher Willensfreiheit zu liefern. Insbesondere ist er von drei Versuchungen bedroht, die dem Bedürfnis entspringen, eine Freiheitstheorie metaphysisch möglichst sparsam zu halten, die aber letztlich das Vorhaben behindern, ein philosophisch wirklich stabiles Freiheitskonzept zu entwerfen.

Erstens ist es verlockend, Gründe als psychische oder soziale Entitäten aufzufassen (zumindest Letzteres deutet sich bei Sellars selbst an, und es dürfte auch dem Zugang von Wittgenstein entsprechen): So verstanden, wären Gründe Motivationen im individuellen Gemütshaushalt oder Regularien des kollektiven Zusammenlebens. Sie wären Antriebe der subjektiven Willensbildung oder Fixpunkte der intersubjektiven Entschlussfindung. Sie wären Elemente des seelischen Erlebens oder Standards der kommunikativen Praxis. Insbesondere läge vor diesem Hintergrund keinerlei spekulative Einlassung darin, die Existenz und Relevanz von Gründen im menschlichen Entscheiden und Handeln anzunehmen. Sie wären nachweisliche Komponenten psychischer beziehungsweise sozialer Mechanismen. Sie wären reale Determinanten persönlicher und gesellschaftlicher Dynamiken.

Das Problem ist jedoch, dass Gründe in dieser Deutung ihren nichtkausalen Charakter verlieren: Versteht man Gründe als *psychosoziale* Entitäten, als subjektive Motivationen oder intersubjektive

Regularien, als individuelle Triebkräfte oder kollektive Ordnungsformen, so sind sie letztlich doch wieder *kausale* Erscheinungen. Als solche können sie aber keine Grundlage für Willensfreiheit bieten. Wenn Gründe Willensfreiheit gewährleisten sollen, müssen sie als originär *nichtkausale* Entitäten, das heißt als ursprünglich *platonische* Strukturen begriffen werden (siehe Kapitel V).

Zweitens ist es reizvoll, die Bestimmung durch Gründe gegenüber der Bestimmung durch Ursachen zu einer Frage der Perspektive zu erklären (dies ist schon bei Kant und Wittgenstein angelegt, und auch Sellars neigt teilweise in diese Richtung): So mag man einerseits daran festhalten, dass jegliches Denken und Tun, lebensweltliches wie wissenschaftliches, in geeignete Argumentations- und Rechtfertigungskontexte eingebunden ist. Gerade auch kausale Rekonstruktionen von Ursachen, indem sie mit dem Anspruch auf Wissen auftreten, sind ihrerseits rationale Vollzüge, finden also allemal im Raum der Gründe statt. Zugleich mag man andererseits davon ausgehen, dass alles Denken und Tun, lebensweltliches wie wissenschaftliches, unvermeidlich in entsprechende Ursache-Wirkungs-Zusammenhänge eingebettet ist. Nicht zuletzt dürfte jede rationale Bezugnahme auf Gründe, als psychischer Vollzug wie als soziale Interaktion, auch ein kausales Geschehen darstellen, also durchaus im Raum der Ursachen angesiedelt sein. Dieser wechselseitige Verweis beider Bestimmungsformen legt es nahe, sie zuletzt allein als spezifische Gehalte abweichender Sprachspiele aufzufassen. Demzufolge würde es sich bei der Alternative von Willensfreiheit und Naturkausalität lediglich um unterschiedliche Sichtweisen auf dieselben Tatsachen, nur um abweichendes Vokabular für dieselben Vorgänge handeln.

Die Schwierigkeit ist indessen, dass ein solcher Perspektiven-Dualismus keine nachweislich nichtkausalen Bestände zu markieren vermag: Wenn eine Perspektive *berechtigt* geltend machen kann, dass ein Vorgang rein kausal verfasst ist, dann *ist* er rein kausal geartet, selbst wenn eine andere Perspektive dieses Faktum nicht zu erkennen gibt und den Vorgang in eine andere Beschreibung kleidet. Willensfreiheit kann daher nicht darin gründen, dass menschliches Entscheiden und Handeln, auch wenn es sich in bestimmter Sichtweise als rein kausaler Prozess darstellen mag, in einem anderen Sprachspiel nicht mehr als kausales Geschehen erscheint, sondern sich als rationaler Vollzug darstellt. Vielmehr muss Willensfreiheit darin liegen, dass diesem Entscheiden und Handeln, neben aller kausalen Bestimmung, auch ein besonderes ontologisches Moment nichtkausaler Art *zukommt*, gleich aus welcher Perspektive man es *betrachtet* (siehe Kapitel VI).

Drittens ist es attraktiv, die Frage nach der etwaigen Wirkkraft von Gründen für das menschliche Entscheiden und Handeln vollständig auszublenden (wie es die meisten Autoren der skizzierten Linie tun, mit Ausnahme vielleicht von Kant): Diese Frage mutet ohnehin latent paradox an. Wenn man die nichtkausale Beschaffenheit von Gründen hervorhebt, scheint man nicht sinnvoll nach den Formen ihrer realen Wirksamkeit forschen zu können. Wenn Gründe nichtkausale Entitäten sein sollen, um eine glaubhafte Grundlage für Willensfreiheit zu bieten, kann man Gründen augenscheinlich keine kausale Effektivität zuerkennen, ohne sie doch wieder in die Mechanismen bloßer Naturkausalität einzureihen. Stattdessen scheint man sich damit begnügen zu müssen, dass Entscheidungen und Handlungen irgendwie ursprünglich in den Raum der Gründe eingelassen sind. Menschliche Akte sind dann immer schon als Bewegungen im Raum der Gründe zu interpretieren, vernünftige Wesen sind dann gleichsam wesenhaft als Akteure im Raum der Gründe zu definieren. Wie Gründe sich im naturalen Menschsein genauer entfalten können, muss vor diesem Hintergrund als unzulässige Frage gelten.

Der Nachteil ist allerdings, dass auf diese Weise die genaue Verbindung zwischen den Gründen und unseren Entscheidungen und Handlungen ominös bleibt: Entscheidungen und Handlungen finden in der realen Welt statt, haben psychische Anteile und soziale Ausprägungen, werden von *biologischen Wesen* in einer *physikalischen Umgebung* vollzogen. In irgendeiner Weise müssen Gründe daher imstande sein, jene realen Bestände mit ihren Vorgaben zu imprägnieren. Sie müssen *effektiv* werden in konkreten Beschlüssen, sie müssen *bestimmend* werden in sichtbaren Aktionen, sie müssen repräsentiert sein in kausalen Strukturen und hierüber Wirksamkeit im naturalen Sein entfalten, wenn Willensfreiheit im menschlichen Entscheiden und Handeln tatsächlich statthaben soll (siehe Kapitel VII).

12.3. Willensfreiheit als Bestimmung durch Gründe zu verstehen, ist eine einflussreiche Strömung innerhalb der aktuellen Philosophie. Möglicherweise vertraut gegenwärtig sogar eine Mehrheit von Denkerinnen und Denkern darauf, dass sich Freiheit auf diese Weise aus der rationalen Struktur menschlichen Handelns gewinnen lasse. Dabei ist verständlich, dass die meisten gegenwärtigen Vertreter des Gründearguments die oben skizzierten Positionen favorisieren: Indem sie Gründe als psychische oder soziale Entitäten darstellen, können sie sich allen Rückfragen zu deren etwaiger nichtnaturaler Beschaffenheit entziehen. Indem sie die Bestimmung von Entscheidungen und Handlungen durch Gründe zu einer Frage der Perspektive machen, können sie jegliche ontologische Einlassung meiden und sich stattdessen auf subtile semantische Doppel-Aspekt-Theorien berufen, die sich auf der Höhe der erkenntnistheoretischen und sprachanalytischen Debatten der letzten Jahrzehnte bewegen. Indem sie jede Klärung der Wirkkraft von Gründen verweigern, können sie sich auf eine moderate Präsentation beschränken, die insbesondere das Problem umgeht, Gründe an irgendeiner Stelle doch wieder mit Ursachen zusammenführen zu müssen.

Ich fürchte jedoch, dass alle drei Strategien unzureichend sind, um eine stimmige Freiheitstheorie zu formulieren. Wie metaphysisch sparsam jene Zugänge auch sind, sie verfehlen gerade hierdurch ihr Ziel. Entsprechend werde ich in den folgenden Kapiteln einen Ansatz entwickeln, der sich von den zentralen Leitsätzen dieser Strategien ausdrücklich abhebt: Ich werde mich für einen Platonismus des Rationalen aussprechen, indem ich Gründe als nichtkausale Entitäten jenseits aller psychischen oder sozialen Mechanismen markiere (Kapitel V). Ich werde gegen einen Dualismus von Perspektiven votieren, sei er semantischer oder auch phänomenaler Art, und Freiheit stattdessen auf die definitive ontologische Differenz von Gründen und Ursachen gründen (Kapitel VI). Und ich werde die Wirksamkeit von Gründen erläutern und betonen, ihre Kraft hervorheben, ihre Effektivität herausarbeiten, aufgrund derer sie im Entscheiden und Handeln leitend sind (Kapitel VII).

Diese Positionierungen verletzen in ihrem metaphysischen Engagement zahlreiche Tabus, die gerade von Verfechtern des Gründearguments für Willensfreiheit zumeist energisch aufrechterhalten werden: Zumindest teilweise verstoßen sie bereits recht deutlich gegen jene Ideen und Vorgaben, die sich bei Kant und Wittgenstein finden. In größerem Umfang dürfen sie den Deutungen entgegenlaufen, die Sellars in seinen maßgeblichen Arbeiten vertritt. Ganz gewiss konvergieren sie nicht mit der Mehrheit von

Ansätzen, die derzeit Freiheitstheorien entlang dieser Traditionslinie formulieren.

Wenn meine bisherigen Darlegungen daher recht konform und wenig originell gewesen sein mögen, indem sie sich mit dem Gründeansatz der Willensfreiheit in eine breite Strömung der aktuellen Debatte einreihen konnten, so wird sich dies von nun an merklich ändern: Die folgenden Erörterungen werden zunehmend kontrovers und philosophisch anstößig erscheinen. Kapitel für Kapitel werden sie immer mehr von jenem Grundkonsens abzweigen, der zumindest eine bestimmte Denkrichtung zur Willensfreiheit derzeit in weiten Teilen prägt. Am Ende wird in vielen Fällen die Diskrepanz die philosophische Nähe überwiegen.

Gleichwohl bin ich überzeugt, dass diese Ausrichtung nötig ist, damit der Gründeansatz Willensfreiheit tatsächlich begreifbar machen kann: Freiheit, nicht mehr und nicht weniger als Kausalität, ist ein *metaphysisches Konzept*. Es geht bei ihr darum, wie die Welt im Allgemeinen und wie menschliches Handeln im Besonderen beschaffen sind. Deshalb kann sie nur durch *metaphysische Überlegungen* eingefangen, verstanden und beglaubigt werden. Derartige Antworten mögen besser oder schlechter gelingen, aber ohne sie stellt man sich nicht einmal der Frage.

Indessen wird die entstehende Freiheitstheorie immer noch kompatibilistischer Art sein: Zwar wird sie diesen Kompatibilismus nicht darauf gründen, dass Willensfreiheit und Naturkausalität, in semantischer oder auch in phänomenaler Hinsicht, allein unterschiedliche Perspektiven auf dasselbe Geschehen bildeten. Vielmehr wird sie Willensfreiheit als ontologischen Bestand ausweisen, indem sie die Nichtkausalität von Gründen betont und die Wirksamkeit jener Gründe im Entscheiden und Handeln hervorhebt. Aber dabei wird sie keine angeblichen *Lücken* in der Naturkausalität beanspruchen, keine *Unterbrechungen* der kausalen Linie behaupten. Vielmehr wird sie Willensfreiheit dahingehend verstehen, dass die rational-nichtkausale Bestimmung zur psychosozial-kausalen Bestimmung hinzutritt, man also *nicht nur* durch Ursachen, *sondern auch* durch Gründe bestimmt ist.

V. Für einen Platonismus des Rationalen

Gründe dürfen nicht als psychische oder soziale Erscheinungen missdeutet werden, womit ihr dezidiert nichtkausaler Charakter verloren ginge. Gründe müssen vielmehr als ursprünglich rationale Gebilde begriffen werden, die als solche allen kausalen Mechanismen entzogen sind.

13. Psychische, soziale und rationale Entitäten

13.1. Gegner des Gründearguments für die Willensfreiheit behaupten zuweilen, Gründe seien nichts anderes als psychische Phänomene, mentale Entitäten, etwa Überzeugungen, Wünsche, Meinungen, Antriebe, die Menschen aufgrund ihrer biologisch-neuronalen Ausstattung erlebten und die wohl in ursprünglichen Instinktanlagen oder nachfolgenden Umweltprägungen wurzelten. Oder vielleicht seien Gründe soziale Erscheinungen, kulturelle Gebilde, insbesondere Erwartungen, Gepflogenheiten, Regelungen, Standards, die Gemeinschaften in ihrem evolutionär-interaktiven Dasein ausprägten und die vor allem für ein reibungsloses Zusammenleben und vorteilhaftes Miteinander sorgten. In beiden Deutungen seien Gründe jedenfalls kausale Objekte, letzten Endes physische Zustände von Gehirnen oder regulative Mechanismen von Gesellschaften. Folglich unterlägen Gründe vollständig kausalen Gesetzmäßigkeiten, ebenso wie das von ihnen geleitete menschliche Entscheiden und Handeln, womit menschliche Willensfreiheit unverändert eine haltlose Vorstellung sei, gerade wenn man sie durch das Wesen von Gründen erklären wolle.

In diesem Sinne schreibt beispielsweise Gerhard Roth, Gründe könnten entweder als die subjektive »*bewusste Erlebnisform* von Gehirnprozessen«, als »der ›innere‹, erlebte Aspekt« gewisser neurophysiologischer Zustände oder Vorgänge verstanden werden. Oder aber sie seien als die intersubjektive »Erklärungsweise eigener Handlungen«, als Formen der Explikation und Legitimation von Aktionen in einem jeweiligen »soziokulturelle[n] Kontext« zu begreifen.[1] Damit aber könnten Gründe nichts an der neuronalen

1 Roth, »Worüber dürfen Hirnforscher reden – und in welcher Weise?«, S. 232 f.

Verfasstheit menschlichen Bewusstseins und Denkens und somit auch nichts an der kausalen Bestimmtheit menschlicher Entscheidungen und Handlungen ändern. Willensfreiheit bleibe folglich eine Illusion.[2]

Nun mache man sich indessen klar, wie sonderbar diese Auffassung etwa bei logischen oder mathematischen Gründen ist: Der *modus ponens* oder die *Gesetze der Primzahlen* sind ganz gewiss keine psychischen, letztlich biologischen oder genauer neuronalen Phänomene. Ebenso wenig sind sie soziale, womöglich evolutionäre oder sonstwie interaktive Produkte. Vielmehr handelt es sich bei ihnen um Strukturen, die zwar biologischen Organismen in evolutionären Kontexten *zugänglich* werden können, die aber in ihrem Wesen *unabhängig* von jenem Zugang sind. Logik und Mathematik beziehungsweise die Gründe, die sie bereitstellen, sind als solche *keine kausalen Bestände*. Allein die *Beschäftigung mit ihnen*, ihre Darstellung und Betrachtung, ihre Repräsentation und Reflexion, ist ein psychisches oder soziales Geschehen und damit kausal beschaffen, ein Akt von Gehirnen oder Gesellschaften, eine Abfolge von Ursachen und Wirkungen.

Dieser Befund fällt bei anderen Gründen, etwa moralischen oder prudentiellen, auch ästhetischen oder epistemischen, nicht wesentlich anders aus: Diese Gründe mögen zwar stärkere empirische Bezüge aufweisen. Insbesondere können sie auf körperliche Bedürfnisse oder geistige Fähigkeiten rekurrieren, an psychische Wahrnehmungsformen oder soziale Erkenntnisweisen anschließen, einzelne Beobachtungsdaten oder allgemeine Naturgesetze zitieren, individuelle Operationen oder kollektive Interaktionen einfordern. All dies ändert aber nichts daran, dass diese Gründe selbst, auch wenn sie sich auf jene kausalen Bestände beziehen, keinesfalls kausale Gebilde sind. Der *kategorische Imperativ* ist ebenso wenig eine kausale Struktur wie die *Prinzipien der Vorsicht*. Der *goldene Schnitt* ist ebenso wenig eine kausale Erscheinung wie die *Grundsätze der Induktion*.

Befürworter des Gründearguments für die Willensfreiheit meinen mitunter, nur eine verkürzte Auffassung von Gründen als psychische Erscheinungen, als mentale Erlebnisse führe dazu, sie als kausale Erscheinungen zu missdeuten. Bei einem angemessenen

2 Ebd., S. 227-232.

Verständnis von Gründen als soziale Phänomene, als kulturelle Bestände hingegen werde sofort offenkundig, dass sie der kausalen Verfasstheit entzogen seien. Nun sei Denken seiner wahren Natur nach aber eben dialogisch statt monologisch, Begründen in seinem ursprünglichen Wesen tatsächlich öffentlich statt privat. Und indem individuelle Menschen in dieses kollektive Geflecht eingebunden seien, indem die jeweiligen Gründe, denen sie in ihrem Entscheiden und Handeln folgten, eigentlich geteilte Gründe seien, die auf Beratung und Gemeinschaftlichkeit zurückgingen, sei die rein kausale Bestimmung jenes Entscheidens und Handeln gesprengt und menschliche Willensfreiheit gewonnen.

In dieser Linie deutet etwa Jürgen Habermas den Raum der Gründe ausdrücklich als die »Ebene von Kultur und Gesellschaft«, als »den öffentlichen Raum der intersubjektiv geteilten Lebenswelt«. Den objektiven Geist versteht er als »symbolisch gespeichertes kollektives Wissen«, als Gesamtheit von »kulturelle[n] Überlieferungen und gesellschaftliche[n] Praktiken«.[3] Bereits als eine solche soziale Sphäre aber sei der Raum der Gründe beziehungsweise der objektive Geist nicht auf kausale Gesetze reduzierbar. Und solange sprachlich sozialisierte Geister, oder auf Gründe programmierte Gehirne, an jenem kulturellen Raum der Gründe teilhätten, solange der einzelne subjektive Geist, oder das Gehirn als sein natürliches Substrat, an diesen gesellschaftlichen objektiven Geist angebunden sei, sei Willensfreiheit nicht in Frage zu stellen.[4]

Auch diese Ansicht dürfte jedoch auf durchaus zweifelhaften und zuletzt unhaltbaren Voraussetzungen beruhen. Denn das Kollektiv-Soziale als solches ist ebenso kausal strukturiert wie das Individuell-Psychische. Man kann ebenso von kulturellen Mechanismen sprechen, wie man von mentalen Mechanismen reden kann, die Soziologie erhebt ebenso Ursache-Wirkungs-Beziehungen des Zusammenlebens, wie die Psychologie Ursache-Wirkungs-Verhältnisse im Seelenleben aufdeckt. Dabei mag man streiten, ob kollektive Objekte, Prozesse und Gesetzmäßigkeiten ontologisch und epistemologisch auf individuelle Gegenstände, Vorgänge und Gesetzmäßigkeiten reduzibel sind oder ob sie eine gänzlich eigene Natur aufweisen und vollständig unabhängiger Betrachtung bedürfen. Aber in keinem dieser Fälle wird man davon ausgehen dürfen, dass

3 Habermas, »Freiheit und Determinismus«, S. 880, 885, 888.

4 Ebd., S. 885 f.

das Kollektive *der Kausalität entgeht*. Dies tun erst *die Gründe selbst*, zu denen man einzeln oder gemeinsam vorstoßen mag.

Vielleicht kann es nach Wittgenstein keine private, sondern nur eine öffentliche Sprache geben.[5] Vielleicht kann gemäß Apel kein monologisches, sondern nur ein dialogisches Argumentieren existieren.[6] Wenn dies richtig ist, wird Denken, das als solches immer sprachlich verfasst ist, wird Begründen, das offenkundig stets argumentierend verfährt, aus dem *individuell-psychischen Raum* herausgeführt, in dem nicht zuletzt Frankfurt vergeblich nach der Willensfreiheit gesucht hat. Aber damit steht es erst noch im *kollektiv-sozialen Raum*, der an sich selbst ebenso kausal geartet ist, nicht im Raum der Gründe selbst, in dem man mit Sellars die Willensfreiheit finden könnte. Dieser Raum der Gründe wird zwar womöglich erst durch öffentliche Aktivitäten im sozialen Raum *erschlossen*, nicht schon durch private Tätigkeiten im psychischen Raum. Aber er *besteht* nicht in diesen Aktivitäten, in kollektiven ebenso wenig wie in individuellen, und nur vor diesem Hintergrund lässt sich berechtigt behaupten, dass dieser Raum nichtkausal geartet sei.

Es ist somit zweifellos wichtig, darauf zu beharren, dass Gründe keine mentalen Entitäten sind.[7] Sie sind keine psychischen Phänomene, keine Überzeugungen oder Wünsche, keine Dispositionen oder Motivationen.[8] In diesem Sinne hebt bereits Wittgenstein hervor, dass ein »Grund« keine »von innen gesehene Ursache« ist, keine individuelle Empfindung, die dem neuronalen Geschehen der betroffenen Person korrespondierte.[9] Ein »Grund«, beziehungsweise das Motiv, das er für eine Handlung bilden kann, ist keine »erfahrene Ursache«, keine psychologische Motivation, von der die fragliche Person ein unmittelbares Bewusstsein hätte.[10] Eine solche »Ursache« einer Handlung zu konstatieren, würde ein geeignetes »Experiment« voraussetzen, welches die Gültigkeit des behaupteten

5 Wittgenstein, *Philosophische Untersuchungen*, Teil I, §§ 243-315.

6 Apel, »Das Apriori der Kommunikationsgemeinschaft und die Grundlagen der Ethik«, S. 399-403.

7 Korsgaard, *The Sources of Normativity*, S. 93, 138; Nida-Rümelin, *Über menschliche Freiheit*, S. 54; Nida-Rümelin, »Vernunft und Freiheit«, S. 32.

8 Scanlon, *What We Owe to Each Other*, S. 17-77; Wingert, »Was geschieht eigentlich im Raum der Gründe?«, S. 195 f.; Wingert, »Grenzen der naturalistischen Selbstobjektivierung«, S. 249-251.

9 Wittgenstein, *Vorlesungen 1930-1935*, S. 198.

10 Wittgenstein, *Das Blaue Buch*, S. 35.

kausalen Zusammenhangs belegen könnte.[11] Einen »Grund« für eine Handlung anzugeben, ähnelt demgegenüber eher einer »Berechnung«, welche die fragliche Handlung zum rationalen Ergebnis hat.[12] In gleicher Hinsicht unterscheidet schon Frege nachdrücklich zwischen dem »Gedanken«, als geistigem Gehalt, und dem »Denken«, in welchem jener Gedanke erfasst wird.[13] Der »Gedanke«, verstanden als rationale Entität, ist strikt verschieden von der »Vorstellung«, welche jenen Gedanken erschließt.[14] Epistemologisch gehört er daher auch nicht ins Gebiet der »Psychologie«, welche die kausalen »Denkgesetz[e]« des Überlegens, Fürwahrhaltens, Urteilens, Schließens erhebt, sondern in das Gebiet der »Logik«, welche die nichtkausalen »Gesetze des Wahrseins« zum Gegenstand hat.[15] Ontologisch gehört er weder in die physisch-materielle »Außenwelt« (Welt 1) noch in die psychisch-mentale »Innenwelt« (Welt 2), sondern in das »dritte[] Reich«, das heißt in die Welt 3 »des Geistes«.[16]

Ebenso wichtig ist jedoch, daran festzuhalten, dass Gründe auch keine kulturellen Produkte sind. Sie sind keine sozialen Erscheinungen, keine Erwartungen oder Gepflogenheiten, keine Sitten oder Gesetze. Gewiss kann man mit Wittgenstein betonen, dass Gründe innerhalb geteilter Sprachspiele angeführt werden und hierdurch wiederum eine je spezifische Lebensform prägen.[17] Aber damit sind die Gründe nicht selbst in diesen sozialen Gestaltungen beheimatet (ebenso wenig wie in der psychischen Welt, die sicherlich ebenfalls zu Gründen vordringen sowie von Gründen geformt werden kann), sondern werden lediglich in ihnen erfasst und aufgenommen. In diesem Sinne hebt Frege korrekt hervor, dass der Gedanke auch von seiner sprachlichen Äußerung im intersubjektiven Austausch zu trennen ist.[18] Der Gedanke ist von allen Akten seiner öffentlichen Mitteilung verschieden (ebenso wie vom privaten Denken, das den Gedanken fassen mag), ist also epistemologisch auch nicht

11 Wittgenstein, *Vorlesungen 1930-1935*, S. 198.

12 Wittgenstein, *Das Blaue Buch*, S. 35.

13 Frege, *Logische Untersuchungen*, Erster Teil, S. 62, 74 f.

14 Ebd., Erster Teil, S. 68 f., 74.

15 Ebd., Erster Teil, S. 58 f., 74.

16 Ebd., Erster Teil, S. 69, 74 f.

17 Wittgenstein, *Vorlesungen 1930-1935*, S. 108, 149; Wittgenstein, *Philosophische Untersuchungen*, Teil I, §§ 19, 23, 241, 480.

18 Frege, *Logische Untersuchungen*, Erster Teil, S. 61 f., 66 Anm. 4.

dem Feld der Soziologie beziehungsweise ontologisch nicht dem Bereich des Sozialen zuzuordnen.

Gründe gehören somit gewiss nicht zur kausalen Welt 1 des Physisch-Materiellen, der körperlichen Gegenstände und Vorgänge. Sie gehören ebenso wenig zur gleichfalls kausalen Welt 2 des Psychisch-Mentalen, des individuellen Bewussten oder auch Unbewussten, das heißt zum »subjektiven Geist«. Gründe gehören aber auch nicht zur ebenfalls kausalen Welt des Sozial-Kulturellen, der kollektiven Sprachspiele und Lebensformen. Sie gehören allein zur nichtkausalen Welt des Ursprünglich-Geistigen, und wenn man diesen Bereich als Welt 3 oder als »objektiven Geist« bezeichnet, dann muss man diese beiden Konzepte strikt von allen Gehalten der letztgenannten Sektoren abgrenzen.

Insofern lässt sich zwar durchaus davon sprechen, dass wir in unseren psychischen Operationen und sozialen Interaktionen eine rein kausale Bestimmung zu transzendieren vermögen. Genau um eine solche Konstellation wird es in meinem Verständnis von Willensfreiheit nachdrücklich gehen. Diese Möglichkeit gründet indes in der Tatsache, dass wir diese Operationen und Interaktionen auf rationale Strukturen *ausrichten* können, dass wir in ihnen rationale Verhältnisse *abbilden* können, die ihrerseits *gerade nicht* psychischen Ursprungs, *eben nicht* sozialer Herkunft sind. Erst *dann* und allein *deshalb* lässt sich behaupten, dass das Psychische oder das Soziale *nicht rein* kausal, *sondern zudem* autonom beschaffen ist. An sich selbst und für sich allein sind beide Ebenen vollständig kausal geartet. Das Psychische als solches ist nur ein Fortgang von bewussten oder auch unbewussten Gemütsregungen, das Soziale in sich ist nur eine Abfolge von strategischen oder auch kommunikativen Wechselwirkungen. Einzig die Orientierung unseres Denkens und Tuns an Gründen kann die kompatibilistische Auffassung rechtfertigen, dass unsere Entscheidungen und Handlungen *nicht nur* kausal, *sondern auch* autonom sind. Genau dies gilt aber lediglich deshalb, weil die Gründe selbst überhaupt nicht kausal, insbesondere *weder* psychisch *noch* sozial verfasst sind.

13.2. Man muss also trennen zwischen den *Gründen selbst* (*reasons*), als transphysische und transsoziale Entitäten, und den jeweiligen Akten *des Begründens* (*reasoning*), das heißt den vielfältigen Formen ihrer Erschließung und Benennung, ihres Diskutierens und

Tradierens, ihres Umsetzens und Befolgens. Zu unterscheiden sind einerseits *die Argumente und Schlüsse*, in ihrer eigenständigen rationalen Qualität, andererseits *das Argumentieren und Schließen*, der individuelle oder kollektive Zugriff hierauf, im einzelnen Vollzug, in der persönlichen Aneignung, in der geteilten Sprache, in einem gemeinsamen Zeichensystem.

So gibt es auf der einen Seite etwa Logik oder Mathematik im Sinne jener Räume, die aus abstrakten Objekten und Relationen, aus Zahlen und Operatoren, aus Theoremen und Sätzen bestehen. Demgegenüber gibt es auf der anderen Seite logische Aktivitäten und mathematische Praktiken, als konkrete Erforschungen und Beweisführungen, Verfahren und Berechnungen, in denen wir diese Strukturen aufzudecken, in Formeln festzuhalten, auf ihre spezifischen Eigenschaften hin zu erforschen, auf die reale Welt anzuwenden versuchen.

Analog können wir in der Moral oder dem Prudentiellen, in der Ästhetik oder dem Epistemischen, zum einen die eigentlichen rationalen Bestände identifizieren, die konstitutiven Begriffe und Forderungen, die fundamentalen Konzepte und Normen, die jene geistigen Bereiche in ihrem besonderen Wesen aufspannen. Demgegenüber begegnen wir zum anderen den verschiedenen effektiven Ansätzen, diese Elemente und Prinzipien zu erfassen und anzuwenden, sie in Worten auszudrücken und aufgrund ihrer Vorgaben sittliche Standards oder kluge Vereinbarungen, künstlerische Kreationen oder wissenschaftliche Theorien zu entwerfen.

Man muss ebenfalls trennen zwischen den *Gründen selbst*, als dezidiert rationalen Strukturen, und den zahlreichen Arten *von Schöpfungen*, das heißt den Arrangements und Einrichtungen, den Inventionen und Erdichtungen, den Werken und Figuren, die Menschen zuweilen auf ihrer Grundlage hervorbringen. Gründe sind *geistig Entdecktes* (*Gefundenes*), das als solches von psychischen oder sozialen Aktivitäten erschlossen wird, Schöpfungen hingegen sind *gedanklich Erschaffenes* (*Erfundenes*), das überhaupt erst aus mentalen oder kulturellen Tätigkeiten hervorgeht.

Das Schema des *modus ponens* etwa wurde *gefunden*. Das Prinzip des kategorischen Imperativs (also der Grundsatz, dass moralische Handlungen verallgemeinerbar sein müssen) wurde ebenfalls *gefunden*. Kant hat ihm einen besonderen Namen und eine eigene Darstellung gegeben, aber er hat diesen Grundsatz nicht *erfunden*, ebenso wenig wenig wie Mathematiker oder Naturforscher jene Gegenstände und Strukturen erfinden, die irgendwann nach ihnen benannt werden und die sie begrifflich einzufangen versuchen. Kants Geschäft als Wissenschaftler und Philosoph bestand nicht darin, den kategorischen Imperativ nach Art eines Gesetzgebers oder Reformators aufzustellen und zu verkünden, sondern darin, ihn zu erfassen und zu rechtfertigen. Dabei mag der kategorische Imperativ als Prinzip angemessen sein oder nicht, und das ist im Raum der (moralischen) Gründe zu klären. Das heißt, er ist im Rückgriff auf *andere* Gründe zu erörtern, aber er ist auch *selbst* ein (moralischer) Grund, bestimmte Dinge zu tun oder zu unterlassen. Entsprechend kann man sich als Leser sinnvoll fragen, ob Kant mit dem kategorischen Imperativ *recht* hat, ob es ein *guter* Grund ist. Denn es steht nichts im Wege, dass es im Raum der Gründe neben guten auch schlechte, unzureichende, fragwürdige Gründe gibt.

Das Schachspiel hingegen wurde *erfunden*. Die Gestalt *Orlando* (gemeint ist die Figur aus dem gleichnamigen Roman) wurde gleichfalls *erfunden*. Virginia Woolf mag sich von wirklichen Begebenheiten und historischen Charakteren zu ihr inspiriert haben lassen, aber sie hat diese Figur nicht *gefunden*. Sonst müsste sie als Chronistin oder Biographin eingestuft werden statt als Künstlerin und Schriftstellerin. Dabei mag *Orlando* als Gestalt gelungen sein oder nicht, und auch das ist im Raum der (ästhetischen) Gründe zu klären. Aber sie selbst *gehört* nicht zu diesem Raum, sie selbst *ist* kein Grund, auch wenn es (ästhetische) Gründe dafür geben mag, ihre Darstellung so oder anders anzulegen. Daher fragt sich kein Leser sinnvoll, ob Woolf mit *Orlando* womöglich *recht* hat, ob es ein *guter* Grund ist. Er fragt sich allenfalls, ob Woolf damit recht hatte, sich zu dieser literarischen Schilderung eines fiktiven Charakters zu entschließen, ob sie einen guten Grund hatte, diese Figur in jener Weise zu erschaffen und zu gestalten.

Gewiss können beide Sphären in Kontakt miteinander treten: Ein Spiel wie Schach kann dazu führen, dass eine konsistente Wahl der Züge dem *modus ponens* unterliegt. Eine Gestalt wie *Orlando* lässt sich daraufhin untersuchen, ob sie in ihrem fiktionalen Denken und Tun den kategorischen Imperativ beherzigt. Dies ändert jedoch nichts an der Unterschiedenheit beider Bereiche, sondern unterstreicht sie nur einmal mehr.

Menschen entwerfen und erzeugen also Konstrukte, Arrangements, Kreationen, Fantasien, für deren Erschaffung zunächst bestimmte Gründe maßgeblich sein mögen und innerhalb von deren Gegebensein sodann weitere Gründe relevant werden können: Ein Verkehrssystem kann aufgrund prudentieller Gründe eingerichtet werden, und die Teilnahme an ihm kann moralische Gründe aufwerfen. Eine Skulptur kann gemäß ästhetischen Gründen geschaffen werden, und ihre Vermessung kann mathematische Gründe involvieren. Diese Gründe werden einzeln oder gemeinsam erschlossen und beachtet, sie prägen Überzeugungen und Wünsche, sie leiten Erwartungen und Gepflogenheiten, aber sie sind ihrerseits nicht ausgedacht, nicht menschgemacht, auch nicht konventionell und schon gar nicht beliebig.

Gründen, eben insofern sie *entdeckt* werden, kommt also eine Existenz unabhängig von den Akten ihrer Erfassung, ihrer Aufzeichnung, ihrer Erörterung, ihrer Weitergabe zu: Was im Denken *gefunden* wird, ist ontologisch von ihm separat. Dies gilt ohne weitere spekulative Investition, einfach aufgrund der Differenz von Erkennendem und Erkanntem. Und während jene Akte der Erfassung, der Aufzeichnung etc. sicherlich psychisch-sozial und damit kausal beschaffen sind (wie getreu sie die gesuchten Gründe auch wiedergeben mögen und wie stark sie vielleicht von sonstigen Gründen geleitet sein mögen), sind die Gründe selbst keine kausalen, sondern rationale Strukturen (die als solche von vernünftigen Wesen einzeln oder gemeinsam erschlossen werden können). Hieran würde sich auch nichts ändern, falls jene Strukturen bei bestimmten Setzungen anheben sollten, die dem persönlichen Gutdünken oder der gemeinschaftlichen Absprache anheimgestellt wären: Beispielsweise mag man der Auffassung sein, dass Theoreme der Arithmetik auf willkürlichen Definitionen mathematischer Gegenstände und freigewählten Axiomen zu deren spezifischen Eigenschaften aufbauen (statt auf nichtinferenziellen Einsichten in selbst-evidente Wahrheiten über unabhängig existierende Objekte zu fußen). Man mag meinen, dass Sätze der Geometrie auf deduktiv-analytischem Wege aus arbiträr-kontingenten Festlegungen räumlicher Figuren und deren jeweiliger Qualitäten gewonnen werden (statt synthetische Resultate aufgrund apriorischer Kenntnisse von autark bestehenden Formen darzustellen). Aber selbst dann bleiben die dergestalt freigelegten *Zusammenhänge*, auch wenn sie von beliebig aufgestellten Voraussetzungen ausgehen, immer noch *Entdeckun-*

gen, die als solche in keiner wesenhaften Abhängigkeit von ihren Findern stehen und somit insbesondere nicht deren psychischer oder sozialer Kausalität unterliegen.

Schöpfungen hingegen, eben da sie *erschaffen* werden, kann kein Dasein unabhängig von jenen Akten der Hervorbringung, der Darstellung, der Betrachtung, der Tradierung attestiert werden: Was im Denken *erfunden* wird, ist ontologisch von ihm bestimmt. Es wäre eine höchst spekulative Vorstellung, dass solch ein Schaffensakt eine neue Entität autarker Art entstehen lassen sollte. Und indem diese Akte der Hervorbringung, der Darstellung etc. psychisch-sozial und damit kausal geartet sind (wie sehr sie in ihrer genauen Durchführung auch von Gründen geführt sein mögen und wie sehr sie ihrerseits neue Felder für Gründe eröffnen mögen), müssen ebenso die Schöpfungen selbst als kausale, wenngleich gedankliche Gebilde eingestuft werden (die als solche in den individuellen und kollektiven Vorstellungsräumen von Menschen beheimatet sind). Dies wäre auch nicht zu bestreiten, falls jenen Gebilden eine quasi transzendente Natur zukommen sollte, die über ihre jeweilige Instanziierung oder einzelne Fixierung hinausginge: So mag man der Ansicht sein, dass Werke der Musik immaterielle Gegenstände sind (jenseits ihrer materiellen Manifestation in Partituren oder Aufführungen). Man mag dafürhalten, dass Figuren der Literatur ideelle Essenzen darstellen (hinter ihren reellen Erscheinungen auf dem Papier oder der Bühne). Doch auch damit bleiben diese etwaigen transphysischen *Gedankenwesen*, obschon man sie jenseits der greifbaren körperlichen Realität verortet, immer noch *Erfindungen*, die als solche kein entbundenes Dasein gegenüber ihren Schöpfern haben und daher insbesondere nicht von deren psychischer oder sozialer Kausalität entkoppelt sind.

Entsprechend sind zwei Schöpfungen, die unabhängig voneinander von verschiedenen Individuen oder Kollektiven hervorgebracht werden, auch stets *verschiedene* gedankliche Gegenstände, selbst dann, wenn sie einander bis ins Detail gleichen sollten: Falls etwa auf einer Zwillingswelt ein exakt regelgleiches Schach_2 eingeführt oder ein völlig wortidentischer *Orlando*$_2$ verfasst werden sollte, so wären diese Gebilde doch immer noch verschieden von unserem Schach_1 und unserem *Orlando*$_1$ – ebenso wie man verschiedene Gegenstände *natürlicher* Art vor sich hat, falls sie zu unterschiedlichen Zeit- und Raumpunkten existieren, auch wenn sie einander vollständig gleichen. Denn jene zwei Schöpfungen haben einen je eigenen Ursprung, eine je eigene Entwicklung, ein je eigenes Ende und damit ein je eigenes Dasein, gleichgültig wie stark ihre ontologischen Linien einander ähneln sollten – gerade wie auch zwei Naturdinge ein je eigenes Dasein haben, eine numerische Verschiedenheit, trotz aller etwaigen qualitativen Übereinstimmung.

Wenn sich hingegen verschiedene Personen oder Gruppen auf einen Grund beziehen, so befassen sie sich in der Tat mit *derselben* idealen Entität, auch wenn sie dies mit abweichenden Ausdrücken und in unterschiedlichen Handlungen tun: Falls sie den *modus ponens* anwenden oder dem kategorischen Imperativ folgen, ist es dieselbe Struktur, auf die sich ihr Denken und Tun stützt – ebenso wie sich ihr Denken und Tun auf dieselbe *reale* Sache beziehen kann, etwa dasselbe Objekt oder denselben Prozess, obschon sie dies von verschiedenen Blickrichtungen her und mit verschiedenen Sprachressourcen tun. Sie erfassen diesen einen Grund lediglich in unterschiedlichen Überlegungen und Beschreibungen, als mentalen oder kulturellen Aktivitäten – ebenso wie sie jene eine Sache in verschiedenen Wahrnehmungen und Mitteilungen betrachten, als individuellen oder kollektiven Zugängen.

13.3. Bei alledem setze ich nicht voraus, dass Gründe nur durch im engeren Sinne rationale (intellektuelle, kognitive) Aktivitäten erfasst werden können, also durch Nachdenken oder Erörtern, durch Einsicht oder Beratung, womöglich durch numerische Berechnungen oder formale Kalküle. Auch ein im weiteren Sinne sensitiver (emotionaler, affektiver) Zugang, das heißt ein Gespür oder ein Empfinden, eine Wahrnehmung oder ein Gefühl, sogar eine heftige Erregung oder ein leidenschaftlicher Streit, mag zu Gründen vorstoßen.[19] Beides kann für moralische Gründe glaubwürdig sein, ebenfalls für prudentielle oder ästhetische. Aber auch epistemische, ja sogar logische oder mathematische Gründe mögen sich mitunter ebenso wohl dem Intellekt wie der Emotion, der Kognition wie dem Affekt auftun.

Wenn ich demgegenüber von der Rationalität des Geistigen

19 Vgl. de Sousa, *The Rationality of Emotion*, S. 4-10, 141-203, 301-333; Habermas, »Diskursethik – Notizen zu einem Begründungsprogramm«, S. 55-60; McDowell, »Virtue and Reason«, S. 50-57, 68 f., 72 f.; Nelkin, *Making Sense of Freedom and Responsibility*, S. 21-27; Nussbaum, *Upheavals of Thought*, S. 1-3, 19-88.

spreche, so geht es mir um die Beschaffenheit der *Gründe selbst.* Hiermit soll ihr *transnaturales Wesen* bezeichnet werden, ihre spezifische Normativität, ihre potentielle Diskursivität. Es soll zum Ausdruck gelangen, dass ihre maßgeblichen Eigenschaften die der Korrektheit oder der Falschheit sind, dass ihre wechselseitigen Beziehungen jene der Kohärenz oder des Widerspruchs darstellen. All dies steht im Gegensatz zur Kausalität, als dem Wesen *von Ursachen.* Hier geht es um das Hervorbringen von Wirkungen nach *empirischen Gesetzen,* um Beziehungen zwischen realen Objekten und um Merkmale von raumzeitlichen Prozessen. Nicht zuletzt unterliegen jener Kausalität gerade die psychischen und sozialen Zugänge zu den Gründen, gleich ob diese Zugänge eher kognitiver oder eher affektiver Art im obigen Sinne sind.

Überdies können wir offenbar nicht nur sagen, dass es einen Grund für einen Sachverhalt, eine Möglichkeit, eine Empfehlung, eine Vorschrift gibt, seien sie partikularer oder genereller Art. Vielmehr können wir ebenso gut davon sprechen, einen Grund für eine Behauptung, eine Vermutung, eine Entscheidung, eine Handlung zu haben, und zwar ebenso spezielle wie allgemeine Fälle betreffend.[20] Mit Ersterem verweisen wir auf die Tatsache, dass Gründe zunächst einmal rationale Schlüsse und Folgerungen entstehen lassen, dass sie indikative Aussagen oder imperative Propositionen stützen. Mit Letzterem bringen wir zum Ausdruck, dass Gründe eben hierdurch auch menschliches Denken und Tun leiten können, dass sie theoretische Auffassungen oder praktische Aktionen zu bestimmen vermögen.

Aber auch wenn man die letztere Darstellungsweise wählt, ist der jeweilige Grund als solcher keineswegs ein psychisch-mentales oder sozial-kulturelles Phänomen, ist nicht *selbst* eine Behauptung oder Vermutung, nicht *selbst* schon die Entscheidung zur Handlung. Der Grund ist immer noch eine unabhängige Größe, die lediglich *für* eine Vermutung, *für* eine Handlung spricht. Folglich geht es auch nicht eigentlich um »meine« oder »unsere« Gründe, ebenso wenig wie um »meine« oder »unsere« Primzahlen. Es geht um *die* Gründe, als *selbständige* Entitäten, welche ich womöglich kenne oder über die wir gegebenenfalls debattieren. Die Gründe als solche sind weder privat noch öffentlich, sondern autark und

20 Vgl. McDowell, »Virtue and Reason«, S. 65 f.

eigenständig. Sie werden lediglich in privater Überlegung oder im öffentlichen Diskurs *erfasst* und hierdurch für individuelles oder kollektives Denken und Tun *leitend*.

14. Was sind Gründe?

14.1. Schon im alltäglichen Verständnis ist der fundamentale Unterschied zwischen Gründen und Ursachen recht leicht nachvollziehbar. Nicht zuletzt zeichnet sich im gewöhnlichen Sprechen sehr deutlich ab, dass Gründe und Ursachen zwar beide auf die Frage »Warum?« respondieren, dies aber in ganz unterschiedlicher Weise tun, also sehr andersartige »Weil«-Antworten liefern.[21]

Im theoretischen Bereich, das heißt, wenn es um das Erkennen geht, speziell um Erklärungen und Vorhersagen von Tatsachen oder Geschehnissen, ist dieser Unterschied besonders augenfällig, weil hier für gewöhnlich bereits die Frage einen abweichenden Gegenstand hat: Entweder fragt man nach dem Warum jener Tatsachen oder Geschehnisse, etwa eines *Ereignisses* (»Warum ist die Kugel zu Boden gefallen?«), und erhält als Antwort eine *Ursache* genannt, nämlich ein weiteres Ereignis (das vorhergehende Loslassen der Kugel, zusammen mit den relevanten Gesetzen der Schwerkraft). Oder man fragt nach dem Warum jener Erklärungen oder Vorhersagen, etwa einer *Behauptung* (»Warum meinst du, dass die Kugel zu Boden fallen wird?«), und erhält als Antwort einen *Grund* genannt, oder zumindest dessen relevante Ausgangspunkte (die Antizipation, dass die Kugel losgelassen werden wird, zusammen mit der Kenntnis, wie die Schwerkraft gesetzhaft herrscht). Schon die Frage ist hier unterschiedlich, indem sie einmal auf das betrachtete Objekt, einmal auf das urteilende Subjekt abstellt, und entsprechend abweichend sind die Antworten, Ursache beziehungsweise Grund. Dies lässt unbenommen, dass ein Grund auf eine Ursache *rekurrieren* mag, etwa indem er sich auf die Erwartung stützt, dass jene Ursache eintreten wird (wie es in dem obigen Beispiel der Fall ist und wie es bei epistemischen Gründen für Behauptungen

21 Vgl. Anscombe, *Intention*, §§5, 9, 14-15, 22; Ginet, *On Action*, S. 129-150; Lucas, *The Freedom of the Will*, S. 33-43; Waismann, »Language Strata«, S. 31; Wittgenstein, *Das Blaue Buch*, S. 35.

häufig vorkommt). Auch ist unbestritten, dass für die Behauptung neben Gründen auch Ursachen *existieren* mögen, etwa psychische oder soziale, letztlich auch neuronale oder evolutionäre (so dass man die Behauptung ihrerseits als Ereignis betrachten und entsprechend durch vorhergehende Ereignisse geeigneten Typs erklären kann).

Im praktischen Bereich, das heißt, sobald es um das Handeln geht, namentlich um Erklärungen oder Rechtfertigungen von Tun und Unterlassen, kann es demgegenüber geschehen, dass die Frage denselben Gegenstand betrifft: Hier fragt man üblicherweise nach dem Warum eben jenes Tuns oder Unterlassens, also einer *Handlung* (»Warum hast du deinen kleinen Bruder geschlagen?«). Diese äußerlich eindeutige Frage (»Warum hast du dies oder jenes getan oder unterlassen?«) kann indessen auf sehr unterschiedliche *Inhalte* abzielen, und entsprechend abweichend können die Antworten auf diese Frage ausfallen. Einmal kann man als Antwort eine *Ursache* nennen, etwa psychosozialer Art (»Weil ich wütend war«), und auf diese Weise die Handlung kausal zu erklären versuchen, im Stil einer »nomologischen Erklärung«, die vorhergehende Ereignisse und geeignete Gesetze anführt (auch wenn die Ursache, die man hierbei nennt, vielleicht keine übliche, vielleicht nicht die alleinige, vielleicht nicht die tatsächliche Ursache gewesen sein mag). Einmal kann man als Antwort einen *Grund* nennen, oder jedenfalls dessen einschlägige Referenzpunkte (»Weil er unartig war«), und auf diese Weise die Handlung rational zu rechtfertigen versuchen, im Sinne einer »intentionalen Erklärung«, die sich als solche auf relevante Fakten und einschlägige Normen beruft (auch wenn der Grund, den man hierbei anführt, vielleicht kein guter, vielleicht nicht der einzige, vielleicht nicht der wahre Grund gewesen sein mag). Die Handlung erscheint hier einmal als bloßes Ereignis, als nacktes Verhalten, dessen Ursachen erfragt und aufgezeigt werden, einmal als Handlung im engeren Sinne, als verstehbares Tätigsein, dessen Gründe gefordert und angegeben werden.

Es finden sich leicht weitere Beispiele, die diesen wichtigen Kontrast verdeutlichen. So stelle man sich vor, jemand wird gefragt: »Warum räusperst du dich ständig?« Hier kann eine Antwort lauten: »Weil ich nervös bin.« Damit wird eine Ursache angeführt. Das Räuspern wird als bloßes Ereignis oder bloßer Zustand präsentiert, als Verhalten, das vielleicht reflexhaft oder sogar unbewusst erfolgt und für das ein anderes Ereignis beziehungsweise ein anderer Zustand die Ursache bildet.[22] Die Antwort könnte aber auch lauten: »Damit ihr mir zuhört.« Hiermit wird ein Grund angezeigt. Das Räuspern wird nun als wirkliches Handeln im eigentlichen Sinne konzipiert, als Vollzug, der einen interaktiven Sinn hat und eine kommunikative Funktion erfüllt und in dieser Hinsicht eine Begründung zulässt beziehungsweise erfordert.[23]

Bezeichnenderweise wollen bereits Kinder mit ihren Fragen nach dem Warum von Handlungen in aller Regel Gründe, nicht Ursachen genannt bekommen. Man stelle sich vor, ein Kind fragt seinen Vater: »Warum schreist du mich dauernd an?« Gewiss könnte der Vater hierauf antworten: »Weil ich schrecklich erschöpft bin« (oder: »Weil ich eben ungeduldig bin«, oder: »Weil ich so erzogen wurde«, etc.). Diese Nennung einer Ursache mag zwar ehrlich gemeint und auch sachlich richtig sein. Aber sie wird das Kind kaum in seiner Frage zufriedenstellen, nicht zuletzt weil es mit dieser Auskunft eher abgewimmelt würde, durch Verweis auf einen Zustand, den es eben hinzunehmen habe, statt dass man tatsächlich das Gespräch mit ihm suchte, seine Forderung nach Begründung aufnähme, es als vollwertiges Mitglied in einer Gemeinschaft von miteinander Interagierenden und Kommunizierenden respektierte.[24] Demgegenüber könnte der Vater auch antworten: »Weil du nicht immer betteln sollst« (oder: »Weil du zu ungeduldig bist«, oder: »Weil du erzogen werden musst«, etc.). Diese Nennung eines Grundes mag zwar überaus unwillkommen und auch inhaltlich unangemessen sein. Aber sie entspricht formal viel eher dem Typ von Antwort, die das Kind mit seiner Frage erhalten wollte, nicht zuletzt weil es hiermit als Gesprächspartnerin und Diskussionsteilnehmerin anerkannt wird, die ein Recht auf fremde Begründungen

22 Die Antwort wäre ganz ähnlich geartet, wie wenn man als Ursache auf ein rein physiologisches Phänomen, etwa auf ein Kratzen im Hals, verwiesen hätte.

23 Die Entgegnung wäre weitgehend gleich beschaffen, wie wenn man nach dem Grund für eine explizite verbale Äußerung, etwa für ein Gesuch um Aufmerksamkeit, gefragt worden wäre.

24 Allenfalls mag die Antwort als Versuch der Entschuldigung oder als Bitte um Verzeihung zu lesen sein. Damit würde sie aber bereits *nicht* mehr allein eine Ursache angeben, sondern zudem an Gründe appellieren, nämlich an eine etwaige Norm, dass erschöpfte Menschen für ihr Verhalten nicht verantwortlich seien, dass ihnen ihre Unduldsamkeit vergeben werden müsse oder dergleichen.

hat, die ihrerseits eigene Einwände und Rechtfertigungen vorbringen kann.[25]

Der Unterschied zwischen Ursachen und Gründen, auch im praktischen Bereich, ist damit, schon im alltäglichen Umgang, gut erkennbar. Die korrekte Identifikation beider Elemente mag allerdings im Einzelfall durchaus strittig sein.

Dies liegt unter anderem daran, dass Gründe mitunter gewisse Ursachen *aufgreifen* können, indem sie diese in ein geeignetes Gefüge einpassen: Wenn es eine Norm gibt, der zufolge man seine Wut an anderen Menschen auslassen darf, dann mag der Satz »Weil ich wütend war« auch einen Grund markieren. Die Wut würde dann nicht mehr einen direkten Antrieb des eigenen Handelns bezeichnen, sondern als Bezugspunkt von dessen Rechtfertigung angeführt.[26] Auch ist einzuräumen, dass Gründe gelegentlich zu bloßen Ursachen *verkommen* können, indem sie nur noch als automatisierte Anstöße wirken: Wenn jemand sich durch Unartigkeit verletzt fühlt, kann deren Auftreten unmittelbares Movens werden, so dass der Satz »Weil er unartig war« nur noch eine Ursache indiziert. Die Unartigkeit würde dann nicht länger den ausdrücklichen Anschlusspunkt einer entsprechenden Rechtfertigung benennen, sondern nur mehr als Auslöser des eigenen Handelns aufgefasst.[27]

25 Jedenfalls gilt dies so lange, wie diese Entgegnung nicht als bloße Floskel auf eine unhinterfragte Routine verweisen will. Damit würde sie tatsächlich *keine* Gründe, sondern allein noch Ursachen angeben, nämlich eine plumpe Mechanik, der zufolge jemand, der bettelt, eben entsprechenden Ärger bekommt.

26 Dies verhielte sich analog zum theoretischen Bereich, wo der Grund für eine Behauptung nicht selten die Ursache für ein Ereignis referiert, mit implizitem Rekurs auf ein relevantes Naturgesetz. In diesem Sinne kann nach Kant die *subjektive Notwendigkeit des eigenen Urteils*, dass ein bestimmtes Ereignis unausweichlich eintreten muss, letztlich allein durch Verweis auf die *objektive Kausalität des fraglichen Ereignisses* selbst gerechtfertigt sein, indem man genauer erkennt, dass es aus einem vorauslaufenden Ereignis aufgrund eines deterministischen Kausalgesetzes hervorgeht. Vgl. Kant, *Kritik der reinen Vernunft*, B 266 f., B 279-282, B 286 f.

27 Auch dies verhielte sich analog zum theoretischen Bereich, wo die Beobachtung eines Ereignisses, die den Grund für eine Vorhersage liefern könnte, zuweilen die unmittelbare Erwartung seiner üblichen Folge erzeugt, also als Ursache einer Behauptung wirkt. In diesem Sinne deutet Hume *kausale Urteile* insgesamt lediglich als *psychische Effekte*, bei denen die wiederholte Beobachtung einer beständigen Abfolge von zwei Ereignissen durch Gewohnheit eine Nötigung des Geistes entstehen lässt, auch in künftigen Fällen nach dem ersten Ereignis wieder das

Diese Detailfragen, wie die Komponenten einer Äußerung in der Anwendung stimmig zuzuordnen wären, ändern indessen nichts an der Grundeinsicht, dass Ursachen und Gründe dem Begriff nach klar verschieden sind. Freilich ist hiermit immer noch offen, welches prinzipielle Verhältnis zwischen beiden man in metaphysischer Hinsicht annehmen will.

Eine Pessimistin würde behaupten, dass Gründe sich generell auf allein nachträglich, und zuletzt irrtümlich, rationalisierte Ursachen *reduzieren*, dass sie in nichts anderem bestehen. Behauptetes Unrecht etwa wäre demzufolge nichts anderes als empfundene Wut. Dieser Pessimismus erscheint jedoch sehr verengt, im moralischen Bereich nicht minder als in anderen Feldern: In fast jedem Gebiet menschlichen Lebens *gibt* es Gründe, und unser gesamtes psychosoziales Dasein (unser Denken und Tun, unser Kommunizieren und Interagieren) ist, in all seiner kausalen Beschaffenheit, zumindest zu gewissen Teilen, auf eben jene Gründe *ausgerichtet*. In diesem Sinne sind Ursachen gewiss nicht alles (insbesondere bleibt es dabei, dass die Angabe einer *Ursache* eine Handlung nicht *rechtfertigen* kann).

Eine Naturalistin nimmt demgegenüber an, dass Gründe sich in psychischen oder sozialen, auch in neuronalen und letztlich physischen, Ursachen *manifestieren*, dass sie sich hierin geltend machen. Beispielsweise kann objektives Unrecht allemal durch subjektive Empörung angezeigt werden. Einen solchen Naturalismus werde ich im Folgenden nachdrücklich vertreten: In der Tat können Gründe menschliches Erkennen und Handeln überhaupt nur dadurch *bestimmen*, dass sie in psychosozialen Ursachen (Überzeugungen, Wünschen, Erwartungen, Gepflogenheiten etc.), und letztlich auch in Hirnzuständen, *repräsentiert* werden. Auf diese Weise können Gründe tatsächlich wirken (und nicht zuletzt deshalb ist es zuweilen durchaus möglich, durch die Angabe eines *Grundes* eine Handlung zu *erklären*).

14.2. Für eine philosophische Bestimmung der genaueren Struktur von Gründen, ihre präzise Identifikation innerhalb sprachlicher Rechtfertigungsakte sowie ihre exakte Abgrenzung gegenüber sons-

zweite Ereignis zu erwarten und somit die Vorstellung einer Notwendigkeit zwischen den Ereignissen selbst zu bilden. Vgl. Hume, *A Treatise of Human Nature*, Book I, Part 3, Sect. 2, 6, 14.

tigen Äußerungsbestandteilen, sollte man zunächst noch einmal betonen, dass Gründe in ganz unterschiedlichen Gegenstandsfeldern des Erkennens und Handelns vorkommen, von formalen Ableitungen bis zu den empirischen Wissenschaften, vom zwischenmenschlichen Umgang bis zu den einzelnen Künsten. Auch sollte man festhalten, dass Gründe in all diesen Bereichen ebenso wohl gut, das heißt zwingend, stark oder zumindest erwägenswert, aber durchaus auch schlecht, das heißt brüchig, schwach oder schlichtweg falsch, sein können.[28]

Es gibt sicherlich unterschiedliche Möglichkeiten, Gründe zu klassifizieren und voneinander abzugrenzen. In diesem Buch werde ich als Beispiele vor allem logische und mathematische, moralische und prudentielle, ästhetische und epistemische Gründe diskutieren und voneinander abheben. Damit will ich nicht ausschließen, dass weitere Kategorien von Gründen existieren, die in dieser Liste nicht enthalten sind und eigener Betrachtung würdig wären. Vielleicht aber sind mit den genannten Typen zumindest die wesentlichen Grunddimensionen menschlichen Denkens und Tuns erschlossen, so dass es möglich sein sollte, Gründe in sonstigen Lebensbereichen zuletzt den skizzierten Sektoren zuzuordnen. Religiöse oder weltanschauliche Gründe etwa sind meistens entweder epistemische Gründe, dieses oder jenes zu glauben, oder moralische Gründe, dieses oder jenes zu tun. Politische oder rechtliche Gründe sind zumeist entweder prudentielle Gründe, einen Plan oder eine Anordnung zu setzen oder zu befolgen, weil einem dies klug erscheint, oder moralische Gründe, ein Vorhaben oder einen Standard einzuführen oder zu beachten, weil es einem gerecht erscheint.

Auch gibt es gewiss verschiedene Weisen, Gründe zu erfassen und zu befolgen. Insbesondere kann diese Erschließung und Umsetzung unterschiedlich fokussiert und professionell geschehen, unterschiedlich fundamental oder akribisch ausfallen. Dabei mag es vorkommen, dass, je nach diesem Grad an Tiefe, andere Gründe des fraglichen Typs in den Fokus rücken und zur Geltung gelangen.

28 Vgl. Fischer/Ravizza, *Responsibility and Control*, S. 55-61; Frege, *Logische Untersuchungen*, Erster Teil, S. 60 f., Zweiter Teil, S. 145, 147; Kane, *The Significance of Free Will*, S. 206-208; Lucas, *The Freedom of the Will*, S. 42 f.; Nida-Rümelin, *Über menschliche Freiheit*, S. 30, 46; Skorupski, *The Domain of Reasons*, S. 35-41; Wingert, »Was geschieht eigentlich im Raum der Gründe?«, S. 183, 193 f.; Wolf, *Freedom Within Reason*, S. 135-142.

Der jeweilige Sektor rationalen Engagements bleibt hierbei aber konstant, und in nicht wenigen Fällen werden durchaus auch dieselben Gründe untersucht und herangezogen werden. Moralische Gründe etwa sind thematisch im üblichen Moralbewusstsein wie auch in der ethischen Theorie, prudentielle Gründe bestimmen die allgemeine Lebensklugheit wie auch die strategische Analyse. Ästhetische Gründe werden erwogen im unmittelbaren Kunsturteil wie auch in der akademischen Ästhetik, epistemische Gründe prägen das einfache Alltagsdenken wie auch die wissenschaftliche Forschung.

Um die Struktur von Gründen genauer zu erhellen, mag es hilfreich sein, sich an den klassischen Schemata argumentativer Rechtfertigung zu orientieren, in denen Prämissenmengen aufgelistet und Schlussfolgerungen abgeleitet werden. Denn wenn nach dem Warum einer Behauptung oder Handlung gefragt wird, so antwortet das Weil typischerweise mit jenen Annahmen und Bedingungen, aus deren Voraussetzung die Behauptung gewonnen wurde oder die zu der Handlung Anlass gegeben haben. In diesem Horizont erscheinen Gründe als Operatoren innerhalb eines formal-logischen Rahmens. Ihr inhaltlich-argumentatives Spektrum ist dabei jedoch, wie erwähnt, nicht auf den Bereich der Logik oder auch das Gebiet der Mathematik beschränkt, sondern kann ebenso gut Moral oder Klugheit, Kunst oder Wissenschaft betreffen.

Auf der Basis einer solchen Konzeption können sich Gründe in unterschiedlichen Strukturtypen entfalten: Sie können an Schlüssen aus einer einzigen Prämisse auftreten oder bei Schlüssen aus zwei oder mehr Prämissen vorkommen (das heißt bei Syllogismen). Die relevanten Bezugspunkte von Gründen können in unterschiedlicher Vollständigkeit und Ausführlichkeit offengelegt werden: Man kann sämtliche Prämissen nennen oder sich auf einige besonders wesentliche Prämissen beschränken (etwa weil die anderen Voraussetzungen trivial sind). Wie oben angedeutet, lässt sich auch die Darstellungsart der Ergebnisse und Forderungen von Gründen abweichend wählen: Man kann von Gründen für Sachverhalte, Möglichkeiten, Empfehlungen, Vorschriften oder aber von Gründen für Behauptungen, Vermutungen, Entscheidungen, Handlungen sprechen. Wie immer all dies jedoch ausfallen mag, an einem Merkmal von Gründen ist stets festzuhalten: Ein Grund als solcher ist eine objektive Struktur, die aus unabhängiger Warte betrachtet und bewertet werden kann, auch wenn er auf subjektive Verhältnisse Bezug nehmen mag, etwa auf persönliche oder gemeinschaftliche Interessen, auf individuelle oder kollektive Fakten.

Bereits Ursachen waren zu elementare Phänomene, als dass man eine nichtzirkuläre Definition für sie hätte finden können. Kausalität lässt sich wohl nur anhand von verwandten Konzepten verständlich machen, wie Hervorrufen, Hervorbringen, Kraft oder Potential, oder in geeigneten Konkretionen darstellen, etwa an physikalischen, chemischen, biologischen, psychologischen, soziologischen oder ökonomischen Abläufen (siehe Abschnitt 2.2). Ganz ähnlich sind auch Gründe zu fundamentale Entitäten, als dass sich eine zirkelfreie Begriffsbestimmung für sie angeben ließe. Rationalität kann man wohl nur über zugehörige Vorstellungen explizieren, wie Prämisse, Schluss, Argument oder Folgerung, oder in geeigneten Feldern verdeutlichen, namentlich in logischen, mathematischen, moralischen, prudentiellen, ästhetischen oder epistemischen Kontexten (siehe unten).

Es wird zuweilen beklagt, dass Vertreter des Gründearguments für die Willensfreiheit nicht genau genug erläutern, was sie unter Gründen verstehen. Tatsächlich dürften Gründe überaus vielfältig sein, so dass sich vielleicht kaum übergreifende Gemeinsamkeiten an ihnen aufweisen lassen und stattdessen nur gewisse Familienähnlichkeiten zwischen ihnen erkennbar werden. Der Ansatz, Gründe anhand von Prämissen in Schlüssen zu charakterisieren, kann immerhin dazu dienen, ihre geteilte rationale Beschaffenheit herauszuarbeiten. Die folgenden Beispiele für Gründe, die aus unterschiedlichen Bereichen stammen, mit unterschiedlicher Stärke versehen sind, in unterschiedlichen Strukturtypen daherkommen sowie in unterschiedlicher Darstellungsart auftreten, sind womöglich geeignet, diese gemeinsame rationale Natur zu verdeutlichen.

(a) Die Tatsache, dass die meisten Objekte von Typ X die Eigenschaft F haben, und der Umstand, dass a ein Objekt von Typ X ist, liefern einen Grund für die Vermutung, dass auch a die Eigenschaft F hat (starker logischer Grund). (b) Die Tatsache, dass alle Objekte von Typ X die Eigenschaft F haben, liefert einen Grund für den Sachverhalt, dass einige Objekte von Typ X die Eigenschaft F haben (zwingender logischer Grund). (c) Das Faktum, dass P eine positive reelle Zahl ist, und der Umstand, dass $P^2 = 4$ ist, liefern einen Grund für die Behauptung, dass $P = 2$ ist (zwingender mathematischer Grund). (d) Das Faktum, dass P einen probabilistischen Primzahltest besteht, liefert einen Grund für die Möglichkeit, dass P eine Primzahl ist (starker mathematischer Grund).

(e) Die Norm, die Nutzensumme zu maximieren, und das Faktum, dass zehn schwerkranke Patienten mit unterschiedlichem drohenden Organversagen weitgehend gleiche Heilungschancen durch eine Transplantation und weitgehend gleiche Glücksaussichten für die Zukunft haben, liefern einen Grund für die Vorschrift, einen der zehn Patienten zu töten und mit seinen Organen die neun anderen Patienten zu retten (schlechter moralischer Grund). (f) Die Norm, niemanden als bloßes Mittel zu fremden Zwecken zu gebrauchen, liefert einen Grund für die Entscheidung, seine Mitarbeiter nicht auszubeuten (guter moralischer Grund). (g) Das Interesse, nicht nass zu werden, und der Umstand, dass es regnen könnte, liefern einen Grund für die Empfehlung, einen Schirm mitzunehmen (guter prudentieller Grund). (h) Das Interesse, kontinuierlich Gewinne einzufahren, liefert einen Grund für die Handlung, regelmäßig Lotto zu spielen (schlechter prudentieller Grund).

(i) Die Maxime, das Publikum zu schockieren, und das Faktum, dass dies durch Gewaltdarstellung erreicht werden kann, liefern einen Grund für die Handlung, ein Pferd auf der Bühne zu schlachten (schlechter ästhetischer Grund). (j) Die Maxime, Sparsamkeit beim Material walten zu lassen, liefert einen Grund für die Empfehlung, in der Basslinie das Hauptthema zu variieren (guter ästhetischer Grund). (k) Die Tatsache, dass gemäß Hypothese H das Ereignis E unmöglich wäre, und der Umstand, dass das Ereignis E eingetreten ist, liefern einen Grund für den Sachverhalt, dass die Hypothese H nicht stimmen kann (zwingender epistemischer Grund). (l) Die Tatsache, dass bisher alle Gegenstände der Klasse K das Merkmal M aufwiesen, liefert einen Grund für die Vermutung, dass auch der nächste Gegenstand der Klasse K das Merkmal M aufweisen wird (starker epistemischer Grund).

14.3. Dies sind nur einige Beispiele für Gründe und die Optionen ihrer konkreten Fassung: Gründe können andere Bereiche als die bislang aufgelisteten betreffen und andere Gestalten als die bisher skizzierten annehmen. Sie können abweichend strukturiert sein und abweichend dargestellt werden. Sie mögen einen variablen Status in den zugehörigen Praktiken und Diskursen haben, sie mögen in variabler Form mit geeigneten Belegen und Verweisen zu stützen sein.

Aber ungeachtet all dieser Möglichkeiten ist ihnen ein Charakteristikum gemeinsam, das in den obigen Beispielen deutlich wird und um das es mir im vorliegenden Kapitel nachdrücklich geht: Gründe sind keine kausalen Entitäten. Sie stehen in keinen Ursache-Wirkungs-Verhältnissen, sie werden nicht durch Ereignisse hervorgebracht, sie erzeugen keine Zustände. Sie unterliegen keinen physikalischen oder chemischen Kräften, sie gehorchen nicht den Gesetzen der Gravitation oder der Adhäsion, sie fügen sich nicht den Mustern der Energie- oder Massenerhaltung.

Man wird vielleicht präzisieren wollen, dass Gründe und Ursachen, auch wenn beide in Weil-Antworten auf Warum-Fragen auftreten, formal betrachtet keineswegs parallel zueinander stehen, wie die übliche Kontrastierung beider Größen nahelegt: Eine Ursache ist ein Ereignis oder ein Zustand, das oder der über einen kausalen Nexus, also eine Gesetzmäßigkeit oder einen Mechanismus, eine entsprechende Wirkung hervorbringt. Ein Grund ist demgegenüber gerade selbst jener rationale Nexus, etwa ein Allgemeinprinzip oder ein Einzelfallurteil, das aus bestimmten Befunden oder gegebenen Voraussetzungen eine entsprechende Folgerung zieht. Somit sind Gründe offenbar nicht so sehr das formale Pendant zu Ursachen, sondern eher zu Gesetzmäßigkeiten oder Mechanismen. Gründe sind nicht jene anfänglichen Befunde oder Voraussetzungen, die in Schlüsse eingehen, sondern vielmehr die daran ansetzenden Schemata und Normativitäten, aus denen Ableitungen überhaupt erst entstehen. Das Rationale sind nicht die Fakten oder Verhältnisse, die Interessen oder Vorhaben, die Befindlichkeiten oder Informationen, auf denen unsere Schlüsse aufbauen, sondern jene Operationen, die aus solchem Material Konsequenzen für unser Denken und Tun erstellen und dieses entsprechend als stimmig oder korrekt, als gerecht oder klug, als gelungen oder richtig markieren. Nicht zuletzt deshalb habe ich in den obigen Beispielen vorsichtig formuliert, dass die Inhalte der jeweiligen Prämissen einen Grund »liefern«, statt dass sie selbst ein Grund »sind«, ihn »bilden« oder auch »angeben«: Letzteres ist tatsächlich nur bei denjenigen Prämissen der Fall, welche die für den jeweiligen Schluss maßgeblichen Normen oder Maximen benennen, während die anderen lediglich vorgängige Annahmen oder Gegebenheiten anführen, auf die der eigentliche Grund sodann für den fraglichen Schluss Bezug nimmt.

Diese leichte Verschiebung in der formalen Parallele von Gründen und Ursachen ändert indessen nichts an dem inhaltlichen Unterschied, der zwischen einer rationalen und einer kausalen Bestimmung menschlichen Denkens und Tuns besteht: Einmal tritt es als Wirkung auf, die entlang von Gesetzmäßigkeiten und Mechanismen aus Ursachen entsteht. Einmal ist es an Gründen orientiert, die aus Befunden und Voraussetzungen Folgerungen gewinnen. Eine solche rationale Verbindung ist ihrer ontologischen Natur nach keine kausale Verknüpfung, wie immer man die Komponenten beider Beziehungen ihrem morphologischen Wesen nach einander auch zuordnen möchte. Zudem wird diese Differenz in der üblichen Gegenüberstellung einer Bestimmung durch Gründe oder eine Bestimmung durch Ursachen hinreichend genau wiedergegeben. Daher werde auch ich im Folgenden an jener Kontrastierung festhalten. Insbesondere hat der Begriff »Grund« den Vorteil, dass er offener ist als alternative Benennungen wie etwa »Prinzip«, »Gebot« oder »Anweisung«, die man an seiner Stelle vielleicht in Erwägung ziehen wollte: Bei derartigen Titulierungen könnte verloren gehen, dass rationale Strukturen nicht nur generelle Grundsätze, sondern auch partikulare Urteile umfassen mögen, dass sie nicht lediglich Moral oder Klugheit, sondern auch Logik oder Mathematik betreffen können oder dass sie nicht allein praktische Entscheidungen und Handlungen, sondern auch theoretische Gedanken und Vorstellungen zu leiten imstande sind.

Gründe lassen sich sicherlich in kausalen Gestaltungen *repräsentieren*: Sie manifestieren sich mental in Überzeugungen und Wünschen, die psychischer Kausalität unterliegen, sie realisieren sich kulturell in Erwartungen und Gepflogenheiten, welche sozialer Kausalität unterstehen. Letztlich müssen Gründe physikalisch, biologisch, neuronal repräsentiert sein, um unser Denken und Tun bestimmen zu können – denn wir *sind* nun einmal psychische, soziale, letztlich materielle Wesen, die nur über diese Beschaffenheiten einen Zugang zu Gründen finden können. Aber die Gründe ihrerseits sind eben nicht psychischer, sozialer oder materieller Art – sie sind rationale Gebilde, die allein über diese kausalen Kanäle *erfasst* werden. Genau diese kausale Repräsentation rationaler Strukturen wird später ausschlaggebend sein, um einen kompatibilistischen

Ansatz eines freien Willens zu formulieren: Gerade indem Gründe in bestimmten Ursachen *abgebildet* werden, können sowohl Gründe als auch Ursachen im menschlichen Entscheiden und Handeln *wirksam* werden. In diesem Sinne wird es zu verstehen sein, wenn es heißt, dass jenes Entscheiden und Handeln nicht nur kausal, sondern auch autonom ist: Die rationale Bestimmung findet statt, ohne das kausale Geschehen zu *unterbrechen*, nämlich eben *durch* bestimmte Ursachen, in denen die fraglichen Gründe kodiert sind.

Gründe mögen sich zudem auf kausale Bestände *beziehen*: Sie können auf menschliche Fakten oder Interessen verweisen, etwa auf Potentiale zur Genesung oder auf Präferenzen für Körperzustände, sie können natürliche Umstände und Tatsachen berücksichtigen, etwa Ergebnisse von Experimenten oder Merkmale von Gegenstandsklassen. Aber all diese kausalen Bestände *sind* selbst keine Gründe, auch wenn sie in den fraglichen Prämissen *erwähnt* werden – und auch obgleich wir sie entsprechend *nennen*, wenn man uns fragt, *warum* wir dieses oder jenes denken oder tun. Die Gründe *selbst* sind vielmehr jene rationalen Strukturen, die auf diese Bestände *rekurrieren* und hieraus relevante Schlüsse für das Erkennen und Handeln erstellen – und eben *deshalb* führen auch wir diese Bestände an, wenn wir uns von jenen Strukturen bestimmen lassen, das heißt den Gründen *folgen*. Ganz allgemein wird man daher nicht sagen können, dass jede Prämisse eines gegebenen Schlusses, also jede Antwort auf die Frage »Warum« beziehungsweise jedes »Weil« einer Behauptung oder Handlung, ein Grund des maßgeblichen Typs ist oder ihn auch nur enthält: Die Prämissen in den logischen und epistemischen Schlüssen der obigen Liste etwa sind *selbst allesamt gar nicht* logischer oder epistemischer Art, sondern stellen allein empirische Informationen zur Verfügung, auf welche die logischen und epistemischen Gründe *zurückgreifen*, als Material ihrer spezifischen Folgerungen. Es ist letztlich eine Frage vollständiger Notation, ob die Gründe, die einen Schluss tragen, überhaupt in der Menge der angegebenen Prämissen auftauchen oder zumindest darin angesprochen werden: Tatsächlich sind allein die Prämissen in den moralischen und ästhetischen Schlüssen der obigen Aufzählung *selbst zumindest teilweise unmittelbar* moralischer oder ästhetischer Art, nämlich die dort erwähnten Normen und Maximen, die eben die moralischen oder ästhetischen Gründe benennen, *weshalb* unter den vorliegenden Umständen bestimmte Vorschriften greifen oder in der fraglichen Situation gewisse Handlungen vollzogen werden sollten.

Überdies mag es gewisse Ursachen geben, die bewirken, dass und wie wir jeweiligen Gründen folgen: Psychische Ursachen, soziale Ursachen sind fraglos daran beteiligt, wenn Menschen sich verschiedene Bereiche der Rationalität erschließen und sich an den dortigen Beständen orientieren. Schließlich mögen wiederum andere Gründe dafür existieren, weshalb wir gegebenen Gründen folgen, und auch für diese mag das Gesagte gelten: Auch diese Gründe mögen kausale Repräsentationen finden, kausale Bezüge haben und aufgrund bestimmter Ursachen befolgt werden.

All dies ändert aber nichts daran, dass die Gründe selbst nicht kausaler Natur sind. Sie sind als solche weder Ursachen noch Wirkungen, und sie sind auch ihrerseits keine Gesetzmäßigkeiten oder Mechanismen. Insbesondere sind sie nicht *im* Raum unserer Fakten und Interessen angesiedelt, gehören nicht *zum* Bereich unserer Behauptungen und Handlungen. Vielmehr rekurrieren sie *auf* Fakten oder Interessen, jedenfalls teilweise, und sie sind Gründe *für* Behauptungen oder Handlungen, oder zumindest so formulierbar. Gründe *behandeln* und *bestimmen* unser Denken und Tun. Aber sie *sind* nicht *selbst* das Denken und Tun.

Bei den logischen und mathematischen Beispielen (a) - (d) etwa mag jemand der fraglichen Ableitung zustimmen, weil er eine Prüfung bestehen möchte, in der ihm eine entsprechende Aufgabe gestellt wird, um sein Wissen zu testen. Oder er mag die Ableitung bestreiten, weil er einer perfiden Folter zu entgehen hofft, bei der man absurde Behauptungen von ihm verlangt, um seinen Willen zu brechen. Jemand mag die aufgestellten Beziehungen bestimmten Menschen vermitteln, um seine Pflicht als Lehrer zu erfüllen. Oder er mag sie anderen verschweigen, um sie in diesen Bereichen des Denkens unwissend zu halten. Auch hiermit sind Gründe benannt, prudentielle oder moralische, gute oder schlechte. Diese mögen kausale Repräsentationen finden, kausale Bezüge haben oder aufgrund kausaler Einwirkungen befolgt werden. Aber sie sind selbst wiederum nicht kausal beschaffen. Sie sind rational beschaffen, ebenso wie die ursprünglichen logischen oder mathematischen Gründe, auf die sie sich bei alledem maßgeblich stützen, indem sie offenbar die Richtigkeit von deren jeweiligen Deduktionen voraussetzen, und die mithin ebenfalls bestimmend sind, wenn es zu den skizzierten Entscheidungen und Handlungen kommt.

Bei den moralischen und prudentiellen Beispielen (e) - (h) mag man einwenden, dass allein naturgegebene Anlagen und aufgeprägte Vorlieben einen kausal dazu bestimmen, den angebotenen Normen seine Zustimmung zu geben beziehungsweise sich aufgrund seiner Interessen zu dem vorgeschlagenen Verhalten bewegen zu lassen. Aber ungeachtet dessen sind die Angemessenheit der vorausgesetzten Prämissen und die Triftigkeit der gezogenen Schlüsse auch für jeden zugänglich, der solche Anlagen und Vorlieben nicht teilt, sondern jene Prämissen und Schlüsse völlig distanziert betrachtet. Und deren Inhalte oder Zusammenhänge unterliegen als solche keinen kausalen Bestimmungen. Sie unterliegen rationalen Beurteilungen. Diese mögen kausale Repräsentationen finden, kausale Bezüge haben und aufgrund kausaler Einwirkungen befolgt werden. Ein Dritter mag sie mir offenbaren oder vorenthalten, aus Gründen der Hilfsbereitschaft oder der Einträglichkeit, die ihrerseits im Kausalen repräsentiert sind, sich auf Kausales beziehen oder durch Kausales nahegelegt werden. Aber all jene Gründe sind nicht selbst kausale Entitäten, ebenso wenig wie die Gründe in einem Schachspiel kausal sind. Sie sind moralisch oder prudentiell, und in solcher Weise bestimmen sie das Entscheiden und Handeln der beteiligten Personen.

Bei ästhetischen Gründen wird dieses rationale Element oft am hartnäckigsten bestritten. Insbesondere hört man vielfach, ästhetische Urteile oder künstlerische Werke gäben allein persönliche Geschmacksdispositionen wieder und seien vollständig durch kontingente Wahrnehmungsfähigkeiten bedingt. Wenn man sich indessen genauer anschaut, wie ästhetische Gründe tatsächlich beschaffen sind, etwa entlang der Beispiele (i) - (j), so sieht man, dass auch sie sich zwar auf gewisse kausale Bestände beziehen, an sich selbst aber von allen kausalen Verhältnissen unabhängig sind. Ein ästhetischer Grund, das heißt eine Antwort auf die Frage, warum ein Werk gelungen oder misslungen ist, oder eine Rechtfertigung für den Umstand, dass ein Künstler so und nicht anders verfahren ist, hat eben nicht, wie oft unterstellt, die primitive Form »Weil das hübsch ist« oder »Weil mir das gefällt«. Vielmehr benennt er spezielle Ziele, wie etwa erwünschte Effekte beim Publikum, oder verweist auf generelle Grundsätze, wie etwa den angemessenen Umgang mit

Material. Er stellt auf Reaktionen des Betrachters ab, spricht von Aufmerksamkeit, Erinnerung, Überraschung, Irritation, oder führt Prinzipien der Gestaltung an, redet von Anspielungen, Referenzen, Zitaten, Variationen, wie vielfältig und gegensätzlich die Alternativen solcher Vorgaben auch sein mögen. Deren Erreichung oder Umsetzung mag dabei sicherlich von kausalen Faktoren abhängig sein, etwa der Empfänglichkeit des Publikums für gezielte Provokationen oder den Möglichkeiten des Materials zur jeweiligen Formung. Entsprechend nehmen ästhetische Gründe allemal auf psychische oder soziale Gegebenheiten Bezug, wie Auffassungsvermögen, Empfindungskapazitäten, Sehgewohnheiten, Hörerwartungen, welche ihrerseits biologisch oder biographisch verankert, evolutionär oder zivilisatorisch gewachsen sein mögen, und finden Ausdruck in strukturellen und substanziellen Arrangements, von Medien, Stoffen, Dimensionen, Themen, die wiederum physisch oder chemisch realisiert, visuell oder akustisch expressiv sein können.

Aber damit sind ästhetische Gründe nicht selbst kausaler Art. Insbesondere sind sie nicht ihrerseits von faktischen Dispositionen oder bestehenden Wahrnehmungen abhängig. Vielleicht mag jemand ohnehin kein Theater, weil es ihm zu anstrengend ist, und dennoch kann er die fraglichen Gründe bewerten, die sich auf die Erzeugung bestimmter Publikumsaffekte berufen, und entsprechende Qualitätsurteile fällen, die über seine individuellen Geschmackspräferenzen hinausgehen (eben diese Fähigkeit, zwischen objektiven Qualitätsmerkmalen und subjektiven Geschmacksregungen zu unterscheiden, Letztere womöglich an Ersteren auszurichten und sie irgendwann durch diese zu rechtfertigen, ist ein wesentlicher Bestandteil dessen, was man Bildung nennt). Vielleicht vermag jemand Musik gar nicht wahrzunehmen, weil er gehörlos ist, und dennoch kann er die relevanten Gründe begreifen, die auf die Wiederverwendung früheren Tonmaterials abstellen, und korrespondierende Kompositionsformen nachvollziehen, auch wenn sie seine eigenen Wahrnehmungsmöglichkeiten übersteigen (selbst außerirdische Wesen, die über keinerlei auditiven Sinn verfügten, denen weder Klänge noch Rhythmen noch vergleichbare Eindrücke zugänglich wären, könnten in dieser Weise durchaus verstehen, wie eine Komposition gearbeitet ist). Dies heißt nicht, dass solche Personen ein vollumfängliches ästhetisches *Erleben* in dem betrachteten Bereich haben können. Aber es heißt, dass sie die wesentlichen ästhetischen *Gründe* hinter dem fraglichen Werk erfassen können. Denn jene Gründe liegen eben jenseits der von ihnen aufgerufenen Bestände, jenseits der berührten Geschmacksdispositionen und der vorausgesetzten Wahrnehmungsfähigkeiten. Sie formulieren allein Vorgaben und Regeln dafür, wie solche Anlagen zu behandeln sind und wie gegebenes Material zu gestalten ist.

Bei epistemischen Gründen wird diese rationale Verfasstheit zumeist weitestgehend anerkannt. Schließlich sind epistemische Urteile der Kernbestand wissenschaftlichen Arbeitens, dessen grundsätzliche Orientierung an rationalen Standards nur selten in Zweifel gezogen wird. Zwar mögen epistemische Gründe, wie sie etwa in den Beispielen (k) - (l) skizziert sind, allemal kausale Bestände zum Thema haben. Sie greifen experimentelle Daten auf und testen empirische Erklärungen daran, sie betrachten konkrete Objekte und machen faktische Vorhersagen über sie. Aber zugleich ist offenkundig, dass diese Gründe nicht selbst in den kausalen Bereich fallen. Vielmehr machen sie übergreifende Relationen vorstellig, die dem allgemeinen und abstrakten Feld deduktiver und induktiver Beziehungen entstammen. Sie rekurrieren auf Allsätze und Einzelsätze und nutzen die gültigen Ableitungsverhältnisse zwischen derartigen Propositionstypen, sie setzen Beobachtungsdaten in Bezug zu Gesetzesannahmen und stellen Partikularobjekte in Zusammenhang mit Gegenstandsmengen. Sie sind selbst aber keine naturalen Objekte, und sie unterliegen selbst keinen kausalen Gesetzen.

Dabei haben auch epistemische Gründe gewiss wieder kausale Repräsentationen. Nicht zuletzt finden sie oftmals charakteristischen Ausdruck in bestimmten psychosozialen Befindlichkeiten. Wenn man ein plötzliches Gegenbeispiel für eine hergebrachte Hypothese findet, erfährt man dies als unmittelbare Frustration einer angestammten Überzeugung (was sich in einer großen Spannweite mentaler Reaktionen, von ängstlichem Erschrecken bis zu befreiender Erheiterung, niederschlagen kann). Wenn bisherige Merkmale einem erkennbaren Muster folgten, bilden sich tiefliegende Erwartungen hinsichtlich künftiger Fälle aus (was sich in einem breiten Spektrum kultureller Einstellungen, von souveräner Routine bis zu dogmatischer Erstarrtheit, manifestieren kann). Diese Effekte und Prägungen ändern indessen nichts an der rationalen Struktur der einschlägigen *Gründe*. Deren Vorgaben mögen in psychischen und sozialen Schemata und Kategorien ihren *Niederschlag* finden. Vielleicht sind sie sogar biologisch oder evolutionär eingeschrieben. Aber sie sind selbst nicht kausaler Natur.

15. Ein milder Platonismus

15.1. Man kann diese Auffassung von Gründen als Platonismus bezeichnen. Aber wenn es ein Platonismus ist, dann in einem sehr milden Sinne. Ich gehe nicht davon aus, dass es eine mystische Sphäre gibt, in der Gründe als spekulative Substanzen oder körperlose Formen beheimatet wären. Auch setze ich nicht voraus, dass eine esoterische Fähigkeit existiert, Gründe in einer intuitiven Ahnung oder selbstversunkenen Wiedererinnerung zu erfassen. Ich behaupte lediglich, dass Gründe rationale Strukturen darstellen, die als solche ontologisch andersartig und ontologisch eigenständig gegenüber physischen Gegenständen und materiellen Beziehungen sind. Und ich sage, dass Gründe autark gegenüber jenen psychosozialen Episoden sind, die ihrerseits von Gründen epistemologisch geprägt werden beziehungsweise von denen Gründe epistemologisch erschlossen werden.

Eine solche Auffassung ist hinsichtlich mathematischer Entitäten weitgehend unanstößig und wird in zahlreichen Spielarten eines mathematischen Realismus ausdrücklich vertreten: Zahlen, oder sonstige mathematische Objekte und Relationen, mögen sich zwar in materiellen Gegenständen beziehungsweise in deren Eigenschaften oder Zusammenstellungen manifestieren. Auch mögen sie in spezifischen Tätigkeiten untersucht werden, die letztlich eine materielle Grundlage haben, etwa in psychischen Aktivitäten oder sozialen Praktiken. Aber sie selbst haben eine Existenz, die unabhängig von jenen konkreten Instanziierungen und psychosozialen Reflexionen ist, und können in eben dieser Eigenständigkeit thematisiert werden, als abstrakte Entitäten rationaler Art. Insbesondere existieren sie außerhalb von Raum und Zeit, und sie stehen jenseits jeder Ursache-Wirkungs-Beziehung.[29] Das Gleiche lässt sich auch

29 Vgl. Frege, *Die Grundlagen der Arithmetik*, §§16, 26, 61, 93, 96, 105; Gödel, »Russell's Mathematical Logic«, S. 137f., 141f., 151f.; Gödel, »What is Cantor's Continuum Problem?«, S. 517-521; Putnam, »Philosophy of Logic«, S. 325-333,

für Gründe beanspruchen, seien sie ihrerseits mathematischer Art oder auch anderen Typs: Gründe, ebenso wie Zahlen oder sonstige mathematische Objekte und Relationen, sind autarke nichtmaterielle Strukturen des Geistigen. Sie mögen in physischen Formungen abgebildet sein, sie mögen in psychosozialen Prozessen repräsentiert werden, aber sie selbst sind unabhängig davon, ob irgendetwas oder irgendjemand sie dergestalt widerspiegelt oder aufnimmt. Sie mögen sich in ihren jeweiligen Gehalten auf konkrete Bestände beziehen, wie raumzeitliche Fakten oder kausalbedingte Interessen, aber sie selbst existieren nicht in Raum und Zeit, und auch nicht unter Bedingungen der Kausalität. Sie haben eine abstrakte Existenz, die man berechtigt als platonische Seinsweise verstehen darf.[30]

Gründe in diesem Sinne bilden keinen fundamentalen Seinsbereich, dem alle physische Existenz entspränge, und sie eröffnen auch keine privilegierte Erkenntnisebene, von der jegliche wahre Einsicht abhinge, wie es bei Platons Ideen der Fall ist: Gründe sind keine höheren Realitäten, keine primären Urbilder, denen gegenüber die materiellen Gegenstände allenfalls untergeordnete Abkömmlinge, lediglich sekundäre Abbilder wären und nur im exklusiven Lichte jener idealen Vorgaben korrekt erkannt werden könnten.[31] Speziell im moralischen Sektor müssen wir keine speziellen Gebilde mit besonderen Seinsformen und eigentümlichen Erkenntnisarten unterstellen, wie es Hartmann und Scheler mit ihrem Konzept der Werte anzielen: Moralische Gründe sind keine enthobenen Wesenheiten, die den Dingen und Ereignissen, auf letztlich mysteriöse Weise und völlig ungeachtet von deren natürlicher Beschaffenheit, anhafteten und allein einem spezifischen Wertsinn oder einer phänomenologischen Werterschauung zugänglich wären.[32]

Aber Gründe sind eigenständige ontologische Größen mit autarker rationaler Beschaffenheit, die eines geeigneten epistemologischen Zugangs bedürfen: Sie sind als solche nicht in der physischen Welt mit ihrer kausalen Ordnung lokalisiert. Sie vollziehen keine Bewegungen in Raum oder Zeit, und sie fügen sich nicht der Me-

337-341, 345-356; Quine, »On What There Is«, S. 28, 31-34; Quine, »Two Dogmas of Empiricism«, S. 21, 41-43; Wilholt, *Zahl und Wirklichkeit*, S. 129-177.

30 Vgl. Dennett, *Elbow Room*, S. 23 f.; Dennett, *Freedom Evolves*, S. 302 f.

31 Platon, *Politeia*, Buch VI, 506b-511e, Buch VII, 514a-518b, Buch X, 595c-597e.

32 Hartmann, *Ethik*, S. 8-12, 43-56, 107-114, 133-144; Scheler, *Der Formalismus in der Ethik und die materiale Wertethik*, S. 7-19, 40-78.

chanik von Ursachen und Wirkungen. Sie erschließen sich nicht den üblichen Körpersinnen oder einer raffinierten Messtechnik. Sie lassen sich nicht über Erhebungen oder Befragungen erfassen, und sie schlagen sich nicht in Statistiken oder Datenbanken nieder. Insbesondere werden Gründe nicht von Menschen gemacht oder erfunden (womit sie zuletzt doch wieder kausale Phänomene wären, psychischer oder sozialer Art). Vielmehr werden sie von Menschen entdeckt und gefunden (oder auch von anderen Wesen, wenn sie die hierfür erforderlichen Kapazitäten aufweisen).

Speziell im moralischen Sektor läuft dies auf einen ethischen Realismus hinaus, aber wiederum schwacher Art: Es geht nicht darum, dass das Moralische aus seltsamen Seinseinheiten bestünde, die unsere Welt auf mirakulöse Weise bevölkern. Auch wird nicht behauptet, dass man das Moralische über eigentümliche Erkenntnisorgane erschließen müsste, die uns den Zugang zu skurrilen Eigenschaften eröffnen.[33] Das Moralische, in all seiner Verschiedenheit vom Faktischen, kann einfach aus Regeln, Normen, Allgemeinprinzipien, Einzelfallurteilen, eben Gründen bestehen, die als solche keineswegs ontologisch fragwürdige Gegenstände darstellen. Und deren Inhalt und Aufbau, deren Stärke oder Schwäche, deren Richtigkeit oder Falschheit, welche allemal unabhängig von unseren Überzeugungen und Wünschen, unseren Erwartungen und Gepflogenheiten sind, können ohne weiteres in unseren Überlegungen und Debatten, durch unser Gespür und Empfinden erschlossen werden, ohne dass es hierzu epistemologisch absonderlicher Vermögen bedürfte.[34] Dabei nehmen moralische Gründe durchaus auf empirische Verhältnisse Rekurs und werden gegebenenfalls an diese angepasst (etwa indem sie die physische, psychische und soziale Verletzlichkeit von Menschen thematisieren oder die Fehlbarkeit, Begrenztheit und Unvollkommenheit endlicher Akteure berücksichtigen). Aber in ihrer Existenz sind moralische Gründe von empirischen Gegebenheiten unabhängig und keinesfalls auf diese reduzierbar (sie sind eben Normen, keine Fakten, und

33 Vgl. Mackie, *Ethics*, S. 38-42.

34 Vgl. Brink, *Moral Realism and the Foundations of Ethics*, S. 14-36, 171-210; Enoch, *Taking Morality Seriously*, S. 134-184; Hübner, *Einführung in die philosophische Ethik*, S. 62-69; Nagel, *The View from Nowhere*, S. 143-149; Scanlon, *Being Realistic About Reasons*, S. 16-52, 69-104; Shafer-Landau, *Moral Realism*, S. 55-115, 231-302; Wolf, *Freedom Within Reason*, S. 118-126.

formulieren als solche Vorschriften für Handlungen, beispielsweise anderen Lebewesen nicht zu schaden oder andere Personen nicht zu instrumentalisieren).

Gründe sind mithin keine ominösen Verdinglichungen wie das Gute selbst, das Schöne selbst, das Wahre selbst. Sie sind keine isolierten Qualitäten idealer Natur, die den konkreten Gegenständen als ihren untergeordneten Abbildungen einwurzelten. Schon gar nicht sind sie beliebige Hypostasen allgemeiner Objektklassen, keine Urformen oder Archetypen von Tischen, Steinen, Pferden, Bäumen etc. Gründe sind vielmehr jene fundamentalen Zuordnungen, denen zufolge bestimmte Charaktere, Handlungen oder Folgen als moralisch begrüßenswert, bestimmte Ansätze, Vollzüge oder Werke als ästhetisch gelungen, bestimmte Haltungen, Prozeduren oder Resultate als epistemisch angemessen gelten sollen. Sie sind jene allgemeinen Prinzipien oder einzelnen Urteile, die den real vorhandenen Gegenständen ihre rational gerechtfertigten Qualitäten beimessen. Sie sind jene Grundsätze oder Einstufungen, anhand derer wir eine Folgerung als richtig, ein Ergebnis als korrekt, ein Verhalten als klug bewerten. Hierbei nehmen sie allemal *Bezug* auf die physische Wirklichkeit in ihrer raumzeitlichen und kausalen Beschaffenheit: Insbesondere schreiben sie gewissen Objekten jener Wirklichkeit Eigenschaften des erwähnten Typs zu. Aber sie sind nicht ihrerseits *Teil* dieser physischen Wirklichkeit: An sich selbst sind sie keine derartigen Objekte, weder raumzeitlicher noch kausaler Prägung, weder psychischer noch sozialer Art.

In diesem Sinne plädiere ich hier für einen milden Platonismus der Gründe, der letztlich nicht mehr besagen will als: Es *gibt* Gründe (jedenfalls in dem schwachen Sinne von Entitäten, auf die wir mit wahren Gedanken und Aussagen referieren können), und Gründe sind nicht *kausal* (indem sie eine abstrakte Existenz jenseits des Materiellen aufweisen und zudem auch als solche von unserem Denken und Sprechen unabhängig sind). Für diesen milden Platonismus gilt insbesondere: Er betrifft *alle* Gründe (logische, mathematische, moralische, prudentielle, ästhetische, epistemische etc.), und er erfasst auch *schlechte* Gründe (falsche, irrige, verfehlte, brüchige etc.).

Beides wäre im Modell eines Ideenhimmels à la Platon oder auch eines Hartmann'schen oder Scheler'schen Wertehimmels seltsam: Eine derartige Region erschiene, wenn man sämtliche Gründe aus all den vielfältigen Bereichen des Erkennens und Handelns zuließe, befremdlich heterogen in ihren Inhalten. Überdies wäre eine solche Sphäre, falls sie zudem auch unzulängliche Gründe, mit ihren zahllosen Varianten der Schwäche und des Irrtums, beinhalten sollte, bedenklich inkonsistent in ihrer Zusammensetzung. Sobald man sich aber von jenen pseudo-materiellen Vorstellungen und transzendent-spirituellen Verklärungen frei macht, sobald man Gründe nicht mehr als schemenhafte Kreaturen in einem entrückten Refugium ansieht, sondern sie einfach als rationale Strukturen mit nichtkausaler Beschaffenheit anerkennt, als Referenzen und Schemata verschieden gearteter und unterschiedlich starker Begründungen und Rechtfertigungen, verschwinden diese Probleme: Ein mathematischer Grund ist in dieser Hinsicht nicht anders als ein moralischer Grund. Und ein fragwürdiger Grundsatz hat jene Eigenschaften ebenso wie ein glaubwürdiger Grundsatz.

Sprachlich mag es dabei vertretbar sein, von »Irrationalität« zu reden, falls jemand Gründen folgt, die man für unstimmig oder verfehlt hält. Speziell in moralischen Zusammenhängen liegt es nahe, es als »Unmoralität« zu bezeichnen, wenn jemand sich in seinem zwischenmenschlichen Verhalten durch Gründe leiten lässt, die einem unzureichend oder abwegig erscheinen. Inhaltlich ändert dies aber nichts daran, dass solch eine Person sich immer noch im Raum des *Rationalen* beziehungsweise *Moralischen* bewegt, indem sie nun einmal von gewissen Gründen des entsprechenden Typs bestimmt wird, wenngleich schlechten oder falschen. Ihre Prinzipien oder Urteile mögen, im Lichte jener Defizite, *irrational* oder *unmoralisch* genannt werden, aber sie gehören unverändert dem Bereich der Gründe zu, im klaren Unterschied zum *Arationalen* beziehungsweise *Nichtmoralischen*, das allein im Bereich der Ursachen angesiedelt ist.

Menschen müssen somit durchaus nicht »vernünftig« sein, wenn sie sich von Gründen eines bestimmten Typs leiten lassen. Menschen können auch »unvernünftig« agieren, indem sie in ihrem Tun schlechten Gründen folgen. Auch dann ist es aber die *Vernunft* (*reason*) einer Person, die sie zu jenen verfehlten Formen von *Rationalität* (*rationality*) vorstoßen lässt. Und wenn man einer solchen Person *Unvernunft* vorwirft, eben weil sie von Gründen bestimmt wird, die eine *mangelhafte Qualität* aufweisen, so steht dies im eindeutigen Unterschied zu *Vernunftlosigkeit*, das heißt einem Zustand, in dem jemand für *sämtliche Gründe* unempfänglich bleibt.

15.2. Eine solche platonistische Auffassung von Gründen stellt ohne Zweifel eine erhebliche konzeptuelle Zumutung dar. Gerade Autorinnen und Autoren, die in der Linie von Sellars den Raum der Gründe nachdrücklich vom Raum der Ursachen abheben und die Freiheit des Willens als Handeln nach Gründen deuten, würden sich auf Nachfrage wohl typischerweise von einer derartigen Deutung distanzieren und sie als Rückfall in einen spekulativen Essenzialismus betrachten. Tatsächlich aber ist unklar, wie ohne diesen Platonismus Gründe davor bewahrt werden sollten, letztlich doch ins Reich psychischer, sozialer und damit kausaler Bestände absorbiert zu werden. Dieses Problem tritt an entscheidenden Stellen entsprechender Argumentationen immer wieder deutlich ans Licht.

Robert Brandom spricht sich eindeutig gegen eine platonistische Auffassung (*platonist conception*) von Normen oder Regeln, auch von Begriffen oder Gründen aus, der zufolge diese rationalen Bestände ihrer ursprünglichen Form nach als explizite Prinzipien vorliegen, vor allem weil sich hierbei ein Regressproblem in der Regelanwendung stelle. Stattdessen befürwortet er, in Anlehnung an Wittgenstein, eine pragmatistische Auffassung (*pragmatist conception*), die rationale Strukturen zuletzt immer in den impliziten Normen sozialer Praktiken verankert sieht, genauer in Praktiken des Gebens und Forderns von Gründen, wo sowohl implizite Normen als auch explizite Regeln originär beheimatet seien.[35] Dabei möchte Brandom eine Mittelposition beziehen zwischen einem Naturalismus, der jene sozialen Praktiken wieder auf objektive Fakten natürlicher Art reduzieren würde, und einem Non-Naturalismus, der demgegenüber eine kategorische Trennung des Sozial-Normativen vom Objektiv-Faktischen annehmen wollte. Diese Stellung zwischen den Extremen soll offenstehen, insofern die Unterscheidung des Sozialen und des Objektiven, und damit auch die Einstufung eines gegebenen Geschehens als frei oder als unfrei, selbst nicht etwa eine objektive Frage sei, das heißt eine Frage danach, was etwas seinem Wesen nach ist, sondern vielmehr ihrerseits eine soziale Frage darstelle, das heißt eine Frage danach, wie etwas von einer Gemeinschaft behandelt wird.[36]

Auch soziale Praktiken entgehen aber nicht einer rein kausalen

35 Brandom, *Making It Explicit*, S. 18-23, 52-55; Brandom, *Articulating Reasons*, S. 4, 10 f., 22 f., 189 f.

36 Brandom, »Freedom and Constraint by Norms«, S. 190, 192, 195.

Bestimmung, wenn sie nicht von nichtkausalen Strukturen externer Provenienz geleitet sind. Insbesondere darin verankerte Regeln sind letztlich nicht mehr als mechanische Abfolgen, wenn sich in ihnen keine autarke Logik unabhängiger Art abbildet. Bei alledem zeigt sich in Brandoms Argumentation eine erhebliche Willkür-Problematik, insofern sich gemäß seinem Ansatz jedes Ding und jedes Geschehen ebenso wohl als objektiv wie auch als sozial behandeln lässt, also etwa auch Bäume und Felsen, Katzen und Autos in den Bereich des Sozialen und damit in das Gebiet der Freiheit aufgenommen werden können, wenn die jeweilige Gemeinschaft ihnen eine entsprechende Behandlung zugestehen möchte.[37] Letztlich sind dies unglückliche Konsequenzen eines gezielten Ausblendungsmanövers, das Brandom schon auf begrifflicher Ebene einleitet, indem er die ontologisch-metaphysische Frage, in welchen Bereich ein Gegenstand tatsächlich gehört (in das sozial Freie oder in das objektiv Kausale), ihrerseits als *objektive* Faktenfrage tituliert, sie damit der Stufe des physisch-kausalen Denkens assimiliert (also selbst in den untergeordneten Bereich objektiver Weltzugänge verbannt), um sie dann ungeniert abweisen und durch die *soziale* Behandlungsfrage ersetzen zu können, wie ein Gegenstand eben von einer Gemeinschaft eingestuft wird.[38]

John McDowell wendet sich zumindest gegen einen ungezügelten Platonismus (*rampant platonism*), der den Raum der Gründe als völlig eigenständige Struktur deutet, als ursprünglich außernatürliche Sphäre, womit die Fähigkeit, auf Gründe zu reagieren, letztlich als eine okkulte Befähigung erscheinen müsse. Stattdessen spricht er sich für einen naturalisierten Platonismus (*naturalized platonism*) aus, der die Forderungen der Vernunft innerhalb der Natur verortet, genauer in der zweiten Natur, wie sie vor allem durch Bildung gewonnen wird.[39] Diese zweite Natur soll indessen nach McDowell, entgegen einem plumpen Reduktionismus, der jegliche Natur mit kausaler Gesetzmäßigkeit gleichsetzt, außerhalb der naturgesetzlichen Sphäre liegen, mithin eine eigentümliche Spontaneität aufweisen, die von aller naturalen Bestimmung wesentlich verschieden sei. Zudem soll der Raum der Gründe, entgegen einer sozial-pragmatistischen Lesart von Wittgenstein, durchaus nicht durch soziale

37 Ebd., S. 192 f.

38 Ebd., S. 190, 192.

39 McDowell, *Mind and World*, S. 77 f., 83 f., 87 f., 91-95.

Interaktionen konstituiert werden, womit jede Normativität sich auf Annahme oder Ablehnung durch die Gemeinschaft reduzieren würde und entsprechend alle Autonomie und Objektivität des Raums der Gründe verloren gehen müsste.[40]

Hier bleibt jedoch rätselhaft, wie jene zweite Natur über eine rein kausale Bestimmung hinausführen könnte, wenn sie nicht ihrerseits an eine dezidiert nichtkausale Ebene transnaturaler Art angeschlossen ist. Namentlich ist ungeklärt, weshalb Gründe nicht bloß soziale Phänomene sein sollten, wenn sie doch angeblich in solchen Beständen verankert sind (ontologisch durch sie konstituiert werden), man sie also nicht als Strukturen von eigenständiger Existenz anerkennen will, die lediglich von jenen Beständen erfasst werden (epistemologisch in ihnen rezipiert sind). Für dieses Problem scheint McDowells Ansatz eine bloße Ad-hoc-Lösung anzubieten, indem er eben behauptet, dass jene zweite Natur außerhalb naturaler und auch sozialer Kausalität stehe, ohne dieser Einschätzung aber irgendeine nachvollziehbare Begründung zu geben, abgesehen von dem Appell, dass ein unverblümter Naturalismus, der die gesamte Natur als entzaubert einschätze, inadäquat sei.[41] Nicht zuletzt offenbart sich diese mangelnde Fundierung in einer verräterischen Beschwörungsrhetorik, in die McDowell an entscheidenden Stellen verfällt, wenn er erklärt, menschliches Leben sei *immer schon* durch Sinnhaftigkeit geprägt, menschliche Sprache weise *immer schon* einen Gründebezug auf, womit die kritische Frage, woher diese rationalen Imprägnierungen eigentlich stammen, worin sie ihren ontologischen Ursprung haben, wohl keineswegs beantwortet, sondern eher pauschal als unzulässig aus dem philosophischen Diskurs verbannt werden soll.[42]

Innerhalb von Erkenntnistheorie und Philosophie des Geistes mag es daher attraktiv erscheinen, Gründe an soziale Praktiken oder an eine zweite Natur zu knüpfen. Sobald es aber um die Frage der Willensfreiheit geht, offenbaren sich in solchen Antworten eklatante Lücken. Um die Freiheit des Willens zu erklären, müssen soziale Praktiken und zweite Natur ihrerseits an etwas angeschlossen sein, das von sich aus eine originäre Strukturierung nachweislich nichtkausaler Art mitbringt. Eben diese Rolle können Gründe

40 Ebd., S. 73 f., 77 f., 85-88, 92 f., 95.

41 Ebd., S. 89 f.

42 Ebd., S. 95, 125.

spielen, aber nur sofern man sie als autarke Entitäten von ursprünglich rationaler Verfasstheit anerkennt, als irreduzibel geistige Größen abstrakter Art, die mit dieser eigenständigen Formung unsere Praktiken leiten und unsere Natur bestimmen können.

15.3. Wenn es sich im weiteren Verlauf als haltbar erweisen sollte, Willensfreiheit auf die Nichtkausalität von Gründen zu stützen, so wäre das entsprechende Argument inhaltlich unbegrenzt: Es würde Willensfreiheit nicht allein dort annehmen, wo moralische Gründe wirksam werden, sondern ebenfalls dort, wo logische, mathematische, prudentielle, ästhetische, epistemische oder sonstige Gründe menschliches Verhalten leiten. Zudem wäre Willensfreiheit nicht nur in praktischer Hinsicht, sondern auch in theoretischer Hinsicht fundiert: Schließlich kann hinter jeder begründeten Handlung eine ebenso begründete Behauptung stehen, dass sie im jeweiligen Sinne richtig ist, und umgekehrt kann jedes begründete Behaupten ein entsprechend begründetes Handeln motivieren, sich ihm gemäß in dem gegebenen Bereich zu verhalten.

Ein Aspekt mag hierbei nicht ohne Ironie sein: Viele Menschen würden die Nichtkausalität von Logik oder Mathematik wohl durchaus einräumen. Den *modus ponens* etwa würden sie als eine abstrakte Struktur gelten lassen, die einen autarken Bestand in der geistigen Welt 3 bildet und als solche entdeckt werden kann. Die gleichen Personen hätten aber womöglich Zweifel hinsichtlich anderer Bereiche des Rationalen: Insbesondere bei moralischen oder prudentiellen Gründen würde ihnen eine platonisch-nichtkausale Deutung wohl eher fragwürdig erscheinen. Den *kategorischen Imperativ* beispielsweise würden sie vielleicht lieber als ein historisches Phänomen einstufen, als Disposition in der physisch-psychischen Welt 1/2, als Konvention des sozial-kulturellen Lebens, die als solche erfunden worden sei.

Wenn dies korrekt wäre, so ergäbe sich daraus, gemäß dem hier angedachten Argument, eine recht ungewöhnliche Konstellation: Einerseits dürfte eine Logikerin oder Mathematikerin beanspruchen, in ihrem Denken und Tun willensfrei zu sein, was eine eher überraschende Option darstellt, die in den meisten Diskussionen kaum je erörtert wird, obgleich sie mit der besonderen Wertschätzung zusammenstimmen mag, die man jenen Geistestätigkeiten mitunter entgegenbringt. Andererseits müsste ein üblicher Entscheider und Handelnder es hinnehmen, in seinem allgemeinmenschlichen Abwägen und Verhalten als unfrei zu gelten: Bei ihm ließen sich angeblich keinerlei nichtkausale Bestimmungen, sondern allein psychosoziale Mechanismen ausmachen.

Indessen erscheint es wenig plausibel, einen derartigen qualitativen Unterschied zwischen beiden Bereichen konstruieren zu wollen: Seiner charakteristischen Natur nach stellt der *kategorische Imperativ* keine andersartige Struktur dar als der *modus ponens*. Beide betreffen verschiedene Bereiche des Denkens und Tuns, und sicherlich gibt es gewisse Differenzen hinsichtlich ihrer Eindeutigkeit und Anerkanntheit, doch handelt es sich um gleichermaßen rationale Gebilde, die für entsprechende Kalküle leitend sind und in zugehörigen Diskursen behandelt werden. Insbesondere ist zu bedenken, dass das hier skizzierte Argument, wenn man es im moralischen Sektor anwendet, weder davon abhängt, welches Maß an Moralität man Menschen zutraut, noch voraussetzt, dass der fragliche Gründebezug eine simultane Ursachenbestimmung in irgendeiner Weise ausschließen müsste: Erstens beruht das Argument allein auf der metaphysischen Feststellung, dass moralische Gründe ebenso wie andere Gründe nicht *kausal* sind, dass mithin ein Entscheiden und Handeln *dann frei ist, wenn es von ihnen bestimmt wird* – ohne sich festzulegen, wann und wo, wie oft oder wie selten dies der Fall sein mag. Zweitens folgt das Argument dem üblichen Kompatibilismus darin, dass jene Bestimmung durch Gründe *zusätzlich* zu einer Bestimmung durch Ursachen stattfindet, dass jenes Entscheiden und Handeln also *nicht nur kausal, sondern auch autonom geartet ist* – was vielfältige Möglichkeiten dafür lässt, dass neben moralischen Gründen auch alle erdenklichen psychischen oder sozialen Mechanismen wirksam sind, von egoistischen bis zu altruistischen, und dass nicht zuletzt moralische Gründe sich sogar in bestimmten mentalen oder kulturellen Ursachen manifestieren müssen, um überhaupt wirksam werden zu können.

Der Eindruck, dass das Moralische in dieser Hinsicht wesentlich verschieden von Logik oder Mathematik sei, ist trügerisch: Auch logische Gründe, auch mathematische Gründe werden zuweilen aufgrund externer Antriebe befolgt oder wegen konkurrierender Belange übergangen. Auch eine Logikerin kann einen Schluss aus Stolz niederschreiben, auch eine Mathematikerin kann einen Beweis aus Angst unterschlagen. Wiederum lässt sich hieraus nicht folgern, dass logische Strukturen oder mathematische Entitäten keine Existenz hätten oder dass sie in ihrer rationalen Beschaffenheit menschliches Denken und Tun nicht prägen könnten: Gewiss mögen *neben* ihnen auch egoistische oder altruistische Motive wirksam sein, und nicht zuletzt mögen sie gerade *in* bestimmten psychischen Konstellationen oder sozialen Institutionen ihren Niederschlag finden. Aber all dies ändert nichts daran, dass, wenn die Logikerin notiert: »Es kann nicht zugleich A und nicht-A gelten«, wenn die Mathematikerin lehrt: »3 + 5 = 8«, sie dies *auch* aus dem einfachen Grund tun, dass diese Beziehungen *richtig* sind.

Einstweilen scheint mir der Gedankengang daher stimmig zu sein: Man hat vielleicht neben Gründen auch Ursachen, und man wird vielleicht durch Ursachen zu Gründen geleitet. Auf Ursachen wird vielleicht in Gründen verwiesen, und Gründe werden vielleicht in Ursachen abgebildet. Und doch führt kein Weg daran vorbei: Gründe *sind* keine Ursachen, definitiv nicht – denn sie haben eine ontologische Kontur, die sich nicht unmittelbar an kausale Verhältnisse anschließen lässt. Aber sie *bestimmen* unsere Behauptungen und Handlungen, zumindest manchmal – und zwar unabhängig von der jeweiligen Perspektive, aus der man jene Vorgänge betrachten mag.

VI. Gegen einen Dualismus von Perspektiven

Willensfreiheit kann keine Frage des phänomenalen Standpunkts oder der semantischen Sichtweise sein, von denen her man menschliche Entscheidungen und Handlungen betrachtet. Willensfreiheit muss vielmehr als ein ontologisches Merkmal begriffen werden, das menschlichen Entscheidungen und Handlungen perspektivunabhängig anhaftet.

16. Ontologische, phänomenale und semantische Betrachtungen

16.1. Erkennt man Gründe als ursprünglich geistige Strukturen an, statt sie als psychische oder soziale, letztlich neuronale und damit physische Erscheinungen misszuverstehen, so wird einsichtig, dass es sich bei ihnen um nichtkausale Entitäten handelt. Und insoweit menschliches Entscheiden und Handeln (auch) von diesen nichtkausalen Strukturen bestimmt wird, nicht (nur) von Ursachen unterschiedlichster Art, besteht eine Aussicht auf Willensfreiheit, in positivem wie in negativem Sinne.

Genauer entsteht hiermit ein kompatibilistischer Ansatz, der Willensfreiheit neben Naturkausalität behaupten kann, indem er feststellt, dass im menschlichen Entscheiden und Handeln zugleich Gründe wie Ursachen maßgeblich sein können, dabei aber sorgfältig voneinander abzuheben sind. Wichtig ist indessen, derartige Identifikationen und Differenzierungen in der richtigen Weise vorzunehmen.

Tatsächlich lassen sich in einem groben Zugriff drei grundsätzlich verschiedene Arten ausmachen, wie man derartige Bestimmungen und Unterscheidungen treffen kann. In diesem Kapitel werde ich dafür argumentieren, dass viele Kompatibilisten, und nicht zuletzt viele Vertreter des Gründearguments, sich in ihrer Verteidigung der Willensfreiheit auf den falschen Typ von Benennung und Abgrenzung stützen.

Erstens kann man ein Ding oder Ereignis dahingehend bestimmen sowie mehrere Dinge oder Ereignisse dahingehend unterscheiden, wie sie in *ontologischer Hinsicht* beschaffen sind, das heißt im Hinblick auf ihr Sein und ihre genauere *metaphysische Verfasstheit.*

Dann geht es darum, wie das Ding oder Ereignis als *objektive Entität* in der Welt existiert, beziehungsweise darum, ob es sich um *verschiedene Dinge oder Ereignisse* in der Welt handelt. In diesem ontologischen Sinne bestimmt man etwa ein Atom als einen Gegenstand eines gewissen physikalischen Typs, oder man unterscheidet mehrere Explosionen als verschiedene Vorgänge von ähnlicher chemischer Signatur. Dabei setzen solche metaphysischen Feststellungen keineswegs einen naiven Optimismus voraus, man habe einen unproblematischen, direkten, ungefilterten, täuschungsfreien Zugang zu den Dingen und Ereignissen der Welt.

Zweitens können Dinge oder Ereignisse dahingehend gefasst und getrennt werden, wie sie sich in *phänomenalem Sinne* darstellen, namentlich im Hinblick auf ihre Erfahrung aus bestimmten *personspezifischen Blickwinkeln*. Dann geht es darum, wie sich ein Ding oder Ereignis aus einer *subjektiven Beobachterperspektive* präsentiert, oder auch darum, wie es von *verschiedenen Wahrnehmungsorten oder Standpunkten* her erscheint, insbesondere aus der Ersten-Person-Perspektive eines direkt Betroffenen oder aus der Dritten-Person-Perspektive eines äußeren Betrachters. In diesem phänomenalen Sinne kann etwa ein und derselbe Schmerz zum einen aus der Ersten-Person-Perspektive erfahren werden, als unmittelbares Erlebnis, das der Betroffene hat, als sogenanntes Quale, das sich ihm in seinem spezifischen Wie-es-sich-anfühlt mitteilt, oder zum anderen aus der Dritten-Person-Perspektive, als externes Geschehen, das einem Betrachter zugänglich wird, etwa durch Beobachtung des Verhaltens, welches der Betroffene an den Tag legt, durch Erzählungen seinerseits oder Berichte anderer, durch neurologische Untersuchungen von Hirnprozessen und korrekte Folgerungen aus jenen Befunden. Dabei läuft diese phänomenale Unterscheidung keinesfalls auf die ontologische Behauptung hinaus, es seien hiermit verschiedene Vorgänge in der Welt.

Drittens können Dinge oder Ereignisse dahingehend identifiziert und differenziert werden, wie sie in *semantischem Sinne* aufzufassen sind, insbesondere im Hinblick auf ihre Beschreibung innerhalb gewisser *bedeutungsstiftender Sprachspiele*. Dann geht es darum, wie ein Ding oder Ereignis von einer *intersubjektiven Sinnperspektive* her gefasst wird, oder auch darum, wie es sich in *verschiedenen Begriffssystemen oder Sichtweisen* kennzeichnen lässt, etwa anhand alternativer Kategorien oder in divergenten Vokabularen.

In diesem semantischen Sinne kann etwa ein und dieselbe Skulptur ästhetisch als Kunstwerk, physikalisch als Festkörper, historisch als Denkmal oder ökonomisch als Wertanlage beschrieben werden. Dabei legen diese semantischen Unterscheidungen keinesfalls die ontologische Mutmaßung nahe, es seien hiermit verschiedene Gegenstände in der Welt.

Sind zwei Dinge oder Ereignisse ontologisch verschieden, so sind sie auch phänomenal und semantisch verschieden. Wenn es sich wirklich um in ihrem Sein getrennte Objekte oder Prozesse handelt, dann müssen auch unterschiedliche Perspektiven, die man auf sie richtet, diese Getrenntheit in ihren Standpunkten oder Sichtweisen erkennen lassen. Dies ist besonders eindrücklich, wenn es sich um Dinge oder Ereignisse ganz unterschiedlichen Typs handelt, so dass zumindest eine der herangezogenen Perspektiven gar nicht imstande ist, *beide Bestände* zu erfassen: Ein Schmerz und eine Explosion sind phänomenal verschieden, schon weil für die Letztere keine Erste-Person-Perspektive verfügbar ist (ich kann zwar von meinem Standpunkt aus eine Explosion beobachten, aber es gibt keine »Innensicht« einer Explosion, so wie es die »Innensicht« eines Schmerzes gibt). Eine Skulptur und ein Atom sind semantisch verschieden, schon weil sich auf das Letztere keine künstlerische Perspektive eröffnen lässt (man kann ein Atom womöglich als *naturästhetisches* Objekt thematisieren, aber nicht als *kunstästhetisches* Objekt, solange es nicht von einer Künstlerin entsprechend verarbeitet wird). Somit zeigt sich unweigerlich eine Differenz der Inhalte, spätestens sobald man von der einen Perspektive zur anderen Perspektive wechselt (das eine Objekt oder der eine Prozess verschwindet beim Übergang schlichtweg aus dem Bild). Doch selbst wenn es um Dinge oder Ereignisse völlig gleichen Typs geht, so dass sie aus allen angewandten Perspektiven in gleichem Maße erkennbar sind, bleiben es doch eben verschiedene Objekte oder Prozesse, die entsprechend bereits aus jeder einzelnen Perspektive als *separate Bestände* erscheinen: Dann hat man es eben mit zwei verschiedenen Schmerzen aus der Ersten-Person-Perspektive oder mit zwei verschiedenen Explosionen aus der Dritten-Person-Perspektive zu tun. Man betrachtet zwei verschiedene Skulpturen aus künstlerischer Perspektive oder zwei verschiedene Atome aus physikalischer Perspektive. Zwar mag man sie miteinander verwechseln, wenn man nicht achtgibt, aber die Perspektiven als solche sind durchaus geeignet, ihre Verschiedenheit zu markieren (eben als separate Inhalte in jedem gewählten Zugang).

Philosophisch interessanter sind freilich jene Fälle, in denen man es ontologisch mit ein und demselben Gegenstand oder Vorgang zu tun hat, dieser aber phänomenal oder semantisch immer noch verschieden erscheint, wenn er aus unterschiedlichen Perspektiven erfahren beziehungsweise beschrieben wird. Der entsprechende Dualismus liegt dann nicht mehr im Sein selbst begründet, sondern allein noch im Standpunkt beziehungsweise in der Sichtweise. Jede Perspektive wird hierbei jeweils nur *ein Objekt*, nur *einen Prozess* zu erkennen geben (weil eben nur ein ontologischer Bestand vorhanden ist). Doch wird es sich je nach Perspektive jeweils um ein *anderes Objekt*, einen *anderen Prozess* handeln (in phänomenalem oder semantischem Sinne).

16.2. Ein Schmerzerleben und der mit diesem Gefühl einhergehende Hirnprozess, auf dem es beruht, sind *ontologisch identisch*. Das heißt, es handelt sich bei ihnen nicht um zwei verschiedene Geschehnisse in der Welt, sondern um ein und denselben Vorgang. Ihr Unterschied liegt lediglich darin, dass dieser eine Vorgang entweder aus der Ersten-Person-Perspektive oder aus der Dritten-Person-Perspektive erfahren wird. Einmal nimmt man ihn vom Standpunkt des Betroffenen selbst wahr, als unmittelbares Widerfahrnis eigener Schmerzen, einmal vom Standpunkt eines Außenstehenden, als externen Ablauf in einem fremden Gehirn. Hierbei wäre womöglich genauer zu klären, welche Ausschnitte oder Abschnitte einer psychischen Gesamtkonstellation als »ein mentales Erlebnis« zu zählen sind, und analog welche Raumbereiche oder Zeitspannen eines gegebenen Hirngeschehens als »ein neuronaler Prozess« gelten sollen, um die entsprechenden Abläufe auf beiden Seiten adäquat zu erfassen und korrekt einander zuzuordnen. Auch kann offenbar *ein* Schmerzerleben einer Person einsetzen oder erlöschen, während *andere* Hirnprozesse in ihrem Gehirn ausbleiben oder fortdauern. Aber mit dem *gegebenen* Schmerzerleben muss der *zugehörige* Hirnprozess beginnen oder enden, eben weil diese beiden im Hinblick auf ihr Sein eins sind. Dies steht in klarem Gegensatz zu jeder dualistischen Position, der zufolge es sich bei Mentalem und Neuronalem um getrennte Substanzen oder auch um separate Eigenschaften handeln sollte.

In diesem Sinne vertrete ich einen ontologischen Monismus von Mentalem und Neuronalem. In der Philosophie des Geistes werden verschiedene Fassungen solcher Identitätstheorien oder psychophysischer Monismen formuliert, die sich vor allem darin unterscheiden, ob sie nur einzelne Vorkommnisse einander zuweisen, also lediglich meinen, dass ein gegebener Fall von mentalem Erleben jeweils mit einem zugehörigen Fall von neuronalem Ablauf identisch ist (»*token*-Identitätstheorie«, »anomaler Monismus«),[1] oder ob sie auch allgemeine Klassen miteinander verbinden, also generell dafürhalten, dass eine bestimmte Art von mentalem Erleben stets durch eine gewisse Art von neuronalem Ablauf realisiert werden muss (»*type*-Identitätstheorie«, »nomologischer Monismus«),[2] aber etwa auch darin, ob sie mentales Geschehen ganz unmittelbar mit konkreten neuronalen Ereignissen, Zuständen oder Prozessen in eins setzen, die als solche in einer physischen Entität vorliegen (»Physikalismus«),[3] oder ob sie mentales Geschehen zunächst nur als eine abstrakte kausale Rolle, Verarbeitung oder Funktion bestimmen, die dann jedoch wiederum innerhalb einer physischen Struktur verwirklicht sein muss (»Funktionalismus«).[4] Für meine Zwecke ist indessen unerheblich, welcher dieser Versionen man sich anschließt. Wichtig ist allein, dass das gegebene Schmerzempfinden eines bestimmten Menschen und der zugehörige Hirnvorgang desselben Menschen ontologisch als ein und dieselbe Begebenheit aufgefasst werden.

Aber das Schmerzerleben und der Hirnprozess sind eben *phänomenal verschieden*. Sie gehören unterschiedlichen Standpunkten zu, von denen aus man diesen einen Vorgang erfährt, und dieser eine Vorgang stellt sich abweichend dar, je nachdem von welchem der alternativen Standpunkte man ihn wahrnimmt. Einmal erfährt man ihn aus der Perspektive der fraglichen Person selbst, einmal aus

1 Davidson, »Mental Events«, S. 209-215, 223-225; Davidson, »The Material Mind«, S. 248-251, 253-256.

2 Feigl, »The ›Mental‹ and the ›Physical‹«, S. 425-431, 438-465.

3 Lewis, »An Argument for the Identity Theory«, S. 17-25; Place, »Is Consciousness a Brain Process?«, S. 44-50; Smart, »Sensations and Brain Processes«, S. 141-156.

4 Armstrong, *A Materialist Theory of the Mind*, S. xiii-xxiii, 73-99, 116-125, 355-366; Chalmers, »Absent Qualia, Fading Qualia, Dancing Qualia«, S. 309-328; Kim, *Physicalism, or Something Near Enough*, S. 161-174; Putnam, »The Mental Life of Some Machines«, S. 408-428; Putnam, »The Nature of Mental States«, S. 429-440; Shoemaker, »Functionalism and Qualia«, S. 291-315.

der Perspektive eines außenstehenden Betrachters. Einmal erfährt man ihn als Quale, als unmittelbar Gespürtes aus der Ersten-Person-Perspektive, einmal als Physisches, als externes Geschehen aus der Dritten-Person-Perspektive. Dies lässt freilich unbenommen, dass man mentale Erlebnisse auch anderen Personen zusprechen kann, indem man deren Fremdpsychisches thematisiert, und dass man umgekehrt der eigenen Person neuronale Prozesse beilegen mag, die dem Eigenpsychischen korrespondieren. Doch dies sind allesamt *indirekte Zuschreibungen* jener Erlebnisse oder Prozesse, keine *unmittelbaren Erfahrungen* aus der gegebenen Perspektive der jeweiligen Person. Eine Erfahrung des Vorgangs *als* Schmerzerleben hat man nur aus der Betroffenheit der Ersten-Person-Perspektive, und der Charakter des Geschehens *als* Hirnprozess erschließt sich allein aus dem Abstand einer Dritten-Person-Perspektive. Beide Standpunkte lassen jenen einen Vorgang höchst distinkt und je spezifisch erscheinen.

In diesem Sinne vertrete ich einen phänomenalen Dualismus von Mentalem und Neuronalem. Namentlich wende ich mich gegen einen Behaviorismus oder mentalen Skeptizismus in der Philosophie des Geistes und der Psychologie, der annimmt, Empfindungen aus der Ersten-Person-Perspektive ließen sich gegenüber Beobachtungen aus der Dritten-Person-Perspektive (insbesondere gegenüber Wahrnehmungen von Verhalten) verlustfrei ausblenden oder könnten sogar in ihrem Vorkommen in der Welt weitgehend bestritten werden.[5] Beide Perspektiven, mit ihren jeweiligen Inhalten, existieren. Und beide Perspektiven, in ihren jeweiligen Zugängen, können relevant sein.

Das Schmerzerleben und der Hirnprozess sind zudem *semantisch verschieden*. Sie gehören unterschiedlichen Sichtweisen zu, in denen man diesen einen Vorgang beschreibt, und dieser eine Vorgang stellt sich abweichend dar, je nachdem innerhalb welcher der alternativen Sichtweisen man ihn schildert. Denn die Gehalte der verschiedenen Beobachterperspektiven, aus denen man ihn erlebt, können auch nur in den Begriffen unterschiedlicher Sinnperspektiven, aus denen man ihn erfasst, angemessen wiedergegeben werden. Einmal

5 Skinner, *Beyond Freedom and Dignity*, S. 5-19, 23 f.; Skinner, *About Behaviorism*, S. 10-23, 34-36, 49 f., 75-79, 95-97, 113-131, 163-183, 228-240; Watson, »Psychology as the Behaviorist Views It«, S. 158-177; Watson, *Behaviorism*, S. 3-10, 16-18, 180, 190 f., 242-246.

beschreibt man das Geschehen in der psychologischen, mentalistischen Sprache individueller Erlebnisse, eben als »Schmerzerleben«, einmal in der neurologischen, empiristischen Sprache physischer Abläufe, eben als »Hirnprozess«. Dies erlaubt selbstverständlich, beide Sprachen und ihre jeweiligen Konzepte gleichermaßen auf die eigene Person wie auf fremde Personen anzuwenden. Bei diesen Anwendungen greift man womöglich auf *abweichende Kriterien* zurück, insofern man mentale Prädikate sich selbst aufgrund anderer Indizien zuweisen kann als fremden Personen und ebenso neuronale Attribute sich selbst aufgrund anderer Befunde zuordnen mag als fremden Personen, doch benutzt man die Wörter jeweils mit *derselben Bedeutung*, indem »Schmerzerleben« den gleichen Sachverhalt bei einem selbst wie bei anderen meint und auch »Hirnprozess« den gleichen Vorgang bei einem selbst wie bei anderen bezeichnet. Beide Sprachen mit ihren jeweiligen Begriffen benennen indes *unterschiedliche Aspekte* jenes einheitlichen Geschehens, entweder seine mentale Seite oder seine neuronale Gestalt, und vermitteln daher auch *andersartige Konnotationen* jener gemeinsamen Referenz, entweder ein psychisches Erleiden oder einen physischen Verlauf. Sie verwenden also nicht allein womöglich abweichende Kriterien, um ihre Begriffe »Schmerzerleben« oder »Hirnprozess« zuzuschreiben, sondern sprechen vor allem auch mit abweichender Bedeutung, wenn sie jenes eine Geschehen einmal als »Schmerzerleben« und einmal als »Hirnprozess« kennzeichnen.

In diesem Sinne vertrete ich einen semantischen Dualismus von Mentalem und Neuronalem. Speziell wende ich mich gegen einen Eliminativismus oder neuronalen Reduktionismus in der Philosophie des Geistes und der Wissenschaftstheorie, der meint, das alltagsweltlich basierte Vokabular psychischer Erlebnisse lasse sich durch ein wissenschaftlich fundiertes Vokabular physischer Prozesse (eben durch Beschreibungen von Hirnvorgängen) gewinnbringend ersetzen oder besitze sogar großenteils überhaupt keine Entsprechung in der Realität.[6] Beide Sprachspiele, mit ihren jeweiligen Objekten, sind berechtigt. Und beide Sprachspiele, in ihren jeweiligen Logiken, können unentbehrlich werden.

6 Churchland, *Neurophilosophy*, S. 277-313; Churchland, »Eliminative Materialism and the Propositional Attitudes«, S. 67-76, 84-90; Feyerabend, »Materialism and the Mind-Body Problem«, S. 49-66; Rorty, »Mind-Body Identity, Privacy, and Categories«, S. 24-54.

Gewiss können diese beiden semantischen Ebenen aufeinander Bezug nehmen: Man kann statistische Korrelationen zwischen Schmerzerleben und Hirnprozessen aufdecken, indem man das Auftreten entsprechender Erfahrungsinhalte aus Erster-Person-Perspektive und Dritter-Person-Perspektive gegeneinander abgleicht. Man kann die ontologische Identität von Schmerzerleben und Hirnprozessen behaupten, nicht zuletzt indem man sich auf die Beobachtung derartiger Korrelationen zwischen psychischen Empfindungen und physischen Abläufen beruft. Aber dennoch sind die semantischen Ebenen verschieden voneinander, dennoch hat ein Schmerzerleben nicht dieselbe Bedeutung wie ein Hirnprozess, was sich insbesondere darin zeigt, dass die entsprechenden Begriffe nicht ohne Sinnverlust ausgetauscht werden können: Man leidet nicht unter einem Hirnprozess, sondern unter einem Schmerzerleben. Nicht mein Gehirn hat Schmerzen, sondern ich.

Insbesondere die Kombination aus ontologischer Identität und phänomenaler Verschiedenheit ist ein plausibler Hintergrund für die Behauptung, dass Mentales auf Physischem *superveniert*, ohne indes hierauf *reduziert* werden zu dürfen: Einerseits kann es eine Änderung in den mentalen Eigenschaften eines Lebewesens, in seinen Wahrnehmungen, Gefühlen, Überzeugungen, Wünschen etc., nur dann geben, wenn *auch* eine Änderung in den physischen Eigenschaften dieses Lebewesens, namentlich in seinen Hirnzuständen, stattfindet (das bedeutet »Supervenienz« des Mentalen auf dem Physischen). Ohne Veränderung auf der physischen Ebene wäre eine Veränderung auf der mentalen Ebene mirakulös, sie liefe auf die Existenz einer vom Körper letztlich unabhängigen, separat agierenden Seele hinaus. Andererseits aber soll diese Supervenienz keine völlige Äquivalenz beider Ebenen implizieren: Wahrnehmungen, Gefühle, Überzeugungen, Wünsche etc. *sind* als solche keine Hirnzustände (daher wäre eine »Reduktion« des Mentalen auf das Physische nicht gerechtfertigt). Bewusste Erlebnisse oder auch unbewusste seelische Vorgänge sind nicht unqualifiziert dasselbe wie elektrochemische Ströme oder sonstige neurobiologische Prozesse.[7]

Diese Verbindung aus bestehender Supervenienz und fehlender Reduzierbarkeit ist weithin anerkannt in der Philosophie des Geis-

7 Vgl. Kim, »Supervenience as a Philosophical Concept«, S. 1-27; Kim, *Mind in a Physical World*, S. 4-15, 23-27; Kim, *Physicalism, or Something Near Enough*, S. 13-15, 33-35.

tes, und das obige Bekenntnis zu einem Monismus ohne Behaviorismus oder Eliminativismus kann ihr eine sehr einfache Deutung verschaffen: Das Mentale *superveniert* auf dem Physischen, ganz einfach weil es mit ihm, oder genauer mit manchen seiner Komponenten und Phasen, *identisch* ist, in ontologischer Hinsicht. Gehirne *realisieren* Bewusstsein, jedenfalls gewisse Teile von ihnen und zu bestimmten Zeiten, und daher muss sich im Gehirn etwas ändern, wenn sich im Bewusstsein etwas ändern soll. Aber deshalb kann ein Quale doch nicht vollständig mit etwas Neuronalem gleichgesetzt werden: Ein Bewusstseinszustand *ist* kein Hirnzustand in phänomenalem oder semantischem Sinne. Ein Bewusstseinszustand ist das, was man an jenem Geschehen aus der *Ersten-Person-Perspektive* erfährt, nicht zuletzt auch fürchtet oder sucht, erleidet oder genießt, während ein Hirnzustand das ist, was man an jenem Geschehen aus der *Dritten-Person-Perspektive* beobachtet, womöglich auch untersucht oder aufzeichnet, beseitigt oder herbeiführt.[8]

Man könnte fragen, weshalb umgekehrt Neuronales nicht seinerseits auf Mentalem zu supervenieren scheint, wenn es doch mit ihm ontologisch identisch sein soll: Immerhin würde man wohl nicht unbedingt davon ausgehen, dass jede noch so geringfügige neuronale Veränderung auch mit einer irgendwie spürbaren mentalen Veränderung einhergehen müsste (selbst wenn sie in einer Komponente und Phase des Gehirns stattfindet, die für Bewusstsein relevant ist). Dies dürfte indessen vorrangig an der vorausgesetzten Größenordnung der betrachteten Abläufe liegen: So sind ganz allgemein mikroskopische Vorgänge ontologisch identisch mit jenen makroskopischen Vorgängen, die aus ihrer Gesamtheit und ihrem Zusammenspiel bestehen (weshalb das Makroskopische auch durchaus auf dem Mikroskopischen superveniert, jegliche makroskopische Veränderung eines Gegenstands stets mit irgendeiner mikroskopischen Umgestaltung seiner Bestandteile einhergehen muss). Das heißt jedoch nicht, dass jede Verschiebung von mikroskopischen Systemeigenschaften auch von einem Wandel der makroskopischen Systemeigenschaften begleitet sein muss (wenn zwei Atome in einem Schreibtisch ihre Spinausrichtung vertauschen, ändert sich weder seine Masse noch seine Farbe oder Gestalt, so dass trotz Identität das Mikroskopische keineswegs auf dem Ma-

8 Vgl. Nagel, *The View from Nowhere*, S. 28-32, 37-43, 46-49.

kroskopischen superveniert). Folglich können speziell niederskalige neuronale Prozesse allemal mit höherskaligen neuronalen Prozessen ontologisch identisch sein, und diese wiederum mit entsprechenden mentalen Erlebnissen. Dennoch muss die niederskalige neuronale Ebene nicht auf der höherskaligen neuronalen Ebene supervenieren, und damit auch nicht auf der zugehörigen mentalen Ebene (wenn zwei Synapsen ihre Aktivitätsmuster vertauschen, kann die Gesamtaktivität in dem betroffenen Hirnareal gleich bleiben, und damit auch das Erleben der fraglichen Person). Demgegenüber mag sehr wohl anzunehmen sein, dass Veränderungen auf den höherskaligen neuronalen Ebenen stets mit Veränderungen in den korrespondierenden mentalen Ebenen einhergehen, selbst wenn diese vielleicht minimal sind, so dass hier tatsächlich auch das Neuronale auf dem Mentalen superveniert.

Der skizzierte Vorschlag, Mentales und Physisches einander zuzuordnen, kann ein bekanntes Trilemma auflösen, das sich in der Analyse ihres Verhältnisses stellt. So hat es den Anschein, dass die folgenden drei Aussagen allesamt korrekt sind: (a) Mentales ist nichts Physisches (Nichtreduzierbarkeit mentaler Erlebnisse). Dies entspricht insbesondere der unmittelbaren Erfahrung der betroffenen Person, die etwa ein (mentales) Schmerzerleben hat und dies keineswegs ohne weiteres mit einem (neuronalen) Hirnprozess gleichsetzen würde (womöglich weiß sie gar nicht, dass sie ein Gehirn hat oder welche Funktionen es ausübt). (b) Mentales kann Physisches kausal beeinflussen (Möglichkeit mentaler Verursachung). Beispielsweise kann der (mentale) Entschluss einer Person offenbar dazu führen, dass diese Person eine (physiologische) Bewegung ausführt (ebenso wie eine Überzeugung oder ein Wunsch bewirken kann, dass sie etwas tut oder unterlässt). (c) Nur Physisches kann Physisches kausal beeinflussen (kausale Geschlossenheit des Physischen). Dies entspricht den elementaren Vorgaben eines modernen Weltbildes, dem zufolge keine nichtphysischen (immateriellen) Substanzen in der physischen (materiellen) Realität wirken können (auch masselose Teilchen oder Felder haben immer noch eine physische Existenz und Beschaffenheit, ein kausaler Einfluss nichtphysischer Entitäten würde eine unmittelbare Verletzung physikalischer Erhaltungssätze bedeuten).[9]

9 Vgl. Bieri, »Generelle Einführung«, S. 5 f.; Kim, *Physicalism, or Something Near*

Nun sind aber die drei Thesen, wie plausibel sie je für sich allein auch erscheinen mögen, zusammen genommen offenbar nicht miteinander verträglich, zumindest nicht in der vorgestellten Form. Daher muss man anscheinend zumindest eine These aufgeben, um eine konsistente Position zu erhalten: Verzichtet man auf (a), so entsteht ein reduktiver Materialismus oder reduktiver Physikalismus. Mentales ist dann angeblich nichts anderes als Physisches (und kann als solches freilich anderes Physisches kausal beeinflussen, ohne dessen kausale Geschlossenheit zu sprengen). Gibt man (b) auf, so läuft dies auf einen dualistischen Epiphänomenalismus oder dualistischen Parallelismus hinaus. Mentales hat dann keinen kausalen Einfluss auf das Physische, sondern läuft wirkungslos als nachgeordnete Begleiterscheinung oder als entkoppeltes Zusatzgeschehen neben ihm her (ist zwar verschieden von allem Physischen, kann aber auch nicht in dessen kausale Geschlossenheit eindringen). Gibt man (c) auf, so erhält man einen interaktionistischen Dualismus oder klassischen Cartesianismus. Dann kann das Mentale, auch wenn es nichtphysischer Art ist, im Physischen wirken, aufgrund von dessen kausaler Offenheit (ist zwar verschieden von allem Physischen, vermag aber ungeachtet dessen Physisches kausal zu beeinflussen).[10]

Versteht man indessen das Verhältnis von Mentalem und Physischem in der oben skizzierten Weise, so kann man alle drei Thesen beibehalten, jedenfalls sofern man bereit ist, sie mit einigen erläuternden Klarstellungen zu versehen. Dabei werden die Thesen durch jene Klarstellungen keineswegs ungebührlich verzerrt oder befremdlich ausgedeutet, sondern wohl überhaupt erst plausibel interpretiert: (a') Mentales ist *phänomenal betrachtet* nichts Physisches, aber sehr wohl *ontologisch identisch* mit ihm. Der Erfahrung nach ist ein (mentales) Schmerzerleben kein (neuronaler) Hirnprozess, da beide mit ganz unterschiedlichen Eindrücken einhergehen, doch dem Sein nach sind beide nicht verschieden voneinander, sind keine separaten Geschehnisse (sondern ein und derselbe Vorgang, nur

Enough, S. 15-22; Metzinger, »Das Leib-Seele-Problem in der zweiten Hälfte des zwanzigsten Jahrhunderts«, S. 14; Walde, *Willensfreiheit und Hirnforschung*, S. 43.

10 Vgl. Bieri, »Generelle Einführung«, S. 5-9; Kim, *Physicalism, or Something Near Enough*, S. 150-161; Metzinger, »Das Leib-Seele-Problem in der zweiten Hälfte des zwanzigsten Jahrhunderts«, S. 14 f.; Walde, *Willensfreiheit und Hirnforschung*, S. 41-44.

aus unterschiedlichen Perspektiven erfahren). (b') Mentales kann Physisches *kausal beeinflussen*, und zwar *eben weil* es ontologisch mit ihm identisch ist. Dem Sein nach ist ein (mentaler) Entschluss ein neuronales Ereignis, das heißt ein physisches Geschehen, und genau deshalb ist es nicht verwunderlich, dass er andere physische Ereignisse wie etwa eine (physiologische) Bewegung auslösen kann (also die entsprechende reale Handlung, und hierüber weitere reale Folgen). (c') Die Welt des Physischen ist *kausal geschlossen*, insofern nur etwas, das ontologisch *zumindest auch* etwas Physisches ist, seinerseits anderes Physisches kausal beeinflussen kann. Da ein mentaler Zustand jedoch ontologisch zugleich auch ein physischer (materieller) Zustand ist, kann er Wirksamkeit auf weitere physische (materielle) Gegenstände und Vorgänge entfalten (ohne irgendein Zutun von Dingen oder Zuständen oder Ereignissen, die tatsächlich nichtphysisch wären).[11]

Insoweit vertrete ich hier einen ontologischen Monismus, verbunden mit einem phänomenalen Dualismus. Diese Position stimmt sowohl mit einem modernen Weltbild als auch mit der unmittelbaren Erfahrung überein. Zum einen bemüht sie keine immaterielle Seelensubstanz, die unabhängig vom Körperlichen wäre. Zum anderen leugnet sie nicht die spezifische Qualität, die Bewusstseinszuständen als solchen zukommt. Insbesondere ist sie verträglich mit Thomas Nagels Plädoyer, dass der psychische Charakter bewusster Erlebnisse, wie sie etwa mit bestimmten Wahrnehmungsformen verbunden sein mögen, nicht aufgrund einer falschen Beschränkung auf die physischen Abläufe geleugnet werden darf.[12] Ebenso passt sie zu Frank Jacksons Auffassung, dass ein theoretisches Wissen über neuronale Zustände, die etwa bei bestimmten Sinneseindrücken auftreten, noch kein erlebnishaftes Kennen der entsprechenden Qualia einschließt.[13]

Es sei noch einmal hervorgehoben, dass, gemäß obiger Deutung, das Mentale und das Physische ontologisch *identisch* sind (nur phänomenal verschieden, und deshalb auch semantisch verschieden). Das bedeutet, dass, entgegen gelegentlicher Auffassung,

11 Vgl. Beckermann, *Analytische Einführung in die Philosophie des Geistes*, S. 115-117; Sturma, *Philosophie des Geistes*, S. 18 f., 34-40; Sturma, »Die Natur der Freiheit«, S. 385-391.

12 Nagel, »What Is It Like to Be a Bat?«, S. 435-437, 441-443.

13 Jackson, »What Mary Didn't Know«, S. 291-295.

das Verhältnis beider Ebenen keineswegs *kausal* ist (sondern lediglich die zwei Ebenen ihrerseits jeweils kausal geartet sind, und zwar in ontologisch identischer Weise).

Das Physische *erzeugt* also nicht etwa kausal das Mentale: Dann wäre das Mentale doch wieder ein eigenes Geschehen, eine separate Erscheinung. Diese würde nun zwar als kausal abhängig vom Physischen gedacht (anders als im cartesianischen Dualismus, wo die aktiven Regungen der *res cogitans* eigenständig gegenüber den physiologischen Zuständen der *res extensa* sind, zudem von sich aus jene veranlassen können). Sie würde aber immer noch als ontologisch getrennt vom Neuronalen vorgestellt (ganz in dualistischem Sinne, indem man es eben mit verschiedenen Phänomenen beziehungsweise verschiedenen Prozessen zu tun hätte, auch wenn nun das Physische das Mentale überhaupt erst entstehen ließe). Denn in einem kausalen Verhältnis bringt zwar die Ursache die Wirkung hervor, aber beide sind immer noch separate Ereignisse oder Zustände in der Welt. Wenn man also eine Kausalbeziehung zwischen Mentalem und Physischem annähme, so ergäbe sich doch wieder eine ontologische Scheidung beider, wäre ein Schmerzempfinden allemal verschieden von einem Hirnzustand. Es würde zwar von ihm generiert, wäre gerade damit aber offenbar ein neues Ereignis, ein neuer Zustand. Nicht zuletzt geht in einem kausalen Verhältnis die Ursache der Wirkung üblicherweise zeitlich voraus, mit einem zumindest infinitesimalen temporalen Abstand. Wenn man also eine Kausalbeziehung zwischen Mentalem und Physischem vermutete, so müsste auch hier ein zeitlicher Abstand entstehen, müsste ein Schmerzempfinden dem Hirnzustand nachfolgen. Sogar wenn ein Gehirn vernichtet würde, müsste für eine gewisse Zeit, wie kurz sie auch immer sein sollte, irgendwo noch ein Bewusstsein vorhanden sein, das zuvor produziert wurde.

Tatsächlich aber *ist* das Physische ontologisch das Mentale: Bestimmte materielle Strukturen *sind* bewusst. Sie stellen nicht Bewusstsein *her*, als nachfolgenden Effekt. In kategorialer Sprache handelt es sich um ein und dieselbe Substanz, oder auch um ein und dieselbe Eigenschaft. Gehirne erzeugen nicht kausal Bewusstseine, sondern sie sind ontologisch Bewusstseine (zumindest teilweise und zeitweise). Hirnzustände bewirken nicht kausal Bewusstseinszustände, sondern sie sind ontologisch Bewusstseinszustände (zumindest einige von ihnen). Ähnliches gilt auch von anderen

Qualitäten materieller Strukturen. Einige materielle Körper sind lebendig oder schwer oder gelb. Dies sind ihre spezifischen Merkmale, ihre kennzeichnenden Attribute. Das heißt nicht, dass sie Leben oder Schwere oder Gelbheit erzeugen, als separate Zustände, die von ihren physischen Zuständen verschieden wären.

Diese Richtigstellungen sind nicht nur von abstraktem philosophischen Interesse. Sie haben auch Bedeutung für konkrete wissenschaftliche Forschungsprogramme.

Wenn man beispielsweise mit wissenschaftlichen Methoden die zugrunde liegenden Strukturen und physisch relevanten Funktionen von »mentalen Mechanismen« aufklären will, so darf dies nicht unter der Annahme geschehen, dass das Neuronale das Mentale kausal entstehen lasse, man folglich nach neuronalen Ursachen für mentale Wirkungen zu suchen habe. Vielmehr muss man den Gedanken ernst nehmen, dass das Neuronale ontologisch mit dem Mentalen eins ist, nur phänomenal und semantisch von ihm verschieden, und dass, weil das Neuronale kausal strukturiert ist, auch das Mentale kausal strukturiert ist. Genauer weist das Mentale ontologisch dieselbe Kausalität auf wie das Neuronale, als damit identischer Prozess aus lediglich anderer Perspektive. Um diese Kausalität in ihren maßgeblichen Komponenten aufzudecken, sollte man einer »heuristischen Identitätstheorie« folgen, die entsprechende Befunde auf beiden Seiten aufeinander bezieht, also Einsichten in mentale Strukturen und Funktionen mit Erkenntnissen zu neuronalen Strukturen und Funktionen wechselseitig abgleicht, um letztlich Ursachen und Wirkungen aufzudecken, die gleichermaßen mental wie neuronal sind.[14]

Einfach gesagt ist das Gehirn nicht die *Ursache* von Bewusstsein, sondern es ist *bewusst* (jedenfalls teilweise und zeitweise). Ähnlich ist der Magen nicht die *Ursache* von Verdauung, sondern er *verdaut* (jedenfalls anteilig und mitunter).

Entsprechend liefert das Neuronale auch nicht die Grundlage für eine »ätiologische Erklärung« des Mentalen, bei der man einen Bewusstseinszustand als Wirkung erklären könnte, indem man den korrespondierenden Hirnzustand als seine erzeugende Ursache an-

14 Vgl. Bechtel, *Mental Mechanisms*, S. 69-71. Dies lässt unbenommen, dass diese gleichermaßen mentalen wie neuronalen Prozesse gewissen weiteren kausalen Einflüssen unterliegen können, die ihrerseits nicht mehr mental sind, aber vielleicht immer noch im neuronalen Bereich stattfinden, oder noch nicht einmal neuronal sind, sondern von außerhalb des jeweiligen Gehirns kommen.

führen würde. Als Ursache eines gegebenen Zustandes kommt nur ein ontologisch verschiedener, nicht ein ontologisch identischer Zustand in Frage. Ein Zustand kann nicht die Wirkung seiner selbst, sondern nur von etwas anderem sein. Stattdessen bietet das Neuronale allein den Ansatz für eine »konstitutive Erklärung« des Mentalen, bei der man einen Bewusstseinsprozess als Phänomen erklärt, indem man den entsprechenden Hirnprozess als ihm unterliegenden Mechanismus nachzeichnet.[15]

Genauer erklärt man hierbei zunächst einen *höherskaligen neuronalen Prozess*, etwa steigende Aktivität in einem bestimmten Hirnareal, indem man zeigt, dass er aus der Gesamtheit und dem Zusammenspiel zahlreicher *niederskaliger neuronaler Prozesse* besteht, etwa aus dem Verlauf der Erregungsmuster vieler einzelner Synapsen (welche ihrerseits gewissen Ursache-Wirkungs-Beziehungen folgen). Sodann erklärt man den *entsprechenden mentalen Prozess*, etwa zunehmendes Empfinden eines bestimmten Schmerzes, indem man nachweist, dass er nichts anderes als die Erfahrung jenes *höherskaligen neuronalen Prozesses* ist, wie er vom Standpunkt des jeweils betroffenen Bewusstseins erlebt wird (das heißt aus der zugehörigen Ersten-Person-Perspektive).

Dabei wird man damit rechnen müssen, dass jene Abbildung des Mentalen auf das Neuronale niemals bruchlos, jene Erklärung des Psychischen durch das Physische niemals vollständig sein kann. Offenkundig tut sich in der Verbindung beider Bereiche ein Grundsatzproblem (*hard problem*) auf, das sich vielleicht nicht abschließend lösen lässt, eine Erklärungslücke (*explanatory gap*), die womöglich nicht vollständig zu überbrücken ist.[16] Das heißt: *Wie* es möglich ist, dass bestimmte materielle Strukturen, namentlich Gehirne, überhaupt ein individuelles Bewusstsein, eine Erste-Person-Perspektive ausbilden, *warum* es so ist, dass gewisse Hirnzustände zugleich als Bewusstseinszustände erfahren werden, mag sich zuletzt als unergründlich erweisen.

15 Vgl. Craver, *Explaining the Brain*, S. 2-9, 74, 107 f., 121 f., 129, 152-154. Dies stellt wiederum nicht in Frage, dass der jeweilige Bewusstseinszustand und der entsprechende Hirnzustand ihrerseits auf weitere andersartige Ursachen zurückgehen mögen, seien es unbewusste Prozesse im eigenen Gehirn, seien es externe Prozesse der angrenzenden Umwelt.

16 Vgl. Chalmers, *The Conscious Mind*, S. xi f., 46 f., 106-108, 118-120, 233-236, 333; Levine, »Materialism and Qualia: The Explanatory Gap«, S. 356-358.

Man kann vielleicht weitgehend aufklären, *welche* materiellen Strukturen, in welchem Umfang, unter welchen Bedingungen, individuelles Bewusstsein tragen, und auch welche Form, welche Qualität, welche Intensität die darin gemachten Erfahrungen haben, eben indem man sichere Befunde mentalen Erlebens mit der neurologischen Beobachtung entsprechender Hirnaktivitäten korreliert und abgleicht. Aber man kann womöglich niemals erklären, *weshalb* ihnen diese Eigenschaft zukommt, nicht zuletzt weil wir gar keine Vorstellung davon haben, welche Art von Antwort hierauf überhaupt gegeben werden sollte.[17] Die Frage mag ähnlich grundlegend und zuletzt unbeantwortbar sein wie die Frage, weshalb Massen überhaupt irgendwelche Anziehungskräfte aufeinander ausüben, weshalb Licht sich gerade mit der beobachteten Vakuumgeschwindigkeit ausbreitet oder weshalb Elementarteilchen teilweise elektrische Ladung tragen: So *ist* es eben, und ebenso *haben* Gehirne, und womöglich auch andere natürliche oder künstliche Strukturen mit hinreichender Komplexität und Vernetzung, eben Bewusstsein.

16.3. Michelangelos *David* und der in entsprechender Weise behauene Marmorblock, aus dem er besteht, sind *ontologisch identisch*. Das heißt, es sind nicht zwei verschiedene Dinge in der Welt, sondern ein und derselbe Gegenstand. Sie können sich nicht an unterschiedlichen Orten aufhalten, sie können nicht zu unterschiedlichen Zeiten existieren. Was immer dem einen widerfährt, geschieht auch dem anderen, wird der eine erzeugt, geformt, geschliffen, bemalt, verkratzt, beschmiert, verschoben, gekippt, verkauft, gestohlen, zerrieben, gesprengt, so vollzieht sich all dies auch mit dem anderen. Gewiss mögen bestimmte Tätigkeiten oder Geschehnisse dazu führen, dass der *David* als Kunstwerk überhaupt erst entsteht oder endgültig verloren geht, während man berechtigt behaupten dürfte, dass *ein* und vielleicht sogar *derselbe* Marmorblock als Material bereits existiert beziehungsweise weiter fortdauert. Aber mit

17 Vgl. Feigl, »The ›Mental‹ and the ›Physical‹«, S. 472 f., 475 f.; Kim, »Supervenience as a Philosophical Concept«, S. 23-27; Kim, *Philosophy of Mind*, S. 301-306, 326-333; McGinn, »Can We Solve the Mind-Body Problem?«, S. 349-366; McGinn, *The Mysterious Flame*, S. 5 f., 31-76; Roth, »Worüber dürfen Hirnforscher reden – und in welcher Weise?«, S. 227, 231; Sturma, *Philosophie des Geistes*, S. 21 f., 37-39, 95; Sturma, »Die Natur der Freiheit«, S. 386.

dem *David* muss in jedem Fall *der* in solcher Art *gestaltete* Marmorblock auftauchen beziehungsweise verschwinden, auch fortdauern oder sich verändern, weil sie eben in ontologischer Hinsicht ein und dasselbe Gebilde sind.

Der *David* und der Marmorblock sind auch *phänomenal identisch*. Sie sind aus jeder personalen Perspektive stets beide und jeweils ungetrennt erfahrbar, die Skulptur und der Stein. Genauer kann man sie offenbar nur aus verschiedenen Dritte-Person-Perspektiven betrachten, nicht aus einer Ersten-Person-Perspektive, doch von jedem dieser möglichen Standpunkte aus lassen sich beide gleichermaßen wahrnehmen, und von jedem dieser möglichen Standpunkte aus erscheinen sie jeweils vereint. Kein Blickwinkel zeigt ausschließlich oder auch nur bevorzugt die Skulptur oder den Stein, und kein Blickwinkel löst sachlich oder auch nur empfindungsmäßig die Skulptur von dem Stein ab. Gewiss kann es geschehen, dass man eines von beidem *übersieht*, indem man entweder das Kunstwerk oder das Material nicht als solches *erkennt*, vielleicht weil einem die Fachkenntnisse oder die Hilfsmittel hierfür fehlen. Aber dies liegt dann nicht an einer *besonderen Beobachterperspektive*, die man einnimmt, sondern an einem *speziellen Sinnzusammenhang*, der einem entgeht.

Denn der *David* und der Marmorblock sind eben *semantisch verschieden*. Sie bezeichnen zwar das ontologisch eine und phänomenal ungeteilte Objekt. Aber sie tun dies aus abweichenden konzeptuellen Perspektiven. Einmal wird es als künstlerischer Gegenstand thematisiert, einmal als physischer Gegenstand. Im einen Fall betrachtet man es in *ästhetischer Hinsicht*, im anderen Fall in *chemischer Beziehung*. Im einen Fall behandelt man seinen *kulturellen Stellenwert*, im anderen Fall seine *mineralische Beschaffenheit*.

Freilich können diese beiden semantischen Ebenen einmal mehr aufeinander Bezug nehmen: Man kann sagen, dass der *David* aus einem Marmorblock besteht. Man kann erwägen, weshalb Michelangelo jenes Material für sein Kunstwerk gewählt hat oder wie lange dieser Marmorblock und damit auch der *David* Bestand haben wird. Aber dennoch sind die beiden semantischen Ebenen verschieden voneinander, so dass insbesondere die zugehörigen Begriffe nicht ohne Bedeutungsverschiebung durcheinander ersetzt werden können: Man bewundert nicht den Marmorblock, sondern den *David*. Nicht der Marmorblock ist schön, sondern der *David*.

Genauer lässt sich diese Konstellation von ontologischer Identität und semantischer Verschiedenheit in der Feststellung zum Ausdruck bringen, dass der physische Gegenstand das künstlerische Objekt *konstituiert*, ohne vollständig mit ihm *identifiziert* werden zu können: In einem gewissen Sinne *ist* der so beschaffene Marmorblock der *David*. Beide existieren zur selben Zeit und am selben Ort, der eine kann nicht hervorgebracht oder vernichtet, verändert oder bewegt werden, wenn nicht auch der andere produziert oder zerstört, manipuliert oder befördert wird. Aber ihr Verhältnis ist dennoch nicht als völlige Übereinstimmung zu verstehen, sondern als eine spezielle Beziehung der Konstitution: Der geeignet gestaltete Marmorblock ist nicht einfach und in jeglicher Hinsicht *dasselbe* wie der *David*. Erst innerhalb eines hierfür relevanten Bedeutungshorizonts stellt der Marmorblock den *David* dar – oder auch ein Stein ein Mahnmal, ein Papierstreifen eine Banknote.[18]

Diese Verbindung von bestehender Konstitution und fehlender Identifikation lässt sich durch die obige Trennung dreier Ebenen leicht auf den Punkt bringen: Der Marmorblock und der *David* sind ontologisch *ein und dasselbe Ding*, nicht zwei verschiedene Gegenstände in der Welt. Auch ist dieses eine Ding mit all seinen physischen und künstlerischen Aspekten phänomenal *in jeder Erfahrung zugänglich*, egal aus welcher Beobachterperspektive man es betrachtet. Aber jene verschiedenen Aspekte erschließen sich nur in jeweils spezifischen semantischen Kontexten: Man erkennt den Marmorblock *als* Kunstwerk nur dann, wenn man ihn aus der hierfür relevanten Sinnperspektive erfasst. In diesem Sinne *konstituiert* ein materieller Gegenstand ein künstlerisches Objekt, indem er dessen ontologische Existenz und phänomenale Erfahrbarkeit verbürgt, aber nur in einem bestimmten semantischen Rahmen eben als ein Kunstwerk erkennbar, unterscheidbar, verstehbar und bewertbar wird – und nicht zuletzt überhaupt erst erdacht, geplant, entworfen und geschaffen wurde.[19]

Man mag überlegen, wieso umgekehrt der *David* nicht seinerseits den Marmorblock zu konstituieren scheint, obwohl er doch mit ihm ontologisch identisch sein soll: Immerhin würde man vielleicht nicht unbedingt sagen, dass ein Kunstwerk ein Materiestück darstellt (oder auch ein Mahnmal einen Stein, eine Banknote einen

18 Vgl. Baker, *Persons and Bodies*, S. 9, 20 f., 27-58.

19 Vgl. Danto, »The Artworld«, S. 571-584.

Papierstreifen). Dies dürfte jedoch vor allem mit der bevorzugten Blickrichtung auf derartige Beziehungen zu tun haben: Zumeist gelten physikalisch-materielle Aspekte eines Objekts als grundlegend, künstlerisch-ästhetische Aspekte demgegenüber als nachgeordnet (indem man eben einen physikalischen Gegenstand für einen künstlerischen Zweck verwendet, einem materiellen Gebilde eine ästhetische Bedeutung verleiht). Dabei wird man eher zu der Ansicht neigen, dass das Grundlegende das Nachgeordnete konstituiert als umgekehrt (der verwendete Stoff in seiner verliehenen Gestalt macht das kulturelle Werk, das historische Gebilde, das ökonomische Mittel aus). Notwendig ist diese Betrachtungsweise allerdings nicht. Man kann durchaus die künstlerische Perspektive auf ein Objekt als primär nehmen und dann nach den Inhalten der physikalischen Perspektive fragen (indem man etwa den Transport eines Kunstwerks zu erledigen hat und folgerichtig einrechnen muss, wie schwer es ist, wie groß oder wie zerbrechlich). In dieser Betrachtungsweise lässt sich allemal dafürhalten, dass der *David* in einem alternativen Sinnzusammenhang einen Marmorblock konstituiert.

Derartige Konstitutionsverhältnisse gibt es nicht nur zwischen Marmorblöcken und Kunstwerken, sondern auch in vielen anderen Feldern. Beispielsweise ist es plausibel, Verhältnisse zwischen Makro- und Mikroebenen auf diese Weise zu deuten. So mögen im Bereich materieller Abläufe *chemische Prozesse* von *physikalischen Prozessen* konstituiert werden: Sie sind ontologisch mit ihnen identisch (es handelt sich nicht um verschiedene Vorgänge in der Welt, nicht um getrennte Ereignisse in der Natur, sondern um ein und dasselbe Geschehen). Auch sind sie phänomenal nicht von ihnen separiert (man erlebt nicht aus der einen Erfahrungsperspektive nur den chemischen Vorgang, aus einer anderen Erfahrungsperspektive nur das physikalische Ereignis, sondern man kann beides gleichermaßen und ungetrennt von jedem Beobachtungswinkel aus erfassen). Aber semantisch könnte man darauf beharren, dass sich Erstere nicht vollständig auf Letztere reduzieren lassen, dass insbesondere chemische Begriffe und Lehrsätze nicht durchweg in physikalische Konzepte und Theorien übersetzbar sind. Ähnlich mögen im Bereich menschlichen Tuns *kollektive Phänomene* durch *individuelle Phänomene* konstituiert werden: Sie sind ontologisch mit ihnen identisch (eine kollektive Panik besteht ihrem Sein nach aus dem Verhalten von vielen verstörten individuellen Personen). Auch sind sie phänomenal nicht von ihnen unterscheidbar (von jedem möglichen Standpunkt aus sieht man eine Massenpanik als eine Ansammlung von rennenden und schreienden Einzelmenschen). Aber semantisch ließe sich dafürhalten, dass Erstere nicht immer auf Letztere reduziert werden können, dass etwa soziologische Beschreibungen und Erklärungen nicht jederzeit in psychologische Darstellungen und Erläuterungen aufzulösen sind.

Dass Makro- und Mikroebene in diesen Fällen ontologisch identisch sind, stellt nicht in Abrede, dass das »Ganze« hierbei oftmals mehr sein mag als die »Summe seiner Teile«, insbesondere indem es neuartige Qualitäten aufweist, die seinen jeweiligen Konstituenten überhaupt nicht zukommen: Eine Flüssigkeit ist in der Tat mehr als eine Summe von Molekülen, die jedes für sich allein gar nicht die makroskopische Eigenschaft des *Flüssigseins* haben können. Ein Stabmagnet hat zwar vielleicht die addierte *Anziehungskraft* seiner Elementarmagnete, aber seine *Festigkeit* kann nicht als Addition von deren atomaren Stabilitäten verstanden werden. Eine Börsenkrise ist in der Tat mehr als eine Summe von Aktienverkäufen, die jeder für sich allein gar nicht die makroökonomische Eigenschaft einer *Wirtschaftskrise* haben können. Ein Chorgesang hat zwar vielleicht die addierte *Lautstärke* seiner Teilgesänge, aber seine *Harmonie* kann nicht als Addition von deren einzelnen Klängen begriffen werden.

All diese Erscheinungen von »Emergenz«, all diese Beispiele von »neu hinzutretenden Eigenschaften« sprechen indessen nicht gegen die ontologische Identität der involvierten Ebenen: Gewiss ergibt sich das Ganze nicht einfach als *Summe* seiner *Teile*, das heißt als unverbundene Anhäufung seiner untergeordneten Bausteine, aber sehr wohl als integraler Zusammenhang von deren elementaren Wesenheiten, das heißt als Totalität ihrer Substanzen, Akzidenzien, Konstellationen, Relationen, Anordnungen, Wechselwirkungen etc. Mit dieser umfassenden *Gesamtheit* von fundamentalen *Beständen* ist es identisch, und seine spezifischen Eigenschaften, wie neu sie gegenüber den Merkmalen seiner Konstituenten auch sein mögen, sind keineswegs ontologisch separat von deren basaleren Qualitäten, sondern setzen sich ihrerseits aus diesen zusammen. Eine Flüssigkeit, auch ein Festkörper oder ein Gas, besteht zwar nicht aus der bloßen *Kopräsenz*, aber doch aus der *Interaktion* vieler

Atome, und die emergente Eigenschaft eines Stabmagneten, beim Herunterfallen nicht leicht zu zerbrechen, besteht in den Eigenschaften seiner Komponenten, geeignete Teilchenverbände miteinander einzugehen und aufrechtzuerhalten. Eine Börsenkrise, ebenso ein Mannschaftssport oder ein Krieg, besteht zwar nicht aus dem schlichten *Nebeneinander*, aber doch aus dem *Zusammenspiel* vieler Einzelhandlungen, und die emergente Eigenschaft eines Chorgesangs, in Moll zu erklingen, besteht in den Eigenschaften seiner Stimmen, entsprechende Tonintervalle zueinander einzunehmen und vorzutragen.

Eine menschliche *Person*, im üblichen Wortsinne, wird durch einen biologischen *Körper*, mit geeigneten Eigenschaften, konstituiert:[20] Ontologisch sind mit ihnen nicht zwei getrennte Dinge vorhanden (eine menschliche Person existiert nur als ein biologischer Körper mit bestimmten Fähigkeiten und in einem entsprechenden Umfeld). Auch phänomenal erscheinen sie in jeder möglichen Erfahrung gemeinsam (sowohl aus der Ersten-Person-Perspektive als auch aus der Dritten-Person-Perspektive nimmt man unsepariert die Person wie den Körper wahr). Aber semantisch können sie voneinander unterschieden werden, indem man einmal ihren Status als rationaler Akteur, einmal ihre Stellung als physischer Organismus adressiert.

Eine menschliche *Handlung*, der dann weitere Folgen entspringen mögen, wird durch ein bestimmtes *Ereignis*, nämlich eine körperliche Bewegung, konstituiert:[21] Ontologisch liegen mit ihnen nicht zwei verschiedene Geschehnisse vor (eine menschliche Handlung, gleich ob physisch oder kommunikativ, symbolisch oder administrativ, lässt sich letztlich nur als eine körperliche Bewegung vollziehen, als Verrichtung oder Äußerung, zumindest als Geste oder Mimik). Auch phänomenal treten sie in jedem möglichen Erleben zusammen auf (für den Handelnden selbst wie für jeden Außenstehenden zeigt sich ungeschieden die Handlung wie die Bewegung). Aber semantisch lassen sie sich voneinander abheben, indem man sie einmal als sinnhaften Vollzug, einmal als leibhaften Ablauf konzipiert.

Auch hier ist zu betonen, dass die Ebenen einer semantischen Unterscheidung (wie schon die Ebenen einer phänomenalen Tren-

20 Vgl. Baker, *Persons and Bodies*, S. 3-12, 20-22, 91-117.

21 Vgl. Davidson, »Agency«, S. 44, 49-52, 55-60.

nung) ontologisch *identisch* sind. Das heißt, dass (wie bereits Mentales und Physisches) die Korrelata einer Konstitutionsbeziehung wiederum nicht in einem *kausalen* Verhältnis zueinander stehen.

Der Marmorblock *verursacht* nicht den *David*: Dann wären doch wieder zwei verschiedene Dinge in der Welt. Vielmehr *ist* der so gestaltete Marmorblock, aufgrund der gegebenen Umstände (seines Ursprungs, seiner Rezeption, seiner Vorgeschichte, seiner Nachgeschichte), der *David*, in ontologischem Sinne (als dasselbe Ding in der Welt). Er ist nur semantisch von ihm verschieden. Als physisches Objekt betrachtet ist er der Marmorblock, als künstlerisches Werk aufgefasst ist er der *David* (und in letzterer Hinsicht erscheinen nun auch manche seiner physischen Eigenschaften als künstlerische Qualitäten, etwa seine Gestalt als Schönheit). Körperliche Abläufe *bewirken* keine personalen Vollzüge: Dann wären doch wieder zwei getrennte Vorgänge in der Welt. Vielmehr *sind* gewisse körperliche Abläufe, unter geeigneten Bedingungen (bei gegebenen Intentionen, innerhalb entsprechender Konventionen, möglicherweise unter Einbindung bestimmter Hilfsmittel, eventuell mit Zutun weiterer Akteure), personale Vollzüge, in ontologischer Hinsicht (als dasselbe Geschehnis in der Welt). Sie werden nur semantisch abweichend konzipiert. Als physiologisches Ereignis betrachtet hat man es mit einer Mundbewegung zu tun, als diskursive Handlung aufgefasst liegt ein Diskussionsbeitrag vor (und in letzterer Darstellung erscheinen manche körperlichen Merkmale eben auch als personale Attribute, etwa ein Verziehen der Lippen als Ausdruck von Arroganz).

Körperliche Abläufe lösen mithin nicht die entsprechenden personalen Vollzüge *aus*: Ein Drehen meines Kopfes verursacht keine Verneinung, ein Vorschnellen meiner Faust verursacht keinen Angriff. Ebenso wenig erzeugt umgekehrt eine personale Handlung das zugehörige körperliche Ereignis, mein Gruß bewirkt nicht das Hin-und-Herwedeln meiner Hand, meine Flucht bewirkt nicht das Auf-und-Abfahren meiner Beine. Vielmehr fallen diese Abläufe und Vollzüge ontologisch zusammen und haben damit ihrerseits ontologisch dieselben Ursachen und Wirkungen. Was die Mundbewegung verursacht (etwa ein vorausgehendes neuronales Ereignis oder das hiermit ontologisch identische mentale Ereignis), das verursacht auch den Diskussionsbeitrag, und was vom Diskussionsbeitrag bewirkt wird (etwa der nachfolgende Aufruhr oder das hiermit ontologisch identische Lärmen), das wird auch von der Mundbewegung bewirkt. Ganz allgemein bringen die beiden Komponenten einer konstitutiven Beziehung einander nicht kausal *hervor*, sondern sind ontologisch identisch und damit auch kausal parallel: Wenn der physikalische Prozess einer bestimmten Kausalität unterliegt, dann auch der durch ihn konstituierte chemische Prozess. Wenn das individuelle Phänomen gewissen Gesetzen folgt, dann auch das hiermit identische kollektive Phänomen. Wo das eine Ursachen findet oder Wirkungen zeitigt, da auch das andere. Was den Marmorblock erschafft, beeinflusst oder zerstört (ein Geistesblitz, ein Hammerschlag, ein Erdbeben), das erschafft, beeinflusst oder zerstört auch den *David*, und was der *David* erweckt, bedingt oder veranlasst (Bewunderung, Neid, Herzrasen), das erweckt, bedingt oder veranlasst auch der Marmorblock.

Vor diesem Hintergrund lassen sich bestimmte falsche Sprechweisen, die in der Debatte um die Willensfreiheit und das Verhältnis von personalen und körperlichen Abläufen gelegentlich auftreten, genauer analysieren und passend kritisieren. Wichtig ist hierbei, sich jeweils klarzumachen, auf welcher Ebene der Fehler begangen wird, also zu markieren, ob die fragliche Behauptung in semantischer, phänomenaler oder ontologischer Hinsicht zu beanstanden ist.

Korrekt ist es zu sagen, dass eine Person (verstanden als leibseelische Einheit) denkt, zweifelt, empfindet, Schmerzen hat, Entscheidungen trifft, Handlungen vollzieht, oder auch läuft, sitzt, geht, steht, tanzt, schaukelt. Ebenso ist es korrekt zu sagen, dass ich (bewusst in Kleinschreibung gesetzt) denke, zweifle, empfinde, Schmerzen habe, Entscheidungen treffe, Handlungen vollziehe, oder auch laufe, sitze, gehe, stehe, tanze, schaukle. Denn all dies, Denken, Zweifeln etc., aber auch Laufen, Sitzen etc., sind Zuschreibungen aus der semantischen Perspektive von rationalen Akteuren. Und die Person ist ein solcher Akteur, so wird der Begriff »Person« verwendet, ebenso wie das Wort »ich« einen solchen Akteur bezeichnet, da das Pronomen »ich« eben für mich als »Person« steht.

Semantisch falsch ist es zu sagen: »Ihr Körper denkt«, oder: »Mein Körper läuft«. Zwar ist eine Person ontologisch und auch phänomenal mit ihrem Körper identisch. Aber dieser Körper ist semantisch kein Akteur. Er ist kein Gegenstand aus der Sinnperspektive von Personalität, aus der man davon sprechen kann, dass jemand denkt oder läuft, sondern allein ein Objekt aus der Sinnperspektive von Physik, Chemie, Biologie, Physiologie etc., aus der diese Prädikate weder Bedeutung noch Anwendung haben.

Völlig falsch ist es zu sagen: »Ihr Gehirn denkt«, oder: »Meine Beine laufen«. Denn dies sind überdies nur Teile jenes Körpers. Hier kommt zum semantischen Fehler noch ein ontologischer Fehler hinzu. Richtig ist allein zu sagen, dass eine Person denkt oder läuft, und zwar *mit* ihrem Gehirn beziehungsweise *mit* ihren Beinen.

Ebenso falsch ist es zu sagen: »Ihr Gehirn hat Schmerzen«, oder: »Mein Hirnprozess ist mein Schmerzerleben«. Denn dabei wird außerdem eine unzulässige Identifikation von Erster-Person-Perspektive und Dritter-Person-Perspektive vorgenommen. Hier tritt zum semantischen Fehler noch ein phänomenaler Fehler hinzu. Richtig ist allein zu sagen, dass eine Person Schmerzen hat, und zwar auch nicht etwa in ihrem *Gehirn*, sondern beispielsweise in ihren *Beinen*.

Der Satz »Eine Person ist ihr Gehirn« oder »Ich bin mein Gehirn« ist semantisch falsch: Eine Person gehört einer anderen Sinnperspektive zu als ihr Körper, auch wenn sie ontologisch und phänomenal mit ihm identisch ist. Der Satz ist auch ontologisch falsch: Eine Person ist ontologisch mit ihrem gesamten Körper identisch, nicht nur mit einem Teil davon, etwa ihrem Gehirn.

Möglicherweise will man in derartigen Aussagen mit dem Wort »Ich« (nun in Großschreibung gesetzt) allein die mentale Ebene einer Person bezeichnen (insbesondere ihr Bewusstsein, ihre Qualia). Dann bleibt der Satz »Das Ich ist ein Gehirn« semantisch falsch, indem er Begriffe unterschiedlicher Bedeutung miteinander identifiziert. Auch ist er phänomenal falsch, indem er Erste-Person-Perspektive und Dritte-Person-Perspektive gleichsetzt. Allenfalls mag er ontologisch richtig sein, zumindest näherungsweise: Ein Gehirn vollzieht zwar auch eine größere Anzahl von unbewussten Prozessen, aber zu gewissen Teilen und in gewissen Zeiten ist es mit einem Bewusstsein identisch. Ein Bewusstsein ist dem Sein nach ein Gehirn – oder zumindest eine Reihe von Komponenten und Phasen hiervon.

Der Satz »Nicht die Person entscheidet, sondern ihr Gehirn« oder »Nicht ich entscheide, sondern mein Gehirn« ist semantisch falsch: Der Begriff des Entscheidens, ebenso wie der Begriff des Handelns, gehört allemal der Sinnperspektive von Personen, nicht aber der Sinnperspektive von Körpern zu, auch wenn beide ontologisch und phänomenal identisch sind. Der Satz ist auch ontologisch falsch: Eine Person ist ontologisch mit ihrem gesamten Körper identisch, nicht nur mit einem Teil davon, etwa ihrem Gehirn, und diese Person entscheidet sehr wohl, als ein ganzer Körper, mit ihrem Gehirn.

Womöglich soll in vergleichbaren Aussagen das Wort »Ich« (wiederum in Großschreibung gesetzt) allein die mentale Dimension einer Person bezeichnen (namentlich ihr bewusstes Erleben, ihr bewusstes Denken). Dann ist der Satz »Nicht das Ich entscheidet, sondern das Gehirn« erneut semantisch falsch, weil der Begriff der Entscheidung wohl durchaus zur Semantik von Bewusstseinen, aber sicherlich nicht zur Semantik von Gehirnen gehört. Zudem ist er abermals phänomenal falsch, weil Entscheidungen zumindest auch aus der Ersten-Person-Perspektive, gewiss nicht nur aus der Dritten-Person-Perspektive zuschreibbar sind. Und nicht zuletzt ist er sogar ontologisch falsch: Denn ontologisch ist das Mentale eben mit dem Neuronalen identisch, kommt das Bewusstsein zumindest mit bestimmten Komponenten und bestimmten Phasen eines Gehirns überein. Wenn diese Identität aber gilt, kann das Gehirn offenbar nicht eine Entscheidung treffen, ohne dass das Ich dies auch täte – jedenfalls solange man sich an eine belastbare Verwendung der Begriffe hält und unter einer Entscheidung einen bewussten Akt versteht, also nicht etwa am Ende auch davon sprechen will, dass Pflanzensamen sich entscheiden zu keimen oder Atomkerne sich entscheiden zu zerfallen.

17. Was nicht genügt

17.1. Viele Ansätze der aktuellen Freiheitsdebatte versuchen, menschliche Willensfreiheit trotz lückenloser Naturkausalität auf perspektivische Unterscheidungen, insbesondere phänomenaler oder semantischer Art, zu stützen: Beispielsweise wird erklärt, menschliche Entscheidungen und Handlungen seien aus der *Ersten-Person-Perspektive* frei, aus der *Dritten-Person-Perspektive* hingegen unfrei. Nicht zuletzt Autoren, die sich an Frankfurts mentalistischer Deutung von Willensfreiheit orientieren, als hierarchisches Zusammenspiel von Wünschen erster und zweiter Ordnung, finden eine solche perspektivische Zuweisung zuweilen attraktiv. Ihnen zufolge erscheint jene Mehrstufigkeit des Überlegens dann als frei, wenn man den phänomenalen Blickwinkel des jeweils Betroffenen wählt, während sie sich vom Blickwinkel eines äußeren Betrachters her als unfrei ausnimmt. Oder man hört, menschliches Denken und Tun sei frei, wenn man es aus einer *Handlungs-Perspektive* auffasse, hingegen unfrei, wenn man es aus einer *Ereignis-Perspektive* betrachte. Speziell Philosophen, die ihre Freiheitskonzeption auf Sellars' logizistischen Ansatz stützen, das heißt auf eine scharfe Trennung des Wesens rationaler oder kausaler Erklärungen, neigen häufig zu einer solchen perspektivischen Auslegung. Ihnen gemäß bezeichnet der Raum der Gründe ein bestimmtes Sprachspiel, innerhalb von dessen semantischem Rahmen Handlungen sich als frei darstellen, während sie im Sprachspiel des Raums der Ursachen als unfrei beschrieben werden.

All diese Perspektiven-Dualismen kommen darin überein, dass sie *kompatibilistische Positionen* liefern. Denn indem jeweils zwar der eine Blickwinkel Unfreiheit, der andere aber Freiheit anzeigt, indem lediglich das eine Sprachspiel von Kausalität, das andere hingegen von Autonomie redet, lässt sich anscheinend behaupten, dass in den betrachteten Vorgängen Kausalität und Freiheit zugleich auftreten, genauer dass die fraglichen Geschehnisse *nicht nur kausal* verfasst, *sondern auch autonom* beschaffen sind.

In den folgenden Abschnitten werde ich mit einigem Nachdruck dafür argumentieren, dass derartige Perspektiven-Dualismen, gleich ob phänomenalen oder semantischen Typs, verfehlt sind: Damit Willensfreiheit neben Naturkausalität existieren kann, muss sie wie diese als ein Bestand von ontologischem Rang ausgewiesen werden. Es genügt nicht, sie allein zum Inhalt einer gewissen Perspektive zu erklären. Der Zweifel an der Willensfreiheit stellt eine metaphysische Herausforderung dar, welche auf der Annahme beruht, die Welt sei rein kausal bestimmt. Hierauf kann man keine phänomenale oder semantische Antwort geben, indem man eine alternative Erfahrungsweise oder Beschreibungsform anführt, in der jene rein kausale Bestimmtheit der Welt nicht mehr sichtbar oder nicht länger thematisch wäre. Wenn aus einer Perspektive (etwa vom Blickwinkel der Dritten Person her oder im Sprachspiel von Ursachen und Wirkungen) *berechtigt* behauptet werden kann, dass eine Handlung tatsächlich nur kausal, nicht auch autonom beschaffen ist, dann ist diese ontologische Aussage auch für jede andere Perspektive *richtig*, ungeachtet dessen, dass jene andere Perspektive (etwa der Blickwinkel der ersten Person oder das Sprachspiel von Gründen und Rechtfertigungen) diese Beschaffenheit nicht wahrnimmt oder nicht artikuliert. Sind zwei Dinge oder Vorgänge *nicht ontologisch verschieden*, sondern nur phänomenal oder semantisch (ein mentaler Zustand und der zugehörige neuronale Zustand, eine Handlung und das entsprechende Ereignis), so sind die derart unterschiedenen Ebenen auch *ontologisch gleich verfasst*, mithin die eine Ebene gegebenenfalls von ebenso rein kausaler Art wie die andere Ebene (sie ist zwar keineswegs deren Wirkung, aber sie ist denselben Gesetzen unterworfen).

Um Willensfreiheit zu begründen, muss man demgegenüber zeigen, dass, unabhängig von der Perspektive, die *Welt* nicht nur kausal, sondern auch frei, die *Dinge* nicht nur kausal, sondern auch autonom bestimmt sind. Allein dieser *ontologische Kompatibilismus*, im Gegensatz zu allen phänomenalen oder semantischen Aufteilungen, kann eine erfolgreiche Freiheitsverteidigung leisten.

Gewiss, Willensfreiheit soll nach kompatibilistischer Auffassung *neben* Naturkausalität bestehen. Aber sie muss in der Tat neben ihr *bestehen*, als eine ontologische Struktur. Sie darf nicht nur alternativ zu ihr *erscheinen*, aus einer geeigneten Perspektive.

Immerhin, auch Naturkausalität mag allein in bestimmten Zugängen *Thema* werden. Aber sie hat als solche *Realität* in der Welt, gleich ob man sie zum expliziten Thema der Betrachtung macht oder nicht. Und ebenso muss Willensfreiheit *Existenz* haben, statt lediglich eine spezielle Art der Sicht auf die Dinge zu bezeichnen.

17.2. Es ist ein verbreiteter Ansatz in der gegenwärtigen Philosophie, wichtige Unterscheidungen im menschlichen Zugang zur Welt auf die phänomenale Differenz von Erster-Person-Perspektive und Dritter-Person-Perspektive zu gründen. Dieser Strömung zufolge haben bestimmte Geschehnisse einen grundsätzlich anderen Charakter, je nachdem ob man sie aus der (internen) Sicht des Betroffenen erlebt oder aber aus der (externen) Sicht eines Betrachters erfährt.

Auch für das Thema der Willensfreiheit wurde diese Art der Differenzierung bemüht, und speziell bei Vertretern, die Freiheit auf die Struktur des Überlegens stützen wollen, taucht sie gelegentlich auf. Es heißt dann, namentlich dieses Überlegen, das heißt das Abwägen von Wünschen, das Bilden von Plänen, das Durchdenken von Entscheidungen, das Ermessen von Handlungen, müsse aus der Ersten-Person-Perspektive als autonom wahrgenommen werden (jedenfalls im Vorfeld der Handlung, solange die Entscheidung noch nicht zu ihrem finalen Abschluss gelangt sei), während sie aus der Dritten-Person-Perspektive als kausal anzusehen sei (oder womöglich auch im Rückblick des Betroffenen, der dann den Standpunkt eines externen Beobachters gegenüber sich selbst einnehmen könne).[22]

Christine Korsgaard etwa gründet Freiheit auf einen solchen personalen Perspektiven-Dualismus, wenn sie erklärt, dass der Handelnde in seinem Überlegen (*from within the deliberative perspective*) sich selbst als frei erfahren müsse, ohne dass diese Eigenschaft auch für einen Dritten (*third-personally and from outside*) zugänglich wäre. Freiheit sei nur in der erstpersonalen Position eines reflexiven Bewusstseins fassbar, das eine Wahl über das zu Tuende zu treffen hat, im Unterschied zur externen Position etwa eines wissenschaftlichen Betrachters, der lediglich geeignete Erklärungen für fremdes Verhalten sucht.[23]

Auch Hilary Bok rechtfertigt Willensfreiheit und Verantwortlichkeit als notwendige Bestände eines bestimmten Standpunkts, nämlich dem des praktischen Überlegens (*practical reasoning*), dessen Zweck in der internen Bestimmung des eigenen Willens liege und in dem sich der Handelnde die Frage nach dem zu Tuenden stelle, nicht jenem der theoretischen Betrachtung (*theoretical reasoning*), dessen Aufgabe in Beschreibung und Erklärung bestehe und in dem äußere Gegenstände und Geschehnisse in ihren kausalen Verbindungen erschlossen würden. Dabei seien beide Standpunkte mit ihren jeweiligen Perspektiven legitim und kompatibel, aber der Erstere verlange gegenüber dem Letzteren, dass der Handelnde sich selbst nicht als kausal verursacht, sondern als autonom selbstbestimmend ansehe, dass er seine Wahl nicht als festgelegt, sondern als offen betrachte und dass er seine Rolle nicht als passiv, sondern als aktiv auffasse.[24]

22 Vgl. Nagel, »Moral Luck«, S. 35-38; Nagel, *The View from Nowhere*, S. 86-89, 110-124, 137.

23 Korsgaard, *The Sources of Normativity*, S. 94-97.

24 Bok, *Freedom and Responsibility*, S. 52, 57 f., 62 f., 158-166.

Nach Max Planck ist der Wille vom internen Standpunkt des Handelnden selbst aus gesehen frei, da eigene Entscheidungen und Handlungen unvorhersagbar sind, und zwar nicht so sehr aus empirischen Gründen der Empfindlichkeit, sondern vor allem aus logischen Gründen der Rückbezüglichkeit (weil die betroffene Person die eigene Vorhersage nicht vor sich selbst verbergen könnte, diese zusätzliche Information die eigenen Überlegungen aber stets beeinflussen würde). Hingegen ist der Wille vom externen Standpunkt eines Betrachters aus gesehen determiniert, weil fremde Entscheidungen und Handlungen vorhersagbar sind, jedenfalls bei geeigneten Kenntnissen, insbesondere von psychischen Faktoren (namentlich von Motiven und Trieben, auf die ein sich passiv verhaltender Beobachter eine entsprechend sichere Prognose stützen könne).[25]

Auch für Ulrich Pothast muss der Handelnde sich aus seiner eigenen Sicht als frei und verantwortlich erfahren, das heißt als vor einer offenen Wahl und einer offenen Zukunft stehend, nicht zuletzt weil er sein eigenes Handeln nicht vorherzusagen imstande ist, und zwar wiederum nicht vorrangig aus empirischen Gründen, sondern primär aus logischen Gründen (da die eigene Vorhersage zu einem weiteren Einflussfaktor auf seine Wahl und sein Handeln würde, dessen erneute Einberechnung letztlich in einen unendlichen Regress münden müsste). Hingegen muss der Handelnde aus einer äußeren Sicht als unfrei beziehungsweise determiniert gelten, vor allem als bestimmt durch Vererbung und Erziehung, insbesondere weil er für den äußeren Betrachter grundsätzlich vorhersagbar ist, zumindest bei entsprechender Einsicht, etwa in seine sozialen Prägungen (und damit in seine Dispositionen und Präferenzen, aus deren Konstellation der außenstehende Beobachter die bei der Handlungswahl leitenden Beweggründe deduzieren könne).[26]

Nun impliziert Unvorhersagbarkeit keineswegs Freiheit, sondern kann durchaus mit rein kausaler Bestimmung einhergehen (indem sie etwa in der objektiven Zufälligkeit eines stochastischen Geschehens oder in der subjektiven Unkenntnis von relevanten Parametern wurzelt). Umgekehrt impliziert Vorhersagbarkeit nicht

25 Planck, »Kausalgesetz und Willensfreiheit«, S. 162-165; Planck, »Vom Wesen der Willensfreiheit«, S. 302-312; Planck, »Determinismus oder Indeterminismus«, S. 337 f.

26 Pothast, *Freiheit und Verantwortung*, S. 13-18, 23-28, 39-55, 94, 98-100, 113-117, 120-124, 149-153, 171; Pothast, *Wie frei wir sind, ist unsere Sache*, S. 51-57, 67, 230-233.

unbedingt Determiniertheit, sondern kann auch bereits auf autonome Eindeutigkeit zurückgehen (etwa auf stabile Überlegungen oder auf zwingende Gründe).[27]

Wichtiger als diese Probleme voreiliger Rückschlüsse ist jedoch, dass Willensfreiheit, wenn sie neben Naturkausalität existieren soll, ein ontologischer Bestand zu sein hätte. Und als solcher kann sie nicht von der Wahl einer bestimmten personalen Perspektive, eines Blickwinkels oder geeignet ausgesuchten Wahrnehmungsorts abhängen (welche Rolle man einer speziellen phänomenalen Konstellation wie der Unvorhersagbarkeit eigenen oder fremden Verhaltens hierbei auch immer beimessen wollte). Wenn sich menschliches Entscheiden und Handeln aus der Dritten-Person-Perspektive *korrekt* als rein kausal erweisen sollte, so *wäre* es unfrei, ganz gleichgültig, ob dieses Merkmal auch aus der Ersten-Person-Perspektive erkennbar würde oder nicht. Wollte man Willensfreiheit als ein Phänomen erklären, das sich allein dem *internen Standpunkt* aufdrängen könnte, vom externen Standpunkt aus hingegen bestritten werden müsste, so wäre sie in der Tat *eine Illusion* (selbst wenn die Erfahrung dieser Illusion eine zentrale und vielleicht unabweisliche Komponente im eigenen psychischen Erleben wäre).[28]

Phänomenale Unterscheidungen sind höchst bedeutsam für die *Philosophie des Geistes*: Insbesondere ermöglichen erst sie eine schlüssige Bestimmung des Verhältnisses von Mentalem und Physischem, indem sie namentlich Qualia, die als solche allein aus der Ersten-Person-Perspektive zugänglich sind, und Neuronales, das sich als solches nur der Dritten-Person-Perspektive erschließt, nachdrücklich voneinander abheben. Aber derartige Unterscheidungen sind völlig unerheblich für das *Problem der Willensfreiheit*: Denn Mentales und Physisches, Qualia und Neuronales, Schmerzerleben und Hirnprozess, sind ontologisch eins, also auch gleichermaßen kausal, egal aus welcher Perspektive man sie betrachtet.

Willensfreiheit muss auf etwas gegründet werden, das ontolo-

27 Vgl. Keil, *Willensfreiheit*, S. 44 f., 74; Scriven, »An Essential Unpredictability in Human Behavior«, S. 414 f., 418, 423-425; Smilansky, *Free Will and Illusion*, S. 58.

28 Vgl. Keil, *Willensfreiheit*, S. 74; Lucas, *The Freedom of the Will*, S. 17-20; Margenau, *Scientific Indeterminism and Human Freedom*, S. 58 f.; Singer, *Ein neues Menschenbild?*, S. 24-34; Smilansky, *Free Will and Illusion*, S. 145-191; Strawson, *Freedom and Belief*, S. vi-viii, 15 f., 64-71, 257-278; Wiggins, »Towards a Reasonable Libertarianism«, S. 48.

gisch nicht mit dem Physischen identisch ist und damit insbesondere auch nicht wie das Physische kausal beschaffen ist. Das Mentale (speziell Wünsche oder Überlegungen) taugt hierfür nicht, da es allein das Neuronale von einem besonderen phänomenalen Standpunkt aus darstellt (als dessen Erfahrung aus der Ersten-Person-Perspektive), in allen metaphysischen Eigenschaften hingegen mit ihm übereinstimmt. Eine metaphysische Differenz der geforderten Art findet sich indessen, wenn man Gründe und Ursachen einander gegenüberstellt. Gründe werden zwar vom Mentalen bewusst erfasst und vom Neuronalen entsprechend abgebildet, aber sie sind nicht mit diesen beiden ontologisch identisch (wie diese beiden ihrerseits miteinander ontologisch identisch sind), und daher sind sie auch nicht kausal (während das Mentale und das Neuronale unzweifelhaft kausal sind).

17.3. Es ist eine kennzeichnende Mode in der jüngeren Philosophie gewesen, unangenehme Herausforderungen für das menschliche Selbstbild dadurch abwehren zu wollen, dass man darauf verwies, es gebe mitunter sehr verschiedenartige, aber grundsätzlich gleichberechtigte semantische Perspektiven, aus denen man ein und denselben Gegenstand betrachten könne. Indem man hierbei nur einen Gegenstand annahm, entging man dem Verdacht metaphysischer Dualismen (die gemeinhin als systematisch überzogen und historisch überholt galten), und indem man auf unterschiedlichen Perspektiven bestand, vermied man die Verengung erkenntnistheoretischer Monismen (die zumeist als allzu reduktionistisch und übermäßig szientistisch empfunden wurden).

Auch für die Frage der Willensfreiheit wurde diese Art der Differenzierung herangezogen, und insbesondere unter Autoren, die Freiheit als Orientierung an Gründen deuten, ist sie sehr beliebt. Es wird dann erklärt, Willensfreiheit sei konstatierbar, wenn man menschliche Aktivitäten als Vollzüge im Raum der Gründe betrachte (und hiermit als Handlungen im eigentlichen Sinne begreife), während Naturkausalität anzunehmen sei, sofern man dieselben Vorgänge als Geschehnisse im Raum der Ursachen ansehe (und dadurch als Ereignisse natürlicher Art auffasse).[29]

29 Vgl. Kenny, *Will, Freedom and Power*, S. 148-157; Spohn, »Der Kern der Willensfreiheit«, S. 72-77; Sturma, »Freiheit und Selbstbewusstsein im Raum der Gründe«, S. 173-175; von Wright, *Explanation and Understanding*, S. 124, 128 f.;

Nach Friedrich Waismann etwa lässt sich eine Handlung entweder als bloße Reihe von körperlichen Bewegungen betrachten, womit sie als durch Ursachen bestimmt erscheint, oder als zweckgerichteter Vorgang mit intentionaler Bedeutung, so dass sie sich als durch Gründe geleitet darstellt. Beide Formen des konzeptuellen Zugangs schließen einander aus, aber beide Deutungen beruhen allein auf unterschiedlichen Weisen, das gegebene Geschehen zu betrachten (*two different ways of looking at the thing*), gemäß alternativen Sprachzugängen (*language strata*).[30]

Auch für Abraham Melden lässt sich ein und derselbe Vorgang einmal als Handlung (etwa *raising one's arm*, oder *signalling a turn*), einmal als Ereignis, das heißt als Körperbewegung oder Körpergeschehen (etwa *one's arm rising*) beschreiben. Diese abweichenden Darstellungen gehören zu unterschiedlichen und unvereinbaren Sprachspielen, Kontexten, Diskursen, in denen einmal von Gründen, von rationalen Erklärungen, von Personen und Regeln, von Freiheit und Verantwortlichkeit, einmal von Ursachen, von kausalen Erklärungen, von Faktoren und Gesetzen, von physiologischen Vorgängen und neurologischen Bedingungen die Rede ist.[31]

Peter Strawson unterscheidet teilnehmende Einstellungen wie Übelnehmen oder Dankbarkeit, Empörung oder Missbilligung, Reue oder Scham, bei denen menschliches Verhalten im Lichte moralischer Erwartungen rezipiert wird (*personal reactive attitudes* im Falle eigener Betroffenheit, *impersonal reactive attitudes* im Falle fremder Betroffenheit, *self-reactive attitudes* im Falle eigenen Verhaltens), von einer distanzierten Haltung, bei welcher die fragliche Person als Gegenstand kausaler Einwirkung, etwa sozialer Beeinflussung oder medizinischer Behandlung, aufgefasst wird (*objective attitude*). Dabei ist die erstere Perspektive nach Strawson notwendig für menschliche Wesen und ihre spezifische Lebensform, kann daher im praktischen Umgang nur in speziellen Situationen, gegenüber besonderen Personen oder vielleicht als vorübergehende Ausnahme suspendiert werden (etwa bei Unabsichtlichkeit oder Unfreiwilligkeit, angesichts von Verwirrten oder Unzurechnungsfähigen, womöglich aus Selbstschutz oder Neugier), nicht aber auf-

von Wright, »Of Human Freedom«, S. 151-166; Wingert, »Grenzen der naturalistischen Selbstobjektivierung«, S. 252-258.

30 Waismann, »Language Strata«, S. 28-31.

31 Melden, *Free Action*, S. 73 f., 84 f., 174-185, 190-197, 199-201, 210-216.

grund theoretischer Befunde für sämtliche Handlungen, gegenüber allen Menschen und noch dazu als dauerhafte Regel zugunsten der letzteren Perspektive aufgegeben werden (etwa aus wissenschaftlicher Überzeugung von der Determiniertheit menschlichen Verhaltens und philosophischem Glauben an deren Unvereinbarkeit mit moralischer Verantwortung).[32]

Auch Jürgen Habermas gründet Willensfreiheit auf einen »Perspektivendualismus« gegenüber menschlichen Handlungen, die entweder rational durch Gründe oder aber kausal aus Ursachen erklärt werden könnten. Dieser Dualismus von Sprachspielen sei angesichts der anthropologischen Unhintergehbarkeit der unterschiedlichen »Wissensperspektiven« von Lebenswelt einerseits und Naturwissenschaft andererseits nicht reduzibel, so dass sich insbesondere die Freiheits-Perspektive nicht letztgültig zugunsten der Ursachen-Perspektive aufgeben lasse.[33]

Nun kann man möglicherweise darüber streiten, ob oder wie unverzichtbar das Gründe-Sprachspiel gegenüber dem Ursachen-Sprachspiel für Individuen und Kollektive tatsächlich ist, beziehungsweise ob oder wie unwandelbar moralische Handlungsbewertungen (innerhalb unserer Lebensform oder Lebenswelt) angesichts kausaler Prozesserkenntnisse (seitens der verschiedenen Naturwissenschaften und auch einiger Humanwissenschaften) letztlich sind. Überdies wäre zu überlegen, welche genaue Art von Unverzichtbarkeit oder Unwandelbarkeit hier behauptet wird (apriorische, konzeptuelle, existenzielle, instrumentelle, psychische, soziale, kognitive, affektive etc.) und welche argumentative Kraft ein entsprechendes Argument in philosophischer Hinsicht mithin entfalten könnte (transzendentale, analytische, anthropologische, pragmatistische, tutioristische, politische, agnostische, skeptische etc.).[34]

32 Strawson, »Freedom and Resentment«, S. 4-21.

33 Habermas, »Freiheit und Determinismus«, S. 872 f., 878, 880 f., 884; Habermas, »Das Sprachspiel verantwortlicher Urheberschaft und das Problem der Willensfreiheit: Wie lässt sich der epistemische Dualismus mit einem ontologischen Monismus versöhnen?«, S. 670, 693, 695.

34 Vgl. Bok, *Freedom and Responsibility*, S. 25-29; Fischer, *The Metaphysics of Free Will*, S. 211-213; Kane, *The Significance of Free Will*, S. 83-85; Nagel, *The View from Nowhere*, S. 124-126; Pauen, *Illusion Freiheit?*, S. 234-236; Pereboom, *Living Without Free Will*, S. 94-100; Pereboom, *Free Will, Agency, and Meaning in Life*, S. 178-193; Pothast, *Die Unzulänglichkeit der Freiheitsbeweise*, S. 155 f., 164-169; Pothast, *Freiheit und Verantwortung*, S. 21 f., 27 f., 165-170, 179-184, 189-198;

Entscheidender als diese Fragen argumentativer Reichweite ist indessen, dass Willensfreiheit, wenn sie neben Naturkausalität bestehen soll, eines ontologischen Aufweises bedarf. Und dieser kann nicht dadurch erbracht werden, dass man sie allein als womöglich irreduziblen Bestandteil einer bestimmten konzeptuellen Perspektive, als notwendige Beschreibung oder Voraussetzung innerhalb eines gewissen Sprachspiels oder Begriffssystems darstellt (wie unaufgebbar diese semantischen Einlassungen für die menschliche Lebensweise auch immer sein sollten). Wenn sich menschliches Entscheiden und Handeln aus einer Ereignis-Perspektive *korrekt* als rein kausal erweisen sollte, so *wäre* es unfrei, ungeachtet dessen, ob diese Eigenschaft auch aus einer Handlungs-Perspektive reproduziert würde oder nicht. Wollte man Willensfreiheit als eine Erscheinung geltend machen, die sich allein in der *lebensweltlichen Sichtweise* aufdrängen könnte, in der wissenschaftlichen Sichtweise hingegen abgewiesen werden müsste, so wäre sie in der Tat als *ein Konstrukt* einzuschätzen (auch wenn das Festhalten an diesem Konstrukt spürbare und vielleicht nützliche Effekte für das allgemeine soziale Zusammenleben hätte).[35]

Semantische Unterscheidungen sind überaus fruchtbar für eine *Vielzahl von Themen*: Insbesondere sind sie unentbehrlich, um die Beziehung zwischen Handlungen und Ereignissen zu klären oder das Verhältnis von Personen und Körpern zu bestimmen, und sie bleiben maßgeblich, wenn man die Besonderheiten und Beschränkungen lebensweltlicher und wissenschaftlicher, aber auch geisteswissenschaftlicher und naturwissenschaftlicher Zugänge

Pothast, *Wie frei wir sind, ist unsere Sache*, S. 225 f.; Russell, »Strawson's Way of Naturalizing Responsibility«, S. 292-298; Russell, »Moral Sense and the Foundations of Responsibility«, S. 206 f.; Smilansky, *Free Will and Illusion*, S. 220-233; Strawson, *Freedom and Belief*, S. 72-79; Waller, *Freedom Without Responsibility*, S. 158-164; Wiggins, »Towards a Reasonable Libertarianism«, S. 56.

35 Vgl. Berlin, *Four Essays on Liberty*, S. xvii f., xxiv, xxxvi f.; Berofsky, *Nature's Challenge to Free Will*, S. 4 f., 73 f.; Lucas, *The Freedom of the Will*, S. 17 f., 49 f.; Margenau, »Quantum Mechanics, Free Will, and Determinism«, S. 718 f.; Margenau, *Scientific Indeterminism and Human Freedom*, S. 60-63; O'Connor, *Free Will*, S. 99-105; Pothast, *Die Unzulänglichkeit der Freiheitsbeweise*, S. 227-232, 249; Seebaß, »Freiheit und Determinismus (Teil 1)«, S. 3; Singer, *Ein neues Menschenbild?*, S. 24-34; Smilansky, *Free Will and Illusion*, S. 145-191; Strawson, »The Impossibility of Moral Responsibility«, S. 21 f.; Thorp, *Free Will*, S. 13-16; Wolf, *Freedom Within Reason*, S. 15-22.

und Begriffe markieren will, indem sie etwa herausstellen, dass sich aus physikalischer Perspektive zwar das Frequenzspektrum, niemals aber der künstlerische Gehalt einer Symphonie, aus chemischer Perspektive zwar die Pigmentverteilung, niemals aber die historische Bedeutung eines Gemäldes erfassen lässt. Doch all diese Unterscheidungen sind gänzlich unzureichend für die *Frage der Willensfreiheit*: Denn Handlungen und Ereignisse, Personen und Körper, auch Symphonien und Tonfolgen, Gemälde und Farbflächen, Skulpturen und Marmorblöcke sind jeweils ontologisch identisch, also auch gleichermaßen kausal, gleichgültig aus welcher Perspektive man sie thematisiert.

Willensfreiheit muss als eine metaphysische Gegebenheit verständlich werden, indem man einsichtig macht, dass in der Welt eben nicht nur das Physisch-Kausale prägend ist, sondern auch das Rational-Nichtkausale Wirkmächtigkeit hat. Gründe müssen als ontologische Faktoren begriffen werden, die menschliche Handlungen zumindest manchmal in ihrem Verlauf leiten, statt sie allein als semantische Indizes zu verstehen, mittels derer man lediglich gewisse Ereignisse als Handlungen kennzeichnen mag. Es genügt daher nicht zu argumentieren, dass man ein und dasselbe Geschehen einmal (im Lichte von Gründen) als Handlung, einmal (im Lichte von Ursachen) als Ereignis betrachten kann. Zu zeigen ist vielmehr, dass dieses Geschehen selbst (auch) durch Gründe, nicht (allein) durch Ursachen bestimmt ist.

Als Wissenschaftstheoretikerin darf man sicherlich annehmen, dass es niemals gelingen wird, alltagspsychologische oder auch akademisch-psychologische Erkenntnisse auf neurowissenschaftliche Befunde zurückzuführen, sei es wegen pragmatisch nicht zu bewältigender Komplexitätsprobleme, sei es wegen prinzipiell nicht vereinbarer Sinnhorizonte. Aber diese wissenschaftstheoretische Einsicht hilft nicht für das hier zu bewältigende ontologische Problem: Auch die anorganische Chemie lässt sich wissenschaftstheoretisch wahrscheinlich nicht auf die allgemeine Physik reduzieren, und dennoch ist davon auszugehen, dass chemische Prozesse ontologisch mit physikalischen Prozessen identisch sind. Ebenso zeigt die wissenschaftstheoretische Irreduzibilität der Psychologie auf die Neurowissenschaften nicht, dass psychische Vorgänge nicht ontologisch mit neuronalen Prozessen identisch und damit ebenso kausal wie diese sind.

Als Sprachanalytikerin kann man gewiss festhalten, dass es zutiefst inadäquat ist, alltagspsychologische oder auch akademisch-psychologische Sätze durch neurowissenschaftliche Beschreibungen ersetzen zu wollen, sei es wegen unzureichender Differenzierungsoptionen, sei es wegen unüberwindlicher Bedeutungsunterschiede. Doch dieser sprachanalytische Hinweis ändert nichts an der hier gestellten metaphysischen Aufgabe: Auch der Satz »Ich wurde mit H_2O getauft« ist sprachanalytisch verdreht, und trotzdem zweifelt niemand daran, dass Wasser metaphysisch mit H_2O identisch ist. Ebenso kann die sprachanalytische Unstimmigkeit der Aussage »Sein Tod löste ein Neuronenfeuer bei mir aus« nicht beweisen, dass Trauer nicht metaphysisch mit einem Neuronenfeuer identisch und damit genauso kausal wie jenes ist.

Vertraut man also Sellars' Ansatz, dass Willensfreiheit in einer Bestimmung durch Gründe liegt, im Gegensatz zu einer Bestimmung durch Ursachen, dann kann es nicht allein darum gehen, dass ein gegebenes Geschehen einmal als Handlung, etwa als Diskussionsbeitrag, erörtert wird, indem man seine intentionale Struktur und konventionale Einbettung untersucht, einmal als Ereignis, beispielsweise als Mundbewegung, indem man seine physiologische Verfasstheit und somatische Qualität erhebt. Denn damit würde sich nichts daran ändern, dass auch Ersteres, die Handlung, der Diskussionsbeitrag, in ontologischer Hinsicht ausschließlich kausaler Bestimmtheit unterläge, falls dies von Letzterem, dem Ereignis, der Mundbewegung, tatsächlich anzunehmen wäre. Beide wären allein in semantischer Hinsicht, in konzeptuellem Verständnis, voneinander verschieden. In diesem Sinne hat Geert Keil recht damit, dass »aspekt- und sprachendualistische[] Lösungen des Freiheitsproblems«, die Willensfreiheit insbesondere auf der »angebliche[n] Inkommensurabilität von ›Ursachen-Sprachspiel‹ und ›Gründe-Sprachspiel‹« aufbauen wollen, nichts eintragen.[36]

Dieser Befund lässt sich für den speziellen Fall von *Sprech*handlungen sehr eindrücklich anhand der Sprechakttheorie von John Austin erläutern.[37] Gemäß dieser Theorie ist das Verhältnis zwischen einer gegebenen Sprechhandlung und dem zugehörigen Sprechereignis *inklusiv*, das heißt, es sind nicht zwei Geschehnisse in der Welt, sondern die Handlung *besteht* in dem Ereignis, ist

36 Keil, *Willensfreiheit*, S. 87.

37 Austin, *How to Do Things with Words*, Lect. 8-10.

ontologisch mit ihm identisch. Die eigentliche Sprechhandlung, der sogenannte »illokutionäre Akt« (beispielsweise eine Lüge), wird nämlich vollzogen, *indem* ein elementareres Sprechereignis, ein sogenannter »lokutionärer Akt« (also eine Äußerung bestimmter Laute), stattfindet. Der lokutionäre Akt, die Lautäußerung (das physische Ereignis), *konstituiert* in diesem Sinne den illokutionären Akt, die Lüge (die kommunikative Handlung). Und zwar kommt es zu dieser Konstitution, als einem sprachlichen Verhältnis, mit völliger Gewissheit, das heißt, die Handlung stellt sich notwendig mit dem Ereignis ein, sofern bestimmte Bedingungen erfüllt sind. Insbesondere muss bei der Sprecherin eine geeignete Intention vorliegen (sie will die Hörerin von einer Unwahrheit überzeugen, nicht etwa einen Scherz machen), und die Situation muss durch geeignete Konventionen definiert sein (beide befinden sich in einer Situation der Mitteilung, nicht etwa auf einer Theaterbühne).

Ein zweites Geschehnis in der Welt, ontologisch betrachtet, wäre erst eine Folge, die *kausal* von jener Handlung beziehungsweise von jenem Ereignis *hervorgebracht würde*. In diesem Sinne entsteht der sogenannte »perlokutionäre Akt« (etwa eine Täuschung) *dadurch, dass* man den illokutionären Akt beziehungsweise den zugehörigen lokutionären Akt (also die Lüge beziehungsweise die entsprechende Lautäußerung) vollzieht. Genauer bezeichnet dieser perlokutionäre Akt das erfolgreiche Erzeugen des fraglichen Resultats, umfasst also die Gesamtheit von Handlung *und* Folge. Beispielsweise kann von einer Täuschung erst dann die Rede sein, wenn beides vorliegt, zum einen die Lüge, welche die Sprecherin geäußert hat (ohne diese handelt es sich nicht um eine Täuschung, sondern allenfalls um ein ungewolltes Missverständnis), zum anderen der Irrtum, der hierdurch bei der Hörerin bewirkt wird (ohne diesen hat man es ebenfalls nicht mit einer Täuschung zu tun, sondern lediglich mit einem erfolglosen Täuschungsversuch). Dabei entsteht diese Gesamtheit, wie jeder kausale Zusammenhang, nur mit gewisser Wahrscheinlichkeit, nämlich wenn die Handlung tatsächlich die Folge hervorbringt, was wiederum von den gegebenen Umständen abhängt. Insbesondere muss die Hörerin geeignet aufgelegt sein (sie ist für die irreleitenden Suggestionen der Sprecherin empfänglich), und das Umfeld muss geeignet beschaffen sein (es hält keine korrigierenden Informationen durch Dritte bereit).

Diese Unterscheidung verschiedener Sprechakte kann semantisch sehr hilfreich sein. Indessen ist sie als Anhaltspunkt für das Freiheitsproblem ontologisch kaum ergiebig: Die Folge (der Irrtum) geht nach Voraussetzung *kausal* aus der Handlung hervor (und *ihre* Freiheit ist ohnehin nicht thematisch, sie soll ja gerade vom Handelnden *bewirkt* werden), und die Handlung (die Lüge) ist laut Theorie *inklusiv* mit dem Ereignis identisch (also *ebenso* unfrei, sofern *dieses* unfrei ist). Solange man also nicht zeigen kann, dass auch das fragliche Ereignis (etwa die Lautäußerung) frei ist (weil durch Gründe geleitet), kann es auch die entsprechende Handlung (etwa die Lüge) nicht sein (weil sie mit jenem Ereignis identisch ist).

Wenn man Willensfreiheit über Sellars' Ansatz erklären will, so muss man zeigen, dass die Gründe selbst, in ihrem nichtkausalen Charakter, Wirksamkeit im Entscheiden und Handeln entfalten, ungeachtet der gewählten Perspektive. Auch das Ereignis, das sich als Handlung beschreiben lässt, auch die Mundbewegung, die einen Diskussionsbeitrag konstituiert, muss auf Gründe zurückgehen. Denn sonst wird eben auch die Handlung, da sie mit dem Ereignis eins ist, als derselbe Vorgang in der Welt, nicht durch Gründe bestimmt. In diesem Sinne ist Julian Nida-Rümelin zuzustimmen, dass ein bloßer »Aspekte-Dualismus einer einheitlichen Welt«, der Willensfreiheit namentlich auf »die Verwendung einer zweiten Sprachform oder den Wechsel auf eine andere linguistische Ebene« gründen will, unzureichend wäre.[38]

Diese Auffassung lässt sich anhand des speziellen Problems von Handlungs*beschreibungen* sehr prägnant mittels der Handlungstheorie von Elizabeth Anscombe verdeutlichen.[39] Innerhalb dieser Theorie kann eine *einzelne Handlung* typischerweise sehr *unterschiedliche Beschreibungen* erfahren. Wenn beispielsweise Brown eine Planke zersägt, die Smith gehört, lässt sich dies auf höchst vielfältige Weisen schildern. Unter anderem könnte man sagen, dass Brown einen Tisch bastelt, dass Brown eine Platte zurechtschneidet, dass Brown einen Haufen Späne herstellt oder dass Brown Smiths Brett zerstört. Und sicherlich kann man darüber debattieren, *welche* dieser alternativen Beschreibungen im engeren Sinne *adäquat* ist. Hierfür müsste sie nicht nur das fragliche Geschehen in seinen schlichten Fakten wahrheitsgemäß wiedergeben, sondern

38 Nida-Rümelin, »Vernunft und Freiheit«, S. 22.

39 Anscombe, *Intention*, §§ 6, 23, 25-26, 47-48.

die eigentliche Handlung in ihren definierenden Beweggründen treffend darstellen.

Insbesondere wäre entscheidend, ob die Beschreibung Browns Absichten und Kenntnisse korrekt erfasst. Für die Beschreibung »einen Haufen Späne herstellen« wäre etwa wesentlich, ob Brown *wünscht*, ob er ernsthaft *anstrebt*, dass ein Haufen Späne entsteht (also ob er diesen beabsichtigt, intendiert herstellt, als Zweck, den er an sich selbst verfolgt, oder auch als Mittel, das er für anderes einsetzen möchte, oder ob er ihn vielmehr nichtbeabsichtigt, nichtgewünscht erzeugt, als Nebeneffekt, den er lediglich bewusst hinnimmt oder vielleicht nicht einmal vorhersieht). Für die Beschreibung »Smiths Brett zerstören« wäre ähnlich wichtig, ob Brown *weiß*, ob ihm überhaupt *bekannt* ist, dass es sich um Smiths Brett handelt (also ob er dieses absichtlich, wissentlich zerstört, als ausdrücklich verfolgten Zweck, als gezielt eingesetztes Mittel oder auch als bewusst hingenommenen Nebeneffekt, oder ob er es vielmehr unabsichtlich, versehentlich vernichtet, als einen Nebeneffekt, der erstens, wie alle Nebeneffekte, nicht beabsichtigt, nicht intendiert ist, der aber zweitens, wie manche Nebeneffekte, nicht einmal erwartet, nicht einmal vorhergesehen ist). Welche Kennzeichnung des Geschehens man wählt, ist also keineswegs beliebig, sondern ergibt sich daraus, welche Intentionen und Informationen das Tun der Akteure bestimmen. In jedem Fall aber betreffen solche *alternativen semantischen Beschreibungen*, auch wenn sich mehrere von ihnen als adäquat im obigen Sinne erweisen sollten (etwa »einen Tisch basteln« und »eine Platte zurechtschneiden«), *ontologisch ein und dieselbe Handlung*, deren Beschaffenheit (in ihrer Konstellation von Absichten und Kenntnissen) gerade festlegt, welche Beschreibungen passend sind und welche nicht. Und in gleicher Weise beziehen sich auch *alternative semantische Perspektiven*, die jeweils ihre eigenen besonderen Vokabulare mit sich bringen (insbesondere eine Handlungs-Perspektive, die überhaupt über Aktionen und Interaktionen von Personen spricht, oder eine Ereignis-Perspektive, die allein über Abläufe und Bewegungen von Körpern redet), auf *ontologisch ein und denselben Vollzug*, dessen Beschaffenheit (je nachdem ob eine Bestimmung auch durch Gründe oder allein durch Ursachen vorliegt) eben festlegt, ob Freiheit gegeben ist oder nicht.

Dieses Problem der adäquaten Handlungsbeschreibung ist semantisch überaus interessant. Nicht zuletzt mag es im Anschluss an die Freiheitsfrage auch moralisch höchst bedeutsam werden: Wenn der betreffende Vorgang ontologisch *frei ist* (weil durch Gründe geleitet), so kann er erst in passender Beschreibung auch moralisch *angemessen beurteilt werden* (womöglich doch als intendiertes »Herstellen eines Haufens Späne«, um jemand anderen durch die entstehende Verunreinigung zu ärgern, oder als wissentliches »Zerstören von Smiths Brett«, ohne seine legitimen Eigentumsansprüche zu respektieren). Wenn er hingegen ontologisch *nicht frei ist* (weil nicht durch Gründe bestimmt), so ist er moralisch *überhaupt nicht zu bewerten* (sondern eben nur ein kausaler Prozess, nur eine Wirkung von Ursachen, ganz gleich, wie er angesichts der Absichten und Kenntnisse des Handelnden genauer zu beschreiben wäre).

Sicherlich kann es also sein, dass alternative semantische Perspektiven für die Beschreibung eines gegebenen realen Geschehens zur Auswahl stehen. In ihren Inhalten sind diese verschiedenen semantischen Zugänge jedoch keineswegs beliebig, sondern an das Vorliegen bestimmter ontologischer Bestände gebunden. Beispielsweise kann man die Vollzüge als Handlungen betrachten, muss dann aber Intentionen und Konventionen, Absichten und Kenntnisse treffend herausarbeiten, um jene Handlungen adäquat zu beschreiben und angemessen zu bewerten. Oder man kann die Vollzüge als Ereignisse ansehen, muss dann aber Anfangsbedingungen und Gesetzmäßigkeiten, psychische Dispositionen und soziale Effekte richtig aufdecken, um jene Ereignisse fundiert zu erklären und erfolgreich vorherzusagen. Freiheit oder Unfreiheit entscheidet sich indessen allein an der ontologischen Frage, ob eine gegebene Handlung beziehungsweise das entsprechende Ereignis (auch) durch Gründe oder (allein) durch Ursachen bestimmt wurde. Semantische Fragen, aus welchen Perspektiven (mit welchen Sprachspielen oder innerhalb welcher Sichtweisen) man ein solches Geschehen (die Handlung beziehungsweise das Ereignis) betrachten dürfte oder sollte, sind dem nachgeordnet.

Die Inhalte semantischer Perspektiven sind somit allemal von den Beständen der ontologischen Wirklichkeit abhängig. Namentlich sind sie auf die Beschaffenheit der Gründe und die Gestalt der Ursachen verwiesen, die tatsächlich im Spiel sind. Die Möglichkeit, zwischen verschiedenen dieser Perspektiven zu wechseln, beinhaltet lediglich die Option, auf die einen oder anderen Bestände *zu fokussieren*. Freiheit des Willens liegt indes allein dann vor, wenn neben

Ursachen auch Gründe *involviert sind.* Und dies ist keine Frage der semantischen Perspektive. Es ist allein eine Frage der ontologischen Wirksamkeit.

Mit der Hermeneutik etwa kann man entscheiden, ob man die betrachteten Vorgänge in ihrem kausalen Charakter *erklären* will, als Wirkungen und Erfolge, die sich aus vorausgehenden Ursachen und einschlägigen Gesetzen ergeben (nomologische, kausale Erklärung), oder ob man das jeweilige Geschehen in seinem sinnhaften Gehalt *verstehen* will, als Erlebnisse und Handlungen von Einzelpersonen oder Persongruppen, als Formungen und Bewegungen von Kulturprodukten oder Kulturprozessen (intentionale, rationale Erklärung).[40] Gemäß dem Neukantianismus kann man sich überlegen, ob man die Vorgänge unter *allgemeine Gesetzmäßigkeiten* subsumieren will, beziehungsweise Letztere aus Ersteren abzuleiten versucht (generalisierende, nomothetische Methode), oder ob man das Geschehen in seiner *besonderen Einmaligkeit* nachzeichnen möchte, in seiner unverwechselbaren Gestalt als einzelnes Ereignis (individualisierende, idiographische Methode).[41] Laut der analytischen Philosophie historischen Wissens kann man wählen, ob man die Vorgänge von ihrer *Vorgeschichte* her betrachten will, indem man etwa mit psychologischen oder soziologischen Mitteln aufdeckt, wie sie sich aus dem jeweiligen Zusammenspiel vorausliegender Ursachen ergeben, oder ob man das Geschehen von seiner *Nachgeschichte* her lesen will, also seine spezifisch historische Bedeutung herausarbeitet, die es erst im Lichte seiner Folgen gewinnt.[42]

All diese Alternativen tun sich aber eben *deshalb* auf, weil die jeweils genannten Primärobjekte, Ursachen und Erlebnisse, Gesetze und Einmaliges, Vorgeschichte und Nachgeschichte, tatsächlich *existieren.* Und diese grundsätzliche Einsicht gilt auch für den kompatibilistischen Ansatz, dass Ereignisse beziehungsweise Handlungen stets auch kausal, aber manchmal zudem rational beschaffen

40 Dilthey, »Ideen über eine beschreibende und zergliedernde Psychologie«, S. 139-145, 152 f.; Dilthey, *Der Aufbau der geschichtlichen Welt in den Geisteswissenschaften*, S. 79-88, 205-220; Droysen, *Historik*, S. 19-35, 159-163; Droysen, *Grundriß der Historik*, S. 423-425, 431-435.

41 Rickert, *Kulturwissenschaft und Naturwissenschaft*, S. 7 f., 11 f., 31 f., 58-66, 73-77, 124 f.; Windelband, »Geschichte und Naturwissenschaft«, S. 142-146, 149-152, 157-160.

42 Danto, *Narration and Knowledge*, S. 7-16, 143, 148-159, 182-186.

sind. Eben dieses Zusammen darf kein semantisches Zusammen alternativer, einander ausschließender Perspektiven sein, die sich ein und demselben Gegenstand zuwenden, sondern muss ein ontologisches Zusammen verschiedener, gleichzeitig wirksamer Bestimmungen sein, von denen unterschiedliche Perspektiven lediglich verschiedene Komponenten bevorzugt in den Blick nehmen.

Gewiss kann dies zuweilen bedeuten, dass eine dieser Komponenten nur aus einer bestimmten Perspektive überhaupt zugänglich ist, während sie aus einer anderen unsichtbar bleiben muss. Moralische Gründe können letztlich nur in einem ethischen, nicht in einem neurowissenschaftlichen Sprachspiel reflektiert werden. Neuronale Ursachen lassen sich umgekehrt nur in neurowissenschaftlicher, nicht in ethischer Sichtweise thematisieren. Aber wenn man in diesem Sinne hervorhebt, dass es verschiedene, gleichermaßen berechtigte Perspektiven gibt, aus denen Willensfreiheit beziehungsweise Naturkausalität einmal erkennbar ist, einmal verschlossen bleibt, so ist dies genauer dadurch zu erläutern, dass es hierbei um unterschiedliche, gleichermaßen existierende Gegenstände geht, die in dem einen Sprachspiel behandelt werden können, in der anderen Sichtweise hingegen verborgen bleiben müssen. Man richtet nicht einfach unterschiedliche Perspektiven auf denselben Gegenstand, etwa eine gegebene Handlung beziehungsweise das entsprechende Ereignis, und betrachtet ihn hierauf basierend entweder als frei oder als unfrei. Vielmehr sind zwei verschiedene Größen an jenem einen Vorgang beteiligt, Gründe wie Ursachen, und diese verschiedenen Gegenstände zeigen sich jeweils aus unterschiedlichen Perspektiven.

Es mag also sein, dass *nur* die eine Perspektive die *Kausalität*, das heißt die Ursachen eines Geschehens, erfasst, *nur* die andere Perspektive die *Freiheit*, das heißt die Gründe dieses Geschehens, erkennt und dass beide Perspektiven mit ihren jeweiligen Befunden recht haben, weil beides, *Ursachen* und *Gründe*, in denselben Vorgang eingebunden sind. Aber es kann nicht sein, dass die eine Perspektive die *Unfreiheit*, das heißt eine *rein* kausale Bestimmung des Geschehens, behauptet, die andere Perspektive die *Freiheit*, das heißt eine *anteilig* rationale Beschaffenheit des Geschehens, erklärt und dass beide Perspektiven mit diesen gegenläufigen Feststellungen recht haben, denn beides, *reine Kausalität* und *anteilige Rationalität*, kann nicht gleichzeitig in demselben Vorgang statthaben.

Wenn also zwei verschiedene semantische Perspektiven ein und dasselbe Geschehen einmal als unfrei, einmal als frei darstellen, so hat eine der beiden Perspektiven recht, die andere unrecht. Unfreiheit oder Freiheit ist eine eindeutige ontologische Alternative, je nachdem ob allein Ursachen oder zudem Gründe in jenen Vorgang involviert sind, unabhängig davon, welche Perspektive welche Komponente wahrnimmt oder ignoriert. Wenn die eine Perspektive *recht* damit hat, dass das Geschehen rein kausal, das heißt allein durch Ursachen bestimmt sei, dann *ist* das Geschehen rein kausal, also unfrei, und es hilft nicht, wenn die andere Perspektive dies ausblendet. Wenn die andere Perspektive *recht* damit hat, dass das Geschehen anteilig rational, das heißt zudem durch Gründe bestimmt sei, dann *ist* das Geschehen anteilig rational, also frei, und es schadet nicht, wenn die eine Perspektive dies übersieht.

Das Argument vom Raum der Gründe darf somit nicht lediglich semantisch vorgetragen werden. Es genügt nicht, dass es alternative Beschreibungen derselben Verläufe geben mag, insofern ein Geschehen einmal entlang von Gründen als Handlung, einmal anhand von Ursachen als Ereignis darstellbar ist. Vielmehr muss man den Mut haben, Sellars' Argument metaphysisch auszulegen. Man muss die Nichtkausalität der Gründe gegenüber der Kausalität der Ursachen hervorheben und ihnen Wirksamkeit in der Welt attestieren, man muss erklären, dass Handlung wie Ereignis, gleich in welcher Beschreibung, auch auf Gründe, nicht nur auf Ursachen zurückgehen. Man mag dann aus einer Handlungs-Perspektive (und vielleicht nur aus dieser) den Grund, aus einer Ereignis-Perspektive (und womöglich nur aus ihr) die Ursache thematisieren. Aber beides muss vorhanden sein in dem betrachteten Geschehen, die (maßgeblich bestimmende) Rationalität und die (lückenlos wirkende) Kausalität, damit kompatibilistische Freiheit gegeben sein kann.

Ein Sonnenaufgang ist ontologisch identisch mit einem bestimmten kosmischen Prozess. Dabei mag sein spezieller semantischer Charakter, eben als »Sonnenaufgang«, nur aus einer besonderen Perspektive zugänglich sein, in der nicht zuletzt naturästhetische Bezüge relevant sind, während kausale Aspekte weitgehend außen vor bleiben dürften. Insbesondere stimmt es, dass man nur aus dieser naturästhetischen Perspektive seine Schönheit erkennen kann. Aber ganz gewiss entzieht diese durchaus nichtkausale semantische

Betrachtung eines Sonnenaufgangs ihn nicht der rein kausalen ontologischen *Bestimmtheit.* Ein Sonnenaufgang ist ein völlig kausales Geschehen, sein Eintritt und sein Verlauf sind ausschließlich durch physikalische Ursachen und Gesetze bestimmt. Er beginnt und vollzieht sich ontologisch ohne jeden Bezug zu Gründen. Gründe, insbesondere ästhetische Gründe, mögen festlegen, wie man ihn *wahrnimmt* (eben als Naturschauspiel), aber sie bestimmen nicht, was bei ihm *geschieht* (dies unterliegt vielmehr allein Naturgesetzen). Wenn es sich mit unseren Handlungen ebenso verhielte, wenn es lediglich darum ginge, dass sie ihre besondere Bedeutung, eben als »Handlungen«, nur in einem gewissen semantischen Rahmen erhielten, während sie ontologisch mit rein kausalen Ereignissen identisch wären, die ohne Bezug zu Gründen abliefen, wäre für die Willensfreiheit nichts gewonnen.

Die *Mona Lisa* ist ebenfalls mit einem bestimmten physischen Objekt ontologisch identisch. Sie ist ein Komplex von Materialien, der als solcher kausale Ursprünge aufweist, kausalen Einflüssen unterliegt und kausale Effekte entfaltet. Und gewiss gilt auch für die *Mona Lisa*, dass man nur aus einer kunstästhetischen Perspektive ihre Schönheit begreifen kann. Aber bei alledem geht nicht bloß ihre *Auffassung*, eben als Kunstwerk, sondern allemal auch ihre *Entstehung*, auch ihr Dasein, zudem auf kunstästhetische Determinanten zurück. Auch ihre Erschaffung, auch ihre Eigenschaften sind nicht ausschließlich kausal bestimmt, sondern zudem durch Gründe. Somit liegt neben ihrer kausalen Verfasstheit eine nichtkausale Prägung im ontologischen Sinne vor, sie beruht auf Gründen, denn ohne Gründe gäbe es sie nicht, weder als Gegenstand überhaupt noch in ihrer besonderen Gestalt. Gründe, namentlich ästhetische Gründe, bestimmen hier, was *existiert* (als künstlerisches Werk wie auch als physisches Objekt), sie legen nicht bloß fest, wie man es *rezipiert* (anders als im Beispiel des Sonnenaufgangs). Genau hierum muss es auch bei unseren Handlungen gehen, um ihre tatsächlich ontologische Bestimmung durch Gründe, um die anteilig nichtkausale Determination ihres Verlaufs, damit Willensfreiheit bestehen kann.

Semantische Dualismen sind philosophisch höchst anspruchsvolle Positionen, erkenntnistheoretisch und sprachanalytisch allemal subtiler als übliche Reduktionismen. Aber sie sind nicht die Lösung, die wir für das Freiheitsproblem benötigen. Vielleicht ist man mit ihnen auf der sicheren Seite, indem man sich für sie auf keine metaphysischen Wagnisse einlassen muss. Aber man ist mit ihnen noch lange nicht am Ziel, wenn man Freiheit begründen will. Es genügt nicht für Willensfreiheit, dass man einen bestimmten Prozess womöglich als gründebasierte, freie Handlung *beschreiben kann*, wenn er sich angeblich genauso gut und genauso vollständig als ursacheninduziertes, unfreies Ereignis beschreiben ließe. Wenn Willensfreiheit bestehen soll, muss der fragliche Prozess durch Gründe *geleitet sein*, als ein ontologisches Faktum. Dies ließe sich vielleicht nur aus einer Handlungs-Perspektive richtig *erkennen*. Aber dann würde es eben auch aus einer Ereignis-Perspektive notwendig *übersehen*.

18. Drei Differenzen, drei Identitäten

18.1. Wie oben dargestellt, gründen zahlreiche Autorinnen und Autoren einen freien Willen auf Perspektiven-Dualismen. Dabei fällt auf, dass einige von ihnen die zwei Haupttypen dieser Argumentationsweise nicht hinreichend voneinander abheben. Insbesondere vermengen sie die phänomenale Unterscheidung von internem Standpunkt und externem Standpunkt mit der semantischen Trennung von Handlungen und Ereignissen. Indessen kommen diese beiden Differenzierungen keineswegs überein und korrelieren wohl noch nicht einmal in relevantem Maße miteinander.

Thomas Nagel etwa ordnet Freiheit oder Unfreiheit zunächst unterschiedlichen personalen Standpunkten zu, nämlich einmal dem internen Standpunkt einer Ersten-Person-Perspektive (*internal view, subjective view*), einmal dem externen Standpunkt einer Dritten-Person-Perspektive (*external view, objective view*). Diese Standpunkte sollen zugleich aber gegensätzlichen semantischen Sichtweisen entsprechen, indem sie die betrachteten Vorgänge einmal in der Sichtweise von rationalen beziehungsweise intentionalen Erklärungen als Handlungen (*actions, agency*), einmal in der Sichtweise von kausalen beziehungsweise nomologischen Erklärungen als Ereignisse (*events, happening*) erscheinen lassen.[43]

Diese Verbindung mag auf den ersten Blick plausibel erschei-

43 Nagel, »Moral Luck«, S. 35-38; Nagel, »Subjective and Objective«, S. 197-199; Nagel, *The View from Nowhere*, S. 88 f., 110-115, 120-124.

nen, ist aber bei näherer Betrachtung keineswegs zwingend: Auch eine Erste-Person-Perspektive kann eigene Vollzüge als kausale Ereignisse erfahren, und umgekehrt kann eine Dritte-Person-Perspektive fremde Aktionen als rationale Handlungen auffassen, ohne dass hierfür auch nur ein vorübergehender Umweg über den jeweils anderen Standpunkt nötig wäre.

Max Planck beruft sich in seiner Deutung von Willensfreiheit ebenfalls primär auf die phänomenale Dualität von Erster-Person-Perspektive, aus der Freiheit vorauszusetzen sei, und Dritter-Person-Perspektive, für die keine Freiheit gelten könne. Diese Dualität identifiziert er dann aber mit der konzeptuellen Differenz zwischen einer ethischen Perspektive, welche die sittliche Lebensführung thematisch mache, und einer wissenschaftlichen Perspektive, die auf distanzierte Erkenntnis abhebe.[44]

Im ersten Zugriff mag diese Zusammenführung wiederum vertretbar erscheinen, bei genauerer Prüfung lässt sie sich aber ebenfalls kaum halten: Auch eine Selbstbeobachtung kann wissenschaftlich angelegt sein, und umgekehrt kann eine Außenbetrachtung ethisch vorgehen, ohne dass dabei auch nur irgendwelche Anleihen bei der jeweils anderen Perspektive gemacht werden müssten.

Mitunter ziehen derartige Kurzschlüsse weitergehende Fehleinschätzungen nach sich. Beispielsweise mündet die Verquickung unterschiedlicher Perspektiven-Dualismen unversehens in eine ontologische Identifikation von Gründen und Ursachen, so dass rationale Strukturen doch wieder als kausale Bestände missdeutet werden. Oder die in Anspruch genommenen Perspektiven-Dualismen werden zuletzt mit der ontologischen Trennung von Gründen und Ursachen verwechselt, so dass schließlich die falschen Entitäten einen nichtkausalen Charakter zugesprochen bekommen. Solche Konzeptionen können am Ende das gesamte Projekt einer kompatibilistischen Freiheitstheorie gefährden.

Wolfgang Spohn etwa macht die Frage nach Willensfreiheit oder Naturkausalität zunächst von der semantischen Perspektive abhängig, genauer davon, ob man eine präskriptive (»normative«) Sichtweise oder aber eine deskriptive (»empirische«) Sichtweise wählt. Letztlich falle dieser konzeptuelle Unterschied indes mit

44 Planck, »Kausalgesetz und Willensfreiheit«, S. 165; Planck, »Vom Wesen der Willensfreiheit«, S. 310-312; Planck, »Determinismus oder Indeterminismus«, S. 337-340.

der phänomenalen Differenz zwischen dem internen Standpunkt des Handelnden und dem externen Standpunkt des Beobachters zusammen, insofern die präskriptive Sichtweise sich nur aus der Ersten-Person-Perspektive konsequent zur Geltung bringen könne (als Frage »Was soll ich tun?«), während die deskriptive Sichtweise nur durch Einnahme der Dritten-Person-Perspektive zugänglich sei (als Frage »Was wird er oder sie tun?«).[45]

Somit vertritt Spohn einen gemischten semantisch-phänomenalen Perspektiven-Dualismus einer »normativen Subjekt-Perspektive«, für die absolute Freiheit gilt, und einer »empirischen Betrachter-Perspektive«, für die strenge Determiniertheit herrscht. Dies geht dann aber zudem mit einem ausdrücklichen ontologischen Seins-Monismus einher, insofern das, was aus der ersteren Perspektive »Gründe« sind, aus der letzteren Perspektive »Ursachen« sein sollen, zumindest näherungsweise.[46]

Gründe und Ursachen sind nach Spohn mithin in ontologischer Hinsicht identisch: Sie sind nicht etwa *unterschiedliche Gegenstände*, denen jeweils zugehörige Perspektiven entsprechen (wie es eigentlich richtig wäre). Sie bezeichnen auch nicht ihrerseits *unterschiedliche Perspektiven* auf denselben Gegenstand, je nachdem ob er als Handlung oder als Ereignis betrachtet wird (wie oftmals fälschlich angenommen wird). Vielmehr sind sie selbst ein und derselbe Gegenstand aus jeweils unterschiedlicher Perspektive: Nicht nur das *Mentale* ist mit dem *Physischen* identisch. Auch *Gründe* sind mit *Ursachen* identisch.[47]

Diese falsche Identifikation auf der Seins-Ebene wurzelt aber wohl gerade in der voreiligen Ineinssetzung von Perspektiven-Typen: Indem Spohn den Gründen nicht nur die präskriptive, sondern auch die erstpersonale Perspektive zuordnet, fasst er sie letztlich auch bloß als psychische Entitäten, allenfalls als soziale Größen auf. Und allein indem er sie dergestalt als Erscheinungen lediglich des individuellen Erlebens oder höchstens des kollektiven Umgangs interpretiert, kann er meinen, sie seien ontologisch identisch mit Ursachen, welche ihrerseits nicht nur der deskriptiven, sondern auch der drittpersonalen Perspektive zugehören sollen. Damit geht aber die wesentliche Grundlage eines überzeugenden Kompatibi-

45 Spohn, »Der Kern der Willensfreiheit«, S. 72-77.

46 Ebd., S. 81, 84.

47 Ebd., S. 81 f., 84.

lismus verloren: Wenn Gründe psychische oder soziale Entitäten sind, hilft der Rekurs auf sie nicht mehr für die Willensfreiheit. Denn dann ist neben dem kausalen Element kein rationales Element mehr vorhanden.

Jürgen Habermas gründet seine Freiheitsauffassung ebenfalls zunächst auf die semantische Verschiedenheit von abweichenden »Sprachspiele[n]«, »Vokabulare[n]«, »Wissensformen«, »Erklärungsperspektiven«, die in Lebenswelt oder Wissenschaft gepflegt werden und in ihrer jeweiligen Beschreibung menschliches Verhalten einmal auf »verständliche Gründe«, einmal auf »beobachtbare Ursachen« beziehen, es einmal in einer »rationale[n] Handlungserklärung«, einmal in einer »gewöhnliche[n] Kausalerklärung« erfassen. Diese konzeptuelle Differenz identifiziert er dann jedoch mit der phänomenalen Trennung von »Teilnehmer-« oder »Beobachterperspektive«, von »Sprecher- und Hörerrollen einer ›ersten‹ und ›zweiten‹ Person« oder »Beobachterrolle der ›dritten‹ Person«, von »Geistige[m]« oder »Physische[m]«, von »mentalistisch[]« zu fassendem inneren Erleben oder »empiristisch[]« gestützter äußerlicher Kennzeichnung.[48]

Jener gemischte semantisch-phänomenale »Dualismus der Erklärungsperspektiven von Teilnehmern und Beobachtern«, der »Wissensperspektiven des Beobachters und des Teilnehmers«, darf nach Habermas keinesfalls zu einem ontologischen »Dualismus von Geist und Natur« stilisiert werden. Sehr wohl aber soll er geeignet sein, einen »voreiligen ontologischen Monismus, wonach Gründe und Ursachen zwei Aspekte derselben Sache sind«, zu vermeiden und Willensfreiheit als allemal ontologische »Wirksamkeit«, als »Kraft« von Gründen im Handeln greifbar werden zu lassen.[49]

Nun sind die Verschiedenheit von Gründen und Ursachen sowie die Wirksamkeit von Gründen im Handeln in der Tat essenzielle ontologische Eckpfeiler für die Willensfreiheit. Indes haben sie

48 Habermas, »Freiheit und Determinismus«, S. 872 f., 875-878, 880-883; Habermas, »Das Sprachspiel verantwortlicher Urheberschaft und das Problem der Willensfreiheit: Wie lässt sich der epistemische Dualismus mit einem ontologischen Monismus versöhnen?«, S. 670 f., 682 f., 692.

49 Habermas, »Freiheit und Determinismus«, S. 876, 878; Habermas, »Das Sprachspiel verantwortlicher Urheberschaft und das Problem der Willensfreiheit: Wie lässt sich der epistemische Dualismus mit einem ontologischen Monismus versöhnen?«, S. 672 f., 693.

nichts mit semantischen oder phänomenalen Perspektiven-Dualismen zu tun, und die irrtümliche Verbindung beider Konzeptionen führt dazu, dass bei Habermas unversehens stark überzogene metaphysische Behauptungen mitschwingen. Zunächst wird angemerkt, dass intersubjektive »Verständigungsverhältnisse«, selbst wenn sie theoretische Einsichten wissenschaftlicher Art verhandeln, nur »aus der Sicht von Teilnehmern an Praktiken unsrer Lebenswelt« zugänglich sind, was man allein als Aussage zu den besonderen semantischen Perspektiven des lebensweltlichen Sprachspiels deuten mag (ohne hiermit zu bestreiten, dass ein wissenschaftliches Sprachspiel dieselben Vorgänge als kausale Prozesse auffassen dürfte). Aber dann soll auf einmal die »Vorstellung des kausal geschlossenen Universums« abzulehnen sein, soll die Natur »aus dem Korsett einer physikalistischen Ontologie« befreit werden, was eindeutig Thesen zur metaphysischen Beschaffenheit der Wirklichkeit sind (nämlich dahingehend, dass es in dieser Wirklichkeit spezielle Bereiche ohne kausale Prägung gebe). Zunächst wird behauptet, dass der individuelle »Beteiligte[]«, jedenfalls sobald er praktische Überlegungen zum eigenen Handeln anstellt, von der »Prämisse des Andershandelnkönnens« auszugehen habe, was man lediglich als Einschätzung zu den notwendigen phänomenalen Perspektiven des erstpersonalen Standpunkts verstehen mag (ohne hiermit auszuschließen, dass ein drittpersonaler Standpunkt diese Annahme alternativer Möglichkeiten verneinen könnte). Aber dann soll auf einmal der Kontakt zu Gründen einen echten »Freiheitsspielraum« eröffnen, soll man keineswegs »unter den gleichen Antecedenzien zur selben Entscheidung« gelangen müssen, was deutlich Prämissen zu den metaphysischen Fähigkeiten von Akteuren sind (nämlich dahingehend, dass Personen ein solches Anders-handeln-Können oder Anders-wollen-Können wirklich zukomme).[50]

Hier deutet sich an, wie ein scheinbar allein *semantischer oder phänomenaler Perspektiven-Dualismus*, der eigentlich auf eine metaphysikfreie kompatibilistische Position zuzusteuern schien (indem er Willensfreiheit durch ein irreduzibles Nebeneinander unterschiedlicher Sichtweisen oder Standpunkte erklärte), sich

50 Habermas, »Freiheit und Determinismus«, S. 874, 877, 883f.; Habermas, »Das Sprachspiel verantwortlicher Urheberschaft und das Problem der Willensfreiheit: Wie lässt sich der epistemische Dualismus mit einem ontologischen Monismus versöhnen?«, S. 673, 687, 695.

unvermutet in einen *ontologischen Seins-Dualismus* wendet, der nun nachdrücklich libertaristische Züge annimmt (indem er auf Lücken in der Naturkausalität sowie auf Anders-handeln-Können oder Anders-wollen-Können abhebt). Denn ontologisch *muss* dieser Dualismus werden, um Willensfreiheit gegenüber Naturkausalität begründen zu können. Aber er wird es in *falscher* Weise, wenn er seinen ursprünglichen Mustern folgt. Hierdurch bleibt er nämlich auf die *angestammten Gegenstände* jener semantischen oder phänomenalen Perspektiven fixiert (Handlungen im Gegensatz zu Ereignissen, Erste-Person-Erfahrungen im Gegensatz zu Dritte-Person-Beobachtungen) und postuliert aus diesem verengten Ansatz heraus unversehens *deren Nichtkausalität* (kausale Lücken und alternative Möglichkeiten im Sozial-Interaktiven beziehungsweise im Psychisch-Mentalen). Stattdessen sollte er es einfach bei der Nichtkausalität *von Gründen* belassen, die als solche weder sozial noch psychisch sind, egal in welchem Sprachspiel oder aus welchem Blickwinkel man sie betrachtet. Und er sollte *deren Wirksamkeit* in der Welt herausstellen, was durchaus statthaben kann, ohne hierbei die Kausalität jener Welt unterbrechen oder alternative Möglichkeiten der handelnden Person annehmen zu müssen.

18.2. Zusammenfassend sind somit drei Arten von Differenz oder Identität relevant, um sich in der Debatte um den freien Willen zu positionieren. Vor allem gibt erst dieses Raster klare Auskunft darüber, welche Rolle Gründen im Gegensatz zu Ursachen für die Willensfreiheit zukommen muss.

Eine Handlung (etwa ein Diskussionsbeitrag) und das korrespondierende Ereignis (die zugehörige Mundbewegung) sind *ontologisch identisch*. Metaphysisch haben sie ein und dasselbe Sein. Es sind nicht zwei verschiedene Vorgänge in der Welt. Genauer wird der Diskussionsbeitrag durch die Mundbewegung konstituiert, und eben deshalb fällt er ontologisch mit ihr zusammen.

Handlung und Ereignis sind auch *phänomenal identisch*. Erlebnishaft begegnen sie einem beide und ungetrennt in jeder Erfahrung. Aus Erster-Person-Perspektive wie aus Dritter-Person-Perspektive sind Diskussionsbeitrag und Mundbewegung gleichermaßen zugänglich. Und zudem stellen sie sich stets gemeinsam dar, gleichgültig ob man selbst der Redende oder der Zuhörende ist.

Handlung und Ereignis sind aber *semantisch verschieden*. Sinnhaft besteht ein unauflöslicher Unterschied zwischen beiden Beschreibungen. Von einer menschlichen Handlung lässt sich nur im pragmatisch-kommunikativen Horizont der Intentionen und Konventionen, der Absichten und Kenntnisse sprechen, von dem entsprechenden Ereignis nur im physikalisch-biologischen Horizont der Kräfte und Bewegungen, der Nervenimpulse und Muskelkontraktionen. Es ist daher sprachlich verfehlt, von einer intelligenten, geistreichen oder unverschämten Mundbewegung oder aber von einem heiseren, stotternden oder asthmatischen Diskussionsbeitrag zu sprechen.

Etwas Mentales (etwa ein Schmerzerleben) und das korrelierende Physische (der entsprechende Hirnprozess) sind *ontologisch identisch*. Metaphysisch haben sie ein und dasselbe Sein. Wiederum sind mit ihnen nicht zwei verschiedene Abläufe in der Welt. Nicht zuletzt superveniert das Schmerzerleben auf dem Hirnprozess, eben weil beide ontologisch eins sind.

Mentales und Physisches sind jedoch *phänomenal verschieden*. Erlebnishaft entsprechen sie verschiedenen Erfahrungen desselben Geschehens. Das Schmerzerleben ist das aus der Ersten-Person-Perspektive Erfahrene, der Hirnprozess ist das aus der Dritten-Person-Perspektive Erfahrene. Dies schließt nicht aus, dass man auch vom eigenen Physischen oder vom fremden Mentalen wissen kann, aber dieses Wissen gründet dann in distanzierter Betrachtung oder geeigneter Projektion, nicht in unmittelbarem Erleben vom internen Standpunkt beziehungsweise in direkter Wahrnehmung vom externen Standpunkt aus.

Mentales und Physisches sind auch *semantisch verschieden*. Ihren abweichenden phänomenalen Erfahrungsweisen entsprechen unterschiedliche sinnhafte Beschreibungsräume. Für Mentales eignet sich das mentalistische, psychologische Vokabular des Erlebens und Mitteilens, des Erspürens und Mitfühlens, für Physisches das empiristische, neurologische Vokabular der Sensorik und Motorik, der Synapsen und Dendriten. Es ist daher sprachlich abwegig, jemanden für einen Hirnprozess zu bedauern oder jemandes Schmerzerleben mikroskopieren zu wollen.

Gründe (logischer, mathematischer, moralischer, prudentieller oder sonstiger Art) und Ursachen (physikalischen, chemischen, psychischen, sozialen oder anderen Typs) sind *ontologisch verschieden*. Metaphysisch gehören sie scharf getrennten Bereichen des

Seins an. Insbesondere sind die Ersteren nichtkausal beschaffen, nur die Letzteren kausal verfasst. Ein Prämissensatz ist kein Ausgangszustand, eine Schlussform ist kein Naturgesetz.

Gründe und Ursachen sind auch *phänomenal verschieden*. Zwar lassen sich beide aus jeder anwendbaren personalen Perspektive betrachten, aber sie erscheinen dabei stets als getrennte Gegenstände. Indessen sind sie *nicht nur* phänomenal verschieden, das heißt, sie sind nicht einfach derselbe Gegenstand allein aus unterschiedlichen Blickwinkeln wahrgenommen. Ein Grund ist nicht die interne Erfahrung eines Gegenstands, der sich dem Betrachter in der externen Erfahrung als Ursache darstellen würde, sondern es sind unterschiedliche Gegenstände, und eben deshalb gibt es von ihnen unterschiedliche Erfahrungen.

Gründe und Ursachen sind auch *semantisch verschieden*. Sie sind verschiedene Gegenstände, sogar von unterschiedlicher Art, und daher heften sich an sie auch unterschiedliche konzeptuelle Perspektiven, entweder rationale Erörterungen oder kausale Untersuchungen. Allerdings sind sie *nicht nur* semantisch verschieden, das heißt, sie sind nicht schlichtweg derselbe Gegenstand lediglich in unterschiedlichen Sprachspielen behandelt. Ein Grund ist nicht die moralische Beschreibung eines Gegenstands, den ein Beobachter in chemischer Beschreibung als Ursache bezeichnen würde, sondern es sind unterschiedliche Gegenstände, und genau darum gibt es von ihnen unterschiedliche Beschreibungen.

Eben deshalb aber können erst Gründe Willensfreiheit fundieren. Erst sie liefern eine ontologische Alternative und Ergänzung zur kausalen Prägung durch Ursachen. Erst sie machen frei, insofern und insoweit sie menschliche Handlungen bestimmen, und damit auch die entsprechenden Ereignisse. Dieser Vorgang mag nur aus einer bestimmten semantischen Perspektive *angemessen beschreibbar* sein, eben im Sprachspiel der Handlungen, dessen Horizont von Intentionen und Konventionen, von Absichten und Kenntnissen stets auf Gründe ausgerichtet ist. Er ist aber *nicht abhängig* von jener semantischen Perspektive, sondern ist als ontologisches Faktum in der Welt (siehe Kapitel VII). Genauer machen Gründe frei, wenn sie zudem im Mentalen bewusst sind, das heißt im Physischen geeignet repräsentiert sind. Dieser Prozess mag wiederum nur aus einer bestimmten phänomenalen Perspektive *unmittelbar erfahrbar* sein, nämlich vom internen Standpunkt der Person, die jenes Bewusstsein der Gründe selbst hat. Er ist aber erneut *nicht relativ* zu jener phänomenalen Perspektive, sondern ist als ontologische Tatsache in der Welt (siehe Kapitel IX).

Das Phänomen des Mentalen, in all seiner Komplexität, mit all seinen Stufen, macht nicht frei (wie man in der Linie von Frankfurt meinen könnte). Denn das Mentale, gleich ob man hierunter nur bewusste oder auch unbewusste Vorgänge fassen will, ist ontologisch mit dem Physischen identisch und damit ebenso kausal wie dieses. Ebenso macht die Semantik der Handlungen, in all ihrer Vielfalt, mit all ihren Differenzierungen, nicht frei (wie man in Verkürzung von Sellars denken könnte). Denn Handlungen, und mit ihnen alle individuellen oder kollektiven Vollzüge, sind ontologisch mit Ereignissen identisch und damit ebenso kausal wie jene. Freiheit stellt sich erst ein, wenn das Mentale, und damit auch das Physische, mit dem es ontologisch eins ist, Gründe bewusst erfasst und wenn die Handlung, und damit auch das Ereignis, mit dem sie ontologisch zusammenfällt, von diesen Gründen bestimmt wird. Dies mag man aus unterschiedlichen phänomenalen Perspektiven erfahren und aus verschiedenen semantischen Perspektiven beschreiben, aber es ist ein ontologisches Verhältnis, das in der Welt vorliegt, unabhängig davon, von welchem Standpunkt oder in welcher Sichtweise man es betrachtet.

18.3. Willensfreiheit kann somit nicht, wie es im modernen Kompatibilismus verbreitet ist, auf einen *phänomenalen Perspektiven-Dualismus von Mentalem und Physischem* gegründet werden, auf die Unterscheidung von intern erlebtem oder aber extern beobachtetem Entscheiden und Handeln, und auch nicht auf einen *semantischen Perspektiven-Dualismus von Handlungen und Ereignissen*, auf die Unterscheidung von rational verstandenen oder aber kausal erklärten Vollzügen und Tätigkeiten. Denn dann *gibt* es nichts in der Welt, das sich nicht rein kausal verhielte.

Willensfreiheit kann ebenfalls nicht, wie es im klassischen Inkompatibilismus üblich ist, aus einem *ontologischen Seins-Dualismus von Mentalem und Physischem* gewonnen werden, aus einer cartesianischen Trennung von freier Seele und unfreiem Körper, und auch nicht aus einem *ontologischen Seins-Dualismus von Handlungen und Ereignissen*, aus einer akteurskausalen Trennung von unverursachten Personen und den von ihnen bewirkten Geschehnissen. Denn diese Positionen sind, nach allem, was wir wissen, nicht *haltbar*.

Willensfreiheit lässt sich schließlich auch nicht auf die *hierarchische Dualität von Wünschen erster Ordnung und Wünschen zweiter Ordnung* stützen, das heißt auf die Reflexivität des Überlegens. Denn wie immer man das Verhältnis dieser psychischen Ebenen phänomenal, semantisch oder ontologisch auch genauer fassen will, ihr Zusammenspiel bleibt für sich allein genommen rein kausaler Natur.

Willensfreiheit ist nur aus einem *ontologischen Seins-Dualismus von Gründen und Ursachen* zu beziehen, das heißt aus der Autonomie des Rationalen. Dieser Ansatz ist in seinem Gehalt keineswegs spekulativ, sondern nahezu trivial, und tatsächlich wird sich aus ihm auch durchaus kein Inkompatibilismus, sondern allemal ein Kompatibilismus ergeben.

VII. Über die Wirksamkeit von Gründen

Gründe sind nicht als quasi passive Strukturen zu verstehen, innerhalb derer sich menschliches Entscheiden und Handeln letztlich doch wieder nach der mechanischen Maßgabe rein kausaler Bestimmungen abspielen würde. Gründen ist vielmehr eine reale Wirksamkeit für menschliche Entscheidungen und Handlungen zuzuschreiben, wie sie sich in einschlägigen Beispielen rationaler Willensbestimmung deutlich abzeichnet.

19. Das Phänomen der »logischen Indeterminiertheit«

19.1. In der Freiheitsdebatte werden mitunter Fälle diskutiert, die sich mit Donald MacKay unter die Überschrift der »logischen Indeterminiertheit« (*logical indeterminacy*) bringen lassen.[1] Hierbei geht es um Situationen, in denen die etwaige Vorhersage einer Handlung sich darauf auswirken würde, welche Entscheidung die betrachtete Person zuletzt überhaupt treffen wird, und zwar in solcher Weise, dass die Person stets von der Prognose abwiche, die Vorhersage also immerfort die Handlung verfehlen müsste.[2] Eine derartige Konstellation legt die Auffassung nahe, dass die Handlung selbst keiner eindeutigen Bestimmtheit unterliege. Damit aber, so die Idee einiger Autoren, lasse sich behaupten, dass die fragliche Handlung Willensfreiheit realisiere.

Zunächst stehen hierbei also Fälle zur Diskussion, in denen eine strikte *Unvorhersagbarkeit* eigenen oder fremden Handelns herrscht, und zwar nicht aus empirischen Gründen der Empfindlichkeit, sondern aus logischen Gründen der Rückbezüglichkeit

1 MacKay, »On the Logical Indeterminacy of a Free Choice«, S. 34 f., 37-39; MacKay, *Freedom of Action in a Mechanistic Universe*, S. 11-13.

2 Vgl. Ismael, *How Physics Makes Us Free*, S. 169-182; Nida-Rümelin, *Über menschliche Freiheit*, S. 49-51, 61-69; Popper, »Indeterminism in Quantum Physics and in Classical Physics. Part 1«, S. 117-125, 127-133; Popper, »Indeterminism in Quantum Physics and in Classical Physics. Part 2«, S. 173, 179, 188-191, 193-195; Scriven, »An Essential Unpredictability in Human Behavior«, S. 412-415, 419 f., 423-425; Sturma, »Die Natur der Freiheit«, S. 392; Swinburne, *The Evolution of the Soul*, S. 252-259; Walde, *Willensfreiheit und Hirnforschung*, S. 17-24, 169-206.

(deshalb *logical*): Bei ihnen kommt es zu einer destabilisierenden Rückwirkung von Selbst- oder Fremdprognose auf das bevorstehende Tun, so dass eine korrekte Antizipation von dessen Verlauf subjektiv, epistemologisch unmöglich wird. Indem die Vorhersage die anstehende Handlung beeinflusst, müsste sie, um richtig zu sein, ihr eigenes Auftreten in ihre Berechnungen mit einbeziehen. Dabei kann sie aber nicht erfolgreich sein, denn was immer sie zuletzt auch prognostiziert, die nachfolgende Handlung wird in jedem Fall gerade so gewählt sein, dass sie dem gegebenen Inhalt der angestellten Vorhersage widerspricht.[3] Zudem erwecken diese Situationen aber den Eindruck, dass in ihnen auch eine tatsächliche *Unbestimmtheit* des eigenen oder fremden Handelns entstehen müsse (deshalb *indeterminacy*): Wenn das bevorstehende Tun von den Inhalten aktueller Selbst- oder Fremdprognosen abhängig ist, wenn sich Entscheidungen damit verschieben, welche Antizipationen von ihnen angestellt werden, diese aber wiederum instabil sind, das heißt fortwährend korrigiert werden müssen, ohne sich abschließend fixieren zu lassen, scheint dieses unablässige Schwanken im Wissen notgedrungen die Richtung der Abläufe selbst objektiv, ontologisch uneindeutig zu machen. Denn dass die Entscheidung sich der Vorhersage entgegenstellen wird, dass die kommende Handlung die aktuelle Prognose verneinen wird, lässt sich offenbar zum Gegenstand einer neuen, entsprechend berichtigten Vorhersage machen. Und indem die Handlung wieder auf diese angepasste Vorhersage reagieren muss, und ebenso auf jede nachfolgende Prognose eigener Reaktionen, scheint sich zuletzt eine wirkliche, potentiell endlose Veränderlichkeit der Handlung selbst zu ergeben.[4]

3 Beispiele eines solchen »epistemischen Indeterminismus«, im Sinne strenger subjektiver Unvorhersagbarkeit, waren in Abschnitt 2.3 Thema. Dass indes eine derartige *bloße Unkenntnis* (und zwar gleich ob aufgrund von selbstwiderlegenden Prophezeiungen oder aber aufgrund von nichtlinearen Prozessen) an sich selbst keinen freien Willen begründen kann, habe ich in Abschnitt 3.2 erläutert, und dass speziell eine rein *perspektivische Variante* hiervon (die etwa nur für den jeweiligen Handelnden und nicht auch für einen äußeren Betrachter gelten würde) keine menschliche Freiheit zu stützen vermag, habe ich in Abschnitt 17.2 dargelegt.

4 Der Ausdruck »logische Indeterminiertheit« trägt damit, genau betrachtet, bei MacKay eine doppelte Bedeutung. Zum einen bezeichnet er die objektive *ontologische* Unbestimmtheit (und nicht nur subjektive epistemologische *Unvorhersagbarkeit*) der Handlung, die aufgrund von Phänomenen *logischer* Rückbezüglichkeit entstehen soll, zum anderen benennt er die ebenso objektive *logische*

Laut MacKay besteht diese logische Indeterminiertheit sogar dann, wenn die Vorhersage vor dem Handelnden verborgen bleibt, ihn also gar nicht beeinflusst, und mithin ein äußerer Beobachter B durchaus eine korrekte Vorhersage über das Tun des Handelnden A zu treffen vermag: Selbst dann könne man nicht sagen, jene korrekte Vorhersage P des Beobachters B sei tatsächlich *objektiv richtig* (enthalte eine wahre Information über den ontologischen *state of affairs*), wo doch die Wahrheit von P eben davon abhängt, dass A sie *nicht kennt*, P also von A nicht *berechtigt geglaubt* werden kann (und eine Vorhersage nach MacKay nicht uneingeschränkt als *richtig* gelten kann, wenn sie nicht von *jedermann* geteilt werden kann, ohne ihre Richtigkeit *einzubüßen*).[5] Auch könne man nicht sagen, der Handelnde A sei lediglich *subjektiv uninformiert* über jene korrekte Vorhersage P (befinde sich in einem bloßen Zustand epistemologischer *ignorance*), da schließlich jeder Versuch, A über P *zu informieren*, sofort dazu führen würde, dass P *falsch wird* (und jemand nach MacKay nicht sinnvoll als *uninformiert* über eine Vorhersage gelten kann, wenn diese *bei* seiner Information gar nicht mehr *zuträfe*).[6]

Diese Überlegungen sind sehr raffiniert, aber letztlich muss MacKays Versuch, die subjektive Unkenntnis des Handelnden hinsichtlich der Vorhersage seines eigenen Verhaltens herunterzuspielen, um hierdurch eine objektive Unbestimmtheit des anstehenden Geschehens selbst behaupten zu können, scheitern: Tatsächlich *ist* die Vorhersage P objektiv richtig, und der Handelnde A *ist* subjektiv uninformiert über sie. Zwar hängt beides miteinander zusammen, das heißt, P ist nur deshalb richtig, *weil* A nichts von ihr weiß, aber das ändert nichts daran, dass beides zutrifft, das heißt, dass P richtig ist *und* A nichts von ihr weiß. Gewiss mag es sein, dass, wenn A über P informiert *würde*, P falsch *würde*. Doch solange A über P uninformiert *ist*, *ist* P richtig, und sobald dieser Zustand der Korrespondenz aufgelöst wird, ist eben eine andere Vorhersage P'

Unbestimmtheit (und nicht allein subjektive epistemologische *Unbekanntheit*) des Wahrheitswertes, die entsprechenden Aussagen *über* diese Handlung angeblich zukommt.

5 MacKay, »On the Logical Indeterminacy of a Free Choice«, S. 35 f.; MacKay, *Freedom of Action in a Mechanistic Universe*, S. 11 f., 16 f., 22-27.

6 MacKay, »On the Logical Indeterminacy of a Free Choice«, S. 36 f.; MacKay, *Freedom of Action in a Mechanistic Universe*, S. 12 f.

objektiv richtig, von welcher der Handelnde A wiederum subjektiv nichts weiß – einmal mehr ohne jeden Konflikt zwischen beiden Sachverhalten.

Indessen ist es ohnehin anregender, sich mit jenen Konstellationen zu beschäftigen, in denen die Vorhersage dem Handelnden bekannt ist, er sie zumindest ahnen kann oder erwägen muss, jene Information aber seine Entscheidung stets verschiebt, so dass die Vorhersage die Handlung niemals einzuholen vermag: Zumindest hier drängt sich der Gedanke auf, dass jene *epistemologische Unvorhersagbarkeit*, für den Handelnden wie für den Beobachter, auch eine *ontologische Unbestimmtheit* des Entscheidens und Handelns selbst erzeuge. Denn wenn *Vorhersagen* notwendig schwanken, weil sie fortwährend die kommende Handlung verfehlen und entsprechend berichtigt werden müssen, und wenn Entscheidungen wiederum hierauf aufbauen, indem sie beständig auf die aktuelle Prognose reagieren und sie gezielt zu falsifizieren suchen, scheinen auch die *Handlungen* selbst von jenem unabweislichen Schwanken erfasst zu werden und in diesem Sinne durch Willensfreiheit geprägt zu sein.

Tatsächlich aber dürfte auch in diesen Fällen der Schritt von subjektiver Unkenntnis, nun in Form einer für alle Beteiligten bestehenden Unvorhersagbarkeit des Kommenden, zu objektiver Unbestimmtheit, also einer angeblichen Uneindeutigkeit der künftigen Ereignisse selbst, fehlschlagen: Eine ontologische *Indeterminiertheit*, das heißt eine reale Zufälligkeit des Geschehens, die nach allgemeiner Einschätzung für Willensfreiheit ohnehin nichts eintrüge, muss in den betrachteten Vorgängen nicht unbedingt vorliegen. Und eine ontologische *Kausallücke*, das heißt eine Unterbrechung natürlicher Verursachung, auf der man vielleicht in libertaristischem Geiste Willensfreiheit errichten wollte, kann den fraglichen Verläufen schon gar nicht attestiert werden. Sehr wohl aber lassen derartige Konstellationen eine ontologische Bestimmung der Handlung *durch Gründe* erkennen. Und eben auf *diesen Umstand* sollte man Willensfreiheit in kompatibilistischem Sinne aufbauen, sie also neben aller Naturkausalität in den beobachteten Verläufen diagnostizieren – und zwar unabhängig davon, ob jene Bestimmung durch Gründe tatsächlich instabil ist oder vielleicht doch stabil ausfällt.

19.2. Zur besseren Illustration dieser Zusammenhänge mag ein einfacher Anwendungsfall dienen.[7] Bei einem Fußballspiel kommt es zu einem Elfmeter. Dabei sei zunächst davon ausgegangen, dass der Schütze das Tor erzielen, der Torwart den Ball halten will, gemäß der üblichen Situation sportlicher Konkurrenz. Zudem sollen sich beide Spieler über die Intention des jeweils anderen Spielers und auch über dessen Wissen um die eigene Intention im Klaren sein.

Es werde ferner angenommen, dass der Schütze, aufgrund seiner technischen Fähigkeiten, am besten in eine bestimmte Ecke des Tors treffen kann, was ihm einen ersten Anlass gibt, dorthin zu schießen, etwa nach unten rechts. Überdies sei vorausgesetzt, dass der Torwart, aufgrund früherer Beobachtungen, diese grundsätzliche Präferenz seines Gegners kennt, was ihm seinerseits einen ersten Anlass gibt, eben dorthin zu springen, also gleichfalls nach unten rechts. Der Schütze kann sich freilich denken, dass der Torwart seine bisherigen Schüsse studiert hat und somit nach unten rechts springen wird, was ihm nunmehr einen Anlass verschafft, von seiner gewohnten Präferenz abzuweichen und lieber nach unten links zu schießen. Der Torwart indessen kann sich ausmalen, dass der Schütze seine angestellten Überlegungen antizipiert und daher diesmal nach unten links schießen wird, was ihm wiederum einen Anlass verschafft, von seiner bisherigen Entscheidung abzurücken und besser nach unten links zu springen. Auch dies kann der Schütze ahnen und es daher bevorzugen, doch nach unten rechts zu schießen. Und dies kann der Torwart erraten und es daher vorziehen, seinerseits nach unten rechts zu springen. Die Reihe kann im Prinzip endlos fortgeführt werden, wobei die Entschlüsse beider Spieler einander fortwährend unterlaufen und sich daher beständig umkehren. Es handelt sich um eine Situation wechselseitiger rationaler Bespiegelung, die aus ihrer eigenen Logik heraus keinen stabilen Endpunkt erreicht.

Wie ist diese Situation genauer zu interpretieren? Wie sollte man sie zunächst analysieren, wenn man davon ausgeht, dass beide Spieler in ihren Entscheidungen und Handlungen durch kausale Prozesse etwa neuronaler Art bestimmt sind?

Erstens muss man anerkennen, dass die geschilderte Situation ihrer Natur nach *offen* ist: Das heißt, die neuronale Kausalität jedes

7 Ich verdanke das folgende Beispiel Dieter Sturma, der es meines Wissens bislang nicht veröffentlicht und nur innerhalb von Diskussionen vorgestellt hat.

Spielers ist gewiss nicht die einzige Determinante seiner Entscheidung, sondern es kommen externe Faktoren hinzu, von denen jene neuronale Kausalität ihrerseits beeinflusst wird. Hierzu gehört vorrangig die erwartete Handlung des jeweils anderen Spielers, also zumindest die neuronale Struktur hinter dessen aktuellen Überlegungen, aber auch der beobachtete Verlauf seiner früheren Aktionen, zudem gegebenenfalls eine Reihe weiterer Umstände, etwa das Verhalten von Mitspielern und Zuschauern oder die Wetterbedingungen.

Zweitens darf man vermuten, dass das entstehende Geschehen in der Tat *unvorhersagbar* ist: Ein Spieler kann die Entscheidung seines Gegners wahrscheinlich nicht mit Sicherheit antizipieren, vielleicht kann ein gegebener Spieler nicht einmal das eigene Handeln verlässlich prognostizieren, und auch Dritte können wohl nicht mit Gewissheit sagen, was sich abspielen wird. Nicht zuletzt mag die Abhängigkeit der eigenen Entscheidung von der fremden Entscheidung den Effekt haben, dass die Unvorhersagbarkeit fremden Handelns eine Unvorhersagbarkeit eigenen Handelns nach sich zieht und vertieft, ebenso wie umgekehrt, und dass auch kein äußerer Beobachter mehr in der Lage ist, das Verhalten der beiden Spieler vorauszusehen.

Drittens könnte man überlegen, ob der fragliche Verlauf am Ende *indeterministisch* ist: Es wäre denkbar, dass die Überlegungen der beiden Spieler in sich unbestimmt sind, dass ihr Ausgang bloßem Zufall unterliegt. Womöglich könnten die beiden Spieler einen solchen Zufallsprozess sogar vorsätzlich in sich initiieren, um die endlose Bespiegelung ihrer Erwägungen zu durchbrechen und überhaupt zu einer Entscheidung zu finden, oder auch, um ihre Entscheidung für den Gegner zu verschleiern und mit einer endgültigen Undurchdringlichkeit zu versehen.

All dies aber, wenn es denn jeweils zutreffen sollte, verbliebe ganz im ontologischen Rahmen kausaler Zusammenhänge. Und entsprechend lieferten alle drei, Offenheit, Unvorhersagbarkeit oder auch Indeterminiertheit, als solches keine Grundlage für Willensfreiheit. Es kommt darin keine zusätzliche nichtkausale Bestimmung zur Geltung, wie man sie für Freiheit bräuchte. Und ein Sprung aus jeglicher kausaler Bestimmung heraus findet schon gar nicht statt, weil es dergleichen in der Welt überhaupt nicht geben kann.

Was indessen, ungeachtet aller etwaigen Offenheit, Unvorhersagbarkeit oder Indeterminiertheit, in diesem Beispiel deutlich wird, ist die schlichte Tatsache, dass das Geschehen *durch Gründe* bestimmt ist (es ist wesentlich *logical*, in diesem Sinne einer Prägung durch Gründe). Und namentlich diese *rationale Bestimmung* der Überlegungen und Abwägungen, zuletzt auch der Entscheidungen und Handlungen beider Spieler, wird durch das unklare Ergebnis der vorliegenden Situation geradezu sinnlich greifbar (sie zeichnet sich ab in der *indeterminacy*, in diesem Sinne einer Ambiguität des Ausgangs). Denn die Uneindeutigkeit des Geschehens, die Unabsehbarkeit des Resultats, hat ihren wesentlichen Ursprung offenbar darin, dass eben uneindeutige Gründe darin wirksam sind. Dies ist die offenkundigste Analyse, die sich für die vorliegende Konstellation anbietet, ungeachtet aller Mutmaßungen, die man über ihre kausale Struktur anstellen mag.

Der Schütze hat *Gründe* für die Wahl einer Ecke (vor allem prudentieller Art). Hieraus ergeben sich *Gründe* des Torwarts für die Wahl einer Ecke (ebenfalls primär prudentieller Art). Diese verändern wieder die Gründe des Schützen. Und diese verschieben erneut die Gründe des Torwarts. Dieses Geflecht von Gründen ist, in dem vorliegenden Beispiel, potentiell unabschließbar und zudem inhärent widersprüchlich. Auf jeden Grund folgt wieder ein neuer Grund, und zwar gegenteiligen Inhalts, ohne dass eine stabile Lösung in Sicht wäre. Genau hieran liegt es aber offenbar, wenn die Spieler zögern in ihrem Überlegen und Abwägen, wenn sie schwanken in ihrem Entscheiden und Handeln, wenn weder sie noch wir absehen können, was geschehen wird. Und damit werden, an ihrem Verhalten, die Gründe geradezu spürbar in unserer Welt, sie nehmen Gestalt an vor unseren Augen, sie manifestieren sich unübersehbar, sie türmen sich regelrecht auf.

Wie jene rationale Prägung des Geschehens mit der kausalen Bestimmung beider Spieler, die oben ansatzweise erörtert wurde, zusammenhängen könnte, mag an dieser Stelle dahingestellt bleiben. Ich werde mich später mit dieser Frage beschäftigen, vor allem in den Kapiteln VIII und IX. Wichtig ist bis hierher allein, dass das Beispiel sehr eindrücklich zeigt, wie Gründe menschliches Entscheiden und Handeln leiten können, indem gerade die Uneindeutigkeit der Situation die Wirksamkeit der Gründe unübersehbar zutage treten lässt. Und allein in dieser rationalen Bestimmung ist

Willensfreiheit zu suchen, nicht in kausaler Offenheit, Unvorhersagbarkeit oder Indeterminiertheit.

Diese Auffassung gewinnt an Plausibilität, wenn man das Beispiel so modifiziert, dass die Uneindeutigkeit verschwindet.[8] Es werde also wieder davon ausgegangen, dass in einem Fußballspiel ein Elfmeter gegeben wird, und es werde auch unverändert vorausgesetzt, dass der Schütze das Tor treffen will. Aber nun sei angenommen, dass der Torwart den Ball durchlassen will, etwa weil er bestochen wurde oder weil er erpresst wird. Wieder soll jeder Spieler um die Intention des anderen und auch um dessen Kenntnis der eigenen Intention wissen.

Der Schütze kann wie gehabt am besten rechts treffen, hat also primär wieder einen Anlass, nach rechts zu schießen, um wie erhofft das Tor zu erzielen. Der Torwart weiß einmal mehr hiervon, was ihm nun aber einen Anlass gibt, nach links zu springen, um wie gewünscht den Ball passieren zu lassen. Der Schütze wiederum ahnt, dass der Torwart seine Lieblingsecke kennt, weiß aber auch, dass der Torwart den Ball durchlassen will, antizipiert also, dass der Torwart nach links springen wird, und ist damit in seinem vormaligen Entschluss bestärkt, nach rechts zu schießen. Der Torwart seinerseits ahnt, dass der Schütze seine Überlegungen kennt, und weiß zudem, dass der Schütze das Tor treffen will, antizipiert folglich, dass der Schütze nach rechts schießen wird, und ist damit in seinem bisherigen Vorsatz bestätigt, nach links zu springen. Auch dies sieht der Schütze voraus und hat noch größeren Anlass, nach rechts zu schießen. Und dies sieht der Torwart vorher und hat noch stärkeren Anlass, nach links zu springen. Einmal mehr kann diese Reihe unendlich fortgesetzt werden, aber nun bleiben die Entschlüsse stets die gleichen und bekräftigen einander sogar fortwährend. Wieder handelt es sich um eine Situation wechselseitiger rationaler Bespiegelung, die jetzt jedoch einen stabilen Fixpunkt hat und diesen mit jedem gedanklichen Durchgang nur immer eindeutiger markiert.

Wie ist diese Situation zu deuten? Was lässt sich zunächst in kausaler Hinsicht zu ihr sagen?

Sicherlich ist die Situation wieder *offen*: Die fällige Entscheidung des einen Spielers hängt immer noch von der anstehenden

8 Hier weiche ich bewusst von der gewohnten Konzeption derartiger Fälle ab, um ihre Bedeutung für die Freiheitsthematik besser zutage treten zu lassen.

Handlung des anderen Spielers ab, damit von dessen bisherigem Verhalten oder auch von ausdrücklichen Mitteilungen seinerseits. Weitere externe Faktoren mögen hinzukommen.

Wahrscheinlich ist das Geschehen nun durchaus *vorhersagbar*: Der Schütze wird nach rechts schießen, der Torwart wird nach links springen, falls nicht etwas völlig Unerwartetes eintritt, wie etwa ein absurdes Missverständnis zwischen beiden. Dies ist den zwei Beteiligten wie auch jedem Dritten klar, der über die Lage im Bilde ist, nicht zuletzt weil die Vorhersagbarkeit des einen Spielers die Vorhersagbarkeit des anderen Spielers nach sich zieht und weiter vertieft, in Richtung völliger Sicherheit.

Womöglich ist der Verlauf auch in sich *deterministisch*: Jedenfalls gibt es keinen Anlass, die kausale Vorherbestimmtheit des betrachteten Geschehens zu bezweifeln, wenn es mit derartiger Eindeutigkeit abläuft, ohne irgendeine Abweichung zuzulassen. Insbesondere mag die epistemologische Vorhersagbarkeit der fraglichen Handlungsvollzüge voraussetzen, dass auch eine ontologische Notwendigkeit der entsprechenden Entscheidungsprozesse bestehen muss.

Die kausale Charakterisierung des Ablaufs dürfte sich somit zumindest teilweise verschoben haben. Er ist zwar fraglos weiterhin offen, aber wohl allemal vorhersagbar und eventuell zudem deterministisch. Indessen besagt all dies einmal mehr nichts für die Frage der Willensfreiheit. Insbesondere wäre es verfehlt zu glauben, dass diese neue Situation mit ihrem eindeutigen Ausgang weniger Raum für Willensfreiheit böte als die vorhergehende Konstellation mit ihrem uneindeutigen Ergebnis.

Denn wieder ist das Resultat, ungeachtet seiner kausalen Signatur und auch wenn es sich nunmehr in eindeutiger Weise ergibt, maßgeblich *durch Gründe* bestimmt (es ist einmal mehr wesentlich *logical*, in diesem Sinne einer Leitung durch Gründe). Und tatsächlich ist es gerade diese *rationale Bestimmung* im Denken und Abschätzen, im Entscheiden und Handeln der beiden Spieler, welche überhaupt die beobachtete Eindeutigkeit der neuen Situation entstehen lässt (sie führt nun zur *determinacy*, in diesem Sinne einer Greifbarkeit des Resultats). Die Wirksamkeit der Gründe ist lediglich nicht so spektakulär, nicht so eindrücklich wie noch im Ausgangsfall, wo sie sich in einem ständigen Hin und Her, in endloser Ratlosigkeit und Unschlüssigkeit dokumentierte. Stattdessen lässt sie nun einen völlig einsinnigen Verlauf entstehen, der einem schlichten kausalen Pfad gleicht, ohne weitere relevante Basis, so dass die Gründe nicht so spürbar sind, sich nicht so nachdrücklich in den Vordergrund drängen, obwohl sie zweifellos unverändert zugegen sind und auch wiederum die beste Deutung der neuen Konstellation liefern.

Wieder nämlich hat der Schütze *Gründe* für seine Wahl einer Ecke (prudentieller Art). Wieder auch ergeben sich hieraus *Gründe* des Torwarts für seine Wahl einer Ecke (prudentieller Art). Nun aber stützen sich diese Gründe gegenseitig in ihren Vorgaben, ohne einander fortwährend aufzuheben. Je stärker die gegebenen Gründe für den einen Spieler sind, desto stärker werden die vorhandenen Gründe für den anderen Spieler. Wieder ist dieses Geflecht von Gründen potentiell endlos, einmal mehr kommt es zu einer unablässigen Beeinflussung ihres jeweiligen Inhalts. Aber nun ist diese gegenseitige Beeinflussung hochgradig kohärent, sie führt zu fortlaufender Bekräftigung, so dass sich eine stabile Lösung ergibt, die mit jedem neuen Grund nur umso eindeutiger wird. Und in der Tat liegt es genau hieran, wenn die Spieler nun besonders sicher sind in ihren Gedanken und Schätzungen, in ihren Entscheidungen und Handlungen. Nur ist diese bestätigende Wirkung der relevanten Gründe weniger eindrücklich als ihre widerstreitende Wirkung im vorhergehenden Beispiel, wo sie sich in ihrer permanenten Korrektur und dauernden Umkehrung geradezu fühlbar übereinander schichteten.

Dennoch kann in der jetzigen Variante des Beispiels ebenso sehr von Willensfreiheit gesprochen werden wie in der ursprünglichen Version. Denn in beiden Fällen sind Gründe wirksam, nur in unterschiedlich gestaltetem Verhältnis und in unterschiedlich eindrücklicher Weise. Und allein auf diese Wirksamkeit von Gründen kommt es an. Insbesondere sind die Akteure in der Eindeutigkeit ihrer Gründe ebenso frei wie zuvor in der Uneindeutigkeit der Gründe für ihre Handlungen.

Und tatsächlich wäre es seltsam, wenn zwischen beiden Fassungen des Beispiels ein ernsthafter Unterschied in der Freiheit bestehen sollte: Es ist kaum ersichtlich, weshalb Schütze und Torwart im ersten Fall frei, im zweiten Fall hingegen unfrei sein sollten. Dass Uneindeutigkeit, Konflikt, Widerstreit von Intentionen mehr Freiheit bedeuten sollten als Eindeutigkeit, Harmonie, Zusammenspiel, mutete höchst beliebig an. All dies könnte niemals als qualitativer Unterschied zwischen beiden Szenarien gelten, der über die Frage der Freiheit entscheiden dürfte. Insofern ist es durchaus irreführend, dass stets Beispiele des ersten Typs als Freiheitsbelege aufgefahren werden, während Beispiele der zweiten Art für diesen Zweck offenbar als ungeeignet angesehen werden.

Worauf es allein ankommt, ist, dass Gründe das Handeln bestimmen: Dies mag im ersten Beispiel stärker ins Auge springen, aber es ist ebenso im zweiten Beispiel der Fall. Die Differenzen beider Situationen liegen allein im rationalen Verhältnis der Gründe zueinander, ihrer wechselseitigen Schwächung oder Bestärkung, und zudem in der kausalen Signatur des Geschehens, im Umfang von Offenheit, Vorhersagbarkeit und Determiniertheit. All dies ist für Willensfreiheit jedoch unerheblich, denn diese liegt allein in der Wirksamkeit von Gründen, gleich welcher Form, und kann als solche neben aller Naturkausalität bestehen, gleich welchen Profils. Wie jene Wirksamkeit von Gründen sich dabei zur Bestimmung durch Ursachen verhält, wie also Willensfreiheit und Naturkausalität in konkreten Fällen der skizzierten Art kompatibilistisch zusammen gedacht werden müssen, wird noch zu erörtern sein.

19.3. Dieser Befund lässt sich anhand von Beispielen weiter vertiefen, wie sie insbesondere im Rahmen der Spieltheorie diskutiert werden. In den einfachsten Fällen stehen sich dabei zwei Spieler gegenüber, die jeweils eine Wahl zwischen zwei Zügen zu treffen haben, womit sich insgesamt vier Kombinationen von Zügen ergeben, mit spezifischen Ausgängen für die beiden Spieler und mit korrespondierenden Bewertungen durch die zwei Spieler. Diese Ausgänge und Bewertungen können symmetrisch verteilt sein, so dass sich die Situation für beide Spieler völlig analog darstellt. In den unten diskutierten Beispielen sind zudem zwei weitere Bedingungen vorausgesetzt. Erstens stehen die möglichen Ausgänge und die zugehörigen Bewertungen mit völliger Sicherheit fest und sind beiden Spielern durchgehend bekannt, sowohl für sich selbst auch für den jeweils anderen.[9] Zweitens können die Spieler nicht vorab über ihre Züge kommunizieren und sich insbesondere nicht verbindlich auf eine Kombination von Zügen einigen, sondern müssen ihre Wahl ohne gemeinsame Beratung und Absprache treffen und an-

9 Man spricht hierbei von Spielen »mit vollständiger Information«.

schließend ihre Erträge je nach der sich einstellenden Kombination von Zügen akzeptieren.[10] Bei alledem verfolgt jeder Spieler das Ziel eines möglichst hohen eigenen Gewinns, ohne an der Auszahlung des anderen Spielers irgendein positives oder negatives Interesse zu nehmen, und orientiert zudem sein Verhalten an den Vorgaben perfekter Klugheit, ohne irgendwelche Fehler in seinen Berechnungen und Abschätzungen zu begehen. Seine motivationale und rationale Ausrichtung entspricht somit einer selbstbezogenen prudentiellen Optimierung, und auch dies weiß wiederum jeder vom anderen, ebenso wie er weiß, dass der andere es von ihm selbst weiß.

Eine solche Konstellation wird etwa im sogenannten *Kampf der Geschlechter* (*Battle of the Sexes*) angenommen:[11] Hier müssen sich zwei Ehepartner entscheiden, wie sie den Abend verbringen, genauer ob sie zu einem Preisboxkampf oder in eine Ballettaufführung gehen. Der Mann bevorzugt den Boxkampf, die Frau das Ballett, aber beide haben zudem eine hohe Präferenz, den Abend zusammen zu verleben. Wenn sie daher gemeinsam beim Boxkampf wären, so erreichte der Mann auf einer Wunscherfüllungsskala den Wert 3, die Frau den Wert 2, wenn sie gemeinsam im Ballett wären, verhielte es sich umgekehrt. Beide wären indessen völlig enttäuscht, wenn sie an einem der beiden Veranstaltungsorte ohne den jeweils anderen auskämen, und zwar egal ob es der eigene Wunschort wäre oder der des anderen. In allen Fällen des Getrenntseins kämen beide daher auf den Wert 0. Nun können die zwei Ehepartner aus irgendeinem Grund keine klare Verabredung treffen, an welchen Ort sie gehen, sondern müssen jeweils isoliert entscheiden, wohin sie sich begeben. Nach Voraussetzung versucht jeder, eine möglichst hohe eigene Wunscherfüllung zu erzielen, und ist sich hierbei der parallelen Situation, Präferenz und Rationalität des anderen bewusst, wie auch der Tatsache, dass der andere jene Informationen über ihn selbst hat.

Dieses Spiel kann durch folgende Matrix wiedergegeben werden, in welcher der Mann eine Zeile zu wählen hat, die Frau eine Spalte. Die Einträge links unten in jedem Feld geben den Gewinn des Mannes, die Einträge rechts oben den Gewinn der Frau bei der jeweiligen Kombination an. Das Spiel ist symmetrisch, insofern sich die Konstellation der möglichen Erträge für Mann und Frau

10 Dies definiert die Klasse der »nicht-kooperativen Spiele«.

11 Vgl. Luce/Raiffa, *Games and Decisions*, S. 90-94.

genau gleich darstellt, wenn man die beiden Optionen Boxkampf und Ballett gegeneinander vertauscht. Zudem handelt es sich um ein »Nicht-Nullsummenspiel«, indem der mögliche Gewinn des einen nicht durch einen entsprechenden Verlust des anderen erkauft werden muss, die Gesamtsumme der Erträge in den verschiedenen Feldern also nicht konstant ist:

	Boxkampf	Ballett
Boxkampf	2 3	0 0
Ballett	0 0	3 2

In diesem Spiel gibt es keine eindeutige Lösung, wie man sich rational zu verhalten hätte: Zwar wäre es, falls sich der Mann für den Boxkampf entscheiden sollte, für die Frau am klügsten, ebenfalls zum Boxkampf zu gehen, und diese Wahl der Frau würde es wiederum für den Mann am klügsten machen, bei seiner Wahl zu bleiben. Ebenso wäre es, falls sich der Mann für das Ballett entscheiden sollte, für die Frau am klügsten, ebenfalls ins Ballett zu gehen, und dieser Entschluss der Frau würde es wiederum für den Mann am klügsten machen, an seinem Entschluss festzuhalten.[12] Aber das ändert nichts daran, dass es ohne Absprache für beide Ehepartner unklar bleibt, *welche* Wahl sie am besten treffen sollten – nicht zuletzt weil eben *beide* Optionen, Boxkampf wie Ballett, zu solchen Paaren sich gegenseitig bestärkender Antworten gehören.

Freilich könnte der Mann den Boxkampf bevorzugen, weil er dann, falls die Frau ebenfalls zum Boxkampf gehen sollte, einen höheren Gewinn erzielte, als wenn beide ins Ballett gingen (3 statt 2).

12 Im Fachjargon bilden das linke obere Feld und das rechte untere Feld sogenannte »Nash-Gleichgewichte«, das heißt Kombinationen von Strategien, die wechselseitig optimal aufeinander reagieren.

Zugleich wäre seine Enttäuschung, falls die Frau ins Ballett gehen sollte, während er beim Boxkampf ist, gleich groß wie in dem Fall, dass er ins Ballett ginge, aber die Frau beim Boxkampf wäre (jeweils 0). Doch wenn ihm dieser Vergleich tatsächlich einen verstärkten Anlass geben sollte, zum Boxkampf statt ins Ballett zu gehen, so müsste er sich vergegenwärtigen, dass seine Frau genau die *analoge Überlegung* anstellen könnte, also ihrerseits womöglich eher ins *Ballett* als zum Boxkampf gehen wird. Damit hätte er seinerseits auf einmal einen Anlass, lieber ins Ballett zu gehen, um sie nicht zu verpassen. Das Gleiche gilt indessen auch für seine Frau, die mithin aufgrund der *analogen Erörterung* unversehens einen Anlass hätte, lieber zum *Boxkampf* zu gehen. Diese korrigierte Aussicht würde dem Mann einen erneuten Anlass geben, den Boxkampf aufzusuchen. Aufgrund des parallelen Gedankengangs hätte jedoch auch die Frau inzwischen einen neuerlichen Anlass, sich ins Ballett zu begeben. Und so geht es immer in einem fort, ohne dass sich ein Ende dieser Kette von fortlaufenden Umkehrungen des bisherigen Ergebnisses erreichen ließe.

Wie bereits im vorangehenden Beispiel des Elfmeters handelt es sich offenbar wieder um eine Situation rationaler Bespiegelung. Und obwohl die jeweiligen Intentionen von Mann und Frau einander keineswegs so diametral entgegengesetzt sind wie die von Schütze und Torwart im ersten Szenario, ist die Situation erneut in sich instabil. Denn trotz ihrer nun sogar stark überlappenden Wünsche kann ohne explizite Verabredung *kein* Beteiligter wissen, welchen Punkt in der Matrix der *andere* Beteiligte ansteuert. Insbesondere gibt es keine Gewähr für die beiden Partner, dass sie sich nicht ungewollt mit ihren Wahlen verfehlen und jeweils den minimalen Wert 0 einfahren.

Nun möge man diese Situation mit dem berühmten *Gefangenendilemma* (*Prisoner's Dilemma*) vergleichen:[13] Hier werden zwei Landstreicher verhaftet und beschuldigt, einen Einbruch begangen zu haben. Sie werden in getrennte Zellen gebracht und mit folgendem Angebot konfrontiert. Wenn einer die gemeinsame Tat gesteht, während der andere leugnet, wird der erste als Kronzeuge freigelassen, entsprechend einem maximalen Nutzenwert von 10, während der zweite als nicht geständiger, aber überführter Einbrecher die

13 Vgl. Flood, »Some Experimental Games«, S. 11-17; Luce/Raiffa, *Games and Decisions*, S. 94-97; Nash, »Non-Cooperative Games«, S. 291 f.

höchstmögliche Gefängnisstrafe erhält, entsprechend einem minimalen Nutzenwert von 0. Wenn beide die Tat abstreiten, können sie nur wegen Vagabundierens belangt werden und erhalten beide eine geringfügige Gefängnisstrafe, entsprechend einem Nutzenwert von 7. Wenn beide die Tat einräumen, so greift keine Kronzeugenregelung mehr, und beide kommen ins Gefängnis, indessen mit einer leichten Strafminderung, als zwar überführte, aber immerhin geständige Einbrecher, entsprechend einem Nutzenwert von 2. Wieder ist es den beiden Landstreichern nicht möglich, eine verbindliche Absprache zu treffen, sondern sie müssen je für sich wählen, wie sie sich verhalten. Und einmal mehr ist jedem Gefangenen allein daran gelegen, seinen eigenen Nutzenwert zu maximieren, während er die parallele Situation, Präferenz und Rationalität des anderen kennt, ebenso wie den Umstand, dass der andere all diese Dinge über ihn selbst weiß.

Das Spiel wird durch folgende Matrix wiedergegeben, in welcher der eine Landstreicher eine Zeile wählen muss, der andere Landstreicher eine Spalte. Wie gehabt geben die Einträge links unten in jedem Feld den Gewinn des Zeilenspielers, die Einträge rechts oben den Gewinn des Spaltenspielers bei der jeweiligen Kombination an. Das Spiel ist wiederum symmetrisch, indem eine gegebene Konstellation aus eigenem und fremdem Leugnen oder Gestehen für beide Landstreicher jeweils den gleichen individuellen Ertrag nach sich ziehen würde. Auch handelt es sich erneut um ein »Nicht-Nullsummenspiel«, da die Gesamtsumme der Erträge für die verschiedenen Kombinationen keinen festen Wert hat:

<table>
<tr><td></td><td>Leugnen</td><td>Gestehen</td></tr>
<tr><td>Leugnen</td><td>7
7</td><td>10
0</td></tr>
<tr><td>Gestehen</td><td>0
10</td><td>2
2</td></tr>
</table>

Für dieses Spiel existiert eine eindeutige Lösung, wie man sich rational verhalten sollte: Für den Zeilenspieler ist es klug zu gestehen, weil er hierdurch besser dasteht, als wenn er leugnet, und zwar sowohl wenn der Spaltenspieler ebenfalls gesteht (2 statt 0) als auch wenn dieser leugnet (10 statt 7). Ebenso ist es für den Spaltenspieler klug zu gestehen, weil sich die Situation für ihn völlig analog darstellt, er also ebenfalls besser fährt mit Gestehen (2 oder 10) als mit Leugnen (0 oder 7), bei beiden Entscheidungen des Zeilenspielers.[14] Für beide Landstreicher ist mithin Gestehen *eindeutig* die klügere Option in dem Dilemma – eine größere Unzweifelhaftigkeit der eigenen besten Wahl als eine solche Unabhängigkeit von der Entscheidung des jeweils anderen ist spieltheoretisch gar nicht *denkbar*.

Gewiss ist dieses Ergebnis irritierend, da beide Parteien, wenn sie diesen rationalen Zug wählen und gestehen, den vergleichsweise schwachen Nutzenwert 2 einfahren. Wenn sich beide Parteien demgegenüber zu dem irrationalen Zug entschlössen und leugneten, würden sie bei dem deutlich besseren Nutzenwert 7 anlangen. Dennoch kann die Wahl des Leugnens keinem von beiden empfohlen werden, sondern bleibt offenkundig unklug, denn falls der andere ebenfalls leugnen sollte, hätte man mit Gestehen sogar das bestmögliche Ergebnis erzielen können (10 statt 7). Und falls der andere seinerseits gestehen sollte, würde man mit Leugnen sogar das schlechtestmögliche Resultat erzielen (0 statt 2). Vielleicht würden also *zwei irrationale* Spieler ironischerweise das *deutlich bessere* Resultat von jeweils 7 Nutzenwerten einfahren. Aber das ändert nichts daran, dass *gegen* einen solchen irrationalen Spieler Gestehen immer noch *klüger* wäre als Leugnen, indem es das optimale Ergebnis von 10 Nutzenwerten einbrächte. Die Strategie des Gestehens bleibt somit klug, jedenfalls sofern das skizzierte Spiel nur einmal gespielt wird. Die Strategie des Leugnens hingegen ist nicht zu empfehlen, zumindest nicht im strikt prudentiellen Sinne eines optimalen eigenen Resultats, sondern könnte allenfalls dann vorziehenswert sein, wenn man andere normative Aspekte wie etwa eine moralisch begründete Solidarität einbeziehen würde.

Wie schon im obigen Fall des Elfmeters hat man es einmal mehr

14 Gemäß Fachterminologie ist Gestehen für beide Spieler ein sogenannter »dominanter Zug«, das heißt in jedem Fall die bessere Strategie, gleichgültig welchen Zug der andere Spieler wählt.

mit einer Situation rationaler Bespiegelung zu tun. Und obgleich die Interessen der beiden Landstreicher keineswegs so kongruent beschaffen sind wie die der Fußballer in der zweiten Variante, ist die Situation auch hier nunmehr durchaus stabil. Zwar hängt das genaue eigene *Ergebnis* von der anstehenden Entscheidung des anderen Spielers ab, aber die optimale eigene *Wahl* lässt sich jetzt sogar ohne jegliche Rücksicht auf sein voraussichtliches Tun bestimmen. Nur wird diese kluge Wahl von zwei Spielern eben unweigerlich dazu führen, dass beide Seiten das schwache Resultat 2 erhalten.

Trotz ihrer erheblichen Unterschiede hinsichtlich Problemstellung und Lösbarkeit sind beide Beispiele, *Kampf der Geschlechter* und *Gefangenendilemma*, in der Frage nach der Willensfreiheit nicht abweichend zu beurteilen. Jeweils sind rationale Erwägungen für die anstehenden Entscheidungen einschlägig, und jeweils demonstrieren die Beteiligten Freiheit, wenn sie ihre Handlungen durch entsprechende Gründe leiten lassen. Beim *Kampf der Geschlechter* ist die Wahl lediglich instabil, worin sich die Wirkmächtigkeit der Gründe sehr deutlich zeigt: Die Entscheidung springt fortwährend hin und her, und das tut sie offenbar genau deshalb, weil die Gründe selbst uneindeutig sind, mal die eine und mal die andere Handlung nahelegen. Im *Gefangenendilemma* hingegen ist die Wahl stabil, was indessen ebenfalls an der Wirkmächtigkeit von Gründen liegt: Die Entscheidung ist fest, aber dies ist sie genau deshalb, weil die Gründe nun eindeutig sind, stets die eine Handlung und nichts anderes vorschreiben.

Auch in kausaler Hinsicht sind die beiden Beispiele recht unterschiedlich. Aber wie üblich zieht dies ebenfalls keine Differenz in der Freiheitsfrage nach sich.

Im *Kampf der Geschlechter* ist die Situation zweifellos *offen*: Die Entscheidung des Mannes hängt nicht einfach nur von seinen eigenen neuronalen Prozessen ab, sondern auch von weiteren kausalen Einflüssen, vor allem von der bevorstehenden Handlung der Frau, und damit etwa auch von den Mustern ihres früheren Verhaltens. Das Geschehen ist vielleicht überdies *unvorhersagbar*: Für den Mann selbst, ebenso für die Frau, auch für Dritte mag sein Verhalten nicht zu prognostizieren sein, gerade wenn man von ihm weiß, dass er allein in eigennützigem Interesse und mit vollständiger Klugheit handelt. Der Verlauf ist womöglich zudem sogar *indeterministisch*: Nicht zuletzt könnte der Mann es einem Münzwurf überlassen, an welchen Ort er sich begibt, was immerhin eine der anerkannten Strategien ist, um spieltheoretische Dilemmata der skizzierten Form aufzulösen.

Im *Gefangenendilemma* ist die Situation eher *abgeschlossen*: Zwar hängt die genaue Auszahlung für den einen Spieler vom Verhalten des anderen Spielers ab, aber seine anstehende Wahl mag, sobald die Situation einmal eingerichtet ist, von allen externen Faktoren unbeeinflusst bleiben. Das Geschehen ist wohl außerdem *vorhersagbar*: Zumindest wenn die Wahl rein prudentiell, nicht auch moralisch motiviert ist, wird sie auf beidseitiges Gestehen hinauslaufen, sofern die beiden Beteiligten hinreichend verständig sind. Der Verlauf ist möglicherweise dazu noch *deterministisch*: Jedenfalls spricht nichts dagegen, dass der Ablauf objektiv vorherbestimmt ist, und gegebenenfalls ist dies sogar unerlässlich, damit das Ergebnis wie angenommen subjektiv vorhergesagt werden kann.

All dies ändert jedoch nichts daran, dass das Geschehen auch durch Gründe bestimmt ist. Diese sind neben aller kausalen Bestimmung gegenwärtig, in unterschiedlich eindrücklicher Weise, und sind letztlich auch der eigentliche Ursprung dessen, was in den verschiedenen Szenarien geschieht.

Gewiss kann man im *Kampf der Geschlechter* versuchen, das ständige Hin-und-Herspringen der anstehenden Entscheidungen in *kausale Termini* zu fassen, also als permanente Fluktuation von Ursachen im Zusammenspiel von Offenheit, Unvorhersagbarkeit oder auch Indeterminiertheit. Und in kompatibilistischem Sinne ist eine solche kausale Rekonstruktion auch allemal legitim und angezeigt. Nur ist diese Art der Darstellung nicht vollständig. Insbesondere wird jeder unbefangene Beobachter anmerken, dass die Unwägbarkeit der Ereignisse letztlich an der *rationalen Uneindeutigkeit* der Situation *liegt*, also an der Uneindeutigkeit der Gründe, die in dieser Situation einschlägig sind. Diese rationale Instabilität der Gründe ist es, die zuletzt hinter aller kausalen Unbeständigkeit der Ereignisse steht – und zwar nicht etwa im semantischen Sinne, dass dies eine mögliche Perspektive auf das Geschehen bilde, sondern im ontologischen Sinne, dass hierin die maßgebliche Prägung jenes Geschehens besteht. Der Rekurs auf Gründe liefert die beste Erklärung für das Geschehen im *Kampf der Geschlechter*, ganz einfach weil das reale Geschehen in der Welt bei diesem Szenario durch Gründe geleitet *ist*.

Im *Gefangenendilemma* ist es noch weitaus verlockender, die klare Einsinnigkeit der vollzogenen Handlungen in *kausalem Vokabular* zu begreifen, das heißt als schlichte Konstanz von Ursachen im Gesamt von Abgeschlossenheit, Vorhersagbarkeit oder sogar Determiniertheit. Und auf kompatibilistischer Grundlage ist eine solche kausale Analyse auch durchaus zulässig und adäquat. Nur ist dies einmal mehr nicht das Ende der Geschichte. Denn auch hier wird jeder aufmerksame Betrachter feststellen, dass die Geradlinigkeit der Ereignisse zuletzt auf der *rationalen Eindeutigkeit* der Situation *beruht*, das heißt auf der Eindeutigkeit der Gründe, auch wenn dies weniger augenfällig als noch in der obigen Konstellation sein mag. Es ist die rationale Stabilität der Gründe, die letztlich alle kausale Klarheit der Ereignisse erzeugt – und zwar wiederum nicht im semantischen Sinne, dass dies eine optionale Beschreibung des Geschehens darstelle, sondern im ontologischen Sinne, dass hierin der definitive Ablauf jenes Geschehens gründet. Auch im *Gefangenendilemma* bildet der Verweis auf Gründe letztlich die beste Erklärung für die Ereignisse, eben weil Gründe auch in dieser Konstellation für die realen Abläufe in der Welt bestimmend *sind.*

Gewiss: In all diesen Beispielen bleibt zu überlegen, wie jene Wirksamkeit der Gründe neben der Bestimmung durch Ursachen genauer statthaben kann. Speziell wäre zu erörtern, wie sich diese rationale Prägung, in ihrer Uneindeutigkeit oder Eindeutigkeit, zu Offenheit oder Abgeschlossenheit, zu Unvorhersagbarkeit oder Vorhersagbarkeit, zu Indeterminiertheit oder Determiniertheit der kausalen Abläufe verhält.

Aber: In all diesen Fällen gibt es eine Wirksamkeit von Gründen, und hierauf beruht jeweils die Freiheit des Willens. Gründe sind bestimmend, gleich ob sie instabil oder stabil sind, gleich ob sie einander im Kreis herumführen (erstes Elfmeter-Szenario) oder sich wechselseitig in ihren Vorgaben bestärken (zweites Elfmeter-Szenario), gleich ob sie wie ein Vexierbild hin und her springen (*Kampf der Geschlechter*) oder von Beginn an unverrückbar feststehen (*Gefangenendilemma*).

20. Die Idee eines »perfekten Vorhersagers«

20.1. Eine ähnliche Diskussion lässt sich anhand eines interessanten Gedankenexperiments entwickeln, das Nicholas Rescher vorgelegt hat und in dem es um die Fiktion eines »perfekten Vorhersagers« (*perfect predictor*) sowie um die These von dessen notwendigem Scheitern geht.[15] Wieder hat man es mit einer Konstellation zu tun, die, zumindest dem ersten Anschein nach, keine richtige Vorhersage künftiger Geschehnisse zulässt, und zwar nicht einmal seitens einer Instanz, die eigentlich zu fehlerfreien Prognosen fähig ist.[16] Und wieder fragt sich, ob hiermit womöglich auch eine tiefere Unbestimmtheit jener Geschehnisse selbst einhergeht. Einmal mehr wäre zu prüfen, ob sich hieraus vielleicht ein Argument für Freiheit gewinnen ließe.

Reschers perfekter Vorhersager ist ein imaginäres Wesen, dem in empirischer Hinsicht keinerlei Grenzen seiner Vorhersagekraft gesetzt sind: Alle relevanten Anfangsbedingungen und alle einschlägigen Gesetzmäßigkeiten sind ihm in vollständigem Umfang und mit absoluter Präzision zugänglich. Hieraus kann er grundsätzlich perfekte Vorhersagen über beliebige Vorgänge erstellen (wofür offenbar angenommen werden muss, dass jene Vorgänge kausal determiniert ablaufen, also weder durch kausale Indeterminiertheit geprägt sind noch kausale Lücken aufweisen). Von seinen verfügbaren Informationen und kalkulatorischen Fähigkeiten her entspricht er somit der klassischen Figur eines Laplace'schen Dämons.[17] Dennoch kann dieser perfekte Vorhersager in eine spezielle Situation versetzt werden, in der ihm aus logischen Gründen keine korrekte Vorhersage möglich zu sein scheint: Hierzu stelle man sich vor, er werde, bevor ihm die nächste Frage gestellt wird, an eine spezielle Apparatur angeschlossen. Diese wird ihn automatisch vernichten, wenn er jene nächste Frage mit Ja beantwortet, hingegen verschonen, wenn er jene nächste Frage mit Nein beantwortet (wobei davon ausgegangen werden darf, dass ihm auch diese Konstellation bekannt ist, wie alle Umstände in der Welt). Dann fragt man ihn, ob er nach seiner nächsten Antwort weiter existieren wird oder nicht.[18]

15 Rescher, *Predicting the Future*, S. 211-218.
16 Vgl. Betz, *Prediction or Prophecy?*, S. 2 f.
17 Rescher, *Predicting the Future*, S. 211 f.
18 Ebd., S. 213.

Damit ist der perfekte Vorhersager in einer paradoxen Struktur gefangen: Antwortet er mit Ja, so ist es falsch, weil er dann zerstört wird, anders als er behauptet hat. Antwortet er mit Nein, so ist es wiederum falsch, weil er dann überlebt, anders als er behauptet hat.

Somit kann der perfekte Vorhersager anscheinend keine richtige Vorhersage anstellen, was sein eigenes Schicksal betrifft: Denn welche Antwort er auch gibt, Ja oder Nein, sie ist falsch. Hieran anschließend kann er anscheinend auch keine richtige Vorhersage machen, welche Antwort er selbst geben wird. Denn aus eben jener Antwort würde sich sein Schicksal zwangsläufig ergeben, in einem notwendigen Zusammenhang, dessen strikte Unausweichlichkeit ihm vollständig bekannt ist, und wenn er, wie erläutert, jenes Schicksal nicht richtig vorhersagen kann, dann kann er, ganz offenkundig, auch nicht seine Antwort richtig vorhersagen. Wenn er zu dem Schluss kommt, dass er Nein sagen und entsprechend überleben wird, wird er Ja sagen und entsprechend zerstört werden – und umgekehrt.

Wieder drängt sich die Vorstellung auf, mit dieser radikalen Unvorhersagbarkeit müsse auch eine korrespondierende Unbestimmtheit einhergehen: Denn wenn nicht einmal ein perfekter Vorhersager imstande ist, die Zukunft zu erkennen, namentlich seine eigene Antwort und sein anschließendes Schicksal, wenn man somit zuletzt einräumen muss, dass es einen perfekten Vorhersager gar nicht geben kann, jedenfalls nicht in einer Situation dieser Art, scheint diese Zukunft selbst unbestimmt sein zu müssen. Wo eine korrekte Antizipation der Zukunft strikt unmöglich ist, nicht aus empirischen Gründen unzureichender Faktenkenntnis, sondern aus logischen Gründen unumgänglicher Selbstaufhebung, da scheint diese Zukunft selbst keiner realen Bestimmtheit zu unterliegen, womit sich ein Raum für Freiheit auftun könnte, für das fragliche Verhalten wie für dessen weitere Folgen.

Einmal mehr sind diese Schlüsse allerdings voreilig: Wie radikal das Beispiel des perfekten Vorhersagers auch ist, es eröffnet keinen Weg von *Unvorhersagbarkeit* zu *Unbestimmtheit*, genauer weder zu kausaler Indeterminiertheit noch gar zu kausalen Lücken. Selbst wenn man daher menschliche Freiheit in Verfasstheiten der letzteren Art suchen wollte, ließe sie sich auf diesem Wege nicht gewinnen. Sehr viel interessanter ist es indessen einmal mehr, die Situation *anhand von Gründen* zu beleuchten. Hier würde sich in der

Tat eine Option für Freiheit auftun – und ironischerweise könnte in diesem Lichte der perfekte Vorhersager sehr wohl *zu richtiger Vorhersage* fähig sein.

20.2. Zunächst ist festzuhalten, dass auch im Falle des perfekten Vorhersagers und seines möglichen Scheiterns jene *epistemologische Unvorhersagbarkeit* keine *ontologische Unbestimmtheit* impliziert, das heißt keine Zufälligkeit der betroffenen Verläufe und schon gar keine Unterbrechungen der natürlichen Kausalität. Die Antwort des perfekten Vorhersagers, und hieran anschließend seine Vernichtung oder Verschonung, könnte allemal *kausal determiniert* sein, auch wenn seine Antwort *notwendig fehlerhaft* ist.

Beispielsweise könnte er kausal genötigt sein, *irgendeine* Antwort zu geben, entweder Ja oder Nein, so dass eines von beidem unabweislich erfolgen muss. Und *was* von beidem er antwortet, und ob er entsprechend zerstört wird oder überlebt, könnte ebenfalls kausal festgelegt sein, auch wenn beide Antworten unweigerlich falsch sind, weil sie jeweils genau das verfehlen, was mit ihm geschieht.

Das heißt zwar womöglich, dass er kein perfekter Vorhersager mehr *ist*, wenigstens nicht in dieser Angelegenheit. Und damit mag das Beispiel auch zeigen, dass es keinen perfekten Vorhersager *geben kann*, jedenfalls nicht in einer solchen Situation. Vielleicht kommen in der Tat Konstellationen vor, in denen keine richtige Vorhersage *möglich ist*, zumindest für manche der Beteiligten.

Das widerlegt indessen nicht, dass alles, *was* es gibt, kausal bestimmt sein könnte, darunter auch jenes Wesen, mit seinen notwendig falschen Äußerungen und seinem jeweils gegenläufigen Geschick. Das heißt, *alles Geschehen* wäre immer noch kausal bestimmt, seine Antwort wie auch sein Schicksal. Es wäre lediglich nicht *jede Vorhersage* korrekt erstellbar, jedenfalls nicht in dieser Frage, nicht für dieses Szenario, und nicht durch den Betroffenen selbst.

20.3. Mit Freiheit hätte all dies erst zu tun, wenn man annähme, dass der perfekte Vorhersager zudem Gründe für sein Verhalten hätte. Und es steht nichts im Wege, sich dies vorzustellen. Dann hätte man es mit einem perfekten Vorhersager zu tun, der nicht einfach wie eine gewöhnliche Rechenmaschine Kalkulationen durchführt und Resultate ausgibt, sondern in seinen Operationen und Kommunikationen Gründen folgt, der also im eigentlichen Sinne Entscheidungen trifft und Handlungen vollzieht. Nicht zuletzt könnte er in der obigen Konstellation, in der er vernichtet zu werden droht, wenn er Ja sagt, hingegen verschont bleiben kann, wenn er Nein sagt, Gründe haben, so oder anders zu antworten, um entweder seine Zerstörung zu provozieren oder aber sein Überleben sicherzustellen.

Man nehme beispielsweise an, dass er sein Überleben zum Ziel habe. Dieser Vorsatz liefert ihm einen (prudentiellen) Grund, auf die Frage mit Nein zu antworten (da er sonst nach Voraussetzung zerstört wird). Dann *wird* er überleben, und seine Antwort ist *falsch*. Aber das heißt nun nicht mehr, wie bislang vorausgesetzt, dass er sich *irrt*. Es heißt jetzt vielmehr, ganz einfach, dass er *lügt*. Es gibt eine Diskrepanz zwischen dem, was er sagt (dass er nicht überleben werde), und dem, was geschieht (dass er sehr wohl überleben wird). Aber diese Diskrepanz beruht nicht auf einem Fehler, auf einer Abweichung zwischen seinem Wissen und der Welt, sondern auf einer Unaufrichtigkeit, auf einer Abweichung zwischen seiner Äußerung und seinem Wissen. Und diese fundamentale Verschiebung in der sprachlichen Bedeutung seiner Antwort liegt gerade daran, dass er Gründe für sein Verhalten hat.

Seine Vorhersage war tatsächlich richtig, er wusste, dass er überlebt mit dieser Antwort. Genau hierfür, das heißt aus einem (prudentiellen) Grund, hat er Nein gesagt (da er sonst von der Apparatur zerstört worden wäre). Er hat seine *richtige* Vorhersage nur nicht *geäußert*. Vielmehr hat er etwas gesagt, von dem er *wusste*, dass es falsch ist. Und das hat er getan, weil er damit erreichen konnte, was er *wollte*. Dies ist kein Fall einer falschen Vorhersage (bei der er nicht gewusst hätte, was geschehen wird), sondern ein Fall einer verheimlichten Vorhersage (bei der er nicht sagen wollte, was er wusste). Er hat eine falsche Äußerung getätigt, um einen gewünschten Effekt zu erreichen. Und diese neue Einschätzung anhand eines speziellen Zusammenspiels von Mitteln und Zwecken beruht eben darauf, dass es Gründe für sein Tun gibt.

Er kann auch von sich selbst vorhersagen, dass er mit Nein *antworten* wird, jedenfalls wenn ihm seine eigenen Gründe *zugänglich* sind. Und auch *wir* können dies von ihm vorhersagen, jedenfalls wenn wir seine Gründe *kennen*. Gerade die Gründe können also seine Entscheidung vorhersagbar machen, und damit auch sein anschließendes Schicksal, und zwar auf denkbar einfache Weise, für ihn selbst wie für uns. Und diese Begründetheit seiner Handlung ist kein Problem für seine Freiheit, sondern sie ermöglicht sie überhaupt erst.

In diesem Sinne ist das fragliche Wesen, entgegen dem ersten Anschein, immer noch ein *perfekter Vorhersager*: Er irrt sich keineswegs. Er kann vorhersagen, was er selbst antworten wird (Nein). Und er kann vorhersagen, was dann mit ihm geschieht (Überleben). Dieses Geschäft ist im vorliegenden Fall sogar ungemein einfach für ihn, verglichen mit anderen Situationen, in denen man Vorhersagen von ihm verlangen könnte. Sogar wir, die wir über keine vergleichbaren Informationen und Kapazitäten zur gezielten Vorausberechnung verfügen, können problemlos korrekte Vorhersagen über seine Antwort und sein nachfolgendes Schicksal treffen. Insbesondere bedarf es hierfür keiner komplizierten kausalen Rekonstruktion, keiner Analyse der Ursachen und Gesetze, die in ihm herrschen mögen, seien sie neuronaler, elektronischer oder sonstiger Art. Es genügt eine schlichte rationale Rekonstruktion, eine Einsicht in die Gründe, denen er folgt, insbesondere prudentieller Art.

Nur ist diese Vorhersage eben nicht identisch mit *seiner Antwort*: Vielmehr hält er sie geheim, gerade damit sie eintritt. Dass er Letzteres erreichen will, dass er überleben möchte, ist der maßgebliche Ausgangspunkt des Grundes, dem er folgt (eben sein leitendes Ziel). Und dass er Ersteres tut, dass er lügt, ist das wesentliche Endergebnis jenes Grundes, und völlig vorhersagbar (als einziger Weg dorthin). Wenn er dergestalt aus einem Grund handelt, sei es aus diesem oder aus einem anderen, so kann er frei sein. Und wenn der Grund ihn dabei vorhersagbar macht, für ihn selbst wie für andere, so schadet dies überhaupt nicht. Ebenso unproblematisch ist es, wenn sein Entscheiden und Handeln zudem kausal bestimmt ist. Wichtig ist allein, dass es auch rational bestimmt ist.

Insbesondere kann es sein, dass jene rationale Bestimmung, die darin besteht, dass er prudentiellen, moralischen oder anderen Gründen folgt, durch eine kausale Bestimmung vermittelt ist, das heißt dadurch, dass in ihm neuronale, elektronische oder sonstige Ursachen wirken. Speziell der Umstand, dass die Vorhersage seines rationalen Verhaltens mit solcher Sicherheit gelingt, mag letztlich auf die Tatsache hinweisen, dass in den Abläufen seiner kausalen Struktur eine entsprechende Determiniertheit walten muss.

Das heißt aber nicht, dass jene kausale Bestimmung des Prozesses ontologisch primär wäre gegenüber seiner rationalen Bestimmung – das Gegenteil ist richtig: Die Ursachen sind auf die Gründe verwiesen, als den rationalen Inhalt, den sie in ihrer kausalen Gestalt abbilden und wiedergeben. Ebenso wenig sollte man annehmen, dass eine kausale Betrachtung des Vorgangs epistemologisch vorrangig wäre gegenüber einer rationalen Betrachtung – die Umkehrung ist korrekt: Handlungen und Folgen dürften sich weitaus einfacher und verlässlicher erklären und vorhersagen lassen, indem man Ziele und Gründe anführt, als wenn man sich dabei auf Ursachen und Gesetze stützen wollte.

21. Raum der Gründe, Kraft der Gründe

21.1. In Kapitel V habe ich hervorgehoben, dass Gründe keine psychischen Entitäten (keine Überzeugungen, keine Wünsche) und auch keine sozialen Entitäten (keine Erwartungen, keine Gepflogenheiten) sind. Zwar werden Gründe in gewissen psychischen und sozialen Strukturen *erfasst*, sie prägen Vorstellungen und Vorsätze, sie formen Regelungen und Üblichkeiten. Gerade deshalb aber sind Gründe nicht mit diesen psychischen und sozialen Abbildungen *identisch*, sondern eigenständige Strukturen abstrakter Art, und allein hierdurch eröffnen sie eine Aussicht auf Willensfreiheit.

In Kapitel VI habe ich betont, dass eine Bestimmung durch Gründe keine Frage des phänomenalen Standpunkts (namentlich der Ersten-Person-Perspektive im Gegensatz zur Dritten-Person-Perspektive) und auch keine Frage der semantischen Sichtweise (etwa der lebensweltlichen Perspektive im Unterschied zur wissenschaftlichen Perspektive) ist. Zwar mögen Gründe nur aus bestimmten Perspektiven *thematisch* werden, weil allein dort das Vokabular für ihre adäquate Beschreibung bereitsteht. Ungeachtet dessen aber müssen Gründe auch unabhängig von dieser Beschreibung in unseren Entscheidungen und Handlungen *effektiv* sein, damit von Willensfreiheit die Rede sein kann.

Die vorangehenden Abschnitte haben anhand einschlägiger Beispiele zu zeigen versucht, dass Gründen eine solche Wirksamkeit für unser Entscheiden und Handeln tatsächlich zukommen kann. Und dies gilt nicht nur für Elfmeterschützen und Torhüter, für Ehepaare und Landstreicher, die sich zuweilen in vertrackten Situationen rationaler Bespiegelung wiederfinden mögen. Es gilt nicht nur für perfekte Vorhersager, die man mitunter in logische Paradoxien verstricken kann. Es gilt für beinahe jeden Menschen in nahezu jeder Lage.

Denn tatsächlich gehört es zu den wichtigsten Komponenten menschlichen Daseins und Zusammenlebens, das eigene Verhalten durch Gründe zu rechtfertigen, an fremdes Verhalten über Gründe zu appellieren, sich den argumentativen Zusammenhang von Gründen klarzumachen oder die rationale Stichhaltigkeit von Gründen zu eruieren. Wesentliche Teile unserer Kommunikation und Interaktion sind damit befasst, diesen Austausch von Gründen zu vollziehen, in unterschiedlichsten Feldern unseres Denkens und Tuns, vom einfachsten alltäglichen Umgang bis zu den subtilsten professionellen Tätigkeiten. Und selbst wenn die beteiligten Personen in derartigen Debatten irgendwann nicht länger imstande oder willens sind, Gründe zu nennen, heißt dies nicht, dass sie keine Gründe für ihr Entscheiden und Handeln mehr hätten. In aller Regel werden sie dann eben von jenen Gründen bestimmt, die sie bislang angeführt haben, aber nun nicht durch weitere Gründe zu stützen wissen, oder sie folgen anderen Gründen, die sie nicht nennen wollen, welche verborgenen Gründe sie hierfür auch immer haben mögen.

21.2. Diese Wirksamkeit der Gründe schlägt sich nicht zuletzt darin nieder, dass die beste Erklärung für menschliches Entscheiden und Handeln regelmäßig in der Angabe von Gründen besteht. Fragt man, warum eine individuelle Person dieses oder jenes unternommen oder unterlassen hat, so liegt die *aufschlussreichste* Antwort häufig in der Nennung eines Grundes, etwa moralischen oder prudentiellen Typs, statt im Anführen einer Ursache, etwa psychischer Art.[19] Auch eine kollektive Geschichte etwa der Malerei, der Musik oder der Literatur, ebenso der Physik, der Biologie oder der Chemie gerät oft am *erhellendsten*, wenn man nicht nach sozialen Mechanismen, Determinanten oder Gesetzen forscht, sondern die

19 Vgl. Nagel, *The Possibility of Altruism*, S. 14 f.; Nagel, *The View from Nowhere*, S. 144-146; Wingert, »Gründe zählen«, S. 199.

ästhetischen oder epistemischen Probleme, Optionen und Lösungen nachzeichnet, die jenen Entwicklungen in Kunst oder Wissenschaft ihre Richtung gegeben haben.

Speziell wenn der Grund ein guter Grund sein sollte, ist die beste Erklärung daher üblicherweise zugleich eine rationale Rechtfertigung. Dies liegt nicht etwa daran, dass Gründe ihrerseits nichts anderes als Ursachen *wären*, eine rationale Erklärung durch Gründe also ohnehin nur eine kausale Erklärung durch Ursachen *darstellte*, wie einige Autoren vorschnell annehmen.[20] Aber es liegt daran, dass Gründe als solche Wirksamkeit *entfalten* können, eine rationale Struktur von Gründen sich in eine kausale Struktur von Ursachen *übersetzen* kann, wie ich im folgenden Kapitel genauer erläutern werde.

Vor diesem Hintergrund ist die verbreitete Rede vom *Raum der Gründe* (*space of reasons*) womöglich noch zu schwach:[21] Sie kann leicht suggerieren, es handle sich bei den Gründen allein um eine passive Begrenzung, um eine Art Koordinatensystem, innerhalb dessen alle Bewegung menschlichen Entscheidens und Handelns, alles Gewichten und Abwägen, alles Annehmen und Verwerfen, alles Beraten und Verhalten sich doch wieder nach rein kausalen Gesetzen, gemäß psychischen, sozialen, genetischen, neuronalen oder sonstigen Vorgaben abspiele. Besser sollte man wohl tatsächlich von einer *Kraft der Gründe* (*force of reasons*) sprechen:[22] Hiermit würde stärker betont, dass die Gründe eine aktive Bestimmung leisten, eine Art Potentialstruktur aufspannen, die aus sich selbst heraus Auffassungen stärkt oder schwächt, Schlüsse nahelegt oder abweist, Ergebnisse aufdrängt oder ausschließt und die in diesem Sinne menschliches Denken und Tun nach ihren rationalen Gesetzen, gemäß ihren moralischen, prudentiellen, ästhetischen, epistemischen oder anderweitigen Normen leiten kann.

Nur hierin kann Willensfreiheit liegen: Gründe müssen ontologische Wirkmächtigkeit, müssen aktive Kraft in der realen Welt entfalten, um damit eine gleichrangige Alternative und Ergänzung

20 Vgl. Davidson, »Actions, Reasons, and Causes«, S. 685 f., 690 f., 693; Dretske, *Explaining Behavior*, S. ix f., 36, 50, 79 f.; Nozick, *Philosophical Explanations*, S. 294 f.; Spohn, »Der Kern der Willensfreiheit«, S. 81, 84.

21 Vgl. Sellars, *Empiricism and the Philosophy of Mind*, § 36.

22 Vgl. Scanlon, *What We Owe to Each Other*, S. 158, 281, 289 f., 354; Scanlon, *Being Realistic About Reasons*, S. 6.

zur ontologischen Wirkmächtigkeit der Naturkausalität zu liefern. Wie dies genauer zu denken ist, werde ich im folgenden Kapitel behandeln: Insbesondere den scheinbaren Widerspruch, einer ausdrücklich nichtkausalen Größe wie den Gründen eine ontologische Wirkmächtigkeit und Kraft zuschreiben zu wollen, und die naheliegende Frage, wie das Verhältnis jener dezidiert rationalen Bestimmung zur üblichen kausalen Bestimmung des Entscheidens und Handelns vorgestellt werden kann, werde ich dort angehen.

21.3. Die bisherige Einsicht lautet indessen, auf den Punkt gebracht: *Was uns frei macht, sind nicht wir selbst.* Es ist nicht unser Überlegen, nicht unsere Vernunft (der Bereich des Psychischen). Es sind nicht günstige Konstellationen unserer Wünsche erster und zweiter Ordnung (etwas Mentales), nicht entsprechende Strukturen unserer Gehirne und der darin ablaufenden Prozesse (etwas Neuronales). Es ist auch nicht unser dialogisches Argumentieren, nicht unsere öffentliche Sprache (der Bereich des Sozialen). Es sind nicht unsere geteilten Lebenswelten (oder vielleicht Wissenschaften), nicht unsere kulturellen Traditionen (oder sonstigen Standards). Denn all dies ist letztlich ontologisch mit dem Physischen identisch, und damit für sich allein genommen rein kausal verfasst. Wir selbst sind vollständig kausale Wesen, sind psychisch, sozial, neuronal, auch biologisch, evolutionär, genetisch beschaffen.

Stattdessen sollten wir in aller Bescheidenheit den Schluss anerkennen: *Was uns frei macht, sind die Gründe.* Sie tun es, wenn sie unser Überlegen, unsere Vernunft, unsere Wünsche, unsere Gehirne prägen. Sie tun es, wenn sie unsere Interaktionen, unsere Diskurse, unsere Konzeptualisierungen, unsere Normierungen leiten. Denn Gründe sind ontologisch von allem Physischen verschieden. Insbesondere sind sie nicht kausal verfasst, und nur solch ein nichtkausales Element kann die Freiheit des Willens entstehen lassen. Dafür muss es nicht unsere kausale Beschaffenheit verdrängen. Aber es muss zu unserer Kausalität hinzutreten und mit seiner Logik unsere Entscheidungen und Handlungen bestimmen.

VIII. Die Rolle von Repräsentationen

Ein zentrales Problem für die vorliegende Theorie besteht darin, wie Gründe, als nichtkausale Entitäten, Wirksamkeit hinsichtlich menschlicher Entscheidungen und Handlungen entfalten können. Die Lösung liegt darin, dass Gründe diese Wirksamkeit über entsprechende Repräsentationen, die ihrerseits kausale Entitäten sind, zu erlangen vermögen.

22. Wie soll das gehen?

22.1. Aber wie können Gründe Wirksamkeit haben, wie können Gründe Kraft ausüben – wo Gründe nach dem Gesagten ausdrücklich *nichtkausale Entitäten* sein sollen, Wirksamkeit und Kraft hingegen ganz offenbar *kausale Konzepte* sind? Die Beispiele aus Kapitel VII mögen sehr eindringlich nahelegen, dass Gründe in ihrem rationalen Charakter menschliches Entscheiden und Handeln zuweilen beeinflussen oder gar bestimmen können – aber wie soll dies zuletzt verständlich gemacht werden, wenn das *Rationale* nachdrücklich vom *Kausalen* zu unterscheiden ist?

Allem Anschein nach habe ich mich mit meiner bisherigen Argumentation in eine aussichtslose Lage manövriert. Denn die Vorgaben, die ich formuliert habe, um Willensfreiheit plausibel zu machen, scheinen einander unmittelbar zu widersprechen.

Auf der einen Seite bin ich nicht müde geworden zu betonen, dass Gründe als *nichtkausale Entitäten* gelten müssen, weil sonst auf ihrer Grundlage keine Aussicht besteht, einen glaubhaften Begriff von Willensfreiheit zu entwickeln: Willensfreiheit bedarf einer *ontologischen Alternative* zur Naturkausalität, damit menschliche Entscheidungen und Handlungen *nicht nur kausal bestimmt* sind (negative Freiheit).

Auf der anderen Seite habe ich nachdrücklich darauf bestanden, dass Gründe eine *reale Wirksamkeit* entfalten müssen, weil sie sonst keinen Effekt in der Wirklichkeit haben können, zu der menschliche Entscheidungen und Handlungen nun einmal gehören: Willensfreiheit bedarf einer *ontologischen Kraft* neben der Naturkausalität, damit menschliches Denken und Tun *tatsächlich auch rational bestimmt* ist (positive Freiheit).

Indessen lässt sich kaum bestreiten, dass Begriffe wie »reale Wirksamkeit« oder »ontologische Kraft« kausale Beziehungen bezeichnen, so dass ich zuletzt offenbar bei der widersprüchlichen Forderung angelangt bin, nichtkausalen Entitäten eine kausale Aktivität zuzuschreiben. Und beim Versuch, dieses Dilemma von der einen oder anderen Seite her aufzulösen, scheinen sich genau die verbreiteten Standardpositionen zur Freiheitsdebatte zu reproduzieren, die ich in den vorangehenden Kapiteln ausgiebig kritisiert und durchweg abgelehnt habe.

Zum einen ist es verlockend, in einen bloßen Perspektiven-Dualismus zurückzufallen und Gründe allein zu Gegenständen eines bestimmten personalen Blickwinkels[1] oder eines gewissen konzeptuellen Sprachspiels[2] zu deklarieren. Hiermit könnte man am *nichtkausalen Charakter* der Gründe durchaus festhalten, insofern man sie als Objekte von Erfahrungen oder Beschreibungen einschätzte, die ihrer Natur nach nicht von Ursachen und Wirkungen handeln, würde jedoch ihre *kausale Wirksamkeit* rundheraus preisgeben, indem man sie zu bloßen phänomenalen oder semantischen Erscheinungen herabstufte, ohne ihnen irgendeine belastbare ontologische Präsenz zuzuerkennen.

Zum anderen ist es attraktiv, Gründe schlichtweg mit Ursachen gleichzusetzen, indem man sie beispielsweise als Absichten oder Motive interpretiert, die sich aus bestimmten Neigungen (*desires, wants, urges, pro-attitudes*) sowie zugehörigen Annahmen (*beliefs, convictions, rememberings, expectations*) zusammensetzen,[3] oder als Strömungen oder Tendenzen, die in geteilten Sprachpraktiken (*linguistic practices*) beziehungsweise in kommunikativen Verständigungspraktiken (*discursive practices*) verankert sind.[4] Hierdurch wäre die *kausale Wirksamkeit* der Gründe allemal gesichert, da sie als solche psychischen oder sozialen Zustände offenkundig Ursachen von entsprechenden Wirkungen werden könnten, während hingegen ihr *nichtkausaler Charakter* sofort verloren ginge, weil sie jegliche ontologische Eigenständigkeit gegenüber dem Mentalen oder dem Kulturellen verloren hätten.

Möchte man beide Aspekte zugleich bewahren, den nichtkau-

1 Vgl. Korsgaard, *The Sources of Normativity*, S. 96 f.

2 Vgl. Waismann, »Language Strata«, S. 30 f.

3 Vgl. Davidson, »Actions, Reasons, and Causes«, S. 685-687, 693-695, 699.

4 Vgl. Brandom, *Articulating Reasons*, S. 10 f., 22 f., 189 f.

salen Charakter und die kausale Wirksamkeit, so scheint sich dies nur durch recht gewagte Konstruktionen bewerkstelligen zu lassen, indem man etwa erklärte, dass Gründe zwar selbst keine Wirkungen seien, aber allemal als Ursachen aufträten,[5] oder dass genauer das Abwägen und Akzeptieren von Gründen zwar seinerseits kein kausaler Prozess sei, aber durchaus eine kausale Rolle in der Welt spiele.[6] Hiermit handelt man sich indessen alle Probleme spekulativer Überhöhung ein, die immer drohen, wenn man irgendwelchen Größen oder Vorgängen einerseits einen unmittelbaren *kausalen Einfluss* zuerkennen will, sie also zu Ursachen von Nachfolgendem erklärt, sie andererseits aber jeglicher *kausaler Beeinflussung* entziehen möchte, sie also nicht als Wirkungen von Vorhergehendem ansieht.

22.2. Ich will versuchen, eine Antwort auf die obige Frage zu geben, die in einem gewissen Sinne sehr schlicht ist und im ersten Zugriff wenig gehaltvoll erscheinen mag, letztlich aber einen attraktiven Ausweg aus der skizzierten Sackgasse bieten dürfte. Insbesondere ist dieser Ausweg kaum spekulativ, da er keinerlei kausale Wirkmächtigkeit ohne vorhergehende kausale Verursachung postuliert, und dennoch dürfte er alles enthalten, was man für ein belastbares Verständnis menschlicher Willensfreiheit benötigt.

Diese Antwort besteht darin, dass Gründe in der Tat nichtkausale Entitäten sind, also selbst definitiv *außerhalb* des Raums der Ursachen liegen, aber in geeigneten Strukturen psychischer, sozialer und nicht zuletzt neuronaler Art *repräsentiert* werden können, so dass sie *über* diese kausalen Strukturen reale Wirksamkeit erlangen. Jene Repräsentationen zeichnen sich dadurch aus, dass sie die Gründe in deren nichtkausaler Verfasstheit *abbilden*, aber *selbst* mentale, kulturelle, physikalische, biologische, chemische, physiologische Zustände sind und entsprechend als kausale Ursachen in der realen Welt *wirken* können. In diesem Sinne lässt sich davon sprechen, dass Gründe, über ihre Repräsentationen, menschliches Entscheiden und Handeln bestimmen. Und in dieser Bestimmung besteht Willensfreiheit.

Gründe *sind* also nicht psychische, soziale oder neuronale Phänomene, womit sie selbst kausaler Bestimmung unterlägen. Aber

5 Vgl. Nida-Rümelin, »Vernunft und Freiheit«, S. 21-23.
6 Vgl. ebd., S. 23-25.

sie werden *erfasst* in derartigen Erscheinungen, über die sie kausale Wirksamkeit gewinnen. *Ursachen* sind allein die Repräsentationen, die mentalen, kulturellen oder physiologischen *Zustände*, die Überzeugungen und Wünsche, die Erwartungen und Gepflogenheiten. *Gründe* hingegen sind die rationalen *Gehalte* jener Zustände, ihre logischen oder mathematischen, moralischen oder prudentiellen, ästhetischen oder epistemischen Gegenstände, die Prinzipien und Urteile, die Normen und Maximen. Auf diese Weise entsteht eine Position, die sowohl am nichtkausalen Charakter von Gründen als auch an ihrer kausalen Wirksamkeit in der Welt festhalten kann. Insbesondere ist dieses Bild von Willensfreiheit signifikant verschieden von den drei Alternativen aus dem vorangehenden Abschnitt.

Erstens ist Willensfreiheit hiermit nicht nur eine Frage der phänomenalen oder semantischen Perspektive, wie in den dominierenden Spielarten des aktuellen Kompatibilismus. Sie ergibt sich nicht allein aus einem besonderen personalen Standpunkt, der eigenen Entscheidungen eine unhintergehbare Freiheit attestieren muss, oder aus einer speziellen konzeptuellen Sichtweise, die gewisse Ereignisse als freie Handlungen erscheinen lässt. Vielmehr ist Willensfreiheit ein ontologisches Faktum. Sie entsteht, wenn Gründe über ihre Repräsentationen objektive Geschehnisse in der realen Welt, eben unsere Entscheidungen und Handlungen, bestimmen.

Zweitens sind Gründe hierdurch nicht selbst Ursachen und damit auch wieder Wirkungen, wie in den meisten Versionen des gewöhnlichen Determinismus. Gründe sind keine kausalen Gebilde, keine individuellen Überlegungen oder Absichten, keine kollektiven Meinungen oder Bestrebungen, und auch keine neuronalen Zustände. Allein ihre Repräsentationen sind Ursachen, und zudem durchaus Wirkungen anderer Ursachen. Gründe werden abgebildet in Strukturen, die ihrerseits kausale Kraft haben und über die sie selbst entsprechend kausale Kraft ausüben, sie werden erfasst in Überlegungen, Absichten, Meinungen, Bestrebungen, beziehungsweise in den neuronalen Zuständen, die mit diesen psychischen und sozialen Zuständen korrelieren.

Drittens wird somit nicht von außen in die Naturkausalität eingegriffen und diese zugunsten der Willensfreiheit suspendiert, wie in den üblichen Varianten des klassischen Libertarismus. Es wird nicht behauptet, dass irgendwelche Größen oder Vorgänge zwar kausal effektiv, aber nicht wiederum kausal geprägt seien, dass etwa

Gründe selbst als Ursachen in der realen Welt auftreten könnten, ohne ihrerseits Wirkungen von vorhergehenden Zuständen darzustellen, oder dass das Erfassen von Gründen eine kausale Rolle spielen könne, ohne seinerseits kausalen Prozessen zu unterliegen. Gründe selbst sind keine kausalen Entitäten, sind weder Ursachen noch Wirkungen. Aber die Repräsentationen von Gründen sind beides, und nur über sie haben Gründe kausale Wirksamkeit.

Willensfreiheit gemäß einem solchen Verständnis ist wieder kompatibilistischer Art. Sie besteht zugleich mit Naturkausalität, nicht in etwaigen Lücken der kausalen Ordnung. Genauer ist menschliches Entscheiden und Handeln, wenn es von Gründen über deren Repräsentationen bestimmt wird, *nicht nur* kausal, *sondern auch* autonom. Diese kompatibilistische Kombination von »nicht nur Ursachen«, »sondern auch Gründe« beruht nun aber nicht, wie zumeist vorgeschlagen, auf einem phänomenalen oder semantischen Perspektiven-Dualismus: Man kann nicht beides *erleben oder behaupten*, Gründe *oder* Ursachen, alternativ, je nach Standpunkt beziehungsweise Sichtweise. Vielmehr wurzelt sie in einem ontologischen Seins-Dualismus: Beide sind *da*, nichtkausale Gründe *und* ihre kausalen Repräsentationen, simultan, ohne Konkurrenz oder Konflikt, ohne einseitiges Aussetzen oder wechselseitige Unterbrechung, sondern in engem Bezug aufeinander, in Abbildung des einen durch das andere. Eben indem Nichtkausales über Kausales wirkt, ist man frei, eben indem die nichtkausalen Gründe über ihre kausalen Repräsentationen das Entscheiden und Handeln leiten, ist es autonom.

Man hat es also nicht mit Gründen *oder* Ursachen zu tun, je nach Perspektive (phänomenaler oder semantischer Kompatibilismus). Auch sind Gründe nicht *selbst* schon Ursachen, und damit ihrerseits Wirkungen (Determinismus). Ebenso wenig sind Gründe *besondere* Ursachen, die nicht wiederum Wirkungen von anderem wären (Libertarismus). Vielmehr wirken Gründe *durch* Ursachen, nämlich über ihre Repräsentationen (ontologischer Kompatibilismus). Gründe sind rationale Strukturen, Ursachen sind kausale Strukturen. Aber beide sind zugleich am Werk, wenn Gründe durch Ursachen repräsentiert werden und hierüber Entscheiden und Handeln bestimmen.

In diesem Ansatz wird das nichtkausale Element, das für menschliche Willensfreiheit erforderlich ist, nicht in einer immateriellen

Seele oder in einem unabhängigen Akteur gesucht, die oder der in die kausale Struktur der Welt *eingreift* und deren gewöhnliche Verkettung von Ereignissen *unterbricht* (wobei die Einseitigkeit dieser Beziehung durch die spekulative Annahme sichergestellt werden soll, dass Seele oder Akteur eben nur als Ursachen auftreten, nicht ihrerseits als Wirkungen erscheinen). Stattdessen wird das nichtkausale Element in den rationalen Gründen verortet, die *bei* aller lückenlosen Kausalität der Welt und gerade *durch* die spezielle Kausalität ihrer Repräsentationen wirken (wobei die Einseitigkeit dieser Beziehung durch den schlichten Umstand gewährleistet ist, dass eine Repräsentation, welcher Art auch immer, nun einmal ihren Gegenstand, etwa einen Grund, abbildet, und nicht umgekehrt). Jene Repräsentation der Gründe muss dabei nicht vollkommen sein. Vielleicht ist dies auch gar nicht möglich. Wichtig ist nur, dass sie überhaupt *besteht*, dass Nichtkausales im Kausalen abgebildet wird. Und dass dies zuweilen *geschieht*, dass insbesondere Gehirne gelegentlich Gründe erfassen, dürfte kaum zu leugnen sein.

Gewiss findet diese Repräsentation nicht ausschließlich auf neuronaler Ebene statt: Auch psychische Konstellationen können sich für Gründe öffnen. Auch soziale Formungen können sich auf Gründe ausrichten. Gründe können sogar in konkreten Objekten der physischen Welt abgebildet sein: Sie können Ausdruck finden in Büchern und Aufsätzen, in Formeln und Diagrammen. Sie können Gestalt annehmen in Gemälden und Skulpturen, in Gebäuden und Monumenten. Ein Schriftstück oder ein Tafelanschrieb kann einen logischen oder mathematischen Beweis wiedergeben. Ein Bilderalbum oder ein Denkmal kann eine moralische oder prudentielle Forderung vermitteln. Für die Willensfreiheit ist indessen zuletzt die Repräsentation von Gründen in Hirnzuständen unabdingbar. Denn nur wenn rationale Strukturen auf neuronaler Ebene abgebildet werden, vermögen sie Entscheidungen und Handlungen zu bestimmen.

Und tatsächlich können Gründe erst von dieser Basis aus die anderen genannten Ebenen besiedeln und von dort wieder auf entsprechend empfängliche Personen zurückwirken: Psychische Zustände, die einen Gründebezug aufweisen, sind unmittelbar mit rational orientierten neuronalen Zuständen identisch. Soziale Zustände, die eine Gründeprägung tragen, werden maßgeblich durch rational imprägnierte psychische Zustände konstituiert. Physische

Objekte vermögen allein aufgrund dieser mentalen und kulturellen Gründepräsenzen geistige Gehalte zu kodieren und zu transportieren, indem nämlich jene rationalen Gehalte von sozialen, psychischen und letztlich neuronalen Akteuren in sie »hineingelegt« und ihnen wieder »entnommen« werden: Die Dinge und Zeichen nehmen ihre Bedeutung nicht von selbst an und reichen ihre Botschaften nicht von allein weiter. Ihre geistigen Gehalte müssen von einem Autor »eingebracht« und von einem Rezipienten wieder aus jenen Objekten und Symbolen »herausgelesen« werden. Das kausale Gehirn hingegen kann seine nichtkausalen Inhalte eigenständig in Geltung setzen und in Tätigkeit bringen, indem es diese nicht nur als ein passives Interpretandum empfängt und für externe Nutzer bereithält, sondern sie als aktive Kraft erfährt und in eigenes Agieren überführt. Daher liegt in neuronaler Repräsentation der Ursprung der kausalen Wirksamkeit von Gründen, und zugleich gehen alle anderen Formen der Repräsentation und Wirksamkeit von Gründen auf diese neuronale Abbildung und deren kausale Kraft zurück. Wohlgemerkt, hiermit wird nicht in Frage gestellt, dass Personen Gründe in ihrem psychischen Erleben erfassen, sie aufgrund ihrer sozialen Einbettung erlernen, sie über kommunikative Medien weitergeben, sie an symbolischen Objekten wiederfinden. Aber all diese Präsenzen von Gründen wurzeln zuletzt darin, dass Gründe in Gehirnen repräsentiert werden.

Ein nichtkausaler Grund kann also wirksam werden, indem er eine kausale Repräsentation findet. Dies geschieht letztlich auf neuronaler Ebene, in einem entsprechenden Hirnzustand. Hiermit bleibt es durchaus bei Wittgensteins Diktum: Der Grund selbst ist keine Ursache, insbesondere keine »von innen gesehene Ursache«, keine »erfahrene Ursache«, das heißt nicht einfach das mentale Erlebnis eines kausalen Geschehens, nicht die psychische Seite eines neuronalen Prozesses.[7] Vielmehr hat der Grund eine Repräsentation, in einem geeigneten Hirnzustand, und diese Repräsentation kann eine Ursache werden, von weiteren Hirnzuständen, aber auch von Körperbewegungen und hierüber von Weltveränderungen, im sozialen Sektor, im kulturellen Gebiet oder auch im physischen Bereich. Und allein diese neuronale Repräsentation lässt sich dabei auch von innen erfahren, als ein psychisches Erleben aus der erst-

7 Wittgenstein, *Das Blaue Buch*, S. 35; Wittgenstein, *Vorlesungen 1930-1935*, S. 198.

personalen Perspektive. In Freges Worten ausgedrückt heißt dies: Der Gedanke (der Grund) »wirkt« dadurch, dass er (in einer Repräsentation) »gefaßt« wird, das heißt in der (psychischen, mentalen) »Innenwelt« des Denkenden abgebildet wird, von ihm angenommen wird, ihn weiter beeinflusst und sich über dessen Willen zuletzt auch wieder in der (sozialen, kulturellen) »Außenwelt« bemerkbar macht.[8]

22.3. Dass Gehirne imstande sind, Gründe zu repräsentieren, sollte nicht verwundern: Gehirne können auch alle erdenklichen anderen Entitäten repräsentieren, etwa Gegenstände in der Umgebung, mitsamt ihren Eigenschaften und Verbindungen, Personen und ihre Merkmale, Gruppen und ihr Verhalten. Diese grundsätzliche Fähigkeit, externe Gehalte unterschiedlichster Art abzubilden, ermöglicht es menschlichen Gehirnen überhaupt erst, *intentionales Bewusstsein* zu tragen, das heißt mentale Zustände auszubilden, die in spezifischer Weise »von etwas handeln«, wie etwa Überzeugungen, dass etwas der Fall ist, oder Wünsche, dass etwas der Fall werden möge.[9] Fraglos aber kann dieses intentionale Bewusstsein, und damit auch sein neuronales Substrat, nicht nur reale Bestände, sondern ebenso wohl *rationale Verknüpfungen* erfassen, sie erkennen und erwägen, sie anerkennen und befolgen. Insbesondere können kausale Beziehungen, die zwischen intentionalen Zuständen bestehen, rationale Beziehungen wiedergeben, die zwischen deren jeweiligen Inhalten statthaben, und die kausale Wirksamkeit, die neuronalen Repräsentationen zukommt, kann zuletzt menschliches Handeln so bestimmen, dass es in rationaler Weise erfolgt.[10]

Überdies ist es nicht beispiellos, dass Gründe sich repräsentieren lassen sollten, namentlich durch Gehirne: Gründe können auch durch alle möglichen sonstigen Gebilde repräsentiert werden, etwa durch psychische Konstellationen wie Überzeugungen oder Wünsche, durch soziale Formungen wie Erwartungen oder Gepflogenheiten, sogar durch leblose Entitäten wie Buchstaben oder Formeln, Bilder oder Statuen. Letztlich lassen sich beliebige Objekte und Relationen, seien sie künstlicher oder natürlicher Herkunft,

8 Frege, *Logische Untersuchungen*, Erster Teil, S. 76.

9 Vgl. Dretske, *Explaining Behavior*, S. 64f., 77, 79, 127; Fodor, *Psychosemantics*, S. ix f.

10 Vgl. Fodor, *Psychosemantics*, S. 16-26.

dafür einsetzen, unterschiedlichste Gegenstände und Verhältnisse abzubilden, seien sie rationaler oder nichtrationaler Art, indem man sie in einen *symbolischen Kontext* einbettet, der sie zu expliziten Zeichen werden lässt, welche als solche »von etwas handeln«.[11] Schlussendlich aber finden all diese allgemein symbolischen, näherhin konzeptuellen oder speziell linguistischen Repräsentationen in kulturellen, mentalen und zuletzt *neuronalen Repräsentationen* ihr maßgebliches Fundament. Denn wenn irgendwelche Gegenstände oder Sachverhalte durch zugeordnete Dinge oder Zeichen repräsentiert werden sollen, setzt eben dies voraus, dass jene Gebilde oder Tatsachen in Interaktionszuständen, Kognitionszuständen und letztlich Hirnzuständen gefasst werden, die mit ihrem gezielten Zugriff den benötigten Zusammenhang zwischen Bezugsebene und Symbolebene, etwa zwischen dem Grund und seiner Kennzeichnung, der rationalen Struktur und ihrer physischen Darstellung, durch entsprechende kommunikative Intentionen und geeignete semantische Konventionen überhaupt erst herstellen.[12]

Für die Relation zwischen Gründen und ihren Repräsentationen gilt zunächst das, was ganz allgemein bei der Klassifikation von Gründen und Ursachen festzuhalten ist. Zwar sind beide Größen in diesem Fall eng aufeinander bezogen, eben indem sie im Verhältnis der Abbildung zueinander stehen. Aber sie sind immer noch ontologisch verschieden, sind getrennte Dinge in der Welt. Ein Grund mag psychisch, sozial oder neuronal gefasst werden, und er muss dies auch, um uns überhaupt zugänglich zu werden und uns daran anschließend zu bewegen. Aber der Grund *ist* nicht die Überzeugung oder der Wunsch, nicht die Erwartung oder die Gepflogenheit, und auch nicht der Hirnzustand, der ihn abbildet. Ein Objekt ist *niemals* mit seiner Repräsentation identisch. Dieser Unterschied stellt insbesondere sicher, dass ein Grund, anders als seine Repräsentation, keine kausale Entität ist. Allein die ontologische *Verschiedenheit von Gründen und ihren Repräsentationen* eröffnet somit die *Möglichkeit von Willensfreiheit im negativen Sinne*, als nichtkausaler Charakter von bestimmten Strukturen, die neben aller Naturkausalität menschliche Entscheidungen und Handlungen bestimmen.

Aber die Repräsentation ist eine kausale Größe, und indem sie den Grund abbildet, indem sie durch den Grund geprägt ist, kann

11 Vgl. Dretske, *Explaining Behavior*, S. 52 f.; Fodor, *Psychosemantics*, S. xi f.

12 Vgl. Dretske, *Explaining Behavior*, S. 52-54, 64-67.

er durch sie wirken. Dabei ist es kein Problem, dass jene Repräsentation nicht nur Ursache nachfolgender Wirkungen werden kann, sondern ihrerseits Wirkung vorausgehender Ursachen sein mag. Tatsächlich ist dies sogar unvermeidlich, da jedes kausale Gebilde selbst in kausalen Beziehungen steht, seinerseits Einflüssen und Begrenzungen ausgesetzt ist, bereits in seiner bloßen Existenz ohne vorhergehende Bewirkung gar nicht denkbar wäre. Es kann keine psychische, soziale oder neuronale Repräsentation von einem Grund entstehen, die nicht von mentalen Anlagen, von einem kulturellen Umfeld oder von physiologischen Vorausbedingungen abhinge. Es gibt also durchaus Ursachen dafür, dass man Gründe *repräsentiert*. Es gibt ebenso allemal Ursachen dafür, dass man Gründen *folgt*. Dieser Umstand ändert aber nichts daran, dass ein Grund, über seine Repräsentation, kausale Wirksamkeit erlangen kann. Und eben durch diese ontologische *Verbindung von Gründen und ihren Repräsentationen* entsteht die *Wirklichkeit von Willensfreiheit im positiven Sinne*, als reale Wirksamkeit von rationalen Strukturen, die über ihre Abbildungen menschliches Entscheiden und Handeln bestimmen.

23. Zwei Mysterien

23.1. Man mag es freilich dem Grundsatz nach als ein Mysterium ansehen, dass kausale Strukturen (insbesondere Gehirne) in der Lage sein sollten, nichtkausale Strukturen (namentlich Gründe) zu »repräsentieren«, »abzubilden«, beziehungsweise dass umgekehrt das Nichtkausale das Kausale »prägen«, es »formen« kann. Dieses Rätsel ist dann besonders eindrücklich, wenn man nicht die ontologische Grundannahme des historischen Platonismus teilt, die gesamte reale Welt sei ohnehin von Beginn an allein das Abbild einer höheren idealen Welt, jeder materielle Gegenstand stelle seinem Ursprung nach nur den Widerschein eines geistigen Urbilds dar.[13] Geht man demgegenüber davon aus, dass beide Bereiche grundsätzlich separat sind, dass sie in keinem unmittelbaren Abkunftsverhältnis zueinander stehen, dass genauer zwar die Welt 1 des Physisch-Materiellen und die Welt 2 des Psychisch-Mentalen ontologisch ungetrennt

13 Platon, *Politeia*, Buch VI, 506b-511e, Buch VII, 514a-518b, Buch X, 595c-597e.

sind, insofern manche materiellen Vorgänge zugleich auch mentale Vorgänge sind, dass diese beiden aber von der Welt 3 des Geistig-Immateriellen ontologisch unabhängig sind, insbesondere nicht einfach sekundäre Kopien von deren primären Formen darstellen, so ist in der Tat erstaunlich, dass das Geistige dann doch plötzlich von bestimmten Teilbereichen des Materiellen erfasst werden beziehungsweise sich in diese hinüberschreiben sollte.

In diesem Sinne argumentieren manche Autoren sogar, dass es überhaupt keinen verständlichen Weg gebe, wie Gegenstände von abstrakt-immateriell-nichtkausaler Art für Menschen in deren räumlich-zeitlich-kausaler Beschaffenheit zugänglich sein könnten. Solange man daher nicht in einen epistemologischen Skeptizismus etwa hinsichtlich mathematischen Wissens verfallen und bestreiten wolle, dass wir mit unseren kausalen Erkenntniswerkzeugen durchaus valide Einsichten in mathematische Beziehungen haben können, müsse man schließen, dass diese eben keine nichtkausalen Gegenstände platonischer Art seien.[14] Dies hat indes den erheblichen Nachteil, dass ohne eine solche Existenz von abstrakten geistunabhängigen Entitäten kaum mehr in einem gehaltvollen Sinne von objektiver mathematischer Wahrheit gesprochen werden kann.

Will man einen derartigen Verlust jeder Vorstellung von Wahrheit vermeiden, aber ebenso keinem grundsätzlichen Pessimismus hinsichtlich des Wissens um jene Wahrheit anheimfallen, so wird man letztlich anerkennen müssen, dass nichtkausale Strukturen in kausalen Strukturen repräsentiert werden können. Und bei der Frage, wie dies möglich sein sollte, mag sich durchaus eine nicht zu schließende Erklärungslücke auftun, insbesondere weil wir wohl nicht einmal die mindeste Idee davon haben, wie eine verständliche Begründung für die geschilderte Konstellation überhaupt aussehen könnte. Vielleicht lässt sich genauer eingrenzen, *welche* Strukturen Gründe abbilden beziehungsweise von diesen geprägt werden können, indem man entsprechende Beispiele zusammenstellt und die gewonnenen Ergebnisse verallgemeinert. Doch wie präzis diese Untersuchungen im Detail auch ausfielen, sie könnten dem Grundsatz nach wohl immer noch nicht begreiflich machen, *wie* kausale Gebilde diesen Zugang zum nichtkausalen Bereich finden beziehungsweise diese Formung erfahren können.

14 Benacerraf, »Mathematical Truth«, S. 668-673, 675-679; Field, *Realism, Mathematics and Modality*, S. 1-4, 25-30, 67-73, 228-239.

Aber so *ist* es offenbar, jedenfalls solange wir daran festhalten, dass wir mit unseren Gehirnen *denken*: Denn diese Gehirne *sind* kausale Gebilde, und die in ihrem Denken erfassten Gründe sind *keine* kausalen Objekte. Über beides dürfen wir gleichermaßen sicher sein, ohne jede empiristische Verkürzung und ohne jede metaphysische Überhöhung: Dass Gehirne kausal arbeiten, nach physikalischen, chemischen, biologischen, neurologischen Gesetzmäßigkeiten, ist durch Belege von Naturwissenschaft und Medizin hinreichend verbürgt, und dass ihre Inhalte zuweilen nicht kausal sind, muss jeder zugeben, der sich vergegenwärtigt, dass logische, mathematische, moralische, prudentielle und vergleichbare Relationen offenkundig keine Ursache-Wirkungs-Beziehungen sind.

23.2. All dies findet eine recht bemerkenswerte Parallele in dem oben angesprochenen Mysterium, wie physische Strukturen (wiederum Gehirne) in der Lage sein sollten, mentale Strukturen (insbesondere Bewusstseine) zu »realisieren«, »auszubilden«, beziehungsweise wie umgekehrt Mentales Physisches »behausen«, es »bewohnen« kann. Dieses Rätsel ist dann besonders unabweislich, wenn man nicht einem umfassenden Panpsychismus anhängt, dem zufolge jegliche Materie ohnehin in irgendeiner Weise zumindest quasi-mental sei, selbst die elementarsten Bausteine des physikalischen Universums wenigstens proto-bewusst seien.[15] Erkennt man demgegenüber an, dass nur bestimmte Materie in geeigneter Form so etwas wie Bewusstsein entwickelt, dass diese qualitativ neue Eigenschaft nur in gewissen Strukturen mit hinreichender Komplexität entsteht, dass genauer mikroskopische Komponenten und Vorgänge, die je für sich keinerlei mentale Merkmale oder Qualitäten aufweisen, in ihrer Gesamtheit und ihrem Zusammenspiel makroskopische Konstellationen und Verläufe konstituieren können, die ihrerseits mit mentalen Zuständen oder Prozessen identisch sind, so ist in der Tat seltsam, wie das Mentale dergestalt auf einmal durch gewisse Gestalten des Physischen erworben werden beziehungsweise in diese eintreten sollte.

In diesem Sinne argumentieren einige Autoren sogar, dass eine ontologische Identifikation des Mentalen mit dem Physischen

15 Leibniz, *Monadologie*, §§ 1-24; Nagel, »Panpsychism«, S. 181 f.; Nagel, *The View from Nowhere*, S. 49-51; Whitehead, *Process and Reality*, S. 18-20, 51-57, 83-89, 101 f., 108 f., 166 f., 190 f., 248 f.

grundsätzlich nicht erklären könne, warum bestimmten psychischen Erlebnissen ihre besondere phänomenale Qualität zukomme. Sofern man sich daher nicht einem fragwürdigen Cartesianismus oder sonstigen Dualismen anschließen und behaupten wolle, dass unsere mentalen Zustände jenseits jeder physischen Verfasstheit existieren, sei man womöglich zuletzt gezwungen, die Existenz von Qualia überhaupt aus dem Bild der Wirklichkeit zu eliminieren.[16] Dies geht freilich mit dem hohen Preis einher, aller intuitiven Gewissheit von Menschen hinsichtlich der phänomenalen Realität ihrer Erlebnisse zu widersprechen.

Will man eine solche Leugnung der Existenz von Qualia umgehen, aber ebenso keinen fragwürdigen Dualismus hinsichtlich des Ursprungs jener Qualia vertreten, so wird man zuletzt einräumen müssen, dass mentale Strukturen von physischen Strukturen getragen werden können. Und bei dem Problem, wie dies zu denken wäre, mag wiederum eine nicht zu behebende Erklärungslücke auftreten, vor allem weil wir einmal mehr nicht die entfernteste Vorstellung davon haben, was eine nachvollziehbare Antwort auf die aufgeworfene Frage eigentlich leisten müsste. Gewiss können wir genauer herausfinden, *welche* physischen Gebilde mentale Zustände entwickeln können, indem wir Belege für Bewusstsein suchen und Typen von dessen Trägern klassifizieren. Doch damit hätten wir immer noch nicht erklärt, *wie* jene Träger Bewusstsein haben könnten, welche Art von Vorgang also dafür verantwortlich wäre, dass manche ihrer physischen Prozesse auch eine mentale Seite haben.

Aber auch das *ist* offenbar so, jedenfalls solange wir davon ausgehen, dass wir mit unseren Gehirnen *erleben*: Denn diese Gehirne *sind* physische Gebilde, und sie *haben* in ihrem Erleben das mentale Phänomen individuellen Bewusstseins. Es mag unbegreiflich sein, dass somit bestimmte Objekte zugleich empfindende Subjekte sein können, aber auch dies ist zuletzt ein unleugbares Faktum, auf das wir in der realen Welt stoßen: Es gibt Gegenstände in dieser Welt, die wir als solche aus der Dritten-Person-Perspektive betrachten können, die aber ihrerseits eine Erste-Person-Perspektive ausbilden, von der aus sie selbst einige ihrer physischen Zustände als unmittelbare Empfindungen erfahren.

16 Levine, »Materialism and Qualia: The Explanatory Gap«, S. 356-358, 360 f.

23.3. Dass (kausale) Gehirne (nichtkausale) Gründe abbilden können, mag also ebenso mysteriös sein, wie dass (physische) Gehirne (mentales) Bewusstsein ausbilden können. Indessen ist beides der Fall. Und für die Willensfreiheit ist Ersteres, nicht Letzteres entscheidend: Denn der eigentliche Inhalt des zweiten Mysteriums liegt gerade *darin*, dass das Mentale hierbei mit dem Physischen *zusammenfällt*. Das Mentale, das vom Physischen *ausgebildet* wird, ist hierdurch eben mit ihm ontologisch *identisch*, und daher *ebenso kausal* wie dieses (der mentale Zustand wird vollständig kausal *realisiert*). Hingegen sind die Gründe, indem sie in Gehirnen *abgebildet* werden, allemal ontologisch *verschieden* von ihnen, und eben deshalb *nicht kausal* beschaffen (die rationale Struktur wird lediglich kausal *repräsentiert*).

Daher liefern erst die Gründe eine Alternative und Ergänzung zur Naturkausalität, während Physisches und Mentales an sich selbst gleichermaßen kausal beschaffen sind. Diese nichtkausale Alternative und Ergänzung wird indessen allein dadurch für menschliches Entscheiden und Handeln zugänglich, dass die Gründe in kausalen Strukturen repräsentiert werden, insbesondere im Physisch-Neuronalen und damit auch im Mental-Bewussten, und hierüber kausale Wirksamkeit erlangen. Der Aspekt des Bewusstseins ist dabei durchaus zentral, wie ich in Kapitel IX genauer erläutern werde: Der Mensch muss nicht nur die nichtkausalen Gründe in seinem kausalen Gehirn *abbilden*, sondern er muss sich ihrer Nichtkausalität auch *bewusst* sein, damit von Willensfreiheit gesprochen werden kann. Aber dies liegt nicht etwa daran, dass das *Bewusstsein selbst* bereits die Naturkausalität überschritte, wie man in der libertaristischen Linie eines klassischen Cartesianismus, oder auch im Sinne von moderneren Spekulationen zur angeblichen Nichtmaterialität des Bewusstseins, meinen könnte. Es liegt allein daran, dass erst ein Bewusstsein der Nichtkausalität *der Gründe* die Behauptung rechtfertigen kann, dass tatsächlich diese Gründe selbst, und nicht allein ihre Repräsentationen, Wirksamkeit in der Welt haben.

24.1. In diesem Sinne sollte man auch die Beispiele aus Kapitel VII interpretieren, in denen die Wirksamkeit von Gründen so deutlich greifbar wurde: Schütze und Torwart, die Ehepartner im *Kampf der Geschlechter*, die Landstreicher im *Gefangenendilemma* repräsentieren die jeweiligen Gründe für ihr Verhalten in psychischen, sozialen, letztlich neuronalen Strukturen. Ihre Hirnzustände erfassen die Gründe, die dafür sprechen, sich für die eine oder die andere Ecke des Tors zu entscheiden, den einen oder den anderen Ort für den Abend aufzusuchen beziehungsweise die eine oder die andere Aussage im Verhör zu machen. Gewiss können die Beteiligten nicht die potentiell *unendliche Abfolge* jener Gründe in ihren Gehirnen repräsentieren: Kein endliches System vermag eine solche endlose Stufung vollständig abzubilden. Aber *gewisse Ausschnitte* hiervon können sie allemal erfassen: Bis zu einer bestimmten Ebene können sie jene rationale Bespiegelung nachvollziehen und entsprechend handeln. Womöglich können sie auch die *grundsätzliche Gesamtstruktur* ihrer Situation begreifen: Vielleicht können sie ihre Lage auf einer Meta-Ebene analysieren und einsehen, in welch vertrackten Kämpfen und aussichtslosen Dilemmata sie sich befinden. Dann würden sie eben auch *diese Einsicht* in ihren Hirnzuständen abbilden, beziehungsweise die Gründe, die sich hieraus für ihre Wahl ergeben mögen: Dies könnte gegebenenfalls einen Verzicht auf weiteres Nachdenken oder die Delegation an einen bloßen Zufallsentscheid einschließen.

Jedenfalls werden über diese neuronalen Repräsentationen jene nichtkausalen Gründe kausal wirksam: Sie bestimmen Entscheidungen und Handlungen, Schüsse und Sprünge, Zögern und Entschlüsse. An diesem Verhalten der Beteiligten erkennen wir geradezu sinnlich die Gründe, in ihrem nichtkausalen Charakter, in ihrer Instabilität oder Stabilität, wir beobachten, wie sie in die eine oder andere Richtung ausschlagen, wie sie einander widersprechen oder sich bestärken. Die Gründe sind damit nicht *selbst* in der realen Welt: Sie sind keine Objekte und keine Prozesse in Raum und Zeit, keine Ursachen und keine Wirkungen. Aber sie *erscheinen* darin, über ihre Repräsentationen und deren Wirksamkeit: Sie prägen dem Denken und Tun der Beteiligten und damit dem Verlauf der Welt ihre rationale Struktur auf, sie formen das kausale Geschehen, die Überlegungen und Taten, die Überzeugungen und Erwartungen. Das reale Geschehen selbst, die Repräsentationen der Gründe sowie all jene Dinge und Vorgänge, die sie in Gang setzen, ist dabei *lückenlos* kausal: Es gibt keine eigentümlichen Unterbrechungen in diesem kausalen Ablauf, keine Ursachen aus dem Nichts, kein Abreißen von Wirkungen. Aber das Geschehen ist nicht *rein* kausal: In ihm werden Gründe abgebildet, seine kausale Beschaffenheit ist maßgeblich von nichtkausalen Strukturen bestimmt.

24.2. Die nichtkausalen Gründe sind also selbst nicht in der *realen* Welt (weder in der physischen Welt 1 noch in der mentalen Welt 2). Aber es *gibt* sie (in der geistigen Welt 3). Dies ist die These eines ontologischen Dualismus von Gründen und Ursachen. Diese nichtkausalen Gründe werden indes *wirksam* über ihre kausalen Repräsentationen (psychischer, sozialer, letztlich neuronaler Art). Die Natur ist damit durchgehend kausal, und *dennoch* ist darin zugleich ein freier Wille (nämlich als Bestimmung von Entscheidungen und Handlungen durch Nichtkausales). Dies ist die These einer kompatibilistischen Versöhnung von Willensfreiheit und Naturkausalität.

Genauer besteht in diesem kompatibilistischen Ansatz der freie Wille, das heißt die Bestimmung durch Gründe, nicht einfach *neben* der natürlichen Kausalität. Sie ist kein unabhängiger Zusatz, der *außer* ihr vorhanden wäre. Vielmehr ist der freie Wille *in* der natürlichen Kausalität verwirklicht, genauer in Teilen von ihr. Die Bestimmung durch Gründe erfolgt *über* die Bestimmung durch Ursachen, nämlich über ihre neuronalen Repräsentationen. Dennoch ist der nichtkausale Charakter, die rationale Natur der Gründe, stets in jenen Repräsentationen *abgebildet*. Und sie ist auch jederzeit als solche *offenkundig*.

24.3. Wenn somit Gründe über ihre Repräsentationen kausale Wirksamkeit erlangen, so heißt dies gerade nicht, wie Julian Nida-Rümelin meint, dass ihre »kausale Rolle« in der Welt eine »naturalistische Unterbestimmtheit« des Entscheidens und Handelns nach sich zöge.[17] Das Verhalten von Menschen ist nicht in dem Sinne »unterbestimmt«, dass Gründe die Naturkausalität quasi beiseite-

17 Nida-Rümelin, *Über menschliche Freiheit*, S. 105, 157, 170 f.; Nida-Rümelin, »Vernunft und Freiheit«, S. 22, 25, 27.

drängen und, mit ihrer eigenen Nichtkausalität, dem menschlichen Denken und Tun entsprechende Schlupflöcher eröffnen.[18] Auch beruht die reale Wirksamkeit der Gründe nicht darauf, dass die naturgesetzliche Beschaffenheit der Welt ihrerseits »einen Spielraum« ließe, innerhalb dessen das Abwägen und Befolgen von Gründen ein unabgeschlossenes Feld »alternativer Möglichkeiten« vorfinden und bearbeiten dürfte.[19] Die Freiheit des Willens ist nicht in dem Sinne »bedingt[]«, dass Gründe nur innerhalb der Grenzen des kausalen Gefüges, etwa des genetischen Erbes und der biographischen Prägungen, reale Wirksamkeit haben und die entsprechenden Rahmenvorgaben ausfüllen mögen.[20]

All diese Vorstellungen, dass die Wirksamkeit der Gründe kausale »Unterbestimmtheiten« herbeiführen könne oder kausale »Spielräume« nutzen müsse, fallen in das libertaristische Schema zurück, dass Willensfreiheit nur in Unterbrechungen der Naturkausalität existieren könne, in kausalen Lücken, die durch Gründe erzeugt oder von Ursachen gelassen würden. Und wenig überraschend verschreiben sie sich dem typisch libertaristischen Gedanken, dass diese »kausale Rolle« der Gründe ein Gebiet »alternativer Möglichkeiten« eröffne – also die Optionen des Anders-handeln-Könnens oder Anders-wollen-Könnens unter identischen Umständen in sich schließe (siehe Abschnitt 5).

Tatsächlich aber haben Gründe gerade *in* bestimmten Ursachen, nämlich ihren kausalen Repräsentationen, reale Wirksamkeit. Dabei mag jene Wirksamkeit eindeutig oder uneindeutig sein, je nachdem ob die Gründe *selbst* eindeutig oder uneindeutig sind. Wichtig ist allein, dass diese Wirksamkeit *besteht*. Und sie besteht bei aller lückenlosen Präsenz der Naturkausalität, genauer gerade *durch* gewisse Komponenten jener Naturkausalität.

Dies ist ein kompatibilistischer Ansatz, der Willensfreiheit zugleich mit Naturkausalität annehmen kann beziehungsweise sie überhaupt erst in bestimmten Elementen der Naturkausalität verwirklicht findet. Insbesondere behauptet er kein Anders-handeln-Können oder Anders-wollen-Können unter identischen Umständen, weder bei eindeutigen noch bei uneindeutigen Gründen, sondern lässt allenfalls kausale Offenheit, Unvorhersagbarkeit oder

18 Nida-Rümelin, *Über menschliche Freiheit*, S. 35, 43, 105.

19 Ebd., S. 92-95, 105.

20 Ebd., S. 158 f.

Indeterminiertheit gelten – wobei er auch diese nur insoweit als Begleiter der Freiheit anerkennt, wie sie sich mit jener Wirksamkeit der Gründe vertragen (siehe Abschnitt 30).

IX. Die Bedeutung des Bewusstseins

Der Gedanke, dass Gründe über ihre Repräsentationen Wirksamkeit entfalten, droht kritisch besehen die Option der Willensfreiheit zuletzt wieder zu unterlaufen, indem er alles menschliche Tun schlussendlich doch auf rein kausale Gegebenheiten zurückzuführen scheint. Dieser Kollaps wird indessen dadurch verhindert, dass Menschen über ein Bewusstsein jener Gründe verfügen können, aufgrund dessen sie tatsächlich nicht nur von den Repräsentationen in deren kausaler Beschaffenheit, sondern auch von den Gründen selbst in deren ursprünglicher Nichtkausalität bestimmt werden.

25. Waren wir zu raffiniert?

25.1. Ist der oben entwickelte Ansatz, metaphysisch enthaltsam wie er sein mag, am Ende indessen vielleicht allzu sparsam geraten? Ist in diesem Bild nicht alles, was uns wirklich ontologisch bestimmt, letztlich doch wieder rein kausaler Natur?

Gründe selbst mögen ja nichtkausale Entitäten sein: Ihre Gültigkeit, ihre Einschlägigkeit, ihre Stärke, auch ihre internen Relationen, ihre gegenseitigen Stützungen, ihre wechselseitigen Spannungen sind allesamt zweifellos nichtkausale Attribute. Aber wenn Gründe allein über ihre Repräsentationen wirken, scheint alles Entscheiden und Handeln nach wie vor einzig von kausalen Strukturen abzuhängen: Das Begreifen der Gründe, das Anerkennen der Gründe, das Befolgen der Gründe, auch ihre Gewichtung, ihre Verknüpfung, ihre Abwägung wäre nur mehr ein kausales Geschehen von psychischen Prozessen, von sozialen Mechanismen, von neuronalen Abläufen. Dass diese kausalen Vorgänge ihrerseits nichtkausale Gehalte »repräsentieren« oder »abbilden«, ändert nichts an diesem ontologischen Befund. Alle nichtkausale Beschaffenheit, die sich hierbei ausmachen lässt, bleibt augenscheinlich auf den Raum der Gründe selbst beschränkt. Das Entscheiden und Handeln hingegen, so mutet es an, unterliegt rein kausaler Bestimmung.[1]

1 Vgl. Nozick, *Philosophical Explanations*, S. 334 f.; Pothast, *Die Unzulänglichkeit der Freiheitsbeweise*, S. 241-243, 247-249, 257 f.; Pothast, *Freiheit und Verantwortung*, S. 69 f., 158 f.; Pothast, *Wie frei wir sind, ist unsere Sache*, S. 225 f. Anm. 9.

Diese Zweifel verdichten sich, wenn man menschliches gründebasiertes Verhalten mit dem Fall eines geeignet programmierten Computers vergleicht: Auch ein Computer kann womöglich Gründe »repräsentieren« oder »abbilden«. Man kann ihm sicherlich die Grundsätze logischer Schlüsse, die Prinzipien mathematischer Transformationen eingeben, man kann ihm vielleicht ebenso moralische oder prudentielle Vorschriften, ästhetische oder epistemische Standards beibringen: Zumindest die traditionellen Wege expliziter Kodierung, eventuell auch moderne Formen maschinellen Lernens sollten derartige Modellierungen rationaler Strukturen in den Algorithmen eines Computers zulassen. Mithin würden jene nichtkausalen Strukturen in ihm eine kausale Wirksamkeit, eine kausale Kraft entfalten, nun über physikalische Repräsentationen, über elektromagnetische Abbildungen. Aber obschon der Computer damit in seinen Operationen in gewissem Sinne nichtkausalen Gründen folgt, würde man ihm sicherlich keine Freiheit attestieren, gleich wie rational seine Leistungen auch ausfielen. Und dies, so mutet es an, liegt genau daran, dass diese Operationen ihrerseits vollständig kausal beschaffen sind.[2]

Damit scheint mein Vorschlag, die Wirksamkeit der Gründe auf die Kraft ihrer Repräsentationen zurückzuführen, jede hiermit angezielte Willensfreiheit in einem bestürzend simplen Kollaps wieder zunichtezumachen. Anstelle irgendeines ursprünglich autonomen Elements scheint, nüchtern betrachtet, zuletzt eine rein kausale Bestimmung zu herrschen. Entgegen allen kompatibilistischen Ambitionen müsste man zugeben, dass unser Entscheiden und Handeln tatsächlich *nur* kausal bestimmt, nicht *auch* autonom beschaffen ist. Und war dieser Kollaps nicht von Beginn an absehbar? Gründen musste eine reale Wirksamkeit zuerkannt werden, damit sie eine ontologische Alternative und Ergänzung zur Naturkausalität eröffnen konnten (Kapitel VII). Da Gründe selbst indessen nichtkausale Gebilde sind, konnten sie diese Wirksamkeit einzig über den Umweg ihrer kausalen Repräsentationen erlangen (Kapitel VIII). Und nun scheint man einräumen zu müssen, dass alles, was nach diesem Modell in der realen Welt *wirkt*, was insbesondere menschliches Entscheiden und Handeln *bestimmt*, in ontologischer Hin-

2 Vgl. Churchland, *Neurophilosophy*, S. 304; Fodor, *Psychosemantics*, S. 18-20; Hodgson, *Rationality + Consciousness = Free Will*, S. 155 f.; Pothast, *Freiheit und Verantwortung*, S. 70.

sicht letzten Endes eben jene kausalen Repräsentationen sind, nicht etwa die darin abgebildeten Gründe. Und wie lässt sich vor diesem Hintergrund noch behaupten, dass sich in jenem Entscheiden und Handeln nicht nur Kausalität, sondern auch Autonomie fände?

25.2. Zunächst sollte man sich klarmachen, dass eine Repräsentation von Gründen, wenn sie in der realen Welt stattfindet, eine ontologische Beziehung ist: Sie besteht darin, dass Hirnzustände, auch mentale Erscheinungen oder kulturelle Phänomene, in ihrer neuronalen, psychischen oder sozialen Beschaffenheit die fraglichen Gründe abbilden. Dies ist keine Frage der phänomenalen oder semantischen *Perspektive*, aus der man jene Konstellationen betrachtet. Es ist ein objektives ontologisches *Faktum*, das derartige Konstellationen unabhängig von der gewählten Perspektive ausmacht.

Damit ist das obige Problem freilich nicht behoben: Es wäre nun erst zu untersuchen, ob diese objektive Verbindung der Gründe zu ihren Repräsentationen, ob diese reale Abbildung des Nichtkausalen im Kausalen davon zu sprechen erlaubt, dass im Entscheiden und Handeln etwas anderes als *bloße* Naturkausalität, genauer etwas anderes *durch* die jeweilige Naturkausalität wirkt. Und der Vergleich mit dem Computer scheint hierfür wenig ermutigend zu sein. Immerhin kann auch der Computer über seine Schaltkreise mit Gründen *verbunden* sein, kann auch über seine Elektronik das Nichtkausale im Kausalen *abgebildet* sein, ohne dass es deshalb sinnvoll erschiene, dem Computer einen freien Willen beziehungsweise ein Agieren jenseits reiner Kausalität zu attestieren.

Nun gibt es sicherlich einige Unterschiede zwischen einem Computer, der Gründen folgt, und einem Menschen, der durch Gründe bestimmt wird. Jedenfalls bei Computern aktueller Konstruktionsweise sind diese Unterschiede recht offenkundig, und zumindest einige davon könnten für die Frage der Willensfreiheit allemal relevant sein. Dies lässt unbenommen, dass Computer, Roboter oder Androiden künftiger Generationen, seien sie weiterhin elektronischer oder auch völlig anderer Bauart, diese Unterschiede irgendwann überwinden und entsprechend willensfrei sein könnten. Nicht zuletzt ist daran zu erinnern, dass auch der Mensch, als ein Körper und mitsamt seinem Gehirn, im weitesten Sinne eine Art von Maschine ist, die, wenn überhaupt, dann gerade und allein aufgrund ihrer biologischen und damit letztlich physikalischen Ausstattung willensfrei sein kann.

Es fragt sich nur, welche Unterschiede zwischen Computer und Mensch es rechtfertigen könnten, dem Ersteren Willensfreiheit abzusprechen und sie dem Letzteren zuzuerkennen. Ich vermute, dass es eine einzige Differenz zwischen beiden ist, die von entsprechender Tragweite sein kann.

25.3. Ein erster Antwortversuch könnte lauten: »Ein Computer, der auf Gründe programmiert wurde, bringt sein Ergebnis *zwingend* hervor, ist in seinem Verhalten *prognostizierbar* und bleibt gegenüber externen Beeinflussungen *abgeschirmt*. Demgegenüber sind die Entscheidungen und Handlungen eines Menschen, der Gründen folgt, ihrer Natur nach *unbestimmt*, in ihrem Ausgang *unantizipierbar* und für äußere Einflüsse *zugänglich*.« Aber dieser Ansatz geht in mindestens zwei Weisen fehl. Erstens ist nicht ausgemacht, dass auch nur eine der sechs Behauptungen in allen Fällen zutreffen muss: Es ist ohne weiteres vorstellbar, dass gründeaffine Computer indeterministisch arbeiten, unvorhersagbar bleiben oder offen strukturiert sind. Ebenso kann es allemal sein, dass gründeorientierte Menschen deterministisch, vorhersagbar oder abgeschlossen agieren. Zweitens wären dergleichen Unterschiede für die aufgeworfene Frage bedeutungslos: Sie benennen lediglich spezifische Merkmale der jeweils herrschenden Naturkausalität und haben somit keine unmittelbare Relevanz für eine womöglich vorliegende Willensfreiheit. Insbesondere bedeutet Indeterminiertheit gegenüber Determiniertheit, Unvorhersagbarkeit gegenüber Vorhersagbarkeit und Offenheit gegenüber Abgeschlossenheit noch längst keine Willensfreiheit (siehe Abschnitt 3).

Ein zweiter Antwortversuch wäre womöglich: »Ein Computer bleibt in dem ausgemalten Szenario völlig *passiv*, indem ihm zunächst die fraglichen Gründe einprogrammiert werden und er anschließend die erworbenen Routinen abspult, ohne jemals von seinen derart implantierten Algorithmen abzuweichen. Ein Mensch hingegen wäre in dem entsprechenden Vorgang durchaus *aktiv*, indem er sich die Gründe eigenständig aneignet, sie erwägt und vergleicht und sodann souverän annimmt oder verwirft.« Aber auch dieser Vorschlag dürfte auf wenigstens zwei Arten irregeleitet sein. Erstens müssen die aufgestellten Behauptungen wiederum nicht zutreffen: Ein Computer könnte sich selbst Gründe erschließen und sie mit anderen Gründen flexibel abgleichen, ein Mensch kann zu Gründen erzogen werden und sonstige Gründe rigide ausblenden. Und wenn der Computer für jene selbständige Arbeit einer zumindest basalen rationalen Grundausstattung bedürfte, mit der jemand anderes ihn versehen haben müsste, so braucht auch der Mensch für seine eigenständige Fortentwicklung eine zumindest fundamentale rationale Grundorientierung, die er sich ebenfalls nicht selbst verschafft haben kann. Zweitens ist wiederum unsicher, ob die behaupteten Unterschiede für die aufgeworfene Frage tatsächlich relevant wären: Willensfreiheit besteht nach der hier vertretenen Theorie wesentlich darin, dass man durch Gründe geprägt wird, dass man Gründe abbildet, dass man von Gründen bewegt wird, dass man Gründe erfasst, dass man durch Gründe bestimmt wird, dass man Gründen folgt. In all diesen Beschreibungen sind passive wie aktive Modi gleichermaßen enthalten, ohne dass die hierdurch benannten Beziehungen wesentlich voneinander abzuweichen scheinen, wodurch zuletzt fragwürdig wird, ob die Differenz von Passivität und Aktivität, sofern sie überhaupt klar artikulierbar und eindeutig feststellbar sein sollte, für die Willensfreiheit maßgeblich sein kann (siehe Abschnitt 21).

Es gibt aber einen dritten Unterschied zwischen beiden Fällen: Ein Mensch kann sich der Gründe, denen er folgt, *bewusst* sein. Indem er sich in seinem Entscheiden und Handeln von ihnen bestimmen lässt, können ihm die Gründe seines Wollens und Tuns als solche *gegenwärtig* werden. Bei einem Computer, zumindest jetziger Bauart, ist dies *nicht* möglich. Das liegt ganz einfach daran, dass er überhaupt kein Bewusstsein *hat*.[3] Dieser Unterschied ist nicht nur unstrittig, sondern für unsere Frage höchst einschlägig: Denn erstens lässt sich auf seiner Grundlage behaupten, dass der Mensch *die Gründe selbst erfasst*, wenn sie ihm in seinem Bewusstsein gegenwärtig sind, in ihrer ursprünglich nichtkausalen Wesenheit, *als* rationale Entitäten. Anders als der Computer wird er nicht allein *von ihren Repräsentationen berührt*, in deren jeweiliger kausaler Beschaffenheit, deren rationaler Ursprung zwar stets vorhanden, auch in ihnen abgebildet wäre, aber ihm selbst als solcher verschlossen, eben *unbewusst* bliebe. Und zweitens kann man vor diesem Hinter-

3 Vgl. Hodgson, *Rationality + Consciousness = Free Will*, S. 172.

grund dafürhalten, dass der Mensch in diesem Fall tatsächlich auch *durch die Gründe selbst bestimmt wird*, die über ihre Repräsentationen in ihm wirken, da er sie als solche in ihrem Wesen erkennt, sie bewusst *erschließt* in ihrer Nichtkausalität. Anders als der Computer wird er nicht allein *von den jeweils gegebenen Ursachen bestimmt*, die jene Gründe darstellen, sie repräsentieren, sondern von den Gründen selbst, die ihn hierüber ansprechen, ihn *erreichen*.[4]

Es ist also das Bewusstsein von Gründen, das den drohenden Kollaps in bloße Naturkausalität verhindern kann. Denn wenn Gründe zum einen *wirksam* sind, wenn sie menschliches Entscheiden und Handeln bestimmen, *über* ihre Repräsentationen, und wenn sie zum anderen in diesen Repräsentationen *bewusst* sind, wenn sie in ihrer rationalen Natur und Struktur gegenwärtig werden, *als* Gründe, so lässt sich sinnvoll behaupten, dass hier in der Tat nicht nur Kausales, sondern auch Nichtkausales in der Welt effektiv ist. Es wird *repräsentiert* in kausalen Strukturen, die ihrerseits wirksam werden, *gemäß* seinen Vorgaben, und es ist *präsent* in seinem nichtkausalen Charakter, indem es bewusst ist, *in* seinem Wesen. Auf diese Weise wirken tatsächlich Gründe in der Welt, sind prägend und anwesend, namentlich im Denken und Tun von Menschen.

26. Bewusstsein von Gründen

26.1. Wichtig hierbei ist, dass, wie schon die Repräsentation von Gründen, so auch das Bewusstsein von Gründen eine ontologische Tatsache ist: Menschen, mit ihren Gehirnen, bilden Gründe ab, und Menschen, mit ihren Gehirnen, sind sich dieser Gründe bewusst. Dies ist keine Frage der phänomenalen oder semantischen *Perspektive*, aus der man diese Vorgänge erfährt oder beschreibt. Es ist ein objektives ontologisches *Faktum*, das auf der rationalen und perspektivischen Verfasstheit von Vernunftwesen beruht.[5]

Bewusstsein ist in der Welt: Es eröffnet seinerseits eine bestimmte Perspektive, und aus dieser Perspektive kann man manches

4 Vgl. Beckermann, *Gehirn, Ich, Freiheit*, S. 130-132; Scanlon, *What We Owe to Each Other*, S. 281 f.

5 Vgl. Nagel, »What Is It Like to Be a Bat?«, S. 441, 445; Nagel, *The View from Nowhere*, S. 7 f., 17-19, 51.

wahrnehmen und anderes übersehen. Aber es ist selbst nicht bloß Gegenstand einer bestimmten Perspektive, keine Erfahrung oder Beschreibung, die sich mit der Wahl eines personalen Standpunkts oder einer konzeptuellen Sichtweise einstellte oder auflöste. Vielmehr ist es ein realer Bestand, der entweder vorliegt oder ausbleibt, unabhängig davon ob eine gegebene Perspektive ihn erkennt oder verfehlt.[6]

Falsch wäre lediglich, aus dieser ontologischen *Existenz* von Bewusstsein auf seine ontologische *Differenz* gegenüber dem Gehirn zu schließen: Mentales, wie es in dem betroffenen Bewusstsein selbst auftritt, und Physisches, das sich hiermit korrelierend im zugehörigen Gehirn abspielt, sind immer noch ein und dasselbe Geschehen.

Aber das heißt eben nicht, dass das *Bestehen* eines Bewusstseins eine bloße *Erscheinung* aus seiner eigenen Perspektive wäre: Bewusstsein ist ebenso wirklich wie das Gehirn, das sein Träger ist, und dass Gehirne Bewusstsein tragen können, ist gerade das Besondere an ihnen.

26.2. Diese Feststellung gilt für Bewusstes ganz allgemein, ebenso wie für den Bereich des Mentalen insgesamt: Es *ist* eine Frage der phänomenalen Perspektive, ob ich etwas als Quale, etwa als empfundenen Schmerz eines gewissen Typs, *erlebe* (Erste-Person-Perspektive), oder aber es als Neuronales, als physischen Vorgang in einem bestimmten Gehirn, erfahre (Dritte-Person-Perspektive). Aber es ist *keine* Frage der Perspektive, keine Frage phänomenalen Erlebens, ob ein Schmerz eines gewissen Typs *auftritt*. Und das liegt ganz einfach daran, dass Quale und Neuronales, Schmerzerleben und Hirnprozess in ontologischer Hinsicht ein und dasselbe Geschehen sind. Ontologisch ist ein Schmerzerleben ein Hirnprozess, und eben darum ist es ebenso ontologisch real.

Das Gleiche gilt für das Bewusstsein selbst, in dem jenes Mentale statthat, und insbesondere auch für ein Bewusstsein von Gründen, falls es zu dieser Konstellation kommt: Es *ist* eine Frage der

6 Vgl. Armstrong, *A Materialist Theory of the Mind*, S. xix, 75; Honderich, *A Theory of Determinism*, S. 77-83; Honderich, *How Free Are You?*, S. 20-22; Pothast, *Freiheit und Verantwortung*, S. 89 f.; Searle, »Minds, Brains, and Programs«, S. 421 f.; Searle, *Minds, Brains and Science*, S. 13-17, 23-27; Searle, *The Rediscovery of the Mind*, S. xii f.; Searle, *Freedom and Neurobiology*, S. 19-21.

phänomenalen Perspektive, ob ich an einem solchen Bewusstsein *teilhabe* (Erste-Person-Perspektive) oder etwa ein fremdes Gehirn betrachte (Dritte-Person-Perspektive). Doch es ist *keine* Frage der Perspektive, keine Frage phänomenalen Erlebens, ob ein Bewusstsein von Gründen *vorliegt*. Und das liegt zuletzt eben daran, dass Bewusstsein und Gehirn in ontologischer Hinsicht ein und derselbe Gegenstand sind. Ontologisch ist ein Bewusstsein von Gründen eine Komponente oder Phase eines Gehirns, und eben deshalb ist es ebenso ontologisch real.

Analog *ist* es eine Frage der semantischen Perspektive, ob ich etwas als Handlung, insbesondere aus Gründen, *beschreibe* (etwa als Diskussionsbeitrag) oder ob ich diesen Vorgang nur als ein Ereignis darstelle (etwa als Mundbewegung). Aber es ist *keine* Frage der Perspektive, keine Frage semantischer Einlassung, ob eine Handlung aus Gründen *stattfindet*. Sie ist ontologisch mit dem entsprechenden physischen Ereignis identisch, und eben deshalb ist sie ontologisch ebenso real wie dieses Ereignis. Wenn jemand Gründen folgt, dann ist dies ein Geschehen, das man so oder anders konzeptualisieren mag, als Handlung oder als Ereignis, das als solches aber wirklich ist, in der Welt.

Versteht man somit Willensfreiheit als Bewusstsein von Gründen, so ist sie kein Bestand, der mit dem Einnehmen oder Verlassen einer bestimmten phänomenalen oder semantischen Perspektive aufträte oder verschwände. Ein Bewusstsein von Gründen ist nicht, wie die Erfahrung eines Schmerzes oder eine Beschreibung als Handlung, abhängig von gewissen personalen oder konzeptuellen Zugängen. Es ist in der Welt – so wie auch der Schmerz und die Handlung in der Welt sind. Ein Bewusstsein von Gründen mag die Existenz einer bestimmten phänomenalen Perspektive voraussetzen (denn nur mit ihr kann es Bewusstsein überhaupt geben) und der Anbindung an gewisse semantische Perspektiven bedürfen (denn nur mit ihnen lassen sich Gründe angemessen erfassen). Es mag nur aus jener phänomenalen Perspektive unmittelbar erfahrbar sein (in der ersten Person) und nur aus solchen semantischen Perspektiven angemessen beschreibbar sein (im Horizont von Rationalität). Aber es ist ein ontologischer Bestand, der mit entsprechenden neuronalen Zuständen, mit entsprechenden physiologischen Ereignissen eins ist – ganz einfach weil Bewusstsein überhaupt in der realen Welt ist und es auf die transreale Welt der Gründe ausgreifen kann.

26.3. Beide Komponenten also, Bewusstsein und Gründe, sind nicht an eine bestimmte phänomenale oder semantische Perspektive gebunden. Sie mögen von gewissen Standpunkten oder Sichtweisen her bevorzugt erfahren oder passend beschrieben werden, aber sie bilden ontologische Bestände, die als solche in der Welt sind.

Es *gibt* Bewusstsein: Zwar wird es nur vom erstpersonalen Blickwinkel her unmittelbar *erlebt*, als Eigenpsychisches. Aber es kann jederzeit auch vom drittpersonalen Blickwinkel her *zugeschrieben* werden, als Fremdpsychisches. Es *gibt* Gründe: Dabei werden sie nur in bestimmten Sprachspielen direkt *thematisch*, indem diese sich mit ihrer kennzeichnenden Rationalität befassen. Doch können sie im menschlichen Dasein vielfach *effektiv* werden, indem sie nicht zuletzt sämtlichen Sprachspielen zugrunde liegen.

Es *gibt* Bewusstsein von Gründen: Gehirne können Bewusstsein ausbilden. Sie sind ontologische Gebilde, die personale Perspektiven eröffnen. Und darin können Gründe bewusste Repräsentationen haben. Sie können ausdrückliche Inhalte jener Perspektiven werden und damit auch menschliches Entscheiden und Handeln leiten.

Und deshalb *gibt* es schließlich Willensfreiheit: Als Bewusstsein von Gründen, die Entscheidungen und Handlungen bestimmen, ist auch sie ontologisch vorhanden, neben der Kausalität des Physischen. Sie kann aus Sicht des Betroffenen vollzogen oder aus Sicht eines Beobachters festgestellt werden, sie lässt sich in Diskursen untersuchen und ist in Diskursen gegenwärtig. Dabei mögen die Kriterien, anhand derer man ihr Vorliegen annimmt, zwischen diesen Fällen durchaus variieren, und die Möglichkeit, dass man sich über ihr Vorhandensein irrt, ist in keinem dieser Fälle definitiv ausgeschlossen. Aber solange man annehmen darf, dass es ein Bewusstsein von Gründen überhaupt gibt und dass Personen in ihrem Entscheiden und Handeln zuweilen von diesen Gründen geleitet werden, darf man annehmen, dass Willensfreiheit in eben dieser Bedeutung existiert.

27. Computer und Tiere

27.1. Man betrachte noch einmal das Beispiel eines Computers, wie er jedenfalls nach einer heute möglichen technischen Bauweise beschaffen wäre: Ein solches Gerät kann sich womöglich im Raum der *Gründe* bewegen, wenn es entsprechend programmiert wurde. Aber es hat gewiss kein *Bewusstsein* von ihnen. Es ist möglicherweise nicht allein nach logischen oder mathematischen Prinzipien *entworfen* worden, sondern *befolgt* sie auch in seinen Prozessen und Transformationen. Vielleicht *entdeckt* es sogar von sich aus bislang unbekannte Sätze und Theoreme und *erschließt* sie damit für das Bewusstsein seiner Nutzer. Ein moderner Computer mit fortgeschrittener Programmierung etwa kann arithmetische Umformungen vollziehen und mathematische Regeln anwenden. Er kann sogar neuartige Probleme lösen und mathematische Beweise finden. Aber er ist sich dieser Regeln und Beweise, dieser Gründe *nicht bewusst*, und zwar einfach deshalb, weil er als Computer *überhaupt kein Bewusstsein* hat. Er *folgt* Gründen, quasi blindlings, indem er ihnen gemäß operiert oder sie überhaupt erst aufspürt. Aber er *hat* die Gründe nicht, er weiß nichts von ihnen, wie sehr sie ihm auch eingeschrieben sind und wie genau er sie auch ermittelt. Sie sind in ihm *repräsentiert*, in seinen Skripten und Schaltkreisen. Aber sie sind ihm nicht *präsent*, als mentale Gehalte von bewusster Art.

Nicht zuletzt deshalb wäre es ein derart bemerkenswerter Schritt, wenn der Technik doch einmal die Entwicklung eines Computers mit Bewusstsein gelänge: Dies wäre nicht nur für den Status *künstlicher Intelligenz* revolutionär, weil ein Computer hiermit subjektives Empfinden und Erleben aufwiese. Es wäre auch für die Frage nach dem *freien Willen* entscheidend, da ein Computer hierdurch zu autonomem Entscheiden und Handeln fähig werden könnte. Erst das Bewusstsein ließe ihn die Gründe, die möglicherweise in ihm repräsentiert sind, auch tatsächlich als solche erkennen und erfassen, so dass er selbst teilhätte an ihrer nichtkausalen Struktur und hierdurch ernsthaft menschlichen Akteuren vergleichbar werden könnte.

Das bedeutet nicht, dass ein Computer, der Gründen folgte und ein Bewusstsein von ihnen hätte, unbedingt eine sehr wohlgeratene Kreatur wäre: Womöglich wäre er ein mental wie kulturell schwer verkümmertes Geschöpf, weil ihm unentbehrliche Momente einer gelungenen emotionalen und intellektuellen Entwicklung, eines umfassenden affektiven und kognitiven Weltzugangs fehlten. Vielleicht mangelte es ihm an einer geeigneten psychischen und physischen Grundausstattung, an einer engen sozialen und kooperativen Einbettung, die notwendig wären, um sich zu einem gesunden und gebildeten Wesen zu formen. Aber willensfrei wäre er trotz alledem.

Genau umgekehrt stellen sich die Verhältnisse bei einem Tier dar, jedenfalls wenn es einer gegenwärtig bekannten nichtmenschlichen Naturgattung angehört: Ein solches Wesen kann vielleicht *Bewusstsein* haben, wenn es hinreichend entwickelt ist. Aber es wird gewiss nicht von *Gründen* bestimmt. Es ist möglicherweise nicht nur ein *Lebewesen*, das zu Stoffwechsel und Fortpflanzung fähig ist, sondern darüber hinaus auch ein *Seelenwesen*, das Empfindungen und Erlebnisse hat. Womöglich gehen *deren* Inhalte und Formen sogar teilweise auf Gründe *zurück*. Ein Hund etwa hat sicherlich mentale Zustände, verspürt Freude oder Leid, verfügt über Qualia, die sein Bewusstsein ausfüllen. Einige davon können durchaus rationalen Ursprungs sein, wenn beispielsweise seine Besitzer ihm eine Beißhemmung anerzogen haben, um aus moralischen Gründen fremde Personen zu schützen, so dass nun eine entsprechende Scheu und Zurückhaltung zu seinem psychischen Empfinden und Erleben gehört. Aber das Tier kann sich nicht *dieser Gründe* bewusst sein, aufgrund derer seine Psyche dergestalt geprägt wurde, es kann *seinerseits nicht begründen*, weshalb es sich entsprechend verhält. Die Gründe *formen* sein bewusstes Dasein, gewissermaßen indirekt, indem es ihnen gemäß erzogen wurde. Aber es kann diese Gründe selbst nicht *abbilden*, es kann sie nicht erfassen, als rationale Strukturen. Sein Empfinden wird gemäß den Gründen anderer geprägt, so dass sein Verhalten deren Gründen *korrespondiert*. Aber es verhält sich nicht selbst aus jenen Gründen heraus, eben weil es jene Gründe nicht *repräsentiert*.

Vor allem deshalb ist es ein so bedeutsamer Schritt, wenn im Laufe der Evolution eine Gattung von Tieren doch irgendwann Zugang zu Gründen findet: Dies ermöglicht nicht allein *Einsichtsfähigkeit*, im Sinne von planvollem Agieren und Interagieren. Es gewährleistet zudem *Willensfreiheit*, im Sinne von autonomem Entscheiden und Handeln. Indem ein Tier Gründe erschließt, wird es in relevanter Hinsicht dem Menschen gleich, der zwar als biologische Gattung *homo sapiens* definiert sein mag, dessen metaphysisches Wesen aber nun einmal als *animal rationale* bestimmt ist.

Das besagt nicht, dass sich ein solches Wesen stets tugendhaft oder klug benehmen muss: Es kann, in all seiner Vernünftigkeit, »unvernünftigen« Gründen folgen, das heißt schlechten Gründen aufsitzen oder bösen Gründen nachgehen. Es kann, trotz all seiner Vernünftigkeit, »vernünftige« Gründe missachten, das heißt wichtige Gründe übersehen oder gute Gründe ausblenden. Aber es ist dennoch willensfrei.

27.2. Freilich sind manche Autoren willens, in gewisser Hinsicht bereits herkömmlichen Computern Bewusstsein zu attestieren. Nach Daniel Dennett etwa ist es legitim und adäquat, gegenüber einem üblichen Schachcomputer eine »intentionale Haltung« (*intentional stance*) einzunehmen, also eine epistemologische Position zu beziehen, die ihm mentale Zustände wie etwa Überzeugungen oder Wünsche zuschreibt.[7] Insbesondere sei dies deshalb angemessen, weil sich mit Hilfe jener Konzepte die Züge des Computers erklären und vorhersagen ließen, sehr viel leichter etwa, als wenn man sich auf die Ebene seiner physikalischen Systemzustände begeben würde und dort den Verlauf seiner basalen Transformationen nachvollziehen oder vorwegnehmen wollte. Angesichts dieses explanatorischen und prognostischen Erfolgs dürfe man aber auch in ontologischem Sinne davon sprechen, dass jene mentalen Zustände im Computer gewissermaßen real seien, ebenso wie es auch bei Menschen allein das Erklärungspotential und die Vorhersagekraft intentionaler Zuschreibungen sei, die Entitäten wie Überzeugungen oder Wünsche »gewissermaßen real« (*real enough*) mache.[8]

Dieser Gedanke, aus einem epistemologischen Vorzug heraus eine ontologische Zuschreibung zu rechtfertigen, indem man Überzeugungen oder Wünsche als legitime Bezugsgrößen erfolgreicher Erklärungen oder Vorhersagen von Verhalten begreift, ist faszinierend und verlockend. Aber letztlich führt er in die Irre.

Erstens *hat* ein heutiger Computer keine Intentionen, keine Absichten, keine Überzeugungen, keine Wünsche: Zwar ist gewiss

7 Dennett, »Real Patterns«, S. 30 f., 41 f.; vgl. Dennett, »Intentional Systems«, S. 87, 90; Dennett, *The Intentional Stance*, S. 15, 17, 22; Dennett, *Freedom Evolves*, S. 45, 81.

8 Dennett, »Real Patterns«, S. 29, 45 f.; vgl. Dennett, »Intentional Systems«, S. 87-93; Dennett, *The Intentional Stance*, S. 24, 28 f., 32, 117; Dennett, *Freedom Evolves*, S. 45.

nicht jeder mentale Zustand bewusst, und vielleicht muss nicht einmal jeder mentale Zustand bewusst werden können. Aber spätestens wenn es um Größen wie Überzeugungen oder Wünsche geht, ist eines von beidem sicherlich anzunehmen: Entweder müssen sie als solche tatsächlich im Bewusstsein ihres Trägers vorliegen, oder sie müssen diesem Träger zumindest zu Bewusstsein kommen können. Ein Schachcomputer indessen hat kein Schachbewusstsein. Er *glaubt* nicht an den Erfolg einer Rochade, und er *strebt* nicht nach der Eroberung eines Läufers, weder im Sinne von aktuell bewussten Haltungen noch im Sinne von potentiell bewussten Regungen. Zu viele andere Aspekte, die Natur seiner Prozesse, die Beschaffenheit seiner Verknüpfungen, sprechen deutlich gegen solche Annahmen und machen die Vorstellung höchst abwegig, dass er mentale Zustände haben sollte, die in ein bewusstes Erleben münden könnten. Angesichts dessen kann aber auch der angebliche *epistemologische Vorteil*, dass man ihn mit derlei Andichtungen womöglich besser erklären oder vorhersagen könnte, keine entsprechende *ontologische Behauptung* rechtfertigen, dass er über solcherart Zustände wirklich verfüge.[9]

Man sollte sich zudem davor hüten, Intentionen, Absichten etc. nun einfach *umzudefinieren*, zu bloß theoretischen Entitäten, denen sogar bei Menschen keine psychische Realität beigemessen werden könne, deren Annahme sich vielmehr allein durch ihre Fruchtbarkeit bei der Erklärung und Vorhersage von Verhalten rechtfertigen ließe. Womöglich tauchen in der psychologischen und soziologischen Hypothesen- und Modellbildung, sei sie nur erst lebensweltlicher oder auch nachdrücklich wissenschaftlicher Art, zuweilen Objekte und Strukturen auf, die man sinnvoll als theoretische Entitäten im skizzierten Sinne verstehen kann oder sollte. Bei ihnen darf oder muss man davon ausgehen, dass sie nur postuliert werden, um gewisse Beobachtungen zu erklären oder um bestimmte Verläufe vorherzusagen, ohne dass es gerechtfertigt erschiene, ihnen eine wirkliche Existenz, ein tatsächliches Dasein zu attestieren. Doch dies von Intentionen, Absichten etc. zu behaupten, wäre abwegig und liefe auf den philosophischen Grundfehler hinaus, Kriterien und Bedeutung miteinander zu verwechseln. Denn gelingende Verhaltenserklärungen oder Verhaltensvorhersagen mögen, neben

9 Vgl. Searle, »Minds, Brains, and Programs«, S. 417-424; Searle, *The Rediscovery of the Mind*, S. 78-82.

anderen Befundformen, *epistemologische Indizien* für die von ihnen angenommenen Überzeugungen, Wünsche etc. bilden. Aber sie machen nicht deren *ontologischen Gehalt* aus, der vielmehr eben in mentalen Zuständen, seitens eines bewussten Subjekts, besteht. Insbesondere sind Überzeugungen, Wünsche etc. von Menschen nicht deshalb *gewissermaßen real*, weil sie in epistemologischer Hinsicht Interpretationen oder Prädiktionen von Verhalten ermöglichen, die auf neuronaler Ebene kaum zu leisten wären. Vielmehr sind sie deshalb *vollständig real*, weil sie subjektive Erfahrungen von Ereignissen und Abläufen darstellen, die in ontologischer Hinsicht mit neuronalen Zuständen und Prozessen streng identisch sind.[10]

Zweitens *ist* die Zuschreibung von Überzeugungen, von Wünschen überhaupt kein wesentliches Instrument, um die Züge eines Computers zu erklären oder vorherzusagen: Ihm mentale Gehalte zu unterstellen, die ein erstpersonales *Bewusstsein* voraussetzen würden, ist keineswegs erforderlich und noch nicht einmal hilfreich, um sein Verhalten zu begreifen oder zu prognostizieren. Was hierfür nützlich und zuletzt sogar unentbehrlich ist, ist vielmehr die Annahme, dass er *rational* agiert: Wesentlich ist die Einsicht, dass der Computer *Gründen* folgt, die sich innerhalb jenes Spiels ergeben, in welchem er sich bewegt. Wenn man seine bisherigen Operationen nachvollziehen will, dann sollte man sich in der Tat auf die Ontologie von Schachpositionen, Schachzügen und Schachgründen einlassen.[11] Auf dieser Basis sollte man seine Optionen ermitteln und seine Strategie entschlüsseln. Wenn man seine nächste Aktion vorwegnehmen will, dann sollte man in der Tat überlegen, welches der beste Zug für ihn wäre.[12] Und man sollte davon ausgehen, dass dies eben auch sein wahrscheinlichster Zug ist.

Man braucht dem Computer aber keine mentalen Zustände, keine bewussten Gehalte zu unterstellen, um zu begreifen, was er bislang getan hat, oder um abzuschätzen, was er demnächst tun wird. Man braucht ihm keine Überzeugungen, keine Wünsche zuzuschreiben, um sein Verhalten zu deuten oder zu antizipieren. Was hierfür nötig ist, ist allein die Einsicht, dass Gründe in dem Computer repräsentiert sind und dass er ihnen folgt. Man muss

10 Vgl. Searle, »Minds, Brains, and Programs«, S. 421 f.; Searle, *The Rediscovery of the Mind*, S. 21-23.

11 Dennett, »Real Patterns«, S. 41; vgl. Dennett, »Intentional Systems«, S. 89.

12 Dennett, »Real Patterns«, S. 42; vgl. Dennett, »Intentional Systems«, S. 90.

davon ausgehen, dass in ihm kodiert ist, was ein aussichtsreicher Zug *wäre*, und man muss ihm unterstellen, dass er davon geleitet ist, den besten Zug zu *wählen*. Dann wird man eine Aussicht haben, sein früheres Vorgehen angemessen nachzuvollziehen und sein künftiges Tun richtig vorwegzunehmen.[13] Und *dieses* epistemologische Indiz für einen ontologischen Gehalt, nämlich für die Repräsentation von Gründen, statt für das Vorliegen von Bewusstsein wird nicht zuletzt durch andere Aspekte erheblich *gestützt*. Schließlich wurden einem Schachcomputer gezielt Schachgründe vermittelt.[14] Hingegen haben seine Schöpfer keineswegs versucht, ihm ein Bewusstsein einzupflanzen.

Eine analoge Versuchung bestünde darin, auch nichtmenschlichen Tieren derzeit bekannter Gattungen Rationalität zuzuschreiben. Das Verhalten eines Wolfes etwa dient erkennbar der Selbst- und Arterhaltung und scheint sich damit auf entsprechende Gründe prudentiellen Typs zurückführen zu lassen.[15] Insbesondere könnte diese Rekonstruktion hilfreich erscheinen, um sein Verhalten zu erklären oder vorherzusagen. Solch explanatorischer oder prognostischer Ertrag ließe sich dann einmal mehr als Hinweis darauf werten, dass jene Gründe in gewissem Sinne tatsächlich im Wolf vorhanden und wirksam seien, von ihm wahrgenommen würden und ihn leiten könnten.[16]

Auch dieser Ansatz, aus einem gewissen epistemologischen Bedürfnis heraus eine gewagte ontologische These aufzustellen, nämlich zwecks besserer Verhaltenserklärung oder Verhaltensvorhersage nichtmenschlichen Tieren Gründe zu unterstellen, mag zunächst attraktiv und angebracht erscheinen. Aber er führt wiederum auf Abwege.

Erstens verfällt man hiermit einem offensichtlichen Anthropo-

13 Man beachte, dass auch die basale Zielvorgabe, das aktuelle Spiel zu gewinnen, an der die jeweiligen Gründe, einen bestimmten Zug auszuführen, anknüpfen müssen, bei einem üblichen Schachcomputer, anders als bei einem menschlichen Schachspieler, keinerlei mentale Komponente, kein bewusstes Moment, keinen Wunsch und keine Überzeugung darstellen würde, sondern als einfache *cost function* oder sonstiger *optimization task* realisiert wäre.

14 Dies mag explizit über die ausdrückliche Programmierung von Regeln und Strategien, aber auch implizit durch geeignetes Training mittels *data analysis* und *machine learning* geschehen sein.

15 Vgl. Korsgaard, *The Sources of Normativity*, S. 149 f.

16 Vgl. ebd., S. 153-155.

morphismus, der an den objektiven Tatsachen vorbeiläuft: Das Verhalten eines Wolfs mag, von außen betrachtet, mitunter zielgerichtet oder umsichtig anmuten. Insbesondere mag es zuweilen mit dem beobachteten Tun eines vernünftigen Wesens übereinkommen, das in der Tat, aufgrund bestehender Wünsche nach Selbst- oder Arterhaltung sowie gegebener Überzeugungen zu deren Erreichbarkeit und Umsetzbarkeit, prudentiellen Gründen folgen und hierbei ähnliche Aktionen vollziehen würde. Der Wolf aber, wenngleich er sicherlich ebenfalls eine mentale Ebene mit rudimentären Formen von Wünschen und Überzeugungen haben mag, etwa nach Beute und zu deren Aufenthalt, kennt keine Gründe, die hierauf operieren würden. Er stellt keine Prämissen auf, in denen seine eigenen Interessen und die gegebenen Fakten aufgelistet wären. Er zieht keine Schlüsse hieraus, indem er irgendwelchen Strategien kluger Optimierung folgen würde.

Zwar kann man sagen: »Ich habe Gründe, warum ich denke, dass der Wolf ein Winterlager sucht.« Aber es ist falsch zu sagen: »Der Wolf hat Gründe, warum er ein Winterlager sucht.« Der Wolf wird allein von Ursachen, vor allem angeborenen Instinkten und äußeren Reizen, bewegt, wie sehr diese auch mit gelegentlichen Vorgaben prudentieller Erwägungen kongruieren mögen. Auf diese Ursachen kann ein Sprecher verweisen, wenn er seinerseits Gründe für seine Behauptungen nennt, ähnlich wie wenn er sagt: »Ich habe Gründe, warum ich denke, dass die Kugel zu Boden fällt.« Der Wolf selbst aber hat keine Gründe für sein Verhalten, er folgt in seinem Tun und Lassen nur seiner kausalen Bestimmung. Dies zu übersehen, liefe auf eine irrige Projektion menschlicher Perspektiven hinaus, ähnlich wie wenn man sagte: »Die Kugel hat Gründe, warum sie zu Boden fällt.«

Zweitens hilft die Unterstellung von Gründen, genau besehen, keineswegs bei der Deutung oder Prognose: Das Verhalten des Wolfes wird nicht leichter erklärbar oder besser vorhersagbar, wenn man ihm rationale Erwägungen zuschreibt. Im Gegenteil, ein solcher Ansatz dürfte unter vielen Umständen fehlschlagen, selbst wenn man sich hierbei auf prudentielle Gründe beschränkte. Nicht zuletzt in neuartigen Situationen, die auf rationale Weise zu bewältigen wären, wird der Wolf oftmals nicht entsprechend agieren. Er wird keinen Kalkül anwenden, der die neuen Fakten mit seinen gegebenen Interessen abgleichen würde. Er wird keinen Prinzipien folgen, wie ungewisse Ausgänge und deren jeweilige Wahrscheinlichkeiten zu verrechnen wären.

Demgegenüber wird es für die Deutung und Prognose völlig genügen, sich auf die Mechanik von Ursachen zu beschränken. Insbesondere die Ebene der Instinkte und Reize wird ausreichen, um das Verhalten des Wolfes zu erklären und vorherzusagen. Eine rationale Ausrichtung kommt in seiner naturalen Ausstattung, wie sie durch die Evolution geprägt und durch seine Biologie festgelegt ist, nicht vor. Daher wird man regelmäßig Fehler in den eigenen Interpretationen und Erwartungen begehen, wenn man ihm dergleichen Erwägungen attestiert. Wo dem Wolf eine tatsächlich rationale Aufgabe gestellt wird, scheitert er sofort. Dies liegt nicht zuletzt daran, dass er sie als solche gar nicht begreifen kann.

27.3. All dies lässt unbenommen, dass Computer, Roboter oder Androiden, wenn ihre Entwicklung geeignet voranschreitet, möglicherweise neben Gründen irgendwann auch einmal Bewusstsein aufweisen können, oder dass umgekehrt nichtmenschliche Lebewesen, sofern ihre Evolution entsprechend verläuft, in ihrem Bewusstsein zuletzt doch einmal Gründe erschließen können. Gegenwärtig aber ist wohl der Mensch das einzige bekannte Geschöpf, das sowohl von Gründen bestimmt werden als auch ein Bewusstsein von ihnen haben kann. Zum einen kann die *Nichtkausalität* von moralischen, prudentiellen, ästhetischen, epistemischen oder sonstigen Gründen über die *Kausalität* ihrer mentalen, neuronalen, psychischen, sozialen oder anderen Repräsentationen wirksam für seine Entscheidungen und Handlungen werden. Zum anderen kann er in seinem Entscheiden und Handeln ein *Bewusstsein* dieser Gründe in ihrem nichtkausalen Charakter haben, statt allein eine *Empfänglichkeit* für jene Ursachen in ihrer kausalen Wirkmächtigkeit aufzuweisen.

Der Grund wird also repräsentiert und erlangt somit kausale Wirksamkeit in der Welt – in unserem Wollen und Tun, in unserem Entscheiden und Handeln. Zugleich ist der Grund bewusst und somit in seinem nichtkausalen Wesen präsent in der Welt – so präsent, wie etwas Nichtkausales im Physischen überhaupt nur sein kann, nämlich als in seiner rationalen Natur bewusst Erkanntes. Wenn nun etwas Nichtkausales im Kausalen *repräsentiert* wird, und eben hierdurch effektiv sein kann, dabei aber in seinem Charakter als

Nichtkausales *bewusst* ist, und damit als solches gegenwärtig bleibt, dann ist dieses Nichtkausale als Bewegendes und Erkanntes in der Welt. Wenn Gründe im menschlichen Agieren *wirksam* werden, über entsprechende Repräsentationen, dabei aber in ihrem Wesen als nichtkausale Größen *präsent* sind, im jeweiligen Bewusstsein, dann werden menschliche Handlungen von jenen nichtkausalen Gründen bestimmt.

Beide Komponenten, die Bestimmung durch Gründe und das Bewusstsein jener Gründe, sind ontologische Fakten. Und gemeinsam liefern sie menschliche Willensfreiheit, als ontologischen Bestand. Denn mit jenem Bewusstsein hat man *Zugang* zu den Gründen, in ihrem nichtkausalen Charakter, statt allein der *Wirkung* ihrer Repräsentationen ausgesetzt zu sein, als einem kausalen Prozess. Man *folgt*, indem man von der kausalen Kraft ihrer Repräsentationen bestimmt wird, den Gründen *selbst* in ihrer nichtkausalen Struktur, sofern man von eben dieser rationalen Verfasstheit ein Bewusstsein hat.

Es ist somit die doppelte Beziehung der Repräsentiertheit und der Bewusstheit, die gewährleistet, dass Gründe zwar nicht zur realen Welt gehören, aber in dieser Welt und in ihrem nichtkausalen Charakter wirksam sind. Mehr kann für Willensfreiheit nicht verlangt sein.

X. Freiheit des Willens und Bewusstsein von Gründen

Ein freier Wille liegt also vor, wenn er von bewussten Gründen geleitet wird, wobei jedoch besagtes Bewusstsein genauer eine hierarchische Stufung aufweisen muss, bei der ein gegebener Bewusstseinszustand von einer höheren Bewusstseinsebene aus betrachtet und in seinem Wesen und Gehalt erkannt wird. Diese reflexive Struktur des Bewusstseins ist vertraut aus Frankfurts Ansatz, darf aber nicht wie dort auf Wünsche erster Ordnung bezogen werden, sondern muss die rationale Natur der Gründe erschließen, wie sie im Zentrum einer kompatibilistischen Freiheitstheorie gemäß Sellars' Zugang steht.

28. Reflexivität des Bewusstseins

28.1. Wenn die Überlegungen der vorangehenden Kapitel stimmig sind, dann muss menschliches Entscheiden und Handeln, um willensfrei zu sein, zwei Bedingungen erfüllen: Zum einen muss es von Gründen geleitet sein, zum anderen muss es sich dieser Gründe bewusst sein.

An diesen beiden Bedingungen scheitern jeweils Computer und Tiere, zumindest heutigen technischen Typs beziehungsweise bekannter nichtmenschlicher Arten: Ein geeignet programmierter Computer ist zwar möglicherweise von Gründen geleitet, hat aber kein Bewusstsein, ein hinreichend hochentwickeltes Tier verfügt zwar möglicherweise über Bewusstsein, folgt aber keinen Gründen.

Genauer setzt Willensfreiheit ein Bewusstsein *von* Gründen, *in* ihrer nichtkausalen Beschaffenheit voraus, damit unsere Handlungen nicht nur von den *kausalen Repräsentationen* bestimmt werden, in denen Gründe abgebildet sind, sondern auch die *Gründe selbst* in ihrem nichtkausalen Wesen gegenwärtig werden, somit als solche in dieser Bestimmung präsent sind. Hierfür ist eine besondere Bezugsstruktur in jenem Bewusstsein erforderlich: Es kann sich nicht nur um ein *unmittelbares Bewusstsein*, um ein Bewusstsein *erster Stufe* handeln, in dem man Bewusstseinszustände einfach *hat*, in dem Qualia einfach *vorliegen* (so wie man beispielsweise einen Gegenstand wahrnimmt oder ein Bedürfnis verspürt). Vielmehr bedarf es eines *reflexiven Bewusstseins*, eines Bewusstseins *zweiter Stufe*, mit dem man sich eines Bewusstseinszustands *in* seinem Wesen wiederum bewusst ist, ihn als solchen betrachtet, ihn sich selbst zurechnet, ihn versteht, ihn bewertet, oder sich ein Quale *in* seiner Beschaffenheit bewusst macht, es zum Gehalt einer Überzeugung macht, es zum Inhalt eines Wunsches erhebt, seine Ursachen erwägt, seine Wirkungen ausmalt (also etwa die Vorstellung bildet: »Ich sehe diesen Gegenstand«, oder: »Ich verspüre dieses Bedürfnis«).[1] Erst in einer solchen Struktur ist es dann auch möglich, nicht nur von einem Grund *bestimmt zu werden*, indem seine kausale Repräsentation *in einem wirkt* (so dass man etwa die Überzeugung, den Wunsch, den Vorsatz, den Drang hat, etwas Gutes zu tun oder etwas Schönes zu schaffen). Vielmehr vermag man dann, den Grund als solchen durch jene Repräsentation *zu erkennen*, ihn über jenen reflexiven Zugang in seinem rationalen Charakter *zu erfassen*, vielleicht deutlich und sicher, vielleicht nur erst schemenhaft und ahnend (also etwa den Gedanken zu bilden: »Ich vollziehe diese Handlung aus jenem moralischen Grund«, oder: »Ich schätze dieses Werk aus jenem ästhetischen Grund«).[2]

Und wieder können derzeitige Computer und nichtmenschliche Tiere diese Voraussetzung nicht erfüllen. Jeweils fehlt es ihnen, auch gemäß dieser genaueren Darstellung, an den maßgeblichen Eigenschaften: Der Computer hat nicht einmal ein Bewusstsein erster Stufe, kann also erst recht kein Bewusstsein zweiter Stufe ausbilden – schon gar nicht gegenüber irgendwelchen Qualia, da ihm diese ohnehin nicht zukommen, aber auch nicht gegenüber den Gründen, denen er womöglich folgt. Das Tier hat zwar vielleicht ein Bewusstsein erster Stufe, verfügt aber über kein Bewusstsein zweiter Stufe – nicht gegenüber den eigenen Qualia, die es womöglich aufweist, und schon gar nicht gegenüber irgendwelchen Gründen, da ihm diese sowieso nicht zugänglich sind.

28.2. Nun ist es genau diese Reflexivität des Bewusstseins, die Frankfurt und seine Nachfolger als zentrales Element menschlicher Willensfreiheit so nachdrücklich hervorheben. Frankfurts menta-

1 Vgl. Armstrong, *A Materialist Theory of the Mind*, S. 93 f.; Kim, *Philosophy of Mind*, S. 283-289; Korsgaard, *The Sources of Normativity*, S. 92 f.; McGinn, *The Mysterious Flame*, S. 2 f.; Searle, *The Rediscovery of the Mind*, S. 141-143.

2 Vgl. Beckermann, *Gehirn, Ich, Freiheit*, S. 130.

listische Freiheitskonzeption beschreibt letztlich nichts anderes als Bewusstheit in diesem reflexiven Sinne: Auf der einen Seite umfasst sein Modell das unmittelbare *Haben* bestimmter Bewusstseinszustände, wie etwa Empfindungen oder Wahrnehmungen, Überzeugungen oder Wünsche (Bewusstsein erster Ordnung). Insbesondere spricht Frankfurt von *Wünschen erster Ordnung*, die sich auf eigene Handlungen beziehungsweise deren Folgen richten oder diese sogar hervorbringen. Auf der anderen Seite taucht in seinem Schema das reflexive *Betrachten* jener Bewusstseinszustände auf, das heißt ihr Erfassen als solche Zustände, derer man sich in ihrer Art und Beschaffenheit gegenwärtig wird (Bewusstsein zweiter Ordnung). Namentlich behandelt Frankfurt *Wünsche zweiter Ordnung*, die eigene Wünsche erster Ordnung bewerten oder sogar entstehen lassen. Dieses Bewusstsein zweiter Ordnung ist zunächst einmal ein *Selbstbewusstsein*, insofern es schlichtweg die *Gegenwart* bestimmter eigener Bewusstseinszustände erschließt (ich weiß, dass ich jenen Bewusstseinszustand habe, etwa dass ich so gerade wünsche). Es ist zudem aber auch ein Bewusstsein *von* etwas *als* etwas, indem man in jener Reflexivität auch die Natur und die Verfasstheit jener Bewusstseinszustände erkennt (ich verstehe beispielsweise, dass es ein Wunsch ist, den ich habe).

Der Frankfurt'sche Ansatz enthält somit eine zweistufige Struktur, die für ein plausibles Verständnis menschlicher Willensfreiheit tatsächlich unabdingbar sein dürfte. Nur muss diese Reflexivität des Bewusstseins auf einen anderen Gegenstand angewandt werden, als Frankfurt selbst es tut: Sie ist nicht auf meine *Wünsche* zu beziehen, zu denen ich mich zustimmend oder ablehnend, steuernd oder abwehrend verhalte. Vielmehr ist sie auf die *Gründe* zu richten, denen ich in meinem Entscheiden und Handeln folge. Die erste Ordnung bezeichnet dann das *Bestimmtsein* durch einen Grund, insoweit dieser über seine kausale Repräsentation in mir wirksam wird (insbesondere indem er in meinen handlungsleitenden Überzeugungen und Wünschen abgebildet ist). Die zweite Ordnung meint demgegenüber das *Bewusstsein* des Grundes, insofern er mir in seinem rationalen Charakter präsent ist (also indem ich ihn in jenen handlungsleitenden Repräsentationen als Grund erkenne). Diese reflexive Struktur stellt sicher, dass ich jene Gründe *als* Gründe, in ihrer Nichtkausalität, bewusst *erfasse* (also wirklich die Gründe selbst mir begegnen). Sie verhindert, dass ich allein bestimmt *werde*, von ihren mentalen Repräsentationen, deren nichtkausaler Hintergrund mir eben *unbewusst* bliebe (so dass nur die Repräsentationen mich berührten).

Hierbei ist unerheblich, *welchen epistemischen Charakter* man diesem reflexiven Bewusstsein von Gründen genauer attestieren will. Insbesondere stehen, gleich um welchen Typ von Gründen es geht, die Positionen von Rationalismus und Sensualismus gleichermaßen offen: Dem Rationalismus zufolge werden Gründe primär durch intellektuell-kognitive Tätigkeiten erschlossen, in einem verstandhaften oder argumentativen Zugriff, vor allem durch Überlegen oder Debattieren. Dem Sensualismus zufolge hingegen sind Gründe eher durch emotional-affektive Einlassungen zu erfassen, in einem gefühlsbezogenen oder sinnlichen Zugang, ähnlich einem Erspüren oder Wahrnehmen.

Wichtig ist allein, dass jene Gründe dem Betrachter hierbei *als Gründe bewusst* werden. Das heißt: Die Gründe müssen ihm in ihrer Rationalität (*rationality*), in ihrer spezifischen Geistigkeit, präsent sein – als nichtkausale Strukturen logischen, moralischen oder sonstigen Typs, als objektive Forderungen, nicht nur als subjektive Anwandlungen, als autarke Geltungsansprüche, nicht nur als persönliche Geschmacksregungen. Der Betrachter muss an ihnen mit seiner Vernunft (*reason*), mit seiner spezifischen Gründeempfänglichkeit, bewusst teilhaben – ungeachtet dessen, dass jene Vernunft ihrerseits psychischer, sozialer und letztlich neuronaler Kausalität unterliegt, und unabhängig davon, ob sie bevorzugt auf intellektuellen, emotionalen oder irgendwelchen anderweitigen Kapazitäten beruht.

Möglicherweise lassen sich beide Zugangsformen auch gar nicht streng voneinander scheiden: Letztlich erscheint zweifelhaft, dass es bei Menschen eine nur einigermaßen verlässliche Trennlinie zwischen intellektuellen und emotionalen Auffassungen der Welt im Allgemeinen oder von Gründen im Besonderen geben sollte. Logiker, Mathematiker oder Naturwissenschaftler haben zu ihren Gegenständen oftmals zutiefst emotionale Bezüge, ohne dass dies am höchst intellektuellen Charakter ihrer Arbeit etwas ändern würde. Ebenso legen Moralität, Prudentialität oder Kunst häufig eine affektive Teilnahme nahe, ohne hiermit eine kognitive Befassung auszuschließen.

Dies passt dazu, dass auch in Frankfurts Modell durchaus nicht etwa Wünsche erster Ordnung »emotional«, Wünsche zweiter Ordnung hingegen »intellektuell« sein müssen: Auch Wille und Volition können jeweils beide Anteile enthalten, der ursprüngliche Antrieb und die reflektierte Beurteilung können gleichermaßen affektiv wie kognitiv gefärbt sein. Entsprechend mag auch ein Bewusstsein erster Stufe, das die Repräsentation eines Grundes enthält, oder ein Bewusstsein zweiter Stufe, das sich diesem Grund in seiner Nichtkausalität zuwendet, ebenso emotional wie intellektuell beschaffen sein. Es kommt allein darauf an, *dass* die Gründe *repräsentiert* sind, auf der ersten Stufe, und dass sie hierbei *als* Gründe *bewusst* sind, auf der zweiten Stufe.

28.3. Strukturell gibt es also durchaus Verbindungen zwischen der Konzeption von Willensfreiheit, die ich hier vertreten möchte, und dem Modell von Personalität, auf dem Frankfurt seine Freiheitstheorie errichtet. Inhaltlich besteht freilich ein gewaltiger Unterschied zwischen beiden Ansätzen, indem ein freier Wille nach Frankfurt bereits in einer geeigneten Reflexivität von *Wünschen* bestehen soll, im vorliegenden Entwurf hingegen erst durch eine spezielle Reflexivität gegenüber *Gründen* erreicht wäre. Entsprechend lohnt es sich, an dieser Stelle beide Auffassungen etwas genauer zu kontrastieren. Insbesondere ein Vergleich der Verständnisse von Wille und Willensfreiheit, aber auch der Deutungen von Phänomenen wie »Willenswahl« oder »Willensschwäche« ist aufschlussreich, um beide Ansätze schärfer gegeneinander abzuheben.

Bei Frankfurt ist der *Wille* kein besonderes Wahl- oder Entschlussvermögen neben dem üblichen Strebevermögen, sondern einfach ein *Wollen*, das eigene Handlungen beziehungsweise deren absehbare Ergebnisse zum Gegenstand hat. Genauer ist der Wille ein Wunsch erster Ordnung, der indes nicht allein *handlungsbezogen* ist, wie jeder Wunsch erster Ordnung, indem er Handlungen oder deren Ergebnisse beurteilt, sondern zudem *handlungswirksam* ist, also den Verlauf jener Handlungen bestimmt, jedenfalls sofern ihm keine äußeren Hindernisse entgegenstehen und er über die erforderlichen Ausstattungen verfügt (siehe Abschnitt 7.1).

Nach Frankfurt ist dieser Wille *frei*, wenn er zunächst von einem *Wunsch* zweiter Ordnung betrachtet, bewertet und gebilligt wird, also zumindest in diesem *bewusst* ist, zudem aber genauer von einer *Volition* zweiter Ordnung hervorgebracht, gewählt beziehungsweise gelenkt wurde, also von dieser tatsächlich *bestimmt* worden ist. Der Wille muss also nicht nur kohärent mit einer Volition sein, sondern es muss eine Volition in jenem Willen effektiv sein, damit Willensfreiheit vorliegt (siehe Abschnitt 7.2).

Von »Willenswahl« könnte man hier sprechen in dem Sinne, dass der Wille eben von einer höherstufigen Volition gewählt *wird.* Willenswahl bezeichnete somit nicht, wie üblich, die Wahl *einer Handlung durch den Willen*, sondern die Wahl *des Willens durch eine Volition* – und sofern jene Volition den von ihr gewählten Willen auch tatsächlich hervorbringen konnte, wäre dieser Wille nach Frankfurts Ansatz frei. »Willensschwäche« würde demgegenüber am ehesten heißen, dass die Volition dabei *scheiterte*, den von ihr bevorzugten Willen entstehen zu lassen, aufgrund innerer Widerstände, gegenläufiger Versuchungen, zu großer Angst, zu starker Verlockung oder Ähnlichem. Willensschwäche meinte also nicht, wie gewöhnlich, eine Schwäche des *Willens* bei seiner Bestimmung einer Handlung, sondern die Schwäche einer *Volition* bei ihrer Bestimmung des Willens – während der Wille gemäß Frankfurts Definition als solcher immer die Handlung bestimmt, sofern er nicht durch externe Beschränkungen aufgehalten wird oder aufgrund mangelnder Ressourcen machtlos bleibt.

Solche Willensschwäche seitens der Volition, oder auch das völlige Fehlen jeglicher Volition, hieße also, dass eine Willenswahl nicht umgesetzt wird, beziehungsweise dass sie überhaupt nicht stattfindet, folglich auch keine Willensfreiheit vorliegt. Denn dann kann man eben nicht auf der *ersten Stufe* wollen, was man auf der *zweiten Stufe* will. Wenn hingegen die Volition den Willen bestimmt, also keine Willensschwäche auftritt, die Willenswahl verwirklicht wird, so ist Willensfreiheit gegeben. Und falls zudem keine äußeren Hindernisse sich in den Weg stellen und die erforderlichen Ausstattungen zur Verfügung stehen, wird dieser *freie Wille* auch das *eigene Handeln* leiten.

Wie ich am Ende von Kapitel III diskutiert habe, erscheint mir diese Konzeption von Willensfreiheit unzureichend. Insbesondere taucht in dem Modell einer hierarchischen Stufung von Wünschen kein nichtkausales Element auf, welches das menschliche Entscheiden und Handeln bestimmen würde. Aber auch bereits in der Definition des Willens, die Frankfurt vorschlägt, ebenso wie in den Deutungen von »Willenswahl« oder »Willensschwäche«, die sich hieran anschließen, scheint mir die hier skizzierte Theorie gewisse Vorteile aufzuweisen. Zumindest dürfte sie besser mit dem gewohnten Verständnis dieser Begriffe zusammenstimmen und eine plausiblere Interpretation der von ihnen benannten Phänomene eröffnen.

Auch in dieser Theorie muss der *Wille* nicht als ein spezielles Deliberations- oder Aktionsvermögen verstanden werden, zusätzlich zum gewöhnlichen Strebevermögen, sondern darf einmal mehr einfach als ein *Wollen* begriffen werden, das Handlungen beziehungsweise deren Folgen anzielt (siehe Abschnitt 1.1). Allerdings setze ich nicht voraus, dass dieser Wille auch schon *handlungswirksam* ist, sich also notwendig in eine Handlung übersetzt, sofern ihm keine äußeren Hindernisse entgegenstehen und er über die erforderlichen Ausstattungen verfügt, sondern allein, dass er als solcher *handlungsmotivierend* ist, also lediglich zu Handlungen antreibt, dabei aber durchaus auch an inneren Widerständen oder gegenläufigen Versuchungen scheitern kann.

Gemäß dieser Theorie ist der Wille *frei*, wenn er von einem *Grund* irgendwelcher Art, moralisch oder prudentiell, ästhetisch oder epistemisch, stark oder schwach, richtig oder falsch, *bestimmt* wird und dieser *Grund* dabei, in seinem nichtkausalen Charakter, in seiner rationalen Beschaffenheit, *bewusst* ist (siehe Abschnitt 25.3). Der bewusste Grund muss also willenswirksam, das heißt handlungsmotivierend sein, damit Willensfreiheit gegeben ist.

Von »Willenswahl« ließe sich hier sprechen in dem üblichen Sinne, dass der Wille eben eine jeweilige Handlung *wählt*. Um dabei frei zu sein, müsste der Wille in jener Willenswahl von einer *rationalen Struktur* durch deren *kausale Repräsentation* geleitet werden – und sich in dieser Bestimmung ihrer Rationalität bewusst sein. »Willensschwäche« hieße demgegenüber, dass der Wille dabei *scheiterte*, die von ihm als richtig anerkannte und entsprechend gewählte Handlung tatsächlich zu vollziehen, und zwar aufgrund innerer Widerstände, gegenläufiger Versuchungen, zu großer Furcht, zu starker Verführung oder Ähnlichem. Willensschwäche wäre also tatsächlich eine Schwäche des *Willens*, die dafür sorgte, dass der bewusste Grund zwar handlungsmotivierend wäre, also den Willen bestimmte, aber nicht auch handlungswirksam würde, sich also nicht in ein *Handeln* übersetzte – eben aufgrund einer internen Unzulänglichkeit des so bestimmten Willens.

Solange also die Willenswahl von bewussten Gründen geleitet wird, kann man von Willensfreiheit sprechen. Der *Wille* ist dann frei, indem er nichtkausalen Strukturen in ihrer rationalen Beschaffenheit bewusst folgt. Und wenn dieser Wille keiner Willensschwäche anheimfällt gegenüber inneren Widerständen oder gegenläufigen Versuchungen, wenn ihn zudem keine äußeren Hindernisse aufhalten und er über die erforderlichen Ausstattungen verfügt, wird ebenso das Handeln von bewussten Gründen geleitet sein. Man kann dann auch dieses *Handeln* frei nennen, und zwar im Sinne von Willensfreiheit.

Immerhin kommen beide Ansätze, Frankfurts Modell wie auch die hier skizzierte Theorie, darin überein, dass *Gewalt* nicht allein *Handlungsfreiheit* zunichtemacht, indem sie verhindert, dass man *tatsächlich tun* kann, was man *will* (und zwar unabhängig davon, ob jenes Wollen im jeweiligen Sinne frei ist oder nicht; siehe Abschnitt 1.2). Vielmehr würde *Gewalt* auch dafür sorgen, dass *Willensfreiheit* (sofern sie gemäß dem jeweiligen Ansatz vorliegt) allein auf der Ebene des *Willens* verbliebe, sich jedoch nicht auf der Ebene des *Handelns* verwirklichen könnte. Denn im Falle von Gewalt, das heißt bei unmittelbaren Blockaden, die das eigene Handeln lenken, könnte ein unverändert freier Wille sich eben nicht mehr in ein entsprechend freies Handeln umsetzen. Folglich wäre man auch nicht für sein Handeln verantwortlich (weil es eben gar nicht eine eigene Handlung wäre, sondern ein fremdbestimmter Vollzug; siehe Abschnitt 33.3).

Auch stimmen beide Ansätze darin zusammen, dass *Zwang* zwar ebenfalls *Handlungsfreiheit* einschränkt, indem er verhindert, dass man *tun* kann, was man *eigentlich will* (im Sinne eines unbeeinflussten Wollens, gleichgültig ob dieses seinerseits frei ist oder nicht; siehe Abschnitt 1.2). Indessen würde *Zwang* durchaus zulassen, dass *Willensfreiheit* vorläge (entsprechend dem jeweiligen Ansatz), und zwar sowohl auf der Ebene des *Willens* als auch auf der Ebene des *Handelns*. Schließlich könnten auch im Falle von Zwang, das heißt bei unerträglichen Sanktionen, die das eigene Handeln beeinflussen, sowohl der letztlich gebildete Wille als auch das hieraus entstehende Handeln immer noch von höherstufigen Volitionen beziehungsweise von bewussten Gründen bestimmt sein. Insbesondere bliebe man damit für sein Handeln verantwortlich (wobei aber in der moralischen Beurteilung selbstverständlich zu berücksichtigen wäre, dass man eine unfreiwillige Handlung entgegen seinem eigentlichen Bestreben begangen hätte; siehe Abschnitt 33.3).

Liegen keine negativen Barrieren vor, wie Gewalt, Zwang, sonstige Beschränkungen oder äußere Einflüsse, und sind auch alle positiven Konditionen erfüllt, wie ausreichende Ressourcen und entsprechende Fähigkeiten, so ist Handlungsfreiheit gegeben. Dann mag Willensfreiheit bestehen oder nicht, und beide Ansätze, Frankfurts Modell und die hier skizzierte Theorie, haben unterschiedliche Auffassungen, wann dies der Fall ist. In Frankfurts Konzeption muss der Wille von *einer höherstufigen Volition* bestimmt sein, damit er als frei gelten kann in seinen Bestrebungen. Ob dies eintritt, hängt von *der psychischen Konstitution* des Handelnden ab. Insbesondere kommt es auf die Durchsetzungskraft seiner Volition an, deren konativer Charakter indessen grundsätzlich darauf angelegt ist, den eigenen Willen zu leiten. Gemäß der vorliegenden Theorie muss der Wille von *einem bewussten Grund* bestimmt sein, damit er frei ist in seiner Entscheidung. Hierbei darf offenbleiben, wie diese Verbindung *in motivationaler Hinsicht* genauer aufgeschlüsselt wird. Insbesondere können, was den Übergang vom Grund zum Willen angeht, die Standpunkte von Internalismus und Externalismus gleichermaßen eingenommen werden.

Dem Internalismus zufolge können bewusste Gründe zumindest manchmal bereits *selbst* eine motivationale Kraft entfalten, also den Willen eines Menschen bestimmen (eine entsprechende »Willenswahl« leiten) – und über diesen Willen dann zuweilen auch sein Handeln prägen, sofern keine äußeren Hindernisse und keine fehlenden Ausstattungen, aber auch keine inneren Widerstände und keine gegenläufigen Versuchungen dies vereiteln (also insbesondere keine »Willensschwäche« vorliegt). Gemäß dieser Position können Gründe (zumindest bei manchen Menschen, in einigen Bereichen, in bestimmten Situationen), sobald man sie bewusst erfasst hat (also sobald sie geeignet mental repräsentiert sind), eine direkte Motivation für das entsprechende Handeln liefern – und dabei gelegentlich auch stark genug sein, um sich gegen äußere Störungen und innere Hemmungen durchzusetzen.[3] So kann die Erfassung

3 Vgl. Korsgaard, »Skepticism About Practical Reason«, S. 311-334; Korsgaard, *The Sources of Normativity*, S. 11, 80-83; McDowell, »Virtue and Reason«, S. 56 f., 69-71; McDowell, »Might There Be External Reasons?«, S. 97-102, 106 f.; Nagel, *The Possibility of Altruism*, S. 7-17; Nagel, *The View from Nowhere*, S. 153; Scanlon, *What*

eines objektiven Grundes ganz gewiss mit der subjektiven Überzeugung seiner Richtigkeit einhergehen, und vielleicht kann bereits diese Überzeugung motivieren, das heißt den Willen leiten. Oder vielleicht kann die Erfassung eines objektiven Grundes von sich aus einen subjektiven Wunsch nach seiner Befolgung entstehen lassen, und ganz gewiss kann solch ein Wunsch motivieren, das heißt ein Wille werden.

In dieser Weise vermag gemäß dem Internalismus die Anerkenntnis eines rationalen *ought* unmittelbar die Erfahrung eines motivationalen *should* zu erzeugen. Beispielsweise liege es gerade im Begriff praktischer Vernunft, dass sie nicht nur das Richtige erkennen, sondern selbst zum Handeln bewegen könne, dass sie nicht nur Mittel ausfinden, sondern auch Ziele setzen könne.[4] Faktisch bedürfe es keiner weiteren Motivation, da hiermit der anerkannte Grund bestenfalls durch höhere Überzeugungen oder Wünsche des gleichen Typs unnötig verdoppelt werde (etwa: »Ich sollte dieses Gute tun, weil ich immer Gutes tun sollte«). Und normativ dürfe es keine weitere Motivation geben, da hiermit der erfasste Grund schlimmstenfalls durch zusätzliche Überzeugungen oder Wünsche des falschen Typs fragwürdig verschoben werde (etwa: »Ich will dieses Gute tun, weil ich mein eigenes Glück befördern will«).

Dem Externalismus zufolge hingegen müssen neben dem bewussten Grund stets *zusätzliche* motivationale Elemente vorliegen, damit das Erkennen des Grundes auch ein Wollen gemäß dem Grund erzeugen kann (eine entsprechende »Willenswahl« hervorbringen kann) – und dieses Wollen daran anschließend auch wiederum das Handeln leiten mag, falls keine äußeren Hindernisse und keine fehlenden Ausstattungen ebenso wie keine inneren Widerstände und keine gegenläufigen Versuchungen dies verhindern (also insbesondere keine »Willensschwäche« auftritt). Gemäß dieser Position müssen Gründe (bei allen Menschen, in sämtlichen Bereichen, in jeder Situation), neben ihrer bewussten Erfassung (das heißt neben ihrer geeigneten mentalen Repräsentation), stets von einem weiteren Impuls begleitet sein, um ein entsprechendes Handeln zu motivieren – oder sogar letztlich zu bestimmen, sofern

We Owe to Each Other, S. 22-25, 33-36, 77, 147; Scanlon, *Being Realistic About Reasons*, S. 53-56.

4 Vgl. Kant, *Grundlegung zur Metaphysik der Sitten*, AA 396, AA 461; Kant, *Kritik der praktischen Vernunft*, A 29-31, A 44 f., A 54-56, A 72.

äußere Störungen und innere Hemmungen zu geringfügig sind oder vollständig ausbleiben.[5] So bedarf es vielleicht einer übergeordneten subjektiven Überzeugung, dass gewisse objektive Gründe zu befolgen sind, damit der entsprechende Wille entsteht. Oder vielleicht bedarf es eines hinzutretenden subjektiven Wunsches, dass bestimmte objektive Gründe umgesetzt werden, damit der zugehörige Wille aufkommt.

Nur auf diese Weise kann gemäß dem Externalismus ein rationales *ought* in ein motivationales *should* übergehen. Insbesondere liege es eben im Wesen menschlichen Strebens, dass es niemals von bloßer Vernunft bestimmt werde, sondern stets zusätzliche Antriebe benötige, dass es niemals aus reiner Einsicht entspringen könne, sondern stets an vorausliegende Neigungen anknüpfen müsse.[6] Zumindest bedürfe es solcher übergreifender motivationaler Ausstattungen wie eines allgemeinen Pflichtgefühls, einer grundsätzlichen Gewissenhaftigkeit, eines Hangs zum Richtigen, einer Scheu vor dem Falschen, damit die Anerkenntnis eines Grundes einen Willen zu seiner Befolgung erzeugen könne (als faktisch begleitende Ergänzung). Oder womöglich müssten sogar weitere psychische Dispositionen, wie Lust, Freude, Hoffnung, Furcht, oder geeignete soziale Faktoren, wie Konformitätsdruck, Gesetzesvorgaben, Ermunterung, Einschüchterung, involviert sein, um ein dem jeweiligen Grund entsprechendes Handeln motivieren zu können (als normativ verfälschende Ergänzung).

Gleich aber, welche Theorie zutrifft, Internalismus oder Externalismus – in jedem Fall würde es dazu kommen, dass bewusste Gründe, direkt oder indirekt, zuweilen den menschlichen Willen bestimmen und, hieran anschließend, zumindest gelegentlich auch das menschliche Handeln leiten. Und dies ist es, was uns frei macht – auch wenn es sicherlich nicht immer die besten oder auch nur gute Gründe sind.

5 Vgl. Brink, *Moral Realism and the Foundations of Ethics*, S. 37-80; Shafer-Landau, *Moral Realism*, S. 142-161, 165-189; Williams, »Internal and External Reasons«, S. 101-113.

6 Vgl. Hume, *A Treatise of Human Nature*, Book II, Part 3, Sect. 3, Book III, Part 1, Sect. 1; Mill, *Utilitarianism*, Chap. 3; Sidgwick, *The Methods of Ethics*, Book IV, Concluding Chap.

29. Synthese

29.1. Die vorgeschlagene Deutung menschlicher Willensfreiheit verbindet somit zentrale Bestandteile der kompatibilistischen Ansätze von Sellars und Frankfurt. Von Sellars übernimmt sie das Element der Gründe, als objektiver, rationaler Strukturen, die als solche weder psychische noch soziale Größen darstellen, sondern jeglicher kausaler Prägung entzogen sind. Von Frankfurt greift sie das Element des Bewusstseins auf, in seiner subjektiven, reflexiven Struktur, das seinerseits allemal im psychischen und sozialen Raum beheimatet ist, somit lückenloser kausaler Entwicklung unterliegt. Zusammen genommen besteht die Freiheit des Willens darin, dass unser Entscheiden und unser Handeln von rationalen Gründen bestimmt wird, die im reflexiven Bewusstsein gegenwärtig sind.

Gründe sind dabei nicht deshalb maßgeblich für Willensfreiheit, weil womöglich erst ein gutes, ein kluges, ein umsichtiges Verhalten von Personen als frei gelten könnte: Tatsächlich gibt es auch schlechte, unzureichende, verfehlte Gründe, und ihnen zu folgen, macht nicht weniger frei. Gründe sind vielmehr deshalb zentral, weil sie allesamt, ungeachtet ihres Bereichs und ihrer Qualität, abstrakte Strukturen nichtkausaler Art darstellen. Ihnen zu folgen, über ihre kausalen Repräsentationen, ermöglicht somit, dass das Entscheiden und Handeln nicht nur kausal, sondern auch autonom bestimmt ist. Bewusstsein wiederum ist nicht darum entscheidend für Willensfreiheit, weil etwa bereits das vielschichtige, gestufte, selbstbezogene Gefüge unserer Psyche als solches frei wäre: Nichts an unserem Bewusstsein, wie ursprünglich, wie unhintergehbar, wie rätselhaft es auch erscheinen mag, ist an sich selbst der materiellen Basis und kausalen Existenz entzogen und könnte damit frei machen. Bewusstsein ist vielmehr deshalb ausschlaggebend, weil es imstande ist, Gründe in ihrem nichtkausalen Charakter zu erfassen, so dass sie in ihrer Abstraktheit in der realen Welt präsent sind. Sich ihrer bewusst zu sein, in ihrer nichtkausalen Beschaffenheit, gewährleistet daher, dass das Denken und Tun nicht nur von ihren kausalen Repräsentationen, sondern auch von den nichtkausalen Gründen selbst bestimmt ist.

Dieses Zusammenspiel von Gründen und Bewusstsein mag nicht allein für die Willensfreiheit entscheidend sein, sondern ist möglicherweise insgesamt kennzeichnend für die Verfassung des

Menschen, seine Stellung in der Welt und sein Verhältnis zum Gegenüber. Dies gilt namentlich für die grundlegende Frage, in welchem Maße er an übergreifenden Verbindungen teilhat und in welchem Umfang er in vereinzelnder Abgrenzung lebt.

So stellen Gründe ein ursprünglich überindividuelles Element dar: Sie wurzeln nicht in den getrennten Existenzen einzelner Personen, sind nicht private Erscheinungen in psychischen Systemen und auch keine öffentlichen Phänomene in sozialen Räumen, die allesamt ontologisch voneinander abgesondert wären, sondern bilden übergeordnete Strukturen, zu denen verschiedene Menschen oder auch verschiedene Gruppen lediglich ihre je besonderen Zugänge finden mögen. In diesem Sinne sind Gründe etwas, das die Menschen verbindet, sie zusammenführt, von ihnen geteilt wird, sie über Raum und Zeit hinweg eint. Insbesondere können zwei Menschen allemal *denselben* geistigen Gegenstand betrachten, können ohne weiteres verschiedene Repräsentationen *derselben* geistigen Struktur ausbilden.

Demgegenüber tritt Bewusstsein als ein ursprünglich individuelles Element auf: Es gehört keinem gemeinsamen Bereich zu, an dem verschiedene Menschen oder auch verschiedene Gruppen ihren je eigenen Anteil haben könnten, es ist nicht in einer höheren Einheit mit anderen Bewusstseinen verschmolzen, sondern bildet ein streng separates Phänomen einzelner Personen, nicht zuletzt weil es ontologisch mit ebenso separaten Realisationen in einzelnen Gehirnen identisch ist. In diesem Sinne ist Bewusstsein etwas, das die Menschen voneinander abgrenzt, sie trennt, in dem sie einander gegenüberstehen, das in seinem Sein und Fortgang eigenständig bleibt. Namentlich haben zwei Menschen stets *verschiedene* Bewusstseine, richten auch bei denselben Denkobjekten immer noch *verschiedene* Erste-Person-Perspektiven darauf.

Gründe und Bewusstsein liegen somit an den beiden Polen von Gemeinsamkeit und Getrenntheit, zwischen denen unsere Existenz sich grundsätzlich abspielt und die unser Dasein maßgeblich ausmachen. Weder sind wir in einer originären Abgeschnittenheit unserer Denkinhalte und speziell unserer Normenvorgaben gefangen, noch gehen wir in einer spekulativen Einheit unserer Denkakte und damit unseres Personseins auf. Wir sind nicht bloß Schauplätze von idiosynkratischen Regungen, von isolierten Mechanismen psychischer oder sozialer Art. Vielmehr haben wir Zugang zu übergeordneten Strukturen, zu autarken, unräumlichen und unzeitlichen, als solchen durchaus unvergänglichen Gründen. Wir sind dabei aber nicht etwa Teilhabende an einem kollektiven Erleben, nicht verbundene Momente einer einigen und umfassenden Weltseele. Stattdessen sind wir unserem Wesen nach stets separate Personen, mit immer einzelnen, räumlich und zeitlich gebundenen, damit zuletzt auch sterblichen Bewusstseinen.

Zumindest in gewisser Hinsicht verträgt sich diese Freiheitsdeutung durchaus mit dem klassischen Wortsinn von Autonomie: Immerhin behauptet sie, dass man, wenn man frei ist, einem *Gesetz* (*nomos*) folgt, nämlich den objektiven Vorgaben der *Gründe*, und dass man sich *selbst* (*auto*) diese Vorgaben auferlegt, indem man sie *bewusst* im subjektiven Entscheiden und Handeln anerkennt. Frei zu sein bedeutet hingegen nicht, ein *eigenes* Gesetz aufzustellen, ein *eigenes* Gebot zu erlassen, nach *persönlichen* Vorlieben zu entscheiden, nach *persönlichen* Präferenzen zu handeln.

Diese Auffassung entspricht im Wesentlichen dem Autonomiegedanken der Aufklärung: Auch dort ist Freiheit nicht das Befolgen der Begierde, die man in sich vorfindet, sondern der Gehorsam gegen das Gesetz, dem man sich selbst unterstellt.[7] Frei macht nicht das subjektive Interesse, dem man unbeschränkt nachgibt, sondern das objektive Gesetz, von dem man sich bewusst bestimmen lässt.[8]

Womöglich wird man in dieser Konzeption ein Element von selbständiger Gestaltung oder eigenständiger Bewegung vermissen, von selbstgeschaffener Möglichkeit oder eigenwilliger Ausfüllung. Wie attraktiv derartige Vorstellungen indessen auch anmuten, gerade sie eröffnen letztlich keine Freiheit: Das Selbstgeschaffene und Eigenwillige, als Produkte subjektiver Bestrebungen, ohne Bezug zu objektiven Strukturen, gehen zuletzt immer auf psychische, soziale, mithin kausale Mechanismen zurück.

Freiheit im hier vertretenen Sinne meint demgegenüber, ähnlich wie in den klassischen Konzeptionen von Autonomie, dass man jene vielfältigen Räume betritt, die von Logik, Mathematik, Moral, Klugheit, Kunst oder Wissenschaft aufgespannt werden, und den vielgestaltigen Pfaden folgt, die durch die dort maßgeblichen und höchst pluralen Formen von Gründen gezogen werden. Wenn man sich die hiermit erschlossenen Optionen vergegenwärtigt, sollte

7 Rousseau, *Du contrat social*, Livre I, Chap. 8, S. 365.

8 Kant, *Grundlegung zur Metaphysik der Sitten*, AA 431-433, AA 440-447.

man in aller Demut anerkennen: Mehr lässt sich für Menschen von Freiheit nicht erhoffen.

29.2. Der Schlüssel zur Freiheit liegt daher nicht bereits in *bewussten Ursachen*: Zwar ist es bisweilen ein erster Schritt der Emanzipation, der Distanzierung, der Ablösung, der Selbstbefreiung, wenn man sich seiner psychischen Dispositionen oder sozialen Determinationen bewusst wird. Entsprechend könnte man vielleicht hoffen, auf solchem Wege zuletzt eine *negative* Freiheit *von* solcher kausaler Bestimmung zu erreichen – und zwar gleich ob man die erkannten Ursachen dabei letztlich doch befürwortet und in das eigene Ichkonzept integriert oder aber tatsächlich überwindet und aus den eigenen Verhaltensmustern eliminiert. Im Wesentlichen bezieht Frankfurts Modell aus diesem Ansatz seine grundsätzliche Plausibilität, indem es die Reflexion eigener Wünsche erster Ordnung als zentrales Merkmal von Freiheit geltend macht, genauer die Affirmation oder auch Formung jener Strebungen durch eigene Wünsche zweiter Ordnung. Aber es ist offenkundig, dass in solchen Bewusstmachungen eigener Antriebe und Motive sofort wieder neue Ursachen wirksam werden und entsprechend bewusst zu machen wären, dass auch jene Reflexion niederstufiger Wünsche durch höherstufige Wünsche wieder ihre eigenen Ursachen hat und analog zu reflektieren wäre.

Thomas Nagel malt den hierdurch entstehenden *Regress* ungeschönt aus, indem er schreibt, dass wirkliche Freiheit in diesem Sinne zuletzt verlangen würde, einen Standpunkt komplett außerhalb seiner selbst einzunehmen.[9] Und obgleich im psychischen Sektor gewiss vielfache reflexive Schichtungen vorkommen mögen, unterstreicht das Bild vom vollständig äußeren Standpunkt nur, dass das angedachte Ziel, sich zuletzt *aller eigenen Ursachen* bewusst zu sein, stets in unerreichbarer Ferne bleiben muss, menschliche Freiheit auf diesem Wege also niemals real werden könnte. Peter Bieri zeichnet eher einen dauerhaft voranschreitenden *Zirkel*, wenn er erklärt, dass menschliche Freiheit darauf beruhe, in einem Wechselspiel zwischen niederen Wünschen und höherem Selbstbild beide Seiten aufeinander zu beziehen und aneinander anzupassen.[10] Aber auch wenn ein solches reflexives Abgleichen im psychischen Bereich alle-

9 Nagel, *The View from Nowhere*, S. 118-120.
10 Bieri, *Das Handwerk der Freiheit*, S. 397-408.

mal stattfinden mag, macht das skizzierte mentale Wechselspiel in seiner Abgeschlossenheit nur umso deutlicher, dass auch seine progressive Bewusstmachung, *welche inneren Ursachen* in einem wirken, nicht aus deren gegenseitiger Beeinflussung herausführt, sondern vollständig im kausalen Kreis der Wünsche verbleibt.

Einen Ausweg aus dieser Struktur bieten erst *bewusste Gründe*: Erst sie sprengen den Regress beziehungsweise Zirkel psychischer oder auch sozialer Kausalität. Erst sie führen ein neues Element in unser Denken ein, das seiner Art nach zuletzt auch eine *positive* Freiheit *zu* autonomem Handeln verspricht – eben weil jene Gründe überhaupt nicht kausal verfasst sind. Gründe liegen in der Tat außerhalb unser selbst, jenseits aller Stufungen und Wechselspiele von Überzeugungen und Wünschen, eben in dem, was Sellars den Raum der Gründe nennt. Dennoch haben wir Zugang zu ihnen, indem wir sie in kausalen Repräsentationen abbilden, und haben Anteil an ihnen, indem wir uns ihres nichtkausalen Charakters bewusst sind.

Wichtig ist daher, dass wir in *ihrem* Lichte die Ursachen und Wirkungen beurteilen, die uns psychisch oder sozial prägen, dass wir in *ihrer* Hinsicht die Überzeugungen und Wünsche bearbeiten, die wir in uns vorfinden. Wichtig ist, dass wir *ihnen* bewusst folgen, wenn wir Schritte der Emanzipation und Distanzierung unternehmen, dass wir *ihnen* bewusst nachgehen, wenn wir uns zu unseren Antrieben und Motiven ins Verhältnis setzen. Freiheit ist nicht einfach auf der Basis subjektiven Überlegens zu finden, egal zu welcher Stufe reflexiven Bewusstseins man sich hierbei aufschwingen wollte. Freiheit liegt allein in der Wirksamkeit objektiver Gründe, von denen man sich mit Bewusstsein ihrer rationalen Struktur bestimmen lässt.

Gewiss sind wir uns dabei zuweilen auch unserer *Repräsentationen von* Gründen bewusst: Wir können darüber reflektieren, dass wir einen Grund mental erfassen, wir können uns womöglich sogar klarmachen, dass wir solch einen Grund neuronal abbilden. Aber all dies geschieht bestenfalls gelegentlich, und es ist auch nicht von Bedeutung für die Freiheit.

Für die Freiheit müssen wir uns lediglich der *Gründe selbst* bewusst sein: Es genügt, bewusst und begründet abzuwägen, warum, weshalb oder wozu wir eine Handlung vollziehen sollten, und sich dann entsprechend zu verhalten. Und es ist anzunehmen, dass wir dies ständig tun, wenn, insofern und insoweit wir unsere Entscheidungen bewusst begründen und zuletzt auch umsetzen.

29.3. Meiner Ansicht nach sollte man sich mit dieser Konstellation, dem Bewusstsein *von* Gründen, als Deutung von Willensfreiheit begnügen. Jeder Versuch, beide Komponenten in ein engeres Verhältnis zu rücken, also Gründe und Bewusstsein einander *anzugleichen*, muss nach der einen oder anderen Seite hin fehlschlagen: Entweder er übersieht das nichtkausale Wesen der Gründe, indem er sie zu bloßen Komponenten des psychischen Erlebens herabstuft. Oder er überhöht das Bewusstsein zu einer transkausalen Substanz, indem er es zum unmittelbaren Bewohner der geistigen Sphäre stilisiert.

Ähnlich verhält es sich mit Ansätzen, die zwar dem ersten Anschein nach beide Komponenten, Bewusstsein und Gründe, in ihr Bild von Willensfreiheit aufnehmen, aber letztlich den Bezug zur einen oder anderen Komponente verlieren. Weder Bewusstsein noch Gründe allein können indes eine stimmige Konzeption von Willensfreiheit liefern: Entweder wäre hierbei überhaupt kein nichtkausales Element *involviert*, da das Bewusstsein diese Rolle der Gründe keinesfalls übernehmen kann. Oder aber jenes nichtkausale Element würde nicht *präsent*, da die Gründe ohne das Bewusstsein nicht als solche gegenwärtig in der Welt werden können.

David Hodgson etwa scheint mit dem hier vertretenen Ansatz stark übereinzukommen: Immerhin bringt er seine Freiheitstheorie explizit auf die Formel »Rationalität plus Bewusstsein gleich freier Wille«, vertritt also anscheinend genau jene Verbindung von Rationalität und Reflexivität, in der Willensfreiheit als Bewusstsein von Gründen erklärt wäre.[11] Bei genauerem Hinsehen zeigt sich indessen, dass Hodgson mit Rationalität allein die subjektive Kapazität des individuellen Handelnden, nicht die objektive Struktur der transpersonalen Gründe anzielt: Rationalität nach Hodgson meint lediglich die Fähigkeit *zu vernünftiger Überlegung*, insbesondere wenn die relevanten Gründe kein eindeutiges Ergebnis vorzeichnen, die anstehende Entscheidung also keinen strikten Regeln folgen kann, sondern sich auf fallible Urteile mit begrenzter Plausibilität stützen muss.[12] Sie bezeichnet nicht die Verfasstheit *der Gründe*

11 Hodgson, *Rationality + Consciousness = Free Will*, S. iii, 1.

12 Ebd., S. 5 f., 26-29, 37-40, 55, 235.

selbst, ihren Status als geistige Entitäten, an denen Denken und Tun zu orientieren wäre, damit es frei ist, und zwar unabhängig davon, ob sie eindeutig oder mehrdeutig sind. Der spezifische Beitrag des Bewusstseins in diesem Prozess liegt darin, menschliche Überlegungen *für ganzheitliche Gestalten* empfänglich zu machen, die in ihrer je besonderen Gesamtheit nicht auf allgemeine Gesetzmäßigkeiten zurückführbar seien, womit auch die hierauf gründenden Entscheidungen kausaler Bestimmung entzogen bleiben sollen.[13] Es erschließt nicht die Beschaffenheit von Gründen, ihr Wesen *als rationale Größen,* an denen das Denken und Tun auszurichten ist, um frei zu sein, und zwar ungeachtet dessen, dass es selbst hierbei lückenlos kausal geartet ist. Damit formuliert Hodgson eine einseitige Theorie, die zudem klar libertaristische Züge trägt: Bei ihm soll bereits das *Bewusstsein* für Freiheit sorgen, indem es mit seiner Empfänglichkeit für Ganzheiten die kausale Prägung menschlichen Verhaltens sprengt. Es fehlt der Verweis auf die *Gründe,* die tatsächlich erst ein nichtkausales Element in die Willensbestimmung einbringen könnten – und zwar, völlig kompatibilistisch, gerade über ihre kausalen Abbildungen.

Julian Nida-Rümelin scheint ebenfalls mit den hier skizzierten Überlegungen weitgehend konform zu gehen: Namentlich kritisiert er Freiheitsmodelle des Frankfurt'schen Typs und gibt ihnen gegenüber die Parole »Gründe statt Wünsche« aus, ersetzt also anscheinend ihre volitionale Hierarchie durch eine rationale Hierarchie, in der Willensfreiheit auf dem Bewusstsein von Gründen anstelle von Wünschen beruhen würde.[14] Bei genauerer Betrachtung allerdings nimmt Nida-Rümelin diese Ersetzung so vollständig vor, dass zuletzt die gesamte Struktur der Reflexivität, der gesamte Aspekt des Bewusstseins mit Blick auf Gründe verloren geht: Zwar schreibt Nida-Rümelin, dass gerade das Abwägen von Gründen zuweilen Wünsche höherer Ordnung, Volitionen zweiter Ordnung, *entstehen lassen könne.*[15] Er spricht jedoch nicht davon, dass dabei die Gründe selbst, als rationale Entitäten, in jenem Bewusstsein höherer Ordnung *reflektiert sein müssten.* Vielmehr meint er, dass das Abwägen von Gründen Entscheidungen und Handlungen *unmittelbar bestimmen könne,* ohne Umwege über höhere Wünsche

13 Ebd., S. 7f., 55, 68-77, 79-113, 235.

14 Nida-Rümelin, *Über menschliche Freiheit,* S. 87.

15 Ebd., S. 85, 89.

oder Modifikationen niederer Wünsche, und dabei zudem die Existenz alternativer Möglichkeiten nutze beziehungsweise eine naturalistische Unterbestimmtheit des Verhaltens erzeuge.[16] Er erwähnt nicht, dass jene rationalen Strukturen in einem reflexiven Bewusstsein *erfasst werden müssten*, um als solche präsent zu sein, und zwar auch innerhalb eines lückenlos kausalen Geschehens. Somit entwickelt Nida-Rümelin eine einspurige Theorie, die wiederum nachdrücklich libertaristischer Art ist: Bei ihm sollen schon die *Gründe* die Freiheit sicherstellen, indem sie als Bestimmende von Handlungen die kausale Geschlossenheit menschlichen Verhaltens aufbrechen. Es fehlt der Verweis auf das *Bewusstsein*, durch das jene nichtkausale Strukturen überhaupt nur in der Welt gegenwärtig sein können – und zwar, ganz kompatibilistisch, gerade durch ihre kausale Erfassung.

30. Noch einmal Offenheit, Unvorhersagbarkeit, Indeterminiertheit

30.1. An dieser Stelle darf man zuletzt auch eine klarere Antwort darauf erwarten, welche Rolle Offenheit, Unvorhersagbarkeit oder Indeterminiertheit für die Willensfreiheit spielen könnten (siehe Abschnitt 2). Solange man diese drei Aspekte allein dahingehend verstand, dass sie ein übermäßig hermetisches, prognostizierbares oder lineares Bild *natürlicher Mechanismen* aufweichen, waren sie unergiebig, da sie nichts an der grundsätzlichen kausalen Beschaffenheit derartiger Erscheinungen ändern. Dass insbesondere menschliche Gehirne sicherlich keine abgeschlossenen Systeme sind, dass sich ihre Prozesse womöglich nicht vollständig antizipieren lassen oder dass ihre Abläufe vielleicht intrinsisch unbestimmt sind, eröffnete daher für sich allein genommen keine tragfähige Option für einen freien Willen (siehe Abschnitt 3). Nachdem nun aber die Bedeutung *bewusster Gründe* für die Willensfreiheit erörtert worden ist, wird es hilfreich sein, sich diesen drei Gesichtspunkten noch einmal abschließend zuzuwenden.

In gewissem Sinne ist die *Offenheit des Gehirns* durchaus zentral für die Willensfreiheit. Allerdings muss dabei nicht seine Offenheit

16 Ebd., S. 90-95, 105, 157, 170 f.

für externe, nichtneuronale Ursachen gemeint sein, sondern seine *Zugänglichkeit für Gründe*, die in seinen neuronalen Konstellationen repräsentiert werden können. Diese Gründe machen uns frei, weil sie nichtkausale Strukturen sind. Und zwar machen sie uns genau dann frei, wenn sie unsere Entscheidungen und Handlungen bestimmen und uns dabei als solche bewusst sind.

Diese Offenheit neuronaler Strukturen für Gründe kann sicherlich *über* die Offenheit des Gehirns für andere kausale Systeme erzielt werden. Insbesondere kann sie dadurch zustande kommen, dass psychische Abläufe, die ihrerseits mit neuronalen Prozessen ontologisch identisch sind, durch soziale Interaktionen beeinflusst werden, die wiederum mit rationalen Strukturen ontologisch imprägniert sein mögen. Aber damit genügen jene psychischen und sozialen Dimensionen an sich *selbst* noch nicht für die Freiheit, da sie für sich allein genommen vollständig kausal sind. Freiheit stellt sich erst ein, sobald sie einen Anschluss an den rationalen Raum der Gründe herstellen.

Wenn dies gelingt, wenn also über jene offenen Systemstellen Gründe das menschliche Denken und Tun leiten, dann sollte deren Wirksamkeit freilich nach Möglichkeit *abgeschlossen* sei. Das heißt, damit eine Entscheidung oder Handlung als frei gelten kann, muss sie möglichst *vollumfänglich* durch Gründe geleitet sein. In dem Maße, in dem sie auf bloße Ursachen zurückgeht, welche keine Gründe repräsentieren, ist sie unfrei. In den Teilen, die sich als Wirkungen darstellen, welche keiner rationalen Prägung unterliegen, ist sie nicht autonom.

30.2. Eine etwaige *Unvorhersagbarkeit des Gehirns* ist weitestgehend unerheblich für die Willensfreiheit. Neuronale Prozesse mögen prognostizierbar sein oder nicht, an ihrer *Freiheit oder Unfreiheit* ändert dies als solches nichts. Wichtig ist allein, ob derartige Prozesse durch bewusste Gründe bestimmt sind. Ausschlaggebend ist einzig, ob sie rationale Strukturen in sich abbilden und ob diese rationalen Strukturen als solche bewusst sind.

Vergleichbares gilt für Ungewissheiten bezüglich *anderer* kausaler Ebenen, etwa mit Blick auf psychische Mechanismen oder soziale Dynamiken. Auch in *deren* Hinsicht mag man das Verhalten von Individuen oder Kollektiven prognostizieren können oder nicht. Aber für die Willensfreiheit ist dies wiederum ohne Belang. Hierfür kommt es allein darauf an, ob die betrachteten Personen nach bewussten Gründen handeln.

Bei nichtkausalen Erörterungen menschlichen Verhaltens, also solchen, die ein unmittelbares Verständnis seiner rationalen Signatur anstreben, kann sich ebenfalls Vorhersagbarkeit oder Unvorhersagbarkeit einstellen, insbesondere als Kenntnis beziehungsweise Unkenntnis, ob sich jemand *überhaupt* Gründen anschließen oder *welchen* Gründen er genauer folgen wird. Aber ob ein Verhalten in diesem Horizont prognostizierbar oder nicht prognostizierbar ist, ändert wiederum nichts an seiner Freiheit oder Unfreiheit. Willensfreiheit liegt vor, *wenn* jemand von bewussten Gründen bestimmt *wird*. Sie hängt nicht davon ab, ob irgendwelche Außenstehenden diesen Umstand grundsätzlich erkennen oder detailliert nachzeichnen können.

Wenn ich freilich weiß, *dass* jemand von bewussten Gründen bestimmt wird, weiß ich auch, dass er frei ist. Und wenn ich zudem weiß, *welchen* Gründen er hierbei folgt, weiß ich zuletzt womöglich überdies, was er tun wird. Ob Kenntnisse dieser Art jemals vollkommen sicher sein können, mag dahingestellt bleiben. Aber wie in anderen Bereichen auch kann man zuweilen durchaus über entsprechendes Wissen verfügen, ohne sich seiner vollständig gewiss sein zu müssen.

30.3. Eine mögliche *Indeterminiertheit des Gehirns* wäre wohl sogar eher abträglich für die Willensfreiheit. Denn die Indeterminiertheit eines Systems bedeutet allein die *Zufälligkeit seiner Verläufe*. Solche Zufälligkeit lässt nicht nur für sich allein genommen keinerlei Freiheit entstehen, weil sie selbst ein ganz und gar kausales Phänomen ist. Sie ist zudem für die Wirkung von Gründen tendenziell nachteilig, da diese nun einmal in möglichst ungebrochener Weise über ihre kausalen Repräsentationen wirken müssen, etwaige Zufälligkeiten diese Wirkung letztlich nur beeinträchtigen können.

Zwar könnte man sich womöglich ausmalen, dass ein indeterministischer Sprung überhaupt erst die Repräsentation *irgendeines* Grundes eröffnet, wo zuvor keinerlei Grund bestimmend war, aber ebenso wäre dann zu befürchten, dass ein derartiger Sprung auch wieder von der Erfassung irgendwelcher Gründe *abführt*, so dass unversehens kein Grund mehr leitend ist. Vor allem wäre die Wirksamkeit von Gründen höchst störanfällig, wenn sie mit Zufälligkeiten in der Repräsentation durchsetzt wäre, deren probabilistisches Ergebnis bestenfalls wieder bei gewissen *anderen* Gründen herauskommen könnte, deren probabilistischer Verlauf jedoch kaum von dem aktuell gegebenen Grund *geleitet* sein könnte. Ähnliches gilt für andere kausale Unbestimmtheiten, etwa psychischer oder sozialer Natur. Auch wenn man auf diesen Ebenen echten Zufall anträfe, auch wenn man hier auf Indeterminiertheit stieße, wäre dieses Phänomen in der Gesamtsicht allenfalls neutral, in der jeweiligen Einzelsituation einer gegebenen Gründebestimmung indessen regelmäßig dysfunktional.

Die Gründe selbst mögen bei alledem *eindeutig* sein, das heißt in sich stark, stabil, einheitlich, miteinander kompatibel, homogen, konsistent, sich wechselseitig bestärkend, fördernd, unterstützend. Die Gründe können aber durchaus auch *mehrdeutig* sein, das heißt in sich schwach, instabil, unentschieden, gegeneinander indifferent, heterogen, inkonsistent, sich gegenseitig widersprechend, aufhebend, untergrabend. Im ersteren Fall führen sie schon von sich aus zu vorherbestimmtem Entscheiden und Handeln, sofern man ihren eindeutigen Vorgaben folgt. Aber auch im letzteren Fall wird das Entscheiden und Handeln vorherbestimmt sein, falls es sich deterministisch innerhalb jener mehrdeutigen Beziehungen bewegt (das heißt, jeweils gibt es kein Anders-handeln-Können oder Anders-wollen-Können, das unter identischen Umständen zu abweichenden Ergebnissen führen könnte).

Zudem mag es mitunter *verschiedene* rationale Stränge geben, denen man folgen könnte. Aber man wird jeweils nur *einen* jener Pfade nehmen, und solange man hierbei tatsächlich bewussten Gründen folgt, gleich ob eindeutigen oder mehrdeutigen, ist man frei. Allein eine indeterministische Bewegung in den mentalen Repräsentationen der Gründe würde dafür sorgen, dass das Entscheiden und Handeln wirklich unbestimmt wird. Indessen könnte dies ebenso gut bei eindeutigen wie bei mehrdeutigen Gründen geschehen, und es macht nicht frei, sondern trägt allein ein Element des Zufalls in die Wirkung jener Gründe, dem selbst keinerlei rationale Fundierung zukommt (das heißt, auch dann hätte man es allein mit einem solchen Anders-handeln-Können oder Anders-wollen-Können zu tun, das für Willensfreiheit und Verantwortlichkeit grundsätzlich unergiebig und letztlich hinderlich wäre).

XI. Von der Metaphysik zur Ethik

Die vorgeschlagene metaphysische Deutung von Willensfreiheit lässt sich durchaus mit einem stimmigen ethischen Verständnis von Verantwortlichkeit verbinden. Denn es erscheint angemessen, nicht nur einen freien Willen, sondern auch moralische Verantwortung genau dort anzunehmen, wo bewusste Gründe unser Handeln bestimmen.

31. Willensfreiheit und Verantwortlichkeit

31.1. Die wesentliche Herausforderung, der sich eine philosophische Theorie eines freien Willens gegenübersieht, ist die kausale Bestimmtheit, die sich im natürlichen Geschehen und damit auch im menschlichen Handeln abzeichnet. Dabei ist unerheblich, wie diese Kausalität genauer beschaffen wäre: Sie mag deterministisch oder indeterministisch, vorhersagbar oder unvorhersagbar, abgeschlossen oder offen angelegt sein. Auch ist nachrangig, wie man jene Kausalität bevorzugt rekonstruieren möchte: Man mag sie als diskrete Abfolge von Ereignissen oder als kontinuierliches Fortlaufen von Zuständen konzipieren. Man mag sie am Zusammenspiel von Körpern, Kräften und Potentialen im Raum oder an den Eigenschaften des Raumes selbst, etwa seiner gravitativen Krümmung, explizieren. Man mag sie über Entwicklungserscheinungen im Zeitfluss von Vergangenheit, Gegenwart und Zukunft oder über Strukturphänomene eines Universums, das in seinen sämtlichen Zeitpunkten als gleichermaßen existent angesehen wird, interpretieren. In all diesen Fällen und Deutungen bleibt die Aufgabe stets dieselbe: Verständlich zu machen ist, wie menschliches Denken und Tun, das als solches Teil jenes kausalen Weltgeschehens zu sein scheint, dennoch als autonom gelten könnte.

In diesem Buch habe ich dafür argumentiert, dass von Willensfreiheit gesprochen werden kann, falls nichtkausale Gründe durch ihre kausalen Repräsentationen unser Denken und Tun leiten. Dabei habe ich mich einem kompatibilistischen Verständnis von Freiheit angeschlossen: Wenn Gründe in der geforderten Weise unser Entscheiden und Handeln prägen, so ist dieses zwar immer noch *lückenlos kausal* beschaffen, aber es ist *nicht nur* kausal bestimmt (negative Freiheit), *sondern auch* autonom verfasst (positive Freiheit). Zudem habe ich diesen Ansatz vor allem in drei Hinsichten zu präzisieren versucht: Gründe dürfen nicht als psychische oder soziale Größen betrachtet werden, sondern sind als ursprünglich *platonische Entitäten* zu begreifen (Kapitel V). Ihr Einfluss darf nicht als Frage der phänomenalen oder semantischen Perspektive aufgefasst werden, sondern ist als striktes *ontologisches Faktum* anzuerkennen (Kapitel VI). Dieses Faktum besteht genauer darin, dass Gründe über ihre Repräsentationen *reale Effektivität* im menschlichen Handeln entfalten (Kapitel VII). Schließlich ist für einen freien Willen unerlässlich, dass die Gründe dem Handelnden in ihrem rationalen Charakter bewusst sind: Denn erst wenn ihn *bewusste Gründe* über ihre kausalen Repräsentationen leiten, lässt sich berechtigt davon sprechen, dass nicht nur *jene Repräsentationen*, sondern tatsächlich auch die *Gründe selbst* ihn bestimmen, also Nichtkausales in der Welt wirkt.

31.2. Ohne Zweifel fordert dieses Modell zu etlichen Nachfragen heraus und bedarf vielfacher Erläuterungen. Dies gilt insbesondere vor dem Hintergrund der Tatsache, dass metaphysische Feststellungen von Willensfreiheit üblicherweise mit ethischen Zuschreibungen von Verantwortlichkeit einhergehen: Für gewöhnlich würde man genau dort, wo man jemandes Entscheidungen und Handlungen als willensfrei einschätzt, auch bereit sein, ihn für diese Entscheidungen und Handlungen verantwortlich zu machen. Im positiven Falle würde man von Verdienst sprechen, gegebenenfalls Lob äußern und womöglich Lohn zuteilen, im negativen Falle würde man von Schuld reden, vielleicht Tadel anmerken und möglicherweise Strafe verhängen.

Genauer würde man nur bei willensfreien Handlungen Strafen im *retributiven* Sinne vollziehen, das heißt als Akte der *Vergeltung*, mit denen der Täter zur Rechenschaft für ein früheres Vergehen gezogen würde, das in seiner Verantwortung lag. Analog könnten einzig bei ihnen Akte der *Vergebung* stattfinden, in denen wiederum die Verantwortlichkeit des Täters für sein früheres Handeln vorausgesetzt wäre, man ihm nun jedoch seine Verfehlung verziehe. Auch Lohn, Lob oder Tadel wären allein im Falle von Willensfreiheit rationale Interaktionen, das heißt kommunikative Vollzüge der Honorierung, Achtung oder Missachtung, die in einem ausdrücklichen Horizont moralischer Zurechnung stünden, also ernsthaft auf Verdienst oder Schuld bezogen wären.

Bei nicht willensfreien Handlungen hingegen würde man Strafen lediglich in einem *präventiven* Sinne vollziehen, das heißt als Maßnahmen der *Unterbindung*, mit denen der Täter oder auch die Allgemeinheit von künftigen Vergehen zurückgehalten werden sollen, indem man sie unmittelbar durch wirksame Blockaden hieran hinderte oder mittelbar durch drohende Sanktionen hiervon abschreckte. Allenfalls wären es Maßnahmen der *Erziehung*, um Personen zu künftiger Verantwortlichkeit zu führen, ohne ihnen jedoch Verantwortung für ihre bisherigen Taten zuzuschreiben. Auch Lohn, Lob oder Tadel erschienen im Falle von Unfreiheit bloß als kausale Einwirkungen, das heißt als kalkulierte Anreize, Ermunterungen oder Einschüchterungen hinsichtlich gewünschten Verhaltens, oder bestenfalls als gezielte Versuche, jemandem die moralische Fähigkeit zu Verdienst oder Schuld erst noch zu eröffnen.

Nicht zuletzt aufgrund dieser verbreiteten Verknüpfung von Willensfreiheit und Verantwortlichkeit kommt es mitunter zu jenen gegenläufigen Beurteilungen, die ich in der Einleitung angesprochen hatte. Theorien der Willensfreiheit, so hatte ich dort erwähnt, sehen sich typischerweise zwei sehr grundsätzlichen und sehr verschiedenartigen Einwänden ausgesetzt: Entweder werden sie attackiert, weil sie einen zu *starken* Freiheitsbegriff geltend machen, insbesondere in *metaphysischem* Sinne. Hiermit ist zumeist der Libertarismus angezielt, indem er für seine Deutung eines freien Willens letztlich Unterbrechungen der natürlichen Kausalität postulieren muss. Oder sie werden damit konfrontiert, dass sie einen zu *schwachen* Freiheitsbegriff vertreten, namentlich in *ethischem* Sinne. Hiervon ist oftmals der Kompatibilismus betroffen, insofern er angeblich keine zureichende Basis für die gerechtfertigte Beimessung von Lohn oder Strafe bieten kann.

Nach dem hier entworfenen Modell soll ein freier Wille genau dann vorliegen, wenn jemand in seinem Entscheiden und Handeln bewussten Gründen folgt, gleich welcher Qualität und welcher Art. Es ist wahr, dass dieser Ansatz mit gewissen metaphysischen Einlassungen einhergeht, insbesondere indem er Gründe als platonische Größen auffasst, die in ontologischem Sinne eine reale Wirksamkeit entfalten sollen. Ich denke aber, dass meine Erläuterungen zu diesen Thesen nicht übermäßig spekulativ ausgefallen sind, indem ich nämlich Gründe als rationale Strukturen gedeutet habe, die über ihre kausalen Repräsentationen aktive Kraft ausüben können. Nicht zuletzt erscheint eine solche Konstruktion deutlich weniger gewagt als übliche libertaristische Modelle, die für ihre Deutung von Freiheit cartesianische Dualismen oder akteurskausale Schemata einführen.

Es wäre nun naheliegend, genau in den so beschriebenen Fällen von Willensfreiheit auch von Verantwortlichkeit zu sprechen, jedenfalls sofern es sich um moralisch relevante Situationen handelt. Die Frage ist, ob und inwiefern diese Auffassung in ethischer Hinsicht überzeugen kann, nicht zuletzt vor dem Hintergrund, dass ich in meinem Modell von Freiheit nicht davon ausgehe, man könne unter identischen Umständen anders handeln oder wollen, als man es tut. In der letzteren Position stimme ich mit den meisten kompatibilistischen Ansätzen überein, eben weil ich wie sie keine Lücken in der Naturkausalität annehme. Ob meine spezielle Deutung von Freiheit als Bestimmtsein durch bewusste Gründe dabei geeignet ist, trotz dieses fehlenden Anders-handeln-Könnens und Anders-wollen-Könnens eine Zuschreibung von moralischer Verantwortung zu rechtfertigen, möchte ich nun genauer beleuchten.

31.3. Dass Willensfreiheit und Verantwortlichkeit stets miteinander einhergehen sollten, ist keineswegs selbstverständlich. Insbesondere stellt es keine analytische Wahrheit dar, die sich unmittelbar aus den begrifflichen Bedeutungen beider Konzepte ableiten ließe. Vielmehr handelt es sich um eine eigenständige ethische These zur Verantwortlichkeit, die auf einer vorausgehenden metaphysischen Deutung von Willensfreiheit aufbauen müsste. Allenfalls hat man es also mit einer synthetischen Wahrheit zu tun, die aufgrund inhaltlicher Betrachtungen geeigneter Art einsichtig zu machen wäre.

In der Tat treten bei einigen Autorinnen und Autoren beide Konzepte, Willensfreiheit und Verantwortlichkeit, durchaus auseinander oder können dies zumindest tun, sei es in Einzelfällen, sei es dem Grundsatz nach. Speziell die hier vertretene Kombination, der zufolge menschliches Verhalten manchmal durch rationale Gründe bestimmt sein mag, man aber niemals unter identischen Umständen anders handeln oder wollen könnte als im bestehenden Ablauf, führt mitunter zu einer solchen begrifflichen Trennung, die unterschiedlich ausfällt, je nachdem welche der Komponenten für welches Konzept als hinreichend oder notwendig erachtet wird.

So teilen manche Autoren meine Einschätzung, dass menschliche Entscheidungen und Handlungen einer lückenlosen Kausalität unterliegen, aufgrund derer kein Anders-handeln-Können oder Anders-wollen-Können unter identischen Umständen möglich sei. Wenn sich dies aber so verhalte, so könne man womöglich nicht von Willensfreiheit sprechen, jedenfalls nicht in einem starken Sinne. Es stehe allerdings nichts im Wege, dass Entscheidungen und Handlungen zuweilen aus Gründen erfolgten, also in rationaler Weise. Dies wiederum genüge, damit Verantwortlichkeit vorliege, also berechtigt Verdienst oder Schuld beigemessen werden könnten.[1]

Andere Autoren würden an meinem Ansatz vielleicht kritisieren, dass er allzu sehr darauf fixiert sei, irgendeine Art von nichtkausaler Bestimmung im menschlichen Entscheiden und Handeln auszumachen. Dies möge mit der behaupteten Formung durch Gründe sogar gelingen, so dass man vielleicht von Willensfreiheit reden könne, zumindest in einem schwachen Sinne. Um jedoch Menschen zur Rechenschaft zu ziehen für ihr Tun und Lassen, um Lohn oder Strafe zu begründen, sei dies zu wenig. Für Verantwortlichkeit brauche man Anders-handeln-Können und Anders-wollen-Können unter identischen Umständen, mithin kausale Lücken im Entscheiden und Handeln, die indes in der realen Welt nicht existierten.[2]

Im Gegensatz zu solchen Aufspaltungen denke ich, dass man beide Konzepte zusammenhalten kann und sollte: Der Gedanke, dass Willensfreiheit und Verantwortlichkeit einander wechselseitig implizieren, ist sehr tief und wohl auch berechtigt in unser intuitives Grundverständnis eingelassen. Dieser Zusammenhang lässt sich meines Erachtens durch die hier skizzierte Theorie bestätigen und unterfüttern: Genau dann, wenn unser Entscheiden und Handeln bewussten Gründen folgt, kann man von Willensfreiheit sprechen.

1 Vgl. Fischer, *The Metaphysics of Free Will*, S. 178-183, 188 f.; Fischer, »Frankfurt-Type Examples and Semicompatibilism: New Work«, S. 262-264; Fischer, »Semicompatibilism«, S. 5-7; Fischer/Ravizza, *Responsibility and Control*, S. 51-54; Wallace, *Responsibility and the Moral Sentiments*, S. 1-3, 7 f., 15 f., 182-184.

2 Vgl. Levy, *Hard Luck*, S. 1; Pothast, *Freiheit und Verantwortung*, S. 99-102; Strawson, »The Impossibility of Moral Responsibility«, S. 8; Strawson, *Freedom and Belief*, S. 2 f., 23; Waller, *Freedom Without Responsibility*, S. 3-6, 27-49, 51-55, 154-158.

Genau dann aber, so werde ich im Folgenden argumentieren, kann man auch Verantwortlichkeit zuschreiben. Für beides ist erforderlich und ausreichend, dass eine nichtkausale Bestimmung, eben durch bewusste Gründe, vorliegt. Für beides ist unerheblich und harmlos, dass Entscheidungen und Handlungen zugleich kausal bestimmt sind, folglich niemand hätte anders handeln oder wollen können, als er gehandelt oder gewollt hat.

Sprachlich mag man sich unmittelbar ermutigt sehen, diesen Zusammenhang herzustellen: Immerhin leitet sich »Verantwortung« (*responsibility*) von »Antwort« (*response*) her. Verantwortung dürfte also seiner wesentlichen Bedeutung nach heißen, eine gewisse Art von Antwort geben zu können: Insbesondere dürfte es um eine Antwort auf die Frage gehen, warum ich eine Entscheidung getroffen oder eine Handlung vollzogen habe, und offenbar bin ich genau dann in der Lage, diese Antwort zu geben, wenn ich aus *bewussten Gründen* handle, indem ich genau dann eben *diese Gründe* zu nennen vermag. Zumindest kann ich genau dann eine *rationale Antwort* geben, die mit der Frage wohl gefordert ist, statt allein einer *kausalen Antwort*, die lediglich auf meine Ursachen verweisen würde. Aber es bleibt zu untersuchen, ob sich dieser Zusammenhang auch ethisch rechtfertigen lässt. Das heißt, es ist erst noch zu verdeutlichen, dass meine rationale Antwort, beziehungsweise meine Fähigkeit, sie zu geben (*answerability*), wirklich hinreichend und notwendig für meine moralische Verantwortung ist, beziehungsweise für die Berechtigung, sie mir zuzuschreiben (*accountability*).

Auf den folgenden und abschließenden Seiten dieses Buchs werde ich mich einigen metaphysischen und ethischen Fragen zuwenden, die mein Modell aufwirft. Diese Diskussion wird bei weitem nicht vollständig sein, aber zumindest manche Gehalte und Konsequenzen der vorgeschlagenen Freiheitskonzeption genauer zu konturieren helfen.

Insbesondere werde ich nachzeichnen, was es bedeuten würde, Willensfreiheit in der skizzierten metaphysischen Gestalt als notwendige und hinreichende Bedingung für die Zuschreibung von Verantwortlichkeit im üblichen ethischen Sinne zu verwenden. Dabei wird sich meiner Ansicht nach zeigen, dass dieser Zusammenhang tatsächlich vernünftig ist, dass also auch die Zuweisung von Verdienst oder Schuld, die Adressierung von Lob oder Tadel, die Beimessung von Lohn oder Strafe genau dann adäquat sind, wenn jemand in einer moralisch relevanten Situation sein Handeln nach bewussten Gründen ausrichtet.

32. Metaphysische Fragen

32.1. Gibt es menschliche Verrichtungen, die bewussten Gründen *definitiv entzogen* sind und somit nach der vorliegenden Theorie *niemals willensfrei* sind? Was sind die wesentlichen Formen solch unfreier Aktivität?

Zunächst gehören hierzu offenbar *reflexhafte Vollzüge*, die man üblicherweise gar nicht als Handlungen, sondern allein als physiologische Abläufe klassifiziert. Sie gehen ursprünglich aus keinen bewussten Gründen hervor, und sie sind auch keinen bewussten Gründen unmittelbar zugänglich. Bestenfalls kann man sie indirekt aus bewussten Gründen beeinflussen, etwa indem man ihre relevanten Auslöser sucht oder meidet oder indem man sie durch somatische Interventionen fördert oder unterbindet.

Ähnliches gilt für *instinkthafte Verhaltensweisen*, die man normalerweise wiederum nicht als Handlungen, sondern lediglich als naturkausale Reaktionen einstuft. Auch sie gehen ursprünglich auf keine bewussten Gründe zurück, aber sie können immerhin durch bewusste Gründe direkt beeinflusst, modifiziert, gestützt oder abgewiesen werden. Man kann ihre Inhalte gezielt bejahen oder verneinen, man kann ihre Vorgaben begründet stärken oder schwächen, man kann ihren Tendenzen bewusst nachgeben oder sich ihnen verweigern.

Vergleichbares betrifft *automatisierte Handlungen*, die man gewissermaßen als ehemalige Handlungen verstehen kann, welche sich mittlerweile allein noch als mechanische Programme abspielen. Sie können zwar ursprünglich auf bewusste Gründe zurückgehen, vollziehen sich inzwischen aber ohne derartigen Bezug. Lediglich ihr Beginn und ihr Ende können noch von bewussten Gründen bestimmt werden, man kann sie begründet in Gang setzen oder bewusst ihren Abbruch einleiten.

Beim ersten Fahrradfahren etwa mag jeder einzelne Pedaltritt bewusst begründet sein. Später ist dies vielleicht allein die Entscheidung, an einer roten Ampel zu halten. Noch später ist es womöglich nur mehr die Handlung, zur Schule zu fahren.

In einem quasi virtuellen, historischen Sinne hat auch der einzelne Pedaltritt oder der einzelne Ampelstopp seinen Grund noch immer, insofern er aus dessen früherer bewusster Befolgung hervorgegangen ist. Aber man selbst hat diesen Grund nicht mehr, in einem reellen, präsenten Sinne, so dass man aktuell bewusst von ihm bestimmt würde. Höchstens könnte man auf Nachfrage jenen Grund »re-aktivieren«, »re-repräsentieren«, das heißt sich ihn wieder bewusst machen und sich wieder von ihm leiten lassen (»Ich trete in das Pedal, um nicht umzufallen«, »Ich halte an der Ampel, um nicht überfahren zu werden«), womit freilich die Automatisierung aufgehoben und eben deshalb Willensfreiheit erneut gegeben wäre.

In einem gleichsam partizipativen, anteilhaften Sinne gibt es für den einzelnen Pedaltritt oder den einzelnen Ampelstopp zudem freilich jenen Grund, der für die Fahrt insgesamt leitend ist, denn indem diese Gesamthandlung in der Zusammensetzung all jener Einzelaktionen besteht, sind Letztere in gewisser Hinsicht genauso bewusst begründet wie Erstere. Aber für sich allein genommen, in einem spezifischen, eigenständigen Sinne, gibt es für sie keinen Grund, von dem sie bewusst geleitet wären. Allenfalls könnte man sich ihre Bedeutung für die Gesamthandlung »verdeutlichen«, »vergegenwärtigen«, so dass sie einen gesonderten Grund erhielten und von dessen speziellem Inhalt bewusst bestimmt wären (»Ich trete in das Pedal, weil ich auf diese Weise zur Schule fahre«, »Ich halte an der Ampel, weil dies Teil meiner Fahrt ist«), womit sie indes wiederum der Automatisierung entgingen und entsprechend für sich allein Willensfreiheit aufwiesen.

Analoges lässt sich von all jenen beiläufigen, unwillkürlichen und unbemerkten Bewegungen, Gesten oder Mimiken behaupten, die unsere Handlungen begleiten, untermalen oder mitgestalten. Vielleicht gab es einmal bewusste Gründe für sie, die uns zum jetzigen Zeitpunkt nicht mehr präsent sind, womöglich unterstehen sie jenen bewussten Gründen, die für den übergreifenden Handlungsvollzug bestimmend sind. Aber gegenwärtig und an sich selbst sind sie nicht bewusst begründet und damit nicht willensfrei.

Willensfrei ist man in der Tat nur in den jeweils bewusst begründeten Akten. Hierzu können auch Entscheidungen oder Handlungen zählen, mit denen man einen Reflex auslöst, einem Instinkt nachgibt oder eine Automatisierung in sich herbeiführt. Reflexe, Instinkte oder Automatisierungen selbst hingegen liegen außerhalb des Bereichs der Willensfreiheit.

32.2. Müssen die bewussten Gründe, die das eigene Entscheiden und Handeln leiten, so dass es frei sein kann, nicht *ihrerseits* vom Handelnden *gewählt* werden? Und droht hier nicht ein problematischer Regress oder Zirkel, indem diese Wahl wohl wiederum nach bewussten Gründen getroffen werden müsste, um als frei zu gelten zu können?

Ein *potentieller* Regress oder Zirkel ist in der *objektiven* Struktur der Gründe selbst angelegt: Es gibt stets weitere Gründe dafür, weshalb gegebene Gründe gelten sollten, und diese Kette mag in der Tat in die Endlosigkeit fortschreiten oder in einen Kreis münden. Diese Struktur lässt sich auch nicht durch transzendentale, performative, kohärentistische oder ähnliche Argumente durchbrechen: Auch diese Argumente liefern ihrerseits spezifische Gründe für die jeweils in Frage stehenden Gründe, ihre eigene Geltung hängt von wieder neuen Gründen ab, man kann nach Gründen für deren Geltung fragen, und immer so fort. Dies bedeutet selbstverständlich nicht, dass es keine *guten* Gründe geben könnte, dass alles an *beliebigen* Entscheidungen hinge. Es heißt lediglich, dass man tatsächlich stets Gründe angeben kann, weshalb bestimmte Gründe einschlägig sein mögen, dass Argumente sich immer weiter erstrecken können, wenn man nach ihrer eigenen Geltung fragt.

Im *realen* Verlauf des *subjektiven* Denkens kann freilich niemand diesen Regress oder Zirkel vollständig beziehungsweise fortwährend durchlaufen: Er muss ihn irgendwo und irgendwann abbrechen und nach den jeweils erschlossenen und aktuell gegenwärtigen Gründen handeln. Aber dies schadet nicht seiner Freiheit: Hierfür ist allein erforderlich, dass er von einem Grund bestimmt wird und sich dieses Grundes bewusst ist. Insbesondere kann dieser Grund in einer (mentalen, letztlich neuronalen) Ursache repräsentiert sein, und der Handelnde kann durch (beispielsweise psychische, soziale) Ursachen zu ihm geführt worden sein. Tatsächlich ist beides auch notwendig der Fall, Ersteres, weil wir biologische Wesen sind, die mit Gehirnen denken, Letzteres, weil wir psychosoziale Wesen sind, die durch Belehrung und Gewöhnung von ihresgleichen in den Raum der Gründe eingeführt werden müssen.

Also nein: Die Gründe, die einen Handelnden frei machen, müssen nicht ihrerseits von ihm gewählt sein. Insbesondere hängt seine Freiheit nicht davon ab, ob jene vorlaufende Wahl wiederum nach dem gleichen Maßstab frei wäre, also gemäß Gründen erfolgte. Die Gründe, von denen ein Handelnder geleitet wird, können etwa auch anerzogen, vielleicht sogar angeboren sein. Wichtig ist allein, dass Gründe sein Handeln bewusst bestimmen, egal wie dies zustande kommt. Maßgeblich ist einzig, dass er sich bewusst im Raum der Gründe bewegt, egal wie er dorthin gelangt ist.

Nebenbei bemerkt: Man wird die Struktur dieses Raums wohl eher als ein vielfältiges Netzwerk von wechselseitig aufeinander bezogenen Elementen aufzufassen haben statt als eine simple Stufenfolge von linear auseinander hervorgehenden Propositionen. Daher werden auch Regresse oder Zirkel darin allenfalls lokale Phänomene bilden, nicht seine globale Form ausmachen. Und ebenso wenig, wie man den gesamten Raum durchmessen muss, um frei zu sein, muss man eine solche begrenzte Erscheinung vollständig abschreiten, um als frei gelten zu können. Man muss von nichtkausalen Strukturen bestimmt werden, damit man frei ist. Aber man muss nicht ihre beständigen Verweise verfolgen oder gar ihren vollständigen Zusammenhang in sich abbilden, damit man frei sein kann.

Erhöht der *Glaube an Willensfreiheit* die eigene Freiheit, verringert umgekehrt die *Leugnung von Willensfreiheit* die eigene Freiheit? Ist die Überzeugung eigener Freiheit vielleicht sogar hinreichend oder notwendig für sie?

Es gibt Gründe, die *gegen* Willensfreiheit sprechen (etwa unter Verweis auf die kausale Beschaffenheit alles menschlichen Wollens und Tuns), und dies sind nach meiner Einschätzung *schlechte* Gründe (weil sie ein falsches Verständnis von Willensfreiheit voraussetzen). Ebenso gibt es Gründe, die *für* Willensfreiheit sprechen (etwa aufgrund einer Deutung von Freiheit als rationale Bestimmung durch bewusste Gründe), und dies sind meiner Ansicht nach *gute* Gründe (weil sie den wahren Kern von Willensfreiheit erfassen). Da aber nun einmal in *beiden* Fällen bewusste Gründe leitend sind, wenn man sich der jeweiligen Auffassung anschließt, liegt auch in *beiden* Fällen ein freier Wille vor, jedenfalls gemäß der hier vertretenen Theorie. Genauer ist man frei sowohl in der theoretischen Überzeugung, die man in dieser Hinsicht vertritt, als auch in dem praktischen Handeln, für das man sich auf jener Grundlage entscheidet.

Mit der Frage ist indessen wohl vor allem gemeint, ob die eigene Freiheit *im Sinne von Entschlusskraft oder Veränderungsfähigkeit* damit korreliert oder sogar davon abhängt, dass man an die eigene

Willensfreiheit glaubt – sei es an Willensfreiheit im Sinne eben dieser Entschlusskraft selbst, sei es an Willensfreiheit im Sinne eines anderen Konzepts. Dies ist ein interessantes psychologisches und soziologisches Problem, und einiges mag dafür sprechen, dass es sich tatsächlich so verhält – zumindest wenn man eben jene Veränderungsfähigkeit bei sich selbst vermutet, vielleicht auch wenn man eine andere Freiheitsform für sich selbst annimmt. Aber es macht keinen Unterscheid für die Zuschreibung von Freiheit *im hier vertretenen Sinne einer realen Bestimmung durch bewusste Gründe*. Denn der Unbewegliche kann in diesem Sinne ebenso willensfrei sein wie der Bewegliche, insofern beide bewussten Gründen folgen mögen.

Nehmen wir beispielsweise an, jemand gewinnt theoretische Einsichten in die psychischen oder sozialen Ursachen einer ungeliebten eigenen Verhaltensweise (die für ihn selbst nachteilig ist, die anderen gegenüber verletzend ist, die in sich abwegig ist), etwa durch Erinnerung und Aufarbeitung mit sich allein, durch Gespräche mit anderen oder durch Therapie. Diese Einsichten können ihm unterschiedliche Gründe liefern für die praktische Frage, ob er einen Versuch unternehmen sollte, sein Verhalten zu ändern (zu seinem eigenen Besten, zum Wohle anderer, für einen gesteigerten Lebenssinn). Er kann sie als einen (schlechten) Grund nehmen, es nicht zu versuchen, weil eine solche Veränderung angesichts seiner bisherigen Prägung ohnehin nicht zu erreichen sei (seine Veranlagung dies verhindere, seine Erziehung dies nicht erlaube etc.). Er kann sie aber auch als einen (guten) Grund nehmen, es zu versuchen, weil er gerade jetzt über die notwendigen Einblicke für eine solche Veränderung verfügt (eigene Muster durchschaut, eigene Beeinflussungen erkennt etc.). Im letzteren Fall mag der Versuch auch tatsächlich gelingen, indem seine psychologische oder soziologische Selbsteinsicht die nötige Distanzierung bewirkt, um seine bisherigen Schemata zu durchbrechen (nicht zuletzt deshalb hätte es sich im ersteren Fall um einen schlechten Grund gehandelt, erst gar keinen Anlauf zu einer solchen Überwindung zu unternehmen). Vielleicht misslingt der Versuch im letzteren Fall aber auch, trotz des guten Grundes, ihn zu wagen (während es im ersteren Fall womöglich zu einer unvermuteten Verbesserung gekommen wäre, indem entspanntes Geschehenlassen zuweilen mehr ausrichtet als angestrengtes Ändernwollen). Aber in all diesen Fällen ist die fragliche

Person gleichermaßen willensfrei, denn jeweils folgt sie bewussten Gründen, guten oder schlechten, theoretisch glaubhaften oder unglaubhaften, praktisch richtigen oder falschen. Und hierbei ist unerheblich, dass diese Befolgung, wohin auch immer sie ausschlagen mag, ihrerseits psychisch oder sozial verursacht, psychologisch oder soziologisch erklärbar sein mag.

Nicht anders verhält es sich, wenn jemand, nicht speziell mit Blick auf sein eigenes Schicksal, sondern ganz allgemein in Hinsicht auf das menschliche Dasein, die Bedeutung natürlicher Parameter wie des Genoms oder des Gehirns, biologische Möglichkeiten oder evolutionäre Grenzen hervorhebt. Auch dies liefert Gründe, eine gezielte Veränderung menschlichen Verhaltens für realistisch oder unrealistisch zu halten. Und es liefert Gründe, entsprechende Versuche von eigener Seite aus zu unternehmen oder zu unterlassen. Willensfrei ist man hierbei jedoch *immer*, eben weil man nach bewussten Gründen entscheidet und handelt. Dabei ist unerheblich, dass solche Unternehmungen oder Unterlassungen ihrerseits wieder auf bestimmte Ursachen zurückgehen, unter anderem auf genetische oder neuronale Faktoren. Denn ungeachtet dessen sind eben *auch* bewusste Gründe involviert, die das Denken und Tun bestimmen. Diese wirken gerade über gewisse kausale Repräsentationen, sie prägen sich in psychischen oder sozialen Strukturen aus. Nichts anderes ist für menschliche Freiheit in kompatibilistischem Sinne gefordert.

32.3. Ist unser vorgeblich *rationales* Tun und Lassen nicht letztlich bloß ein im Nachhinein beschönigend *rationalisiertes* Geschehen? Stehen hinter unseren Entscheidungen und Handlungen nicht zuletzt allein bestimmte Bedürfnisse, Begierden, Neigungen, Abneigungen, Stimmungen, Launen, Ängste, Hoffnungen, die ursprünglich nichts mit Gründen zu tun haben, die zum Teil sogar unbewusst sind, die auf externen Prägungen beruhen, die durch subliminale Reize getriggert werden und die wir lediglich aus Unkenntnis, aus Einbildung, aus Fehlwahrnehmung, aus Selbstüberschätzung, zum Schein, zur Verstellung, zum Vorwurf, zur Rechtfertigung als Gründe stilisieren, wenn wir unser Verhalten betrachten und bewerten?[3]

3 Vgl. Freud, *Das Ich und das Es*, S. 283-306, 315-325; Freud, *Neue Folge der Vorlesungen zur Einführung in die Psychoanalyse*, S. 496-516; Jones, »Rationalisation in Every-Day Life«, S. 161-169.

Ganz sicher gibt es gewisse basale Bedürfnisse, Begierden, Ängste, Hoffnungen etc., die ihrerseits nicht mehr auf Gründe zurückgehen und deren Gegenwart uns manchmal nicht einmal bewusst ist (sie mögen in ihrer Herkunft biologisch verankert, evolutionär entstanden, vielleicht genetisch vermittelt sein, sie mögen in ihrem Inhalt psychisch verdrängt, sozial verstellt, womöglich prinzipiell unzugänglich sein). Ganz sicher auch bilden solche unmittelbaren Neigungen, Abneigungen, Stimmungen, Launen etc. oftmals die maßgeblichen Ansatzpunkte oder liefern die relevanten Antriebe für unser Tun und Lassen (insbesondere würden viele unserer Aktionen ohne derartige Hintergründe überhaupt nicht stattfinden).

Aber wenn wir auf dieser Grundlage Entscheidungen treffen oder Handlungen vollziehen, so sind diese im Normalfall doch wieder von bewussten Gründen geleitet, die sich auf eben jene ursprünglichen Ansatzpunkte oder auf die von ihnen ausgelösten Bestrebungen *beziehen* (auch wenn sich uns deren eigentlicher Ursprung und wahres Wesen dabei vielleicht nicht vollständig erschließt). Insbesondere haben wir Gründe, moralische oder nichtmoralische, gute oder schlechte, wenn es darum geht, ob wir diesen originären Antrieben beziehungsweise den von ihnen bewirkten Vorsätzen *nachgeben* (auch wenn wir deren tiefere Quelle oder tatsächliche Natur hierbei womöglich nicht vollumfänglich durchschauen).

Man mag diese Konstellation als »Rationalisierung« betiteln, insofern hierbei nachfolgende rationale Erwägungen auf vorgängige nichtrationale Tendenzen rekurrieren. Aber dies ändert nichts daran, dass unser Tun und Lassen, selbst wenn es von jenen Vorgaben und Ausstattungen ausgeht, (auch) durch bewusste Gründe bestimmt ist (die wie üblich ihrerseits über ihre eigenen psychischen, sozialen, letztlich neuronalen Abbildungen wirksam werden). Man mag mit »Rationalisierung« zudem auf den Umstand hinweisen, dass wir gelegentlich unwahre Gründe angeben, vorgeschützte Gründe nennen, etwa gute Gründe fingieren, wo wir tatsächlich schlechten Gründen folgen. Aber auch in diesem Fall bleibt es dabei, dass unsere Entscheidungen und Handlungen, und nicht zuletzt jene Verzerrungen und Umdeutungen selbst, von (unredlichen) bewussten Gründen bestimmt sind (welche einmal mehr über ihre jeweiligen kausalen Repräsentationen wirken).

Dass uns tatsächlich *gar keine bewussten Gründe* leiten, dass

Bedürfnisse, Begierden, Ängste, Hoffnungen etc. unser Entscheiden und Handeln quasi direkt oder sogar unerkannt bestimmen, ohne dass irgendwelche Gründe daran beteiligt wären oder indem sämtliche Gründe hierdurch überwältigt würden, mag zwar gelegentlich vorkommen. Auch mag es zuweilen geschehen, dass wir in diesen Fällen dennoch fälschlich Gründe unterstellen, weil das entstehende Verhalten immer noch von gewissen Zwecken geleitet zu sein scheint, während es tatsächlich allein auf bestimmte Ursachen der genannten Art zurückgeht. Doch handelt es sich hierbei *um recht ungewöhnliche Zustände*, die wohl eher die Ausnahme als die Regel bilden. Üblicherweise folgen wir in unserem Verhalten bewussten Gründen, mögen diese noch so primitiv oder rudimentär sein, indem sie etwa feststellen, dass uns bestimmte Neigungen, Abneigungen, Stimmungen, Launen etc. erfüllen, und uns dann sagen, wie wir damit umgehen dürfen oder sollen. Und wenn es doch einmal zu einer irreführenden Rationalisierung kommt, wenn wirklich einmal ein rein kausales Geschehen als ein angeblich rationaler Vollzug ausgegeben wird, so lässt sich immerhin fragen, ob diese fälschliche Umdeklarierung nicht *ihrerseits* wieder ein rationaler Akt ist. Er mag von Unkenntnis, von Einbildung, von Fehlwahrnehmung, von Selbstüberschätzung begleitet sein, er mag dem Schein, der Verstellung, dem Vorwurf, der Rechtfertigung dienen. Aber trotz all dieser Hintergründe und gerade in jenen Zielsetzungen kann die fragliche Einstufung *selbst* offenbar auf bewussten Gründen beruhen. Diese mögen unzureichend oder unangemessen, fehlerhaft oder unehrlich sein, aber sie können allemal eine rationale Dimension haben, etwa prudentiellen Typs oder moralischer Art.

Ist das *unbewusste Bereitschaftspotential* (*readiness potential*), dessen zentrale Rolle in der hirnphysiologischen Aktionsvorbereitung durch verschiedene Experimente nachgewiesen wurde, nicht ein Beleg dafür, dass Willensfreiheit im skizzierten Sinne eines Entscheidens und Handelns nach *bewussten Gründen* eben nicht existiert? Wenn es stimmt, dass menschliche Körperbewegungen durch neuronale Aktivitäten eingeleitet werden, die von keinem bewussten Erleben der Person begleitet sind und deren bewusstem Entschluss zum Handeln zeitlich vorausgehen, ist dann nicht zuzugestehen, dass menschliches Entscheiden und Handeln gerade nicht (auch) von bewussten rationalen Strukturen geleitet wird, sondern letztlich (allein) von unbewussten neuronalen Prozessen verursacht ist?[4]

Neben zahlreichen Problemen des experimentellen Aufbaus, der apparativen Messung und der statistischen Auswertung stellt sich zunächst die Frage, ob bei den angeführten Versuchen *überhaupt Gründe* im Spiel waren oder lediglich eine kapriziöse Motorik abgerufen und untersucht wurde. Immerhin wurden die Versuchspersonen aufgefordert, zu einem beliebigen Zeitpunkt eine bedeutungslose Handbewegung auszuführen, und die Anweisung lautete teilweise sogar explizit, hierbei auf jegliches Nachdenken und Vorausplanen zu verzichten. Während also womöglich die vorausgehende Entscheidung, überhaupt an dem Experiment teilzunehmen, auf Gründe zurückgehen mochte (dieser Entschluss aber freilich nicht in dem Test untersucht wurde), wurden alle nachfolgenden Vollzüge, die in dem Experiment Gegenstand waren, nahezu akribisch von jedem Bezug auf Gründe gereinigt (namentlich der Zeitpunkt der Handbewegung). Wenn aber keine Gründe involviert sind, kann nach der vorliegenden Theorie ohnehin keine Willensfreiheit vorliegen. Falls dann zudem gewisse kausal relevante, aber unbewusste neuronale Prozesse auftreten mögen, ist dies offenbar ohne Aussagekraft für die Freiheitsfrage. Entsprechend würde das Experiment ein wenig an einen Versuch erinnern, bei dem man einen Probanden dazu auffordert, die Augen zu schließen, sodann mit erheblichem technischen Aufwand feststellt, dass er nichts mehr sieht, und hieraus folgert, dass Menschen blind seien.

Ich will im Weiteren jedoch annehmen, dass solche unbewussten neuronalen Anbahnungen auch bei Handlungen auftreten, die auf *bewusste Gründe* zurückzugehen scheinen. Das heißt, ich gehe davon aus, dass auch in Fällen, wo der Betreffende auf Nachfrage bewusste Gründe für sein Verhalten nennen würde, unbewusste Prozesse seiner Entscheidung zeitlich vorausgehen und kausal ausschlaggebend für sie sind. Die Frage ist dann, ob Willensfreiheit

4 Vgl. Haggard, »Conscious Awareness of Intention and of Action«, S. 113-119; Haggard/Eimer, »On the Relation Between Brain Potentials and the Awareness of Voluntary Movements«, S. 128-133; Libet, »Unconscious Cerebral Initiative and the Role of Conscious Will in Voluntary Action«, S. 529-536; Libet, »Do We Have Free Will?«, S. 47-51; Libet, *Mind Time*, S. 123-137; Libet/Gleason/Wright/Pearl, »Time of Conscious Intention to Act in Relation to Onset of Cerebral Activity (Readiness-Potential)«, S. 623-642.

durch diesen Umstand untergraben würde. Immerhin scheinen in diesem Fall jene bewussten Gründe, die der Betroffene für sein Tun angeben würde, tatsächlich keine relevante Rolle für sein Verhalten zu spielen. Genauer scheint sein Entscheiden und Handeln überhaupt nicht von den kausalen Repräsentationen jener bewussten Gründe abzuhängen. Stattdessen scheint alle kausale Wirksamkeit allein von dem unbewussten Bereitschaftspotential auszugehen.

Aber wenn es damit auch ein unbewusstes und wirksames Bereitschaftspotential vor einer Entscheidung oder Handlung geben mag, impliziert dies eben nicht, dass die *Gründe* jener Entscheidung oder Handlung unbewusst sind, und auch nicht, dass diese *Gründe* nicht ebenfalls wirksam wären. Unbewusst ist möglicherweise die *neuronale Ursache* der Handlung, im Sinne ihres ersten In-Gang-Setzens, beziehungsweise der *mentale Zustand*, der durch diesen neuronalen Zustand realisiert wird. Doch erstens kann diese punktuelle Ursache ihrerseits einer *umfassenden Disposition* entspringen, in welcher der maßgebliche Grund für die Handlung durchaus seine *bewusste Repräsentation* hat. Dann wäre die entstehende Handlung sehr wohl die Wirkung einer bewussten Repräsentation eines Grundes, eben indem das jene Handlung *einleitende Bereitschaftspotential* selbst aus jener zugrunde liegenden Disposition hervorginge. Und zweitens wurde immer betont, dass Willensfreiheit auch dann vorliegt, wenn eine *beliebige Ursache* dazu führt, dass man einem *bewussten Grund* folgt. Selbst wenn daher das die Handlung einleitende Bereitschaftspotential nicht auf eine Disposition zurückgeht, die ihrerseits einen bewussten Grund repräsentiert, kann doch immer noch die durch dieses Bereitschaftspotential *eingeleitete Handlung* von einem bewussten Grund bestimmt sein, womit unverändert Willensfreiheit gegeben wäre.

Ich kann mir also eines Grundes, dem ich folge, allemal bewusst sein, wie für Willensfreiheit erforderlich, auch wenn die durch jenen bewussten Grund geleitete Entscheidung oder Handlung durchaus unbewusste Anfänge oder Vorläufer hat (und zwar gleich ob diese ihrerseits in bewussten Gründen wurzeln oder nicht). Solche unbewussten Auftakte oder Ursprünge hat aber ohnehin jede Handlung, und zwar nicht erst im Auftreten eines Bereitschaftspotentials, sondern bereits in einer Reihe anderer Vorausbedingungen, etwa dem Akt meiner Zeugung oder der Entstehung des Universums (die jedenfalls nicht auf meine und womöglich auf gar keine bewussten Gründe zurückgehen). Auch diese Ereignisse sind mir nicht bewusst, weil sie vor meiner mentalen Existenz liegen, und sicherlich sind sie wirksam in meinen Handlungen, indem sie kausale Voraussetzungen für sie bilden. Aber das heißt nicht, dass meine Handlungen nicht zudem von bewussten Gründen geleitet werden, dass ihre Richtung und ihr Verlauf nicht massiv und maßgeblich von der genauen Gestalt rationaler Strukturen abhängen, deren bewusste Repräsentationen in mir vorhanden und effektiv sind, gleichgültig welche weiteren Ursachen es auch immer dafür geben mag, dass und wie sie in mir abgebildet und wirksam werden beziehungsweise dass und wie ich von ihnen weiß und ihnen folge. Ein Problem bestünde erst, wenn wir für *gar* keine bewussten Gründe empfänglich wären: Dann wären wir in der Tat niemals frei, weil wir eben keine bewussten Gründe haben könnten, nach denen wir handeln. Aber dass wir *teilweise* unbewussten Ursachen ausgesetzt sind, ist ein harmloser Umstand: Auch dann kann es immer noch Gründe geben, die uns zum Handeln bestimmen, und sie können uns dabei allemal bewusst sein.

Ist das hier vertretene Modell *menschlicher Willensfreiheit* mit der womöglich fragwürdigen Idee eines *erweiterten Geistes* (*extended mind*) verwandt? Soll nicht, so wie dort der Geist des Menschen über seine unmittelbaren mentalen Operationen hinaus auf externe kognitive Gehalte hin erweitert wird, hier die Freiheit des Menschen statt in seinen eigenen mentalen Strukturen in den externen rationalen Gründen gesucht werden?[5]

Die These des erweiterten Geistes hat meines Erachtens durchaus recht damit, den Horizont der Person über den engeren Bereich ihres unmittelbaren Bewusstseins hinaus zu öffnen. Nur hierdurch kann insbesondere ein adäquater Begriff von menschlicher Freiheit entwickelt werden, die nun einmal jenseits der kausalen Natur mentaler Prozesse verankert sein muss. Nun ist Freiheit aber nicht das Thema jener These. Und tatsächlich begeht sie diesbezüglich aus Sicht der hier entworfenen Theorie zwei wesentliche Fehler.

Erstens zielt sie bei ihrer Extension nicht den Raum der *Gründe* als abstrakte, *nichtkausale* Entitäten an. Stattdessen öffnet sie die Person in Richtung beliebiger *Wissensdokumente*, etwa Tatsachenhinweise, Ortsangaben oder Erinnerungsaufzeichnungen, die in

5 Vgl. Clark/Chalmers, »The Extended Mind«, S. 12-18; Noë, *Out of Our Heads*, S. 3-14, 24, 65, 81 f., 87-89, 164 f.

konkreter, *kausaler* Gestalt vorliegen, beispielsweise als Aktensammlungen, Landkarten oder Notizbücher außerhalb des jeweiligen Bewusstseins. Zweitens rechnet sie diese eigentlich externen Wissensdokumente dann provokant dem gegebenen mentalen Bereich *zu*, eben indem sie diesen als einen *erweiterten Geist* versteht, der sich über das ihm unmittelbar Präsente hinaus auf andernorts abgelegte Informationen erstrecken soll. Sie belässt es nicht beim Bewusstsein *von* bestimmten Gehalten, die uns frei machen können, gerade weil unsere mentalen Operationen auf sie als *unabhängige Größen* ausgreifen.

Meine Freiheit übersteigt sicherlich meine Person, meine psychische Konstitution und deren korrelierende neuronale Basis. Aber dies geschieht nicht durch Ausdehnung meines Geistes (*mind*), der über meinen unmittelbaren mentalen Bereich hinaus auf einmal auch weitere kausale Wissensdokumente in sich einbegreifen sollte, sondern durch meine Orientierung an Gründen (*reasons*), die als nichtkausale Größen gerade außerhalb meiner mentalen Zustände liegen. Die These des erweiterten Geistes macht sich demgegenüber einer falschen Mentalisierung schuldig. Analog zur geläufigen Mentalisierung der Gründe, bei der diese unversehens mit psychischen Zuständen gleichgesetzt werden, etwa mit Überzeugungen oder Wünschen, statt sie als ursprünglich rationale Entitäten anzuerkennen, nimmt sie eine Mentalisierung externer Wissensdokumente vor, die zuletzt dem eigenen psychischen Bereich zugeschlagen werden, etwa als Komponenten von Gedanken oder als Formen von Gedächtnis, obgleich man lediglich indirekten Zugang zu ihnen hat.

Eher schon könnte man die hier vertretene Position mit einer These erweiterter Kognition (*extended cognition*) verbinden, und sie dürfte zudem an verwandte Theorien von verkörperlichter (*embodied*), eingebundener (*embedded*), verteilter (*distributed*) oder umgebungsbezogener (*enacted*) Kognition anschlussfähig sein. Denn mit Kognition (*cognition*), anders als mit Geist (*mind*), mag man in der Tat nicht mehr auf den mentalen Bereich abzielen, in seinen bewussten oder auch unbewussten Teilen, die man nun spekulativ über die unmittelbaren Bestände einer gegebenen Erste-Person-Perspektive hinaus ausweiten wollte, sondern auf integrale Problemlösungsprozesse, auf umfassende und vielschichtige Erkenntnisgewinnungsstrategien, die als solche gewiss den indirekten

Ausgriff auf externe Wissensquellen einschließen können (*extended cognition*), ebenso wie die funktionelle Verankerung im eigenen Körper (*embodied cognition*), geeignete Arrangements der jeweiligen Umwelt (*embedded cognition*), das koordinierte Zusammenwirken mit anderen Akteuren (*distributed cognition*) oder lebendige Interaktionen mit einer sinntragenden Umgebung (*enacted cognition*). All diese Verknüpfungen und Bezüge ließen sich problemlos in den Rahmen der vorliegenden Freiheitsdeutung aufnehmen. Jeweils käme es aber darauf an, dass sie zuletzt den Bereich der Gründe erschließen und ihn dem Bewusstsein der Person zuführen, um die Freiheit ihrer kognitiven Akte sowie ihrer anschließenden Entscheidungen und Handlungen zu gewährleisten.

33. Ethische Fragen

33.1. Handelt der Mensch immer *gut*, wenn er *willensfrei* agiert? Ist also der Böse immer unfrei, folglich auch nicht verantwortlich für sein Tun und Unterlassen?

Manche Freiheitstheorien können zu diesem irritierenden Schluss gelangen, indem sie Willensfreiheit genauer als bewusste Befolgung *guter moralischer Gründe* verstehen, das heißt als Orientierung menschlichen Handelns an korrekten sittlichen Standards (welche dies auch immer sein mögen). Wer dann von diesen moralisch verbindlichen Normen abweicht, muss entsprechend als unfrei und somit auch als nicht verantwortlich gelten. In der vorliegenden Freiheitsdeutung wird dieses seltsame Resultat indessen vermieden, da sie Willensfreiheit allgemeiner als bewusste Bestimmung *durch irgendwelche Gründe* begreift, gleich welchen Typs und welcher Qualität (moralisch oder nichtmoralisch, angemessen oder verfehlt). Wer dann moralisch unzureichenden Gründen bewusst folgt, ist immer noch frei und mithin auch durchaus verantwortlich.

So gibt es zum einen unter den *moralischen* Gründen, also jenen Prinzipien und Urteilen, die sich in irgendeiner Weise mit dem moralisch Richtigen und Falschen befassen, *auch schlechte* Gründe. Es gibt unzulängliche moralische Theorien wie den Egoismus, dem zufolge man allein der Optimierung des eigenen Nutzens nachgehen sollte, es gibt abwegige moralische Intuitionen wie ein Rachedenken, das an unschuldigen Personen Vergeltung zu nehmen bereit ist. Dennoch wird jemand, der egoistischen Gründen folgt, immer noch von rationalen Strukturen bestimmt, ist also nicht weniger frei als jemand, der Rechte und Pflichten nach einer stimmigeren Regel abzuwägen versteht. Ebenso bewegt sich jemand, der von Gründen der Rache geleitet wird, immer noch im Feld des Rationalen, ist also auch in vollem Umfang verantwortlich für sein Tun, ebenso wie wenn er lobenswerten Vorsätzen folgte. Überdies gibt es zum anderen *nichtmoralische* Gründe, das heißt Gründe, die als solche *überhaupt nicht* das moralisch Richtige oder Falsche thematisieren. Hierher gehören Gründe logischer, mathematischer, prudentieller, ästhetischer oder epistemischer Art, vielleicht zudem Gründe weiterer, bislang nicht thematisierter Typen. Wenn man diesen Gründen folgt, ist man ebenfalls willensfrei, weil sie allesamt nichtkausale Strukturen darstellen. Und wenn man sich mit ihnen in einem moralisch relevanten Bereich bewegt, wird man entsprechend auch moralisch verantwortlich für sein Tun gemacht werden können, insbesondere wenn man darüber gute moralische Gründe vernachlässigt.

Beispielsweise kann jemand andere Menschen schädigen, übergehen, ausnutzen, missachten, indem er sämtliche moralischen Gründe ignoriert und allein aus prudentiellen Erwägungen handelt. Dann ist er willensfrei, weil er in seinem Handeln bewussten Gründen folgt (eben prudentiellen, indem er den eigenen Vorteil sucht oder die eigene Zufriedenheit befördert), und verantwortlich, weil sein Handeln eine moralische Dimension hat (indem es andere beeinträchtigt, ihr Dasein einschränkt oder ihre Würde untergräbt). Womöglich hat er sich sogar explizit dazu entschieden, alle moralischen Gründe zu ignorieren, etwa aus (unzureichenden) wissenschaftlichen Gründen oder aus (schlechten) philosophischen Gründen, die ihm die Irrelevanz aller Moralität nahezulegen schienen. Aber auch dann folgt er bewussten Gründen, in moralischen Kontexten. Mithin ist er willensfrei und verantwortlich. Insbesondere ist er moralisch kritisierbar für sein Tun oder Unterlassen.

Umgekehrt kann jemand lediglich aus moralischen Gründen handeln und sich dabei entgegen allen prudentiellen Gründen für andere Menschen einsetzen, hintanstellen, aufreiben, vernachlässigen. Auch er ist dann willensfrei und verantwortlich, denn er folgt bewussten Gründen in moralischen Zusammenhängen. Genau hierfür mag er wieder übergeordnete Gründe haben, insbesondere erneut moralischer Art. Und sicherlich ist er in seinem Tun oder Unterlassen prudentiell kritisierbar, weil er seinen eigenen Vorteil in offenkundiger Weise unterläuft. Dabei muss ich mich an dieser Stelle nicht festlegen, wie derartige Konflikte aufzulösen wären. Vielleicht haben moralische Forderungen stets eindeutigen Vorrang gegenüber prudentiellen Vorgaben, vielleicht gibt es keine absolute Rangfolge zwischen beiden Bereichen rationaler Normativität.[6]

Jemand, der moralischen Gründen folgt, kann selbstverständlich Vergnügen hieran empfinden oder Anerkennung dafür ernten. Dies sollte man keinesfalls für einen vorschnellen Sophismus heranziehen, dem zufolge allein diese psychischen oder sozialen Vorteile sein Handeln bestimmten, er also in Wahrheit einzig prudentiellen Gründen nachgehe: Es ist eine Sache, wenn jemand moralisch motiviert ist und nachfolgend Genuss am Gelingen empfindet oder Zuspruch für sein Tun erfährt. Eine solche Konstellation kann auch in anderen Gebieten, beispielsweise in Kunst oder Wissenschaft, eintreten – und vielleicht macht gerade sie die Menschen, die auf diese Weise ihren ästhetischen oder epistemischen Gründen folgen, zu wahren Künstlerinnen beziehungsweise Wissenschaftlerinnen. Es ist eine andere Sache, wenn jemand nur diesen Genuss oder Zuspruch sucht und daher rein prudentiell motiviert ist. Auch diese Konstellation kann sich in vielen Gebieten einstellen und die Menschen, die derart motiviert sind, allein zu verkappten Hedonisten oder Opportunisten machen – womit sie freilich, eben indem sie von prudentiellen Gründen bewegt werden, immer noch willensfrei und verantwortlich sind.

Gewiss ist es ein Gebot adäquater Zurückhaltung, sich nicht einzubilden, dass man diese Unterscheidung im konkreten Einzelfall stets richtig oder auch jemals sicher treffen könne. Aber ebenso wäre es ein Zeichen überzogener Misanthropie, wenn man behauptete, dass es diese Differenz überhaupt nicht gäbe oder letztlich niemand zur ersteren Gruppe gehörte: Menschen tun nicht nur Dinge, weil sie sie mögen oder gewohnt sind, und erklären sie deshalb für richtig. Vielmehr tun Menschen auch Dinge, weil sie sie für richtig erachten, und mögen sie deshalb oder gewöhnen sich an sie. Analog sind manche Handlungen nicht etwa falsch, weil Men-

6 Vgl. Hübner, »Zwischen Tautologie und Indifferenz?«, S. 67-85.

schen über sie empört oder von ihnen abgestoßen sind. Vielmehr sind Menschen zuweilen empört oder abgestoßen, weil bestimmte Handlungen falsch sind.[7]

Nebenbei gesagt, verschafft durchaus nicht jede Gründeerfüllung Vergnügen oder Anerkennung, führt nicht jede Gründebefolgung zumindest zu einem gehobenen Selbstwertgefühl oder gelegentlichem Beifall. Und dennoch handeln Menschen auch in diesen Fällen zuweilen nach jenen Gründen, die sie als einschlägig erachten. Umgekehrt dürfte ein bloßer Hedonismus oder Opportunismus, bei dem man bestimmten Gründen allein aus der Motivation heraus folgt, das eigene Befinden oder Ansehen zu befördern, auf Dauer kaum erfolgreich sein. Es gehört zur tiefen Ironie menschlichen Daseins, dass man Genuss, Zuspruch etc. gerade nicht erfährt, wenn sie ihrerseits das maßgebliche Ziel des eigenen Handelns bilden – entsprechende Versuche, in sich selbst glückliche Gefühle zu erzeugen oder um sich her respektvolle Bestätigung auszulösen, enden in aller Regel mit tragikomischen Fällen von vergeblicher Selbstsuggestion oder fruchtloser Fremdmanipulation. Man verspürt wahren Genuss, man erlangt echten Zuspruch letztlich nur, wenn man aus intrinsischer Motivation heraus den jeweils einschlägigen Gründen folgt. Man erreicht Glück, man gewinnt Respekt nur, wenn man sich den Dingen und Wesen um ihrer selbst willen zuwendet, man erlebt Vergnügen, man erntet Anerkennung nur, wenn man ernsthafte Hingabe an ein höheres Ziel übt – wobei es aber eben auch keine Garantie dafür gibt, dass sich diese Effekte einstellen.

Wie immer sich dies indessen auch verhalten mag, in allen genannten Fällen sind im menschlichen Agieren *auch Gründe* am Werk – selbst wenn es letzten Endes allein prudentielle Gründe sein sollten, die dem eigenen Genuss oder dem fremden Zuspruch dienen. Es sind nicht *nur Ursachen* am Werk – insbesondere nicht lediglich psychosoziale Mechanismen, aufgrund derer Vergnügen oder Anerkennung menschliches Verhalten quasi unmittelbar hervorbringen würden. Gewiss müssen jene Gründe wie üblich in Ursachen repräsentiert sein, namentlich psychischer, sozialer, letztlich neuronaler Art. Dies ist auch bei moralischen Gründen der Fall, die uns etwa in Überzeugungen oder Erwartungen entgegen-

7 Vgl. Hübner, *Die Bilder der Gerechtigkeit*, S. 86 f.; Hübner, *Einführung in die philosophische Ethik*, S. 232-236.

treten und zuletzt in den Zuständen unserer Gehirne abgebildet sind. Aber es ändert nichts an unserer Willensfreiheit, egal ob die Gründe prudentiell oder moralisch, gut oder schlecht sind. Und es ändert nichts an unserer Verantwortlichkeit, sobald es sich um eine moralisch relevante Situation handelt.

33.2. Ist es nicht offensichtlich, dass manche Menschen aufgrund *problematischer dauerhafter Neigungen* (etwa Pädophilie, Aggressivität) oder *misslicher punktueller Befindlichkeiten* (etwa körperlicher Beschwerden, seelischer Überlastung) schwerer guten Gründen folgen können? Und ist es nicht unfair, sie dennoch für ihr Tun verantwortlich zu machen, jedenfalls sofern diese Neigungen und Befindlichkeiten nicht in ihrer Macht liegen, sondern auf ungünstige Persönlichkeitsanlagen oder Umwelteinflüsse, auf unverschuldete Erkrankung oder Überforderung zurückgehen?

Es ist auch offenkundig, dass manche Menschen wegen prekärer dauerhafter Umstände (etwa Bürgerkriege, Gewaltherrschaften) oder schlimmer punktueller Gegebenheiten (etwa ökologischer Katastrophen, ökonomischer Krisen) schwerer guten Gründen folgen können. Und trotzdem schiene es verfehlt, sie allein deshalb nicht als verantwortlich für ihr Tun anzusehen, auch wenn jene Umstände und Gegebenheiten sich ebenfalls ihrer Kontrolle entziehen, durch Gesellschaft und Geschichte, durch Natur und Kultur hervorgebracht werden.

Innere wie äußere Konstellationen, gleich ob positiver oder negativer Art, können nicht als solche über die Frage der Verantwortlichkeit entscheiden. An sich selbst bilden sie vielmehr jene persönlichen und gesellschaftlichen Hintergründe, vor denen sich diese Frage überhaupt erst stellt. »Unfair« ist das Schicksal, wenn es den einen mit problematischen Eigenschaften ausstattet oder in missliche Stimmungen versetzt, den anderen nicht. »Unfair« ist der Zufall, wenn er den einen unter prekären Bedingungen leben lässt oder in schlimme Situationen führt, den anderen nicht. Aber dadurch werden die Betroffenen nicht schon weniger verantwortlich dafür, wie sie mit ihrer Lage umgehen. Vielmehr ist es in all jenen Konstellationen möglich, dass sie ein verantwortliches Verhalten zeigen oder verfehlen.

Daher kann der Kindervergewaltiger nicht zu mir sagen: »Es ist unfair, mich zu verurteilen, weil du meine Disposition nicht hast, also nie zu derartigen Verstößen verlockt werden konntest wie ich.« Ebenso wenig kann der Kriegsverbrecher zu mir sagen: »Es ist unfair, mich zu verurteilen, weil du nie in der Schlacht warst, also auch nie zu solchen Untaten verführt werden konntest wie ich.« Und dies liegt gerade daran, dass beide in ihrem Tun immer noch von Gründen geleitet gewesen sein können. Nicht zuletzt können beide Gründen folgen, die eben auf jene Anlagen oder Verhältnisse Bezug nehmen, nämlich Vorgaben dafür formulieren, welche Entscheidungen und Handlungen vor diesem Hintergrund zu vollziehen sind.

Schlechte Neigungen oder Befindlichkeiten, ebenso wie ungute Umstände oder Gegebenheiten, führen nicht automatisch dazu, dass man keinen Gründen folgt, auch wenn man ohne jene Anlagen oder außerhalb jener Verhältnisse womöglich auf *andere* Weise gehandelt hätte, *anderen* Gründen gefolgt wäre, oder vielleicht auf die gegebene Weise gar nicht hätte handeln können, den gegebenen Gründen gar nicht hätte folgen können. Solange Gründe aber leitend sind, ist man *willensfrei*, und auch *verantwortlich*, sofern es sich um eine moralisch relevante Situation handelt. Dies bestätigt sich darin, dass man Menschen, die trotz derartiger Neigungen oder in solchen Umständen das Richtige tun, hochgradig *wertschätzt* – denn eben diese Wertschätzung kann ihrerseits nur adäquat sein, wenn man ihre Freiheit nicht bestreitet, sondern bekräftigt. Und es schließt freilich nicht aus, dass man Menschen mit derartigen Anlagen oder in solchen Verhältnissen ihre Fehltritte womöglich *verzeiht* – denn gerade auch Verzeihen leugnet keineswegs Freiheit, wie man vorschnell meinen könnte, sondern setzt sie voraus (siehe Abschnitt 33.3).

Können *physiologische Zustände* (etwa Hunger, Ermüdung) oder *externe Faktoren* (etwa Ernährung, Medikamente) nicht unsere Entscheidungen und Handlungen beeinflussen? Und untergräbt dies nicht die Freiheit unseres Willens, insbesondere wenn wir jene Zustände und Faktoren nicht ihrerseits steuern können?

Auch ererbte Merkmale (etwa Temperamentanlagen, Talentausstattungen) oder erworbene Prägungen (etwa Ängstlichkeit, Reizbarkeit) beeinflussen unsere Entscheidungen und Handlungen. Und obgleich sich diese Attribute und Formungen ebenfalls unserem Zugriff entziehen, stellen sie nicht die Freiheit des Willens in Frage.

Es mag sein, dass ich in bestimmten Zuständen oder unter bestimmten Faktoren, mit gegebenen Merkmalen oder aufgrund gegebener Prägungen *anders* entscheide oder handle, als ich es bei *anderen* Konstellationen getan hätte. Aber solange ich in *beiden* Fällen Gründen folge, bin ich in *beiden* Fällen frei und verantwortlich, auch wenn ich vielleicht jeweils verschiedenen Gründen folge, also in anderem Verhalten frei und für andere Taten verantwortlich bin. Hier sei noch einmal daran erinnert, dass all unsere faktischen Bedingtheiten, seien sie psychisch oder sozial, seien sie genetisch oder neuronal, nicht etwa einen *Rahmen* für unser freies Entscheiden und Handeln vorgeben. Sie bilden keine Einsäumung, *innerhalb derer* wir irgendeinen (derart verbliebenen) Freiraum für unsere (entsprechend bedingte) Freiheit nutzen könnten. Vielmehr findet all unser Gründefolgen stets auf der *Basis* unserer psychischen, sozialen, genetischen, neuronalen Ausstattung statt. Und wie unterschiedlich dieses Fundament auch beschaffen sein mag, so sind wir doch uneingeschränkt willensfrei und verantwortlich, solange wir *auf ihm* gewissen (stets nichtkausalen) Gründen mit unserem (durchweg kausalen) Bewusstsein folgen.

Nicht verantwortlich sind wir üblicherweise für die Vorgeschichte und die Grundlage unseres Entscheidens und Handelns: Nicht verantwortlich sind wir für die Eigenschaften, mit denen wir durch Vererbung oder Erziehung ausgestattet sind, und für die Stimmungen, in die wir durch somatische Vorgänge oder äußerliche Einwirkungen versetzt werden. Nicht verantwortlich sind wir für die Bedingungen, unter denen wir aufgrund von Gesellschaft und Historie leben müssen, und für die Situationen, in denen wir uns angesichts von kontingenten Geschehnissen oder äußerer Koinzidenz zu bewähren haben. Das Gleiche gilt für all die sonstigen Einflüsse, Kapazitäten und Dispositionen, denen wir uns jenseits unserer Kontrolle ausgesetzt finden, die nicht auf unsere Gründe zurückgehen und deren Existenz uns vielleicht nicht einmal bewusst ist. Aber solange wir vor dem Hintergrund dieser Vorgaben von bewussten Gründen geleitet werden, tragen wir für unsere Entscheidungen und Handlungen die Verantwortung. An dieser Verantwortung ändert sich nichts dadurch, dass wir mit anderen Eigenschaften, bei anderen Stimmungen, unter anderen Bedingungen, in anderen Situationen vielleicht anders entschieden und gehandelt hätten, also anderen bewussten Gründen gefolgt wären. In diesen Fällen trügen wir eben eine andere Verantwortung, würden die Urteile über uns abweichend lauten. Und vielleicht müsste man uns andere Dinge verzeihen.

Verantwortlich sind wir insbesondere regelmäßig für die erwarteten Konsequenzen und die intentionalen Elemente unseres Entscheidens und Handelns: Verantwortlich sind wir für die Dinge, die aus unserem Tun und Lassen entstehen und dabei nach bestem Wissen und Gewissen von uns vorhergesehen sind. Verantwortlich sind wir für die Zwecke, die wir verfolgen, für die Mittel, die wir hierfür einsetzen, und für die Nebeneffekte, die wir dabei hinnehmen. Denn die Konstellation all dieser Parameter, das Zusammenspiel dessen, wovon wir mit Gewissheit oder mit Wahrscheinlichkeit denken, dass es durch unser Entscheiden zustande kommt, das Gefüge dessen, wovon wir mit Absicht oder mit Duldung glauben, dass es durch unser Handeln herbeigeführt wird, macht gerade den Gehalt unserer bewussten Gründe aus. Wenn wir andere Möglichkeiten und Wahrscheinlichkeiten annehmen, wenn wir andere Absichten und Inkaufnahmen ausbilden, so sind es eben andere bewusste Gründe, denen wir folgen. Und folglich ist es auch eine andere Verantwortung, die wir tragen. Keine andere Verantwortung liegt hingegen vor, wenn durch äußeres Geschick oder fremdes Zutun aus gleichen Handlungen, das heißt aus übereinstimmenden Aussichten und identischen Intentionen, abweichende Folgen entstehen – denn dann sind es immer noch *dieselben* bewussten Gründe, die *uns leiten* in unserem Tun. Und gar keine Verantwortung tragen wir für die völlig unvorhergesehenen Folgen unseres Tuns, die ungeahnten Geschehnisse, die ungeplanten Wechselfälle, die, komisch oder tragisch, aus unseren Taten entspringen – denn diese fallen *überhaupt nicht* in das Spektrum unserer bewussten Gründe, und entsprechend wird man uns für sie *entschuldigen* müssen (siehe Abschnitt 33.3).

33.3. Welche Konstellationen können *verhindern*, dass man bewussten Gründen folgt, also willensfrei agiert, obwohl Gründe unter den gegebenen Umständen einschlägig wären? Welche Gegebenheiten können insbesondere in moralisch relevanten Situationen dazu führen, dass man in seinem Handeln von *keinen* bewussten Gründen geleitet wird, also nicht verantwortlich ist, weder Verdienst noch Schuld trägt?

Zunächst können offenbar äußere Umstände, natürlicher oder sozialer Art, dazu führen, dass zwar das Wollen von bewussten Gründen bestimmt ist, sich aber nicht auch in ein Handeln gemäß jenen Gründen zu übersetzen vermag. Abgesehen davon sind es vor allem drei innere Defizite, persönlichen beziehungsweise psychischen Typs, aufgrund derer Willensfreiheit und Verantwortlichkeit, gemäß der hier skizzierten Theorie, in je spezifischer Weise scheitern können.[8] In einer gegebenen Situation mag es schwierig sein, diese Varianten eindeutig voneinander zu unterscheiden, und vielleicht ist auch in grundsätzlicher Hinsicht davon auszugehen, dass Mischformen von ihnen vorkommen. Dennoch liefern sie einen sinnvollen Rahmen, der die maßgeblichen Ebenen angibt, auf denen Willensfreiheit erreicht oder verfehlt werden kann, und markieren damit die zentralen Fragen, anhand derer man im jeweiligen Einzelfall zu klären hätte, ob Verantwortlichkeit vorliegt oder nicht.[9]

Erstens kann es sein, dass jemand gar keinen *Zugang* zu den Gründen findet, weil seine *Einsicht* diese nicht erschließt, ihre Gehalte nicht erfasst (sei es momentan aufgrund von Betäubung, Schock, Rausch, sei es permanent aufgrund von mentaler Unreife, psychischer Erkrankung, geistiger Behinderung). Dies entspricht jener Situation, die nach Platons beziehungsweise Sokrates' Auffassung letztlich die einzige Erklärung dafür bilden soll, dass jemand falsche Entscheidungen trifft oder falsche Handlungen vollzieht, nämlich einem Zustand der Unkenntnis (*amathia*), des Verfehlens der Wahrheit aufgrund eines Versagens der Vernunft, also eines mangelnden Wissens von Gründen (Abwesenheit oder Verlust des relevanten Wissens).[10] Da man die Gründe hierbei überhaupt nicht erkennt, da man sich ihrer gar nicht bewusst ist, wird man weder in seinem Wollen noch in seinem Handeln von ihnen bestimmt, sondern zeigt allenfalls ein Verhalten gemäß externen Gründen, die einem von anderen Menschen aufgeprägt werden, wie einem

8 Vgl. Fischer, *The Metaphysics of Free Will*, S. 164 f.; Fischer/Ravizza, *Responsibility and Control*, S. 41 f.

9 Vgl. Nelkin, *Making Sense of Freedom and Responsibility*, S. 7 f., 21-27; Wallace, *Responsibility and the Moral Sentiments*, S. 157-159, 166-180; Wolf, *Freedom Within Reason*, S. 80 f., 87 f.

10 Vgl. Platon, *Menon*, 77b-78b; Platon, *Protagoras*, 345b, 352b-e, 355a-d, 357c-359a, 360b-d; Platon, *Politeia*, Buch I, 350c, 351a, Buch III, 413a-c.

dressierten Tier. Indem das eigene Tun somit jeglicher Rationalität entbehrt, ist man nicht willensfrei und nicht verantwortlich.

Zweitens kann es vorkommen, dass man die Gründe zwar erkennt, aber keine *Motivation* durch sie erfährt, das eigene *Wollen* völlig unberührt von ihnen bleibt (sei es punktuell aufgrund von Antriebslosigkeit, Niedergeschlagenheit, Apathie, sei es dauerhaft aufgrund von lähmender Abstumpfung, tiefer Resignation, klinischer Depression). Dies entspricht einer Situation, bei der in Aristoteles' Sinne keine Entscheidung (*prohairesis*) stattfindet, kein Vorziehen, kein Entschluss, bei dem die Vernunft das Streben leitete, also das Wollen von Gründen bewegt würde (Wissen ohne jeglichen Einfluss auf das Wollen).[11] Obwohl die Gründe hierbei durchaus erkannt werden, obwohl sie als solche allemal im Bewusstsein sind, prägen sie nicht das Wollen, das Streben, und damit auch nicht das Handeln, das Tun. Indem auf diese Weise die rationale »Willenswahl« ausbleibt, ist man wiederum nicht willensfrei und nicht verantwortlich.

Drittens kann es geschehen, dass die Gründe zwar erkannt werden und auch das Wollen berühren, sie aber keine *Durchsetzung* entfalten, sie nicht das *Handeln* bestimmen (sei es aktuell aufgrund von Verlockung, Furcht, Überwältigung, sei es persistierend aufgrund von pathologischem Verlangen, heftiger Zwangsstörung, schwerem Suchtleiden). Dies entspricht einer Situation, die mit Aristoteles' Begriff der Unenthaltsamkeit (*akrasia*) zu beschreiben wäre, als Unbeherrschtsein, als Hingerissenwerden, bei dem das von der Vernunft bestimmte Streben den Antrieben gegenläufiger Affekte unterliegt, also das eigene Handeln nicht den bewegenden Gründen nachkommt (Handeln wider besseres Wissen und Wollen).[12] Obwohl die Gründe hierbei durchaus bewusst sind, obwohl sie überdies auch das Wollen leiten, werden sie durch andere kausale Regungen überwogen, so dass das Handeln nicht ihnen folgt, sondern sonstigen widerstreitenden Anwandlungen, die ihrerseits auf keine Gründe zurückgehen. Indem auf diese Weise eine rationale »Willensschwäche« vorliegt, ist man einmal mehr nicht willensfrei und nicht verantwortlich.

11 Vgl. Aristoteles, *Die Nikomachische Ethik*, Buch III.4-III.5, 1111b-1113a, Buch VI.2, 1138b-1139b.

12 Vgl. ebd., Buch VII.2-VII.5, 1145b-1147b, Buch VII.8, 1150a-1150b, Buch VII.11, 1151b-1152a.

Ausschlaggebend dafür, hier jeweils Willensfreiheit und Verantwortlichkeit zu bestreiten, ist der Umstand, dass das jeweilige Handeln tatsächlich keinen bewussten Gründen folgt. Der Handelnde würde mithin auf die Frage, warum er dieses oder jenes tue oder lasse, nicht (auch) mit einem *Grund*, sondern (nur) mit einer *Ursache* antworten (beziehungsweise wir müssten für ihn so antworten), etwa: »Weil ich Lust dazu habe.« Und auf jede Nachfrage, ob er etwa meine, dass die Befriedigung dieser Lust ihm einen Grund für sein Handeln liefere, etwa einen (guten) prudentiellen Grund oder einen (schlechten) moralischen Grund, müsste er sagen (beziehungsweise müssten wir für ihn sagen): »Nein.«

Jeweils ginge es also darum, dass der Betroffene tatsächlich *aus* Erkrankung oder Behinderung, *aus* Resignation oder Depression, *aus* Zwangsstörung oder Suchtleiden handelt, indem diese den einzigen Anstoß seines entsprechend vollständig kausalen Tuns bildeten. Er darf nicht etwa *wegen* Erkrankung oder Behinderung, *wegen* Resignation oder Depression, *wegen* Zwangsstörung oder Suchtleiden handeln, indem er diese als relevanten Anlass für einen irgendwie gearteten rationalen Entschluss nähme. Er muss von dem fraglichen Zustand selbst unmittelbar beherrscht sein, von ihm getrieben, geleitet und gesteuert werden, nicht sich begründet und bewusst entschlossen haben, diesem Zustand gemäß zu agieren, etwa ihm nachzugeben, ihn womöglich zu befördern oder auch ihn zu bekämpfen.

Freilich könnte es sein, dass jener Zustand des Handelnden das Ergebnis einer eigenen früheren Wahl nach bewussten (und höchstwahrscheinlich schlechten) Gründen wäre: Seine gegenwärtig fehlende Rationalität, seine mangelnde rationale »Willenswahl«, seine bestehende rationale »Willensschwäche« könnte durchaus auf vorausgehende willensfreie Entscheidungen und Handlungen seinerseits zurückgehen – etwa auf Selbstverstümmelung, Medikamentenmissbrauch oder Drogenkonsum. Für diese vorlaufenden freien Entscheidungen und Handlungen wäre der Betroffene durchaus verantwortlich, und auch für deren anschließende erwartete Folgen – etwa für seine nunmehr verlorene Willensfreiheit, vielleicht zudem für seine hieraus entspringenden nicht mehr willensfreien Aktionen. Er hatte Gründe für sein vorhergehendes Tun. Somit trägt er Verantwortung für dessen vorhergesehene Konsequenzen. Dazu mag sehr wohl sein jetziger Zustand gehören, eben wenn er wusste, dass er in ihn geraten könnte. Dazu mögen auch noch seine nachfolgenden Handlungen zählen, sofern er abgesehen hat, dass er sie vielleicht begehen würde.

Ebenso ist es aber auch möglich, dass derartige bedauerliche Zustände durch fremdes (und vielleicht gezieltes) Einwirken erzeugt werden: Psychosoziale Maßnahmen wie Folter, Gehirnwäsche oder Konditionierung, auch neurophysiologische Eingriffe chirurgischer, pharmazeutischer oder sonstiger Art mögen allesamt dazu führen, dass ein Mensch keine Gründe mehr erfassen kann, nicht mehr von Gründen motiviert werden kann oder sich nicht mehr von Gründen leiten lassen kann – ohne dass er selbst an diesen zerstörerischen Vorgängen beteiligt gewesen wäre. Entsprechend wäre er nicht für jene Handlungen verantwortlich, und auch nicht für deren Folgen – also weder für seine hierdurch erzeugte Unfreiheit noch für sein daran anschließendes unfreies Verhalten. Womöglich ist dieses Verhalten zwar immer noch erkennbar von Gründen bestimmt. Dies sind dann aber nicht mehr Gründe, derer er selbst sich bewusst wäre, von denen er bewegt würde und denen er folgte. Es wären vielmehr allein die Gründe jener Personen, die ihn dereinst in diesen Zustand versetzt haben, um ihn nunmehr ihre Pläne ausführen zu lassen. Alle Willensfreiheit und Verantwortlichkeit läge mithin bei ihnen.

Läuft dies darauf hinaus, dass Willensfreiheit und Verantwortlichkeit erst dann untergraben werden, wenn es zu einer *definitiven Unfähigkeit* kommt, bewussten Gründen zu folgen, momentan oder permanent, aufgrund *fehlender Kapazitäten* hinsichtlich Zugang, Motivation oder Durchsetzung? Hieß es bisher nicht, Willensfreiheit und Verantwortlichkeit setzten eine *tatsächliche Bestimmung* durch bewusste Gründe voraus, so dass sie bereits dann abzusprechen sein müssten, wenn der Handelnde lediglich eine *faktische Untätigkeit* zeigt, in Wissen, Wollen oder Handeln bewussten Gründen zu folgen, obgleich er über die erforderlichen Kapazitäten durchaus verfügt?

Zunächst kann es, wenn hier von Fähigkeiten die Rede ist, nicht darum gehen, dass jemand, der tatsächlich durch keine bewussten Gründe geleitet wird, unter den gleichen Umständen vermöchte, doch bewussten Gründen zu folgen: Ein solches *Anders-handeln-Können* oder *Anders-wollen-Können* unter identischen Bedingungen, welches die lückenlose Kausalität der natürlichen Welt durchbrechen würde, nehme ich in meiner Theorie nicht an (siehe Abschnitt 5.1). Es kann allein darum gehen, ob jemand, der aktuell durch keine bewussten Gründe geleitet wird, von seinen grundsätzlichen Kapazitäten her imstande ist, bewussten Gründen zu folgen: Zur Debatte steht also allenfalls eine Fähigkeit im bescheidenen Sinne von Moores *konditionaler Analyse*, das heißt das *bedingte Vermögen* einer Person, Gründe zu erfassen, von Gründen motiviert zu werden, gemäß Gründen zu agieren, wenn sie dies wollte – wobei Letzteres offenbar nicht der Fall ist und auch nicht in ihrer Hand läge, sondern entweder völlig *unmöglich* ist oder bestenfalls *zufällig* einträte (siehe Abschnitt 5.2).

Sodann stimmt es, dass nach meinem Ansatz Willensfreiheit und Verantwortlichkeit erst in dem Fall anzunehmen sind, wo jemand tatsächlich bewussten Gründen folgt: Nur dann ist ein *nichtkausales Moment* in seinem Entscheiden und Handeln vorhanden, das zu seiner *kausalen Bestimmung* durch Ursachen und Gesetze hinzutritt. Die bloße Fähigkeit, von bewussten Gründen geleitet zu werden, bleibt als solche unzureichend für Willensfreiheit und Verantwortlichkeit: Dies würde bereits dann gelten, wenn jemand, der keinen bewussten Gründen folgt, tatsächlich *unter identischen Umständen* hätte anders handeln oder wollen können, indem er die Kausalität der Natur unterbrochen hätte, und es gilt umso mehr, wenn jemand, der keinen bewussten Gründen folgt, nur *bei entsprechendem Wollen* anders agiert oder entschieden hätte, ohne dass diese alternative Option überhaupt eine echte Möglichkeit in der Welt oder jedenfalls eine eigene Möglichkeit in seinem Zugriff war – denn in beiden Fällen liegt eben keine *reale* Gründebestimmung, sondern lediglich eine *kontrafaktische* Gründebestimmung vor.

Indessen vermute ich stark, dass, sofern nicht aufgrund fehlender Rationalität, mangelnder Motivierbarkeit oder unzureichender Willenskraft eine definitive Unfähigkeit besteht, von bewussten Gründen geleitet zu werden, sich bei genauerem Hinsehen zuletzt immer zeigen wird, dass man in den fraglichen Aktionen sehr wohl bewussten Gründen folgt – nur eben *anderen* als jenen, denen man folgen *sollte*. Es sind dann gerade diese *schlechten* Gründe, die man erkennt, die einen anziehen, denen man nachgibt, welche dafür sorgen, dass man die eigentlich *angebrachten* Gründe ignoriert, ihnen gegenüber gleichgültig bleibt, sie sich als zu schwach erweisen – seien es nun Gründe des gleichen Typs oder seien es Gründe anderer

Art. Menschen sind nun einmal Wesen, die ihr Leben maßgeblich nach Gründen führen, und diese charakteristische Ausrichtung bestimmt ihre Vollzüge, solange es nicht zu besonderen Zuständen der Unfähigkeit kommt. Zumeist folgen sie irgendwelchen Gründen, wenn sie handeln, auch und gerade dann, wenn sie sich gegen bestimmte Gründe entscheiden. Beispielsweise übergehen sie gute moralische Gründe aus schlechten moralischen Gründen. Oder sie vernachlässigen gute moralische Gründe aus rein prudentiellen Gründen. Dann ist es aber nicht einfach das Werk irgendwelcher kausaler Bestimmungen, welche die fraglichen Gründe verstellen, entkräften, überwiegen, sondern vielmehr das Werk der kausalen Repräsentationen anderer bewusster Gründe, die diese problematischen Effekte nach sich ziehen. Und somit ist man durchaus willensfrei in seinem Handeln und auch allemal verantwortlich für sein Tun, denn man hat Gründe dafür, wie simpel oder banal, wie inadäquat oder korrumpiert diese auch sein mögen.

Manche Menschen haben bewusste Gründe dafür, bestimmte Überlegungen zu verweigern (momentan aus Kalkül oder Berechnung, permanent aus Fanatismus oder Fundamentalismus). Hier hat man es nur scheinbar mit fehlender Rationalität zu tun, tatsächlich haben diese Personen sehr wohl Zugang zu Gründen, lassen sich zudem von ihnen motivieren und auch bestimmen. Andere Menschen werden von bewussten Gründen dazu bewogen, ihr eigenes Verhalten nicht mehr zu kontrollieren (punktuell aus Provokation oder Verweigerung, dauerhaft aus Defaitismus oder Nihilismus). Hier findet nur scheinbar keine rationale »Willenswahl« statt, tatsächlich werden diese Personen allemal von Gründen motiviert und auch bestimmt. Einige Menschen werden von bewussten Gründen dazu gebracht, ihren jeweiligen Begierden nachzugeben (aktuell aus Gratifikationsdenken oder Selbstbelohnung, persistierend aus Zynismus oder Dandytum). Hier liegt nur scheinbar eine rationale »Willensschwäche« vor, tatsächlich werden diese Personen durchaus von Gründen bestimmt. In all diesen Fällen ist also Willensfreiheit anzunehmen und damit auch Verantwortlichkeit zuzuschreiben. Wenn jemand, der in einer solchen Konstellation gehandelt hat, erklären würde: »Ich habe *ohne* Grund agiert, als ich mich so verhielt«, wäre seine Behauptung falsch, denn es *gab* Gründe für seine Handlung, wenn auch schlechte. Er hat nicht gute Gründe missachtet, weil er allein von grundlosen Ursachen bestimmt worden wäre, sondern er hat richtige Gründe übergangen, weil er falschen Gründen gefolgt ist. Und wenn wir, indem wir ihm Vorhaltungen machen, womöglich äußern: »Du hattest *keinen* Grund, dich so zu benehmen«, so bestreiten wir hiermit recht verstanden nicht die Existenz und Wirksamkeit jener falschen Gründe, sondern kennzeichnen sie vielmehr gerade als *schlechte* Gründe, heben ihre Unzulänglichkeit und Irrtümlichkeit hervor und bestätigen damit allemal auch seine Willensfreiheit und Verantwortlichkeit.

Diese Bilanz ist lediglich in jenen Fällen zu relativieren beziehungsweise zu differenzieren, wo jemand zwar gewissen andersartigen (etwa prudentiellen) Gründen folgt, ihm aber die eigentlich einschlägigen (etwa moralischen) Gründe überhaupt nicht zugänglich sind, in ihm nicht motivationsfähig sind oder bei ihm nicht durchsetzungsfähig sind. Hier hat man es wieder mit einer definitiven Unfähigkeit zu tun, nun nicht generell gegenüber Gründen jedweder Art, sondern speziell gegenüber Gründen eines bestimmten Typs. Zugleich besteht aber immer noch eine unverminderte Fähigkeit, sein Handeln nach anderen Gründen auszurichten, die sich entsprechend auch verwirklicht hat. Obgleich somit eine reale Gründebestimmung des einen Typs (etwa des prudentiellen) vorliegt, sorgt die definitive Gründeunempfänglichkeit des anderen Typs (etwa des moralischen) dafür, dass eine solche Person nicht als vollumfänglich willensfrei und verantwortlich gelten kann, genauer nicht hinsichtlich jenes ihr vollständig verwehrten Bereichs.

Auf den ersten Blick scheint sich hiermit ein latenter Widerspruch aufzutun, was die Bedeutung von Fähigkeiten für Willensfreiheit und Verantwortlichkeit betrifft: Immerhin habe ich oben erklärt, eine *bloße Fähigkeit*, überhaupt *irgendwelchen Gründen* zu folgen, *genüge nicht*, um *allgemeine* Willensfreiheit und Verantwortlichkeit zuzuerkennen, solange es nicht auch zu einer tatsächlichen Bestimmung durch solche Gründe (welcher genauen Art auch immer) kommt (wobei ich, wie ausgeführt, vermute, dass bei vorliegender *Fähigkeit* einer Person eine solche Bestimmung durch Gründe letztlich immer *stattfindet*, man also stets irgendwelchen Gründen folgt, sofern man hierzu imstande ist – wenn auch vielleicht den falschen Gründen, beispielsweise prudentiellen statt moralischen). Demgegenüber habe ich nun angedeutet, eine *bloße Fähigkeit*, etwa *moralischen Gründen* zu folgen, *sei ausreichend*, um *moralische* Willensfreiheit und Verantwortlichkeit zuzuschreiben, auch wenn die tatsächliche Bestimmung durch andere Gründe (etwa prudentieller Art) geschieht (indem ich, wie skizziert, nur bei einer definitiven *Unfähigkeit* zu moralischer Gründebestimmung moralische Freiheit und moralische Verantwortung abspreche, *nicht* aber wenn jemand, der für moralische Gründe zugänglich ist, stattdessen prudentiellen Gründen folgt – eine Konstellation, die sicherlich vorkommen mag). Diese abweichende Bewertung scheint mir jedoch gerechtfertigt, insofern beide Fälle sich eben auch wesentlich voneinander unterscheiden: Im ersten Fall wird man *überhaupt nicht* von bewussten Gründen geleitet, sondern hat nur die Fähigkeit hierzu, und dies genügt *eindeutig nicht* für Willensfreiheit und Verantwortlichkeit, da diese nun einmal eine nichtkausale Handlungsbestimmung verlangen, nicht lediglich eine entsprechende Fähigkeit (umso mehr insofern Letztere nicht einmal im starken Sinne von Anders-handeln-Können oder Anders-wollen-Können unter identischen Umständen zu deuten wäre, sondern allenfalls im schwachen Sinne von Moores konditionaler Analyse). Im zweiten Fall hingegen sind *immerhin gewisse* bewusste Gründe wirksam, wenngleich nicht moralischer Art, und dies spricht *grundsätzlich für* Willensfreiheit und Verantwortlichkeit, solange dem nicht eine besonders gravierende Konstellation entgegensteht, namentlich eine definitive Unfähigkeit (das heißt nicht nur eine fehlende echte Möglichkeit oder eine fehlende eigene Möglichkeit zu anderem Handeln, sondern sogar eine fehlende Option bei entsprechendem Wollen).

Insbesondere moralische Verantwortlichkeit liegt also nicht vor, wenn einem ansonsten rationalen Wesen in seinem aktuellen Tun speziell die moralische Rationalität verschlossen bleibt. Vielleicht fehlt ihm die moralische Vernünftigkeit (etwa weil es in psychischer oder sozialer Verwahrlosung aufgewachsen ist und daher keine moralischen Gründe verstehen kann). Womöglich mangelt es ihm an moralischer Willenswahl (etwa weil es an einer psychopathischen oder soziopathischen Persönlichkeitsstörung leidet und daher von moralischen Gründen nicht motiviert werden kann). Möglicherweise weist es eine moralische Willensschwäche auf (etwa weil es von aggressiven und obsessiven Trieben beherrscht wird und daher moralischen Gründen nicht folgen kann). Jeweils geht diesem rationalen Wesen nicht nur, wie allen Menschen, ein Anders-handeln-Können oder Anders-wollen-Können unter identischen Umständen ab, sondern es fehlt ihm sogar die entsprechende Fähigkeit im Sinne von Moores konditionaler Analyse, das heißt, es kann nicht einmal dann moralischen Gründen folgen, wenn es dies will. Für solche Konstellationen keine moralische Verantwortlichkeit anzunehmen, eben weil der fraglichen Person der Bereich des Moralischen strikt verschlossen ist, in ihrem Denken, in ihrem Wollen beziehungsweise in ihrem Handeln, deckt sich mit den einschlägigen Vorgaben moderner Rechtsordnungen, die keine Schuld zusprechen für Fälle, in denen jemand bei Begehung der Tat tatsächlich »unfähig ist, das Unrecht der Tat einzusehen oder nach dieser Einsicht zu handeln« (so die Formulierung in §20 StGB).

Analoges mag auch für andere Bereiche der Rationalität gelten. Manchen Menschen mögen mathematische Gründe verschlossen bleiben (so dass sie etwa Zufallsereignisse falsch berechnen, aus Mangel an Einsicht in die Gesetze der Wahrscheinlichkeiten). Andere mögen durch epistemische Gründe nicht zu berühren sein (so dass sie selbst angesichts ständiger Fehleinschätzungen keinerlei Antrieb erfahren, die gewonnenen Lehren in die Tat umzusetzen und ihre Mutmaßungen zu ändern). Bei wieder anderen mögen prudentielle Gründe stets unterliegen (so dass sie sich gegen ihr besseres Wissen und auch gegen ihr klügeres Wollen fortwährend selbst Nachteile zufügen, aus einem übermächtigen Bedürfnis nach eigener Schädigung). Auch hier dürfte man also nicht von Willensfreiheit sprechen, wenn sich jemand in dem fraglichen Bereich bewegte und dabei anderen Gründen folgte. Auch hier wäre seine Willensfreiheit auf jene Gebiete beschränkt, deren Gründe für ihn zugänglich, motivationsfähig und durchsetzungsfähig sind (siehe oben).

Legt die skizzierte metaphysische Konzeption von *Willensfreiheit* also eine plausible ethische Zuweisung von *Verantwortlichkeit* nahe? Ist es sinnvoll, Menschen für genau jene Entscheidungen und Handlungen zur *moralischen Rechenschaft* zu ziehen, die von *bewussten Gründen* geleitet sind?

Ich denke, dass man diese Frage aufgrund der obigen Diskussionen bejahen kann. Und eine solche Antwort gewinnt noch einmal an Überzeugungskraft, wenn man sich abschließend den Unterschied vergegenwärtigt, der zwischen den Haltungen liegt, jemanden für eine Handlung zu *entschuldigen* oder aber jemandem eine Handlung zu *verzeihen*. Willensfreiheit und Verantwortlichkeit an bewusste Gründe zu binden, wird nicht zuletzt nachvollziehbar, wenn man sich die Bedingungen für die Anwendung dieser beiden Begriffe vergegenwärtigt.

Insbesondere zeigt sich, dass hierdurch kein zu weiter Freiheitsbegriff entsteht, der vorschnell Verantwortung attestiert, also moralische Urteile legitimiert, wo tatsächlich nicht berechtigt von Verdienst oder Schuld gesprochen werden kann. Denn zum moralischen *Urteilen* gehört eben auch das *Vergeben*. Genauer ist Vergeben überhaupt nur von einer moralischen Warte aus möglich.

Entschuldigen (*excusing*) ist dort angezeigt, wo tatsächlich keine Willensfreiheit im Handeln vorliegt, somit auch keine Verantwortlichkeit feststellbar ist, kein Verdienst und keine Schuld gegeben sind. Nach der vorliegenden Theorie ist dies genau dann der Fall, wenn die Handlung nicht von bewussten Gründen geleitet ist. Dies kann (a) daran liegen, dass *keinerlei rationale Prägungen*, sondern *einzig kausale Bestimmungen* am Werk sind, wenn es zu Entschluss und Vollzug der Handlung kommt. Denn dann sind eben keine Gründe, sondern nur Ursachen, welchen genauen Typs auch immer, in Entstehung und Ablauf der Handlung involviert.[13] Es kann (b) sich auf gewisse Elemente einer gegebenen Handlung beziehen, genauer auf *jene Nebeneffekte*, die nicht nur, wie alle Nebeneffekte, nicht beabsichtigt, das heißt nicht intendiert sind, sondern zudem unabsichtlich, das heißt *versehentlich* entstehen. Denn damit werden sie offenbar nicht von den Gründen erfasst, aus denen man die Handlung vollzieht, sondern kommen allein aufgrund objektiven Zufalls oder subjektiver Unkenntnis, durch fremde Lügen oder eigene Irrtümer zustande.[14] Schließlich kann es (c) darauf zurückgehen, dass die eigene Handlung durch *Gewalt* unterbunden wird, also aufgrund von *Blockaden* nicht zur geplanten Ausführung ge-

13 Freilich mag hierbei immer noch von Handlungsfreiheit zu sprechen sein, sofern sich jener Entschluss und Vollzug *ungebunden und selbständig* (das heißt ohne äußere Hindernisse und aufgrund eigener Ausstattungen) bildet beziehungsweise entfaltet.

14 Zudem dürften diese Elemente ebenso nicht unter die Handlungsfreiheit zu rechnen sein, auch falls deren sonstige Bedingungen negativer wie positiver Art erfüllt sein sollten. Denn mit Blick auf das, wovon man gar nicht weiß, dass man es herbeiführt (sei es infolge fremder Hintergehung, sei es wegen eigener Nachlässigkeit, sei es ohne irgendjemandes Fehler), lässt sich wohl letztlich nicht behaupten, dass man tut beziehungsweise tun kann, *was man will* (selbst wenn man sein Eintreten im Nachhinein vielleicht begrüßt).

langt. Denn dann bestimmen bewusste Gründe lediglich das Wollen, nicht aber das Handeln, während das tatsächliche Geschehen gar nicht mehr eine eigene Handlung, sondern allein noch einen fremdbestimmten Vollzug darstellt.[15]

Es erscheint sehr nachvollziehbar, dass in all den genannten Fällen von einer moralischen Verurteilung abzusehen ist. Wenn Handlungen rein kausalen Abläufen entspringen, ohne irgendeinen rationalen Anteil aufzuweisen, wenn sie Nebeneffekte nach sich ziehen, deren Eintritt nicht vorhergesehen ist, wenn sie auf Gewalt zurückgehen, welche den Betroffenen überwindet, so entzieht sich dies jedem verständlichen moralischen Urteil gegenüber der Person und ihrem Verhalten, ergibt keinen glaubhaften Anlass für Lob oder Tadel, liefert keine Rechtfertigung für Lohn oder Strafe. Hierunter gehören insbesondere jene Beispiele, in denen überhaupt keine rationalen Bestimmungen wirksam werden können, wie bei geistiger Behinderung, klinischer Depression oder schwerem Suchtleiden, aber auch jene Beispiele, bei denen speziell moralische Auffassungen nicht leitend werden können, wie bei Verwahrlosten, Psychopathen beziehungsweise Soziopathen oder Triebtätern. Tatsächlich dürften dies die wichtigsten Konstellationen darstellen, in denen wir uns nach verbreiteter Auffassung einer moralischen Bewertung enthalten sollten und die entsprechenden Taten entschuldigen müssen.

Freiheit und Verantwortung über den hier vorgeschlagenen Ansatz zu erklären, ist eine attraktive Möglichkeit, genau dieses plausible Ergebnis zu begründen. Entschuldigen ist demzufolge in den genannten Fällen gerade deshalb angezeigt, weil bei ihnen das Handeln keinen bewussten Gründen folgt, bewusste Gründe aber eben notwendig für Willensfreiheit und Verantwortlichkeit sind. Dies heißt selbstverständlich nicht, dass man Menschen in den skizzierten Zuständen nicht zuweilen durch geeignete Maßnahmen von ihrem Tun abhalten sollte. Im Gegenteil, oftmals wird gerade bei ihnen ein solches Eingreifen dringend geboten sein. Es heißt auch nicht, dass Menschen nicht frei und verantwortlich in solche Zustände geraten sein können, die es ihnen nunmehr verwehren, weiterhin frei und verantwortlich zu agieren. Sie können allemal aus bewussten Gründen angestrebt oder ausgenutzt, zugelassen oder

15 In diesem Fall liegt offenkundig auch keine Handlungsfreiheit mehr vor.

nachgegeben haben, dass ihre rationalen Fähigkeiten untergraben wurden, dass ihnen mögliches Wissen unzugänglich blieb oder dass sie in fremde Gewalt gerieten. Aber das begründet ihre Verantwortlichkeit zunächst allein für jene früheren Handlungen, beziehungsweise für eben jene ungünstigen Zustände, die sich gewollt oder zumindest erwartet aus diesen Handlungen ergeben haben. Und diese Verantwortlichkeit erstreckt sich nur insoweit auf ihre jetzigen Handlungen, respektive auf deren weitere Folgen, wie sie auch deren Verlauf damals bereits geplant oder jedenfalls geahnt haben.

Verzeihen (*forgiving*) ist demgegenüber überhaupt nur dort möglich, wo Willensfreiheit im Handeln anzunehmen ist, wo sich entsprechend Verantwortlichkeit zuschreiben lässt, wo Verdienst oder Schuld bestehen können. Gemäß dem skizzierten Modell ist dies genau dann der Fall, wenn die Handlung von bewussten Gründen bestimmt wird. Dies betrifft (a) die *Zwecke*, die man mit einer Handlung verfolgt, und die *Mittel*, die man bei einer Handlung einsetzt. Denn indem diese Elemente einer Handlung als solche beabsichtigt, das heißt intendiert sind, bilden sie gerade die zentralen Gegenstände der Gründe, denen man folgt.[16] Es umfasst (b) *jene Nebeneffekte* einer Handlung, die zwar, wie alle Nebeneffekte, nicht beabsichtigt, nicht intendiert sind, dabei aber durchaus erwartet, das heißt *vorhergesehen* eintreten, sobald man die Handlung vollzieht. Denn indem diese Elemente einer Handlung eben antizipiert, also wissentlich hingenommen werden, fallen sie ebenfalls in das weitere Spektrum der Gründe, aus denen man agiert.[17] Schließlich gilt es (c) sogar für Handlungen unter *Zwang*, also solche, die aufgrund der Androhung von *Sanktionen* gewählt werden. Denn auch derartige Handlungen folgen immer noch bewussten Gründen, indem sie gerade auf einer geeigneten Abwägung

16 Überdies mag bei ihnen auch allemal von Handlungsfreiheit zu reden sein, sofern sie *unabhängig und eigenständig* (das heißt ohne fremde Beschränkungen und aufgrund eigener Ressourcen) umgesetzt beziehungsweise ergriffen werden.

17 Diese Elemente dürften zudem wiederum ebenso unter die Handlungsfreiheit zu zählen sein, jedenfalls solange deren übliche Bedingungen negativer wie positiver Art erfüllt sind. Denn mit Blick auf das, was man zwar nicht zu bewirken beabsichtigt, aber doch zu bewirken vorhersieht (sei es billigend, sei es bedauernd, sei es gleichgültig), muss wohl letztlich eingeräumt werden, dass man tut beziehungsweise tun kann, *was man will* (selbst wenn man es weder als Zweck noch als Mittel anstrebt).

der präsentierten Alternativen beruhen, auch wenn es unfreiwillige Handlungen sind, die dem eigentlichen Bestreben zuwiderlaufen.[18]

Wenn nun unter derartigen Bedingungen falsche Handlungen vollzogen werden, wenn jemand einem Zwang nachgibt, wo er Widerstand leisten sollte, wenn er Nebeneffekte akzeptiert, die er nicht in Kauf nehmen dürfte, wenn er Zwecke realisiert oder Mittel wählt, die verfehlt oder inakzeptabel sind, so mag all dies wiederum einen Anlass liefern, ihn nach Möglichkeit von seinem Tun abzuhalten. Zudem könnte die Sachlage es nahelegen, ihm seine Taten nachzusehen. Insbesondere gilt dies im Falle von ungünstigen Neigungen oder Befindlichkeiten, von widrigen Umständen oder Gegebenheiten, von problematischen physiologischen Zuständen oder externen Faktoren, von nachteiligen ererbten Merkmalen oder erzieherischen Prägungen, mit denen wir leben müssen und unter denen wir uns zu bewähren haben. All diese Einflüsse mögen uns mitunter dazu bringen, das Richtige in unserem Entscheiden und Handeln zu versäumen, und sie können es allemal angemessen machen, uns diese Fehler zu verzeihen.

Aber Verzeihen setzt eben voraus, dass Willensfreiheit und Verantwortlichkeit nicht geleugnet, sondern anerkannt werden. Und genau diese essenzielle Bedingung lässt sich in den fraglichen Fällen dadurch gewährleisten, dass man bewusste Gründe als maßgebliches Kriterium dafür ansetzt, Freiheit und Verantwortung zuzusprechen. Man bittet um Entschuldigung, indem man den anderen dazu auffordert einzuräumen, dass man keine Schuld trägt. Aber man bittet um Verzeihung, insofern man den anderen darum ersucht zu vergeben, dass man Schuld auf sich geladen hat. Verzeihung kann nur dort statthaben, wo Freiheit ist. Vergebung ist nur da möglich, wo Verantwortung herrscht. Beides beruht darauf, dass wir in unserem Handeln bewussten Gründen folgen. Und was sollte aus uns werden, wenn man uns nicht mehr vergeben könnte.

18 In diesem Fall ist indes offenbar keine Handlungsfreiheit mehr gegeben.

Literaturverzeichnis

Anderson, Elizabeth Secor, »What Is the Point of Equality?«, in: *Ethics* 109, 2 (1999), S. 287-337.

Anscombe, Gertrude Elizabeth Margaret, *Intention*, Oxford: Basil Blackwell [2]1963, ND Cambridge (MA), London: Harvard University Press 2000.

– »Causality and Determination« (1971), in: *Metaphysics and the Philosophy of Mind (= The Collected Philosophical Papers of G. E. M. Anscombe, Bd. 2)*, Oxford: Basil Blackwell 1981, S. 133-147.

– »Soft Determinism« (1977), in: *Metaphysics and the Philosophy of Mind (= The Collected Philosophical Papers of G. E. M. Anscombe, Bd. 2)*, Oxford: Basil Blackwell 1981, S. 163-172.

Apel, Karl-Otto, »Das Apriori der Kommunikationsgemeinschaft und die Grundlagen der Ethik. Zum Problem einer rationalen Begründung der Ethik im Zeitalter der Wissenschaft«, in: *Transformation der Philosophie, Bd. 2: Das Apriori der Kommunikationsgemeinschaft*, Frankfurt/M.: Suhrkamp 1973, S. 358-435.

Aristoteles, *Über die Seele*, griech.-dt., hg. von Horst Seidl, Hamburg: Felix Meiner 1995.

– *Die Nikomachische Ethik*, griech.-dt., hg. von Rainer Nickel, Düsseldorf: Artemis & Winkler [2]2007.

Armstrong, David Malet, *A Materialist Theory of the Mind*, Abingdon, New York: Routledge [2]1993.

Augustinus, Aurelius, *De libero arbitrio*, lat.-dt., in: *Theologische Frühschriften*, hg. von Wilhelm Thimme, Zürich, Stuttgart: Artemis 1962.

– *Confessiones*, lat.-dt., hg. von Joseph Bernhart, München: Kösel-Verlag [4]1980, ND Darmstadt: Wissenschaftliche Buchgesellschaft 1984.

Austin, John Langshaw, *How to Do Things with Words* (1955), hg. von James Opie Urmson, Marina Sbisà, Cambridge (MA): Harvard University Press [2]1975.

– »Ifs and Cans« (1956), in: *Philosophical Papers*, hg. von James Opie Urmson, Geoffrey James Warnock, Oxford: Clarendon Press 1961, S. 153-180.

Ayer, Alfred Jules, »Freedom and Necessity« (1946), in: *Philosophical Essays*, London: Macmillan/New York: St Martin's Press 1954, S. 271-284.

Baker, Lynne Rudder, *Persons and Bodies. A Constitution View*, Cambridge, New York: Cambridge University Press 2000.

Bechtel, William, *Mental Mechanisms. Philosophical Perspectives on Cognitive Neuroscience*, New York, Hove: Psychology Press 2008.

Beck, Friedrich/Eccles, John Carew, »Quantum Aspects of Brain Activity and the Role of Consciousness«, in: *Proceedings of the National Academy of Sciences of the United States of America* 89 (1992), S. 11357-11361.

Beckermann, Ansgar, *Analytische Einführung in die Philosophie des Geistes*, Berlin, New York: Walter de Gruyter [3]2008.

– *Gehirn, Ich, Freiheit. Neurowissenschaften und Menschenbild*, Paderborn: mentis [2]2010.

Benacerraf, Paul, »Mathematical Truth«, in: *The Journal of Philosophy* 70, 19 (1973), S. 661-679.

Bergmann, Frithjof, *On Being Free*, Notre Dame: University of Notre Dame Press 1977.

Berkeley, George, *A Treatise Concerning the Principles of Human Knowledge (Wherein the Chief Causes of Error and Difficulty in the Sciences, with the Grounds of Scepticism, Atheism, and Irreligion, are Inquired Into)* ([2]1734), in: *The Works of George Berkeley*, hg. von Alexander Campbell Fraser, Bd. 1, Oxford: Clarendon Press 1901.

Berlin, Isaiah, *Four Essays on Liberty*, Oxford: Oxford University Press 1969.

Berofsky, Bernard, *Nature's Challenge to Free Will*, Oxford: Oxford University Press 2012.

Betz, Gregor, *Prediction or Prophecy? The Boundaries of Economic Foreknowledge and Their Socio-Political Consequences*, Wiesbaden: Deutscher Universitäts-Verlag 2006.

Bieri, Peter, »Generelle Einführung«, in: Peter Bieri (Hg.), *Analytische Philosophie des Geistes*, Königstein/Ts.: Anton Hain 1981, S. 1-28.

– *Das Handwerk der Freiheit. Über die Entdeckung des eigenen Willens*, Frankfurt/M.: Fischer Taschenbuch Verlag [9]2009.

Bok, Hilary, *Freedom and Responsibility*, Princeton: Princeton University Press 1998.

Brandom, Robert Boyce, »Freedom and Constraint by Norms«, in: *American Philosophical Quarterly* 16, 3 (1979), S. 187-196.

– *Making It Explicit. Reasoning, Representing, and Discursive Commitment*, Cambridge (MA), London: Harvard University Press 1994.

– *Articulating Reasons. An Introduction to Inferentialism*, Cambridge (MA), London: Harvard University Press 2000.

Bratman, Michael E., »A Desire of One's Own«, in: *The Journal of Philosophy* 100, 5 (2003), S. 221-242.

– »Three Theories of Self-Governance«, in: *Philosophical Topics* 32, 1/2 (2004), S. 21-46.

Brink, David O., *Moral Realism and the Foundations of Ethics*, Cambridge, New York, Melbourne: Cambridge University Press 1989.

Broad, Charlie Dunbar, *Determinism, Indeterminism, and Libertarianism*, Cambridge: Cambridge University Press 1934.

Campbell, Charles Arthur, »In Defence of Free Will« (1938), in: *In Defence of Free Will. With Other Philosophical Essays*, Abingdon, New York: Routledge 1967, S. 35-55.

– »Is ›Free Will‹ a Pseudo-Problem?« (1951), in: *In Defence of Free Will. With Other Philosophical Essays*, Abingdon, New York: Routledge 1967, S. 17-34.

Chalmers, David John, »Absent Qualia, Fading Qualia, Dancing Qualia«, in: Thomas Metzinger (Hg.), *Conscious Experience*, Thorverton: Imprint Academic/Paderborn: Schöningh 1995, S. 309-328.

– *The Conscious Mind. In Search of a Fundamental Theory*, New York, Oxford: Oxford University Press 1996.

Chisholm, Roderick Milton, *Human Freedom and the Self*, Lawrence: University of Kansas 1964.

– »The Agent as Cause«, in: Myles Brand, Douglas Walton (Hg.), *Action Theory. Proceedings of the Winnipeg Conference on Human Action, Held at Winnipeg, Manitoba, Canada, 9-11 May 1975*, Dordrecht, Boston: D. Reidel Publishing Company 1976, S. 199-211.

– »Agents, Causes, and Events: The Problem of Free Will«, in: Timothy O'Connor (Hg.), *Agents, Causes, and Events. Essays on Indeterminism and Free Will*, New York, Oxford: Oxford University Press 1995, S. 95-100.

Churchland, Patricia Smith, *Neurophilosophy. Toward a Unified Science of the Mind-Brain*, Cambridge (MA), London: MIT Press 1986.

Churchland, Paul Montgomery, »Eliminative Materialism and the Propositional Attitudes«, in: *The Journal of Philosophy* 78, 2 (1981), S. 67-90.

Clark, Andy/Chalmers, David John, »The Extended Mind«, in: *Analysis* 58, 1 (1998), S. 7-19.

Clarke, Randolph, »Toward a Credible Agent-Causal Account of Free Will«, in: *Noûs* 27, 2 (1993), S. 191-203.

– »Agent Causation and Event Causation in the Production of Free Action«, in: *Philosophical Topics* 24, 2 (1996), S. 19-48.

– *Libertarian Accounts of Free Will*, New York, Oxford: Oxford University Press 2003.

Compton, Arthur Holly, *The Freedom of Man*, New Haven: Yale University Press 1935, ND New York: Greenwood Press 1969.

Craver, Carl F., *Explaining the Brain. Mechanisms and the Mosaic Unity of Neuroscience*, Oxford: Clarendon Press 2007.

Danto, Arthur Coleman, »The Artworld«, in: *The Journal of Philosophy* 61, 19 (1964), S. 571-584.

– *Narration and Knowledge (Including the Integral Text of Analytical Philosophy of History)*, New York: Columbia University Press [3]2007.

Davidson, Donald, »Actions, Reasons, and Causes«, in: *The Journal of Philosophy* 60, 23 (1963), S. 685-700.
– »Mental Events« (1970), in: *Essays on Actions and Events*, Oxford: Clarendon Press ²2001, S. 207-225.
– »Agency« (1971), in: *Essays on Actions and Events*, Oxford: Clarendon Press ²2001, S. 43-61.
– »The Material Mind« (1973), in: *Essays on Actions and Events*, Oxford: Clarendon Press ²2001, S. 245-259.
Dennett, Daniel Clement, »Intentional Systems«, in: *The Journal of Philosophy* 68, 4 (1971), S. 87-106.
– *Elbow Room. The Varieties of Free Will Worth Wanting*, Oxford: Clarendon Press 1984.
– *The Intentional Stance*, Cambridge (MA), London: MIT Press 1987.
– »Real Patterns«, in: *The Journal of Philosophy* 88, 1 (1991), S. 27-51.
– *Freedom Evolves* (2003), London: Penguin Books 2004.
Descartes, René, *Meditationes de prima philosophia (in quibus Dei existentia et animae humanae a corpore distinctio demonstrantur)* (²1642), lat.-dt., hg. von Lüder Gäbe, Hamburg: Felix Meiner ³1992.
– *Les passions de l'âme* (1649), frz.-dt., hg. von Klaus Hammacher, Hamburg: Felix Meiner ²1996.
de Sousa, Ronald, *The Rationality of Emotion*, Cambridge (MA), London: MIT Press 1987.
d'Holbach, Paul Henri Thiry (Pseud. Jean-Baptiste de Mirabaud), *Système de la nature (ou Des loix du monde physique et du monde moral)*, 2 Bde., Amsterdam (Pseud. London): Marc-Michel Rey 1770.
Dihle, Albrecht, *The Theory of Will in Classical Antiquity*, Berkeley, Los Angeles, London: University of California Press 1982.
Dilthey, Wilhelm, »Ideen über eine beschreibende und zergliedernde Psychologie« (1894), in: *Gesammelte Schriften*, Bd. 5, hg. von Georg Misch, Stuttgart: B. G. Teubner/Göttingen: Vandenhoeck & Ruprecht ⁷1982, S. 139-240.
– *Der Aufbau der geschichtlichen Welt in den Geisteswissenschaften (und Plan der Fortsetzung zum Aufbau der geschichtlichen Welt in den Geisteswissenschaften)* (1910), in: *Gesammelte Schriften*, Bd. 7, hg. von Bernhard Groethuysen, Leipzig, Berlin: B. G. Teubner 1927, S. 77-291.
Double, Richard, *The Non-Reality of Free Will*, New York, Oxford: Oxford University Press 1991.
Dowe, Phil, *Physical Causation*, Cambridge, New York: Cambridge University Press 2000.
Dretske, Fred, *Explaining Behavior. Reasons in a World of Causes*, Cambridge (MA), London: MIT Press 1988.
Droysen, Johann Gustav, *Historik* (1857), in: *Historik*, hg. von Peter Leyh,

Bd. 1, Stuttgart-Bad Cannstatt: Friedrich Frommann Verlag, Günther Holzboog 1977, S. 1-393.
– *Grundriß der Historik* ([3]1882), in: *Historik*, hg. von Peter Leyh, Bd. 1, Stuttgart-Bad Cannstatt: Friedrich Frommann Verlag, Günther Holzboog 1977, S. 413-450.
Dupré, John, *The Disorder of Things. Metaphysical Foundations of the Disunity of Science*, Cambridge (MA), London: Harvard University Press 1993.
– *Human Nature and the Limits of Science*, Oxford: Clarendon Press 2001.
Dworkin, Gerald, *The Theory and Practice of Autonomy*, Cambridge, New York, Melbourne: Cambridge University Press 1988.
Dworkin, Ronald, *Sovereign Virtue. The Theory and Practice of Equality*, Cambridge (MA), London: Harvard University Press 2000.
– *Justice for Hedgehogs*, Cambridge (MA), London: The Belknap Press of Harvard University Press 2011.

Earman, John, *A Primer on Determinism*, Dordrecht: D. Reidel Publishing Company 1986.
Eccles, John Carew, *Facing Reality. Philosophical Adventures by a Brain Scientist*, Berlin, Heidelberg, New York: Springer 1970.
– »A Unitary Hypothesis of Mind-Brain Interaction in the Cerebral Cortex«, in: *Proceedings of the Royal Society of London. Series B, Biological Sciences* 240, 1299 (1990), S. 433-451.
– *How the Self Controls Its Brain*, Berlin, Heidelberg, New York: Springer 1994.
Eddington, Arthur Stanley, *The Nature of the Physical World* (1928), London: J. M. Dent & Sons 1964.
Edwards, Paul, »Hard and Soft Determinism«, in: Sidney Hook (Hg.), *Determinism and Freedom in the Age of Modern Science* (1958), New York: Collier Books 1961, S. 117-125.
Ekstrom, Laura Waddell, *Free Will. A Philosophical Study*, Boulder, Oxford: Westview Press 2000.
Enoch, David, *Taking Morality Seriously. A Defense of Robust Realism*, Oxford: Oxford University Press 2011.

Feigl, Herbert, »The ›Mental‹ and the ›Physical‹«, in: Herbert Feigl, Michael Scriven, Grover Maxwell (Hg.), *Concepts, Theories, and the Mind-Body Problem (= Minnesota Studies in the Philosophy of Science, Bd. 2)*, Minneapolis: University of Minnesota Press 1958, S. 370-497.
Feyerabend, Paul, »Materialism and the Mind-Body Problem«, in: *The Review of Metaphysics* 17, 1 (1963), S. 49-66.
Fichte, Johann Gottlieb, *Grundlage der gesammten Wissenschaftslehre als Handschrift für seine Zuhörer* (1794/95), in: *Gesamtausgabe der Baye-*

rischen Akademie der Wissenschaften, Bd. I.2, hg. von Reinhard Lauth, Hans Jacob, Stuttgart-Bad Cannstatt: Friedrich Frommann Verlag, Günther Holzboog 1965 (Band- und Seitenangaben nach der Werkeausgabe, hg. von Immanuel Hermann Fichte, Berlin 1845/46).
– *Versuch einer neuen Darstellung der Wissenschaftslehre* (1797/98), in: *Gesamtausgabe der Bayerischen Akademie der Wissenschaften*, Bd. I.4, hg. von Reinhard Lauth, Hans Gliwitzky, Stuttgart-Bad Cannstatt: Friedrich Frommann Verlag, Günther Holzboog 1970 (Band- und Seitenangaben nach der Werkeausgabe, hg. von Immanuel Hermann Fichte, Berlin 1845/46).
– *Wissenschaftslehre nova methodo* (ca. 1796-1799), in: *Gesamtausgabe der Bayerischen Akademie der Wissenschaften*, Bd. IV.2, hg. von Reinhard Lauth, Hans Gliwitzky, Stuttgart-Bad Cannstatt: Friedrich Frommann Verlag, Günther Holzboog 1978 (Seitenangaben nach dem Zweiten Band der Nachgelassenen Schriften, hg. von Hans Jacob, Berlin 1937).
Field, Hartry, *Realism, Mathematics and Modality*, Oxford, New York: Basil Blackwell 1989.
Fischer, John Martin, »Responsibility and Control«, in: *The Journal of Philosophy* 79, 1 (1982), S. 24-40.
– *The Metaphysics of Free Will. An Essay on Control*, Cambridge (MA), Oxford: Blackwell Publishers 1994.
– »Frankfurt-Type Examples and Semicompatibilism: New Work«, in: Robert Kane (Hg.), *The Oxford Handbook of Free Will*, New York, Oxford: Oxford University Press ^{2}2011, S. 243-265.
– »Semicompatibilism«, in: Kevin Timpe, Meghan Griffith, Neil Levy (Hg.), *The Routledge Companion to Free Will*, Abingdon, New York: Routledge 2017, S. 5-14.
Fischer, John Martin/Ravizza, Mark, *Responsibility and Control. A Theory of Moral Responsibility*, Cambridge, New York: Cambridge University Press 1998.
Flood, Merrill Meeks, »Some Experimental Games«, in: *Journal of the Institute of Management Sciences* 5, 1 (1958), S. 5-26.
Fodor, Jerry Alan, *Psychosemantics. The Problem of Meaning in the Philosophy of Mind*, Cambridge (MA), London: MIT Press 1987.
Foot, Philippa, »Free Will as Involving Determinism«, in: *The Philosophical Review* 66, 4 (1957), S. 439-450.
Foster, John, *The Immaterial Self. A Defence of the Cartesian Dualist Conception of the Mind*, Abingdon, New York: Routledge 1991.
Frankfurt, Harry Gordon, »Alternate Possibilities and Moral Responsibility«, in: *The Journal of Philosophy* 66, 23 (1969), S. 829-839.
– »Freedom of the Will and the Concept of a Person«, in: *The Journal of Philosophy* 68, 1 (1971), S. 5-20.

– »Three Concepts of Free Action« (1975), in: *The Importance of What We Care About. Philosophical Essays*, New York, Cambridge: Cambridge University Press 1998, S. 47-57.
– »The Importance of What We Care About« (1982), in: *The Importance of What We Care About. Philosophical Essays*, New York, Cambridge: Cambridge University Press 1998, S. 80-94.
– »What We Are Morally Responsible For« (1983), in: *The Importance of What We Care About. Philosophical Essays*, New York, Cambridge: Cambridge University Press 1998, S. 95-103.
– »Identification and Wholeheartedness« (1987), in: *The Importance of What We Care About. Philosophical Essays*, New York, Cambridge: Cambridge University Press 1998, S. 159-176.
– »Concerning the Freedom and Limits of the Will« (1989), in: *Necessity, Volition, and Love*, Cambridge, New York, Melbourne: Cambridge University Press 1999, S. 71-81.
– »Autonomy, Necessity, and Love« (1993), in: *Necessity, Volition, and Love*, Cambridge, New York, Melbourne: Cambridge University Press 1999, S. 129-141.
– »On the Necessity of Ideals« (1993), in: *Necessity, Volition, and Love*, Cambridge, New York, Melbourne: Cambridge University Press 1999, S. 108-116.
– »On Caring« (1997), in: *Necessity, Volition, and Love*, Cambridge, New York, Melbourne: Cambridge University Press 1999, S. 155-180.
– *The Reasons of Love*, Princeton, Oxford: Princeton University Press 2004.
Frede, Michael, *A Free Will. Origins of the Notion in Ancient Thought*, hg. von Anthony Arthur Long, Berkeley, Los Angeles, London: University of California Press 2011.
Frege, Gottlob, *Die Grundlagen der Arithmetik. Eine logisch mathematische Untersuchung über den Begriff der Zahl* (1884), hg. von Christian Thiel, Hamburg: Felix Meiner 1988.
– *Logische Untersuchungen (Erster Teil: Der Gedanke; Zweiter Teil: Die Verneinung; Dritter Teil: Gedankengefüge)* (1918/23), in: *Kleine Schriften*, hg. von Ignacio Angelelli, Hildesheim: Georg Olms 1967, S. 342-394 (Seitenangaben nach den jeweiligen Originalausgaben).
Freud, Sigmund, *Das Ich und das Es* (1923), in: *Studienausgabe*, hg. von Alexander Mitscherlich, Angela Richards, James Strachey, Bd. 3, Frankfurt/M.: S. Fischer Verlag 1975, S. 273-330.
– *Neue Folge der Vorlesungen zur Einführung in die Psychoanalyse* (1933), in: *Studienausgabe*, hg. von Alexander Mitscherlich, Angela Richards, James Strachey, Bd. 1, Frankfurt/M.: S. Fischer Verlag 1969, S. 447-608.
Frisch, Mathias, *Causal Reasoning in Physics*, Cambridge, New York, Melbourne: Cambridge University Press 2014.

Ginet, Carl, »Can the Will be Caused?«, in: *The Philosophical Review* 71, 1 (1962), S. 49-55.
– *On Action*, Cambridge, New York, Melbourne: Cambridge University Press 1990.
– »In Defense of the Principle of Alternative Possibilities: Why I Don't Find Frankfurt's Argument Convincing«, in: *Philosophical Perspectives* 10 (1996), S. 403-417.
– »Freedom, Responsibility, and Agency«, in: *The Journal of Ethics* 1, 1 (1997), S. 85-98.
– »An Action Can be Both Uncaused and Up to the Agent«, in: Christoph Lumer, Sandro Nannini (Hg.), *Intentionality, Deliberation and Autonomy. The Action-Theoretic Basis of Practical Philosophy* (2007), Abingdon, New York: Routledge 2016, S. 243-255.
Gödel, Kurt, »Russell's Mathematical Logic«, in: Paul Arthur Schilpp (Hg.), *The Philosophy of Bertrand Russell* (1944), LaSalle: Open Court Publishing ^{4}1971, S. 123-153.
– »What is Cantor's Continuum Problem?«, in: *The American Mathematical Monthly* 54, 9 (1947), S. 515-525.
Griffith, Meghan, »Why Agent-Caused Actions Are Not Lucky«, in: *American Philosophical Quarterly* 47, 1 (2010), S. 43-56.

Habermas, Jürgen, »Diskursethik – Notizen zu einem Begründungsprogramm«, in: *Moralbewußtsein und kommunikatives Handeln*, Frankfurt/M.: Suhrkamp 1983, S. 53-125.
– »Freiheit und Determinismus«, in: *Deutsche Zeitschrift für Philosophie* 52, 6 (2004), S. 871-890.
– »Das Sprachspiel verantwortlicher Urheberschaft und das Problem der Willensfreiheit: Wie lässt sich der epistemische Dualismus mit einem ontologischen Monismus versöhnen?«, in: *Deutsche Zeitschrift für Philosophie* 54, 5 (2006), S. 669-707.
Haggard, Patrick, »Conscious Awareness of Intention and of Action«, in: Johannes Roessler, Naomi Eilan (Hg.), *Agency and Self-Awareness. Issues in Philosophy and Psychology*, Oxford: Clarendon Press 2003, S. 111-127.
Haggard, Patrick/Eimer, Martin, »On the Relation Between Brain Potentials and the Awareness of Voluntary Movements«, in: *Experimental Brain Research* 126, 1 (1999), S. 128-133.
Haji, Ishtiyaque, *Incompatibilism's Allure. Principal Arguments for Incompatibilism*, Peterborough: Broadview Press 2009.
– *Reason's Debt to Freedom. Normative Appraisals, Reasons, and Free Will*, New York, Oxford: Oxford University Press 2012.
Hameroff, Stuart R., »Quantum Coherence in Microtubules: A Neural Ba-

sis for Emergent Consciousness?«, in: *Journal of Consciousness Studies* 1, 1 (1994), S. 91-118.
– »How Quantum Brain Biology Can Rescue Conscious Free Will«, in: *Frontiers in Integrative Neuroscience* 6, 93 (2012), S. 1-17.
Hampshire, Stuart, *Thought and Action*, London: Chatto and Windus 1959.
– *Freedom of the Individual*, Princeton: Princeton University Press [2]1975.
Hart, Herbert Lionel Adolphus, »Legal Responsibility and Excuses« (1958), in: *Punishment and Responsibility. Essays in the Philosophy of Law*, Oxford, New York: Oxford University Press [2]2008, S. 28-53.
Hartmann, Nicolai, *Ethik*, Berlin, Leipzig: Walter de Gruyter [2]1935.
Hayek, Friedrich August, *The Constitution of Liberty*, Chicago: University of Chicago Press 1960.
Hegel, Georg Wilhelm Friedrich, *Enzyklopädie der philosophischen Wissenschaften im Grundrisse* ([3]1830), hg. von Wolfgang Bonsiepen, Hans Christian Lucas, in: *Hauptwerke in sechs Bänden*, Bd. 6, Hamburg: Felix Meiner 1999.
Heinrichs, Jan-Hendrik, *Willenlos. Der Willensbegriff zwischen antiker Moralpsychologie und modernen Neurowissenschaften*, Münster: mentis 2017.
Heisenberg, Martin, »Is Free Will an Illusion?«, in: *Nature* 459, 7244 (2009), S. 164-165.
Hempel, Carl Gustav/Oppenheim, Paul, »Studies in the Logic of Explanation«, in: *Philosophy of Science* 15, 2 (1948), S. 135-175.
Hobart, R. E. (= Dickinson Sergeant Miller), »Free Will as Involving Determination and Inconceivable Without It«, in: *Mind* 43, 169 (1934), S. 1-27.
Hobbes, Thomas, *Leviathan (or The Matter, Form, and Power of a Commonwealth Ecclesiastical and Civil)* (1651), hg. von John Charles Addison Gaskin, Oxford, New York: Oxford University Press 1996.
– *Of Liberty and Necessity (A Treatise, Wherein All Controversy Concerning Predestination, Election, Free-Will, Grace, Merits, Reprobation, etc. is Fully Decided and Cleared)* (1654), in: *The English Works of Thomas Hobbes of Malmesbury*, hg. von William Molesworth, Bd. 4, London: John Bohn 1840, ND Aalen: Scientia Verlag [2]1966, S. 229-278.
Hodgson, David, »Quantum Physics, Consciousness, and Free Will«, in: Robert Kane (Hg.), *The Oxford Handbook of Free Will*, New York, Oxford: Oxford University Press [2]2011, S. 57-83.
– *Rationality + Consciousness = Free Will*, New York, Oxford: Oxford University Press 2012.
Honderich, Ted, *A Theory of Determinism. The Mind, Neuroscience, and Life-Hopes*, Oxford: Clarendon Press 1988.
– *How Free Are You? The Determinism Problem*, Oxford, New York: Oxford University Press 1993.

Hübner, Dietmar, *Die Bilder der Gerechtigkeit. Zur Metaphorik des Verteilens*, Paderborn: mentis 2009.
– »Zwischen Tautologie und Indifferenz? Eine Verteidigung des Vorrangs der Moral«, in: Martin Hoffmann, Reinold Schmücker, Héctor Wittwer (Hg.), *Vorrang der Moral? Eine metaethische Kontroverse*, Frankfurt/M.: Klostermann 2017, S. 67-85.
– *Einführung in die philosophische Ethik*, Göttingen: Vandenhoeck & Ruprecht [3]2021.
Hume, David, *A Treatise of Human Nature* (1739/40), hg. von David Fate Norton, Mary Jean Norton, Oxford, New York: Oxford University Press 2000.
– *An Enquiry Concerning Human Understanding* (1748), hg. von Eric Steinberg, Indianapolis: Hackett Publishing Company 1977.

Ismael, Jenann T., *How Physics Makes Us Free*, New York, Oxford: Oxford University Press 2016.

Jackson, Frank, »What Mary Didn't Know«, in: *The Journal of Philosophy* 83, 5 (1986), S. 291-295.
Jones, Ernest, »Rationalisation in Every-Day Life«, in: *The Journal of Abnormal Psychology* 3, 3 (1908), S. 161-169.

Kane, Robert, *Free Will and Values*, Albany: State University of New York Press 1985.
– *The Significance of Free Will*, New York, Oxford: Oxford University Press 1996.
– »Responsibility, Luck, and Chance: Reflections on Free Will and Indeterminism«, in: *The Journal of Philosophy* 96, 5 (1999), S. 217-240.
– *A Contemporary Introduction to Free Will*, New York, Oxford: Oxford University Press 2005.
Kant, Immanuel, *Kritik der reinen Vernunft* (1781/87), hg. von Raymund Schmidt, Hamburg: Felix Meiner [3]1990 (Seitenangaben nach den Originalausgaben).
– *Prolegomena zu einer jeden künftigen Metaphysik, die als Wissenschaft wird auftreten können* (1783), hg. von Karl Vorländer, Hamburg: Felix Meiner [6]1976 (Seitenangaben nach Band IV der Akademie-Ausgabe).
– *Grundlegung zur Metaphysik der Sitten* (1785), hg. von Karl Vorländer, Hamburg: Felix Meiner [3]1965 (Seitenangaben nach Band IV der Akademie-Ausgabe).
– *Kritik der praktischen Vernunft* (1788), hg. von Karl Vorländer, Hamburg: Felix Meiner [10]1990 (Seitenangaben nach der Originalausgabe).
Keil, Geert, *Willensfreiheit*, Berlin, New York: Walter de Gruyter 2007.

Kenny, Anthony, *Will, Freedom and Power*, Oxford: Basil Blackwell 1975.

Kim, Jaegwon, »Supervenience as a Philosophical Concept«, in: *Metaphilosophy* 21, 1/2 (1990), S. 1-27.

– *Mind in a Physical World. An Essay on the Mind-Body Problem and Mental Causation*, Cambridge (MA): MIT Press 1998.

– *Physicalism, or Something Near Enough*, Princeton, Oxford: Princeton University Press 2005.

– *Philosophy of Mind*, Boulder: Westview Press [3]2011.

Korsgaard, Christine Marion, »Skepticism About Practical Reason« (1986), in: *Creating the Kingdom of Ends*, Cambridge, New York, Melbourne: Cambridge University Press 1996, S. 311-334.

– *The Sources of Normativity*, Cambridge, New York: Cambridge University Press 1996.

Lehrer, Keith, »›Could‹ and Determinism«, in: *Analysis* 24, 4 (1964), S. 159-160.

– »Cans Without Ifs«, in: *Analysis* 29, 1 (1968), S. 29-32.

Leibniz, Gottfried Wilhelm, *Essais de théodicée (sur la bonté de dieu, la liberté de l'homme, et l'origine du mal)* (1710), in: *Die philosophischen Schriften von Gottfried Wilhelm Leibniz*, hg. von Carl Immanuel Gerhardt, Bd. 6, Berlin: Weidmannsche Buchhandlung 1885, ND Hildesheim: Georg Olms Verlagsbuchhandlung 1961.

– *Monadologie* (1714), frz.-dt., hg. von Hartmut Hecht, Stuttgart: Philipp Reclam 1998.

Levine, Joseph, »Materialism and Qualia: The Explanatory Gap«, in: *Pacific Philosophical Quarterly* 64, 4 (1983), S. 354-361.

Levy, Neil, *Hard Luck. How Luck Undermines Free Will and Moral Responsibility*, Oxford: Oxford University Press 2011.

Lewis, David Kellogg, »An Argument for the Identity Theory«, in: *The Journal of Philosophy* 63, 1 (1966), S. 17-25.

– »Causation«, in: *The Journal of Philosophy* 70, 17 (1973), S. 556-567.

Libet, Benjamin, »Unconscious Cerebral Initiative and the Role of Conscious Will in Voluntary Action«, in: *The Behavioral and Brain Sciences* 8, 4 (1985), S. 529-566.

– »Do We Have Free Will?«, in: *Journal of Consciousness Studies* 6, 8/9 (1999), S. 47-57.

– *Mind Time. The Temporal Factor in Consciousness*, Cambridge (MA), London: Harvard University Press 2004.

Libet, Benjamin / Gleason, Curtis A. / Wright, Elwood W. / Pearl, Dennis Keith, »Time of Conscious Intention to Act in Relation to Onset of Cerebral Activity (Readiness-Potential). The Unconscious Initiation of a Freely Voluntary Act«, in: *Brain* 106, 3 (1983), S. 623-642.

Locke, John, *An Essay Concerning Human Understanding* ([5]1706), hg. von Roger Woolhouse, London: Penguin Books [2]2004.
Lucas, John Randolph, *The Freedom of the Will*, Oxford: Clarendon Press 1970.
Luce, Robert Duncan/Raiffa, Howard, *Games and Decisions. Introduction and Critical Survey*, New York: John Wiley & Sons 1957, ND New York: Dover Publications 1989.

Mach, Ernst, »Über das Prinzip der Vergleichung in der Physik« (1894), in: *Populärwissenschaftliche Vorlesungen*, Leipzig: Johann Ambrosius Barth [5]1923, S. 266-289.
MacKay, Donald MacCrimmon, »On the Logical Indeterminacy of a Free Choice«, in: *Mind* 69, 273 (1960), S. 31-40.
– *Freedom of Action in a Mechanistic Universe*, London, New York, Cambridge: Cambridge University Press 1967.
Mackie, John Leslie, *The Cement of the Universe. A Study of Causation*, Oxford: Clarendon Press 1974.
– *Ethics. Inventing Right and Wrong*, London: Pelican Books 1977, ND London: Penguin Books 1990.
Margalit, Avishai, »Decent Equality and Freedom: A Postscript«, in: *Social Research. An International Quarterly of the Social Sciences* 64, 1 (1997), S. 147-160.
Margenau, Henry, »Quantum Mechanics, Free Will, and Determinism«, in: *The Journal of Philosophy* 64, 21 (1967), S. 714-725.
– *Scientific Indeterminism and Human Freedom*, Latrobe: The Archabbey Press 1968.
– *The Miracle of Existence*, Woodbridge: Ox Bow Press 1984.
Markowitsch, Hans Joachim, »Warum wir keinen freien Willen haben. Der sogenannte freie Wille aus Sicht der Hirnforschung«, in: *Psychologische Rundschau* 55, 4 (2004), S. 163-168.
McCall, Storrs, *A Model of the Universe. Space-Time, Probability, and Decision*, Oxford: Clarendon Press 1994.
McDowell, John Henry, »Virtue and Reason« (1979), in: *Mind, Value, and Reality*, Cambridge (MA), London: Harvard University Press 1998, S. 50-73.
– »Might There Be External Reasons?« (1995), in: *Mind, Value, and Reality*, Cambridge (MA), London: Harvard University Press 1998, S. 95-111.
– *Mind and World. With a New Introduction*, Cambridge (MA), London: Harvard University Press [2]1996.
McGinn, Colin, »Can We Solve the Mind-Body Problem?«, in: *Mind* 98, 391 (1989), S. 349-366.
– *The Mysterious Flame. Conscious Minds in a Material World*, New York: Basic Books 1999.

McKenna, Michael S., »Alternative Possibilities and the Failure of the Counterexample Strategy«, in: *Journal of Social Philosophy* 28, 3 (1997), S. 71-85.
McKenna, Michael S./Widerker, David, »Introduction«, in: David Widerker, Michael S. McKenna (Hg.), *Moral Responsibility and Alternative Possibilities. Essays on the Importance of Alternative Possibilities*, Aldershot, Burlington: Ashgate 2003, S. 1-16.
Melden, Abraham Irving, *Free Action*, London: Routledge & Kegan Paul 1961.
Mele, Alfred Remen, *Autonomous Agents. From Self-Control to Autonomy*, New York, Oxford: Oxford University Press 1995.
– *Free Will and Luck*, New York, Oxford: Oxford University Press 2006.
Metzinger, Thomas, »Das Leib-Seele-Problem in der zweiten Hälfte des zwanzigsten Jahrhunderts«, in: Thomas Metzinger (Hg.), *Grundkurs Philosophie des Geistes*, Bd. 2 (Das Leib-Seele-Problem), Paderborn: mentis 2007, S. 11-31.
Mill, John Stuart, *Utilitarianism* ([4]1871), hg. von Roger Crisp, Oxford, New York: Oxford University Press 1998.
Moore, George Edward, *Ethics* (1912), hg. von William Harry Shaw, Oxford: Clarendon Press 2005.

Nagel, Ernest, *The Structure of Science. Problems in the Logic of Scientific Explanation*, New York, Burlingame: Harcourt, Brace & World 1961.
Nagel, Thomas, *The Possibility of Altruism* (1970), Princeton, Chichester: Princeton University Press 1978.
– »What Is It Like to Be a Bat?«, in: *The Philosophical Review* 83, 4 (1974), S. 435-450.
– »Moral Luck« (1976), in: *Mortal Questions*, Cambridge: Cambridge University Press 1979, S. 24-38.
– »Panpsychism« (1979), in: *Mortal Questions*, Cambridge: Cambridge University Press 1979, S. 181-195.
– »Subjective and Objective« (1979), in: *Mortal Questions*, Cambridge: Cambridge University Press 1979, S. 196-213.
– *The View from Nowhere*, New York, Oxford: Oxford University Press 1986.
Nash, John, »Non-Cooperative Games«, in: *Annals of Mathematics* 54, 2 (1951), S. 286-295.
Neely, Wright, »Freedom and Desire«, in: *The Philosophical Review* 83, 1 (1974), S. 32-54.
Nelkin, Dana Kay, *Making Sense of Freedom and Responsibility*, Oxford, New York: Oxford University Press 2011.
Nida-Rümelin, Julian, *Über menschliche Freiheit*, Stuttgart: Philipp Reclam 2005.

– »Vernunft und Freiheit«, in: Dieter Sturma (Hg.), *Vernunft und Freiheit. Zur praktischen Philosophie von Julian Nida-Rümelin*, Berlin, Boston: Walter de Gruyter 2012, S. 9-35.

Noë, Alva, *Out of Our Heads. Why You Are Not Your Brain, and Other Lessons from the Biology of Consciousness*, New York: Hill and Wang 2009.

Norton, John D., »Causation as Folk Science«, in: *Philosopher's Imprint* 3, 4 (2003), S. 1-22.

Nowell-Smith, Patrick Horace, »Freewill and Moral Responsibility«, in: *Mind* 57, 225 (1948), S. 45-61.

Nozick, Robert, *Philosophical Explanations*, Oxford: Clarendon Press 1981.

Nussbaum, Martha Craven, *Upheavals of Thought. The Intelligence of Emotions*, New York, Cambridge: Cambridge University Press 2001.

O'Connor, Daniel John, *Free Will*, London, Basingstoke: Macmillan 1971.

O'Connor, Timothy, »Indeterminism and Free Agency: Three Recent Views«, in: *Philosophy and Phenomenological Research* 53, 3 (1993), S. 499-526.

– »Agent Causation«, in: Timothy O'Connor (Hg.), *Agents, Causes, and Events. Essays on Indeterminism and Free Will*, New York, Oxford: Oxford University Press 1995, S. 173-200.

– *Persons and Causes. The Metaphysics of Free Will*, New York, Oxford: Oxford University Press 2000.

Pauen, Michael, *Illusion Freiheit? Mögliche und unmögliche Konsequenzen der Hirnforschung*, Frankfurt/M.: Fischer Taschenbuch Verlag ²2008.

Pauen, Michael/Roth, Gerhard, *Freiheit, Schuld und Verantwortung. Grundzüge einer naturalistischen Theorie der Willensfreiheit*, Frankfurt/M.: Suhrkamp 2008.

Pearl, Judea, *Causality. Models, Reasoning, and Inference*, New York, Cambridge: Cambridge University Press ²2009.

Penrose, Roger, *The Emperor's New Mind. Concerning Computers, Minds and the Laws of Physics* (1989), London: Vintage 1990.

– *Shadows of the Mind. A Search for the Missing Science of Consciousness* (1994), London: Vintage 1995.

Pereboom, Derk, *Living Without Free Will*, Cambridge, New York: Cambridge University Press 2001.

– »Defending Hard Incompatibilism«, in: *Midwest Studies in Philosophy* 29 (2005), S. 228-247.

– *Free Will, Agency, and Meaning in Life*, New York, Oxford: Oxford University Press 2014.

Place, Ullin Thomas, »Is Consciousness a Brain Process?«, in: *British Journal of Psychology* 47, 1 (1956), S. 44-50.

Planck, Max, »Kausalgesetz und Willensfreiheit« (1923), in: *Vorträge und Erinnerungen (= Fünfte Auflage der Wege zur physikalischen Erkenntnis)*, Stuttgart: S. Hirzel 1949, S. 139-168.
– »Vom Wesen der Willensfreiheit« (1936), in: *Vorträge und Erinnerungen (= Fünfte Auflage der Wege zur physikalischen Erkenntnis)*, Stuttgart: S. Hirzel 1949, S. 301-317.
– »Determinismus oder Indeterminismus« (1937), in: *Vorträge und Erinnerungen (= Fünfte Auflage der Wege zur physikalischen Erkenntnis)*, Stuttgart: S. Hirzel 1949, S. 334-349.
Platon, *Menon*, griech.-dt., in: *Werke in acht Bänden*, hg. von Gunther Eigler, Bd. 2, Darmstadt: Wissenschaftliche Buchgesellschaft [2]1990.
– *Protagoras*, griech.-dt., in: *Werke in acht Bänden*, hg. von Gunther Eigler, Bd. 1, Darmstadt: Wissenschaftliche Buchgesellschaft [2]1990.
– *Politeia*, griech.-dt., in: *Werke in acht Bänden*, hg. von Gunther Eigler, Bd. 4, Darmstadt: Wissenschaftliche Buchgesellschaft [2]1990.
Popper, Karl Raimund, »Indeterminism in Quantum Physics and in Classical Physics. Part 1«, in: *The British Journal for the Philosophy of Science* 1, 2 (1950), S. 117-133.
– »Indeterminism in Quantum Physics and in Classical Physics. Part 2«, in: *The British Journal for the Philosophy of Science* 1, 3 (1950), S. 173-195.
– *Conjectures and Refutations. The Growth of Scientific Knowledge*, London: Routledge & Kegan Paul [2]1965.
– *Objective Knowledge. An Evolutionary Approach*, Oxford: Clarendon Press 1972.
– »Three Worlds« (1978), in: Sterling Moss McMurrin (Hg.), *The Tanner Lectures on Human Values*, Bd. 1, Salt Lake City: University of Utah Press/Cambridge: Cambridge University Press 1980, S. 141-167.
– *The Open Universe. An Argument for Indeterminism (= Postscript to the Logic of Scientific Discovery, Bd. 2)*, hg. von William Warren Bartley III, London: Hutchinson & Co. 1982.
Popper, Karl Raimund / Eccles, John Carew, *The Self and Its Brain. An Argument for Interactionism*, Berlin, Heidelberg, London, New York: Springer 1977.
Pothast, Ulrich, *Die Unzulänglichkeit der Freiheitsbeweise. Zu einigen Lehrstücken aus der neueren Geschichte von Philosophie und Recht*, Frankfurt/M.: Suhrkamp 1980.
– *Freiheit und Verantwortung. Eine Debatte, die nicht sterben will – und auch nicht sterben kann*, Frankfurt/M.: Klostermann 2011.
– *Wie frei wir sind, ist unsere Sache. Personeigene Freiheit in der Welt der Naturgesetze*, Frankfurt/M.: Klostermann 2016.
Prichard, Harold Arthur, »Acting, Willing, Desiring« (1945), in: *Moral*

Obligation. Essays and Lectures, hg. von William David Ross, Oxford: Clarendon Press 1949, 187-198.

Priestley, Joseph, *The Doctrine of Philosophical Necessity Illustrated (Being an Appendix to the Disquisitions Relating to Matter and Spirit)*, London: J. Johnson 1777, ND Whitefish: Literary Licensing 2014.

– *A Free Discussion of the Doctrines of Materialism and Philosophical Necessity (In a Correspondence Between Dr. Price and Dr. Priestley)*, London: J. Johnson 1778, ND Whitefish: Literary Licensing 2014.

Prinz, Wolfgang, »Der Mensch ist nicht frei. Ein Gespräch«, in: Christian Geyer (Hg.), *Hirnforschung und Willensfreiheit. Zur Deutung der neuesten Experimente*, Frankfurt/M.: Suhrkamp 2004, S. 20-26.

Putnam, Hilary, »The Mental Life of Some Machines« (1967), in: *Mind, Language and Reality (= Philosophical Papers, Bd. 2)*, Cambridge, New York, Melbourne: Cambridge University Press 1975, S. 408-428.

– »The Nature of Mental States« (1967), in: *Mind, Language and Reality (= Philosophical Papers, Bd. 2)*, Cambridge, New York, Melbourne: Cambridge University Press 1975, S. 429-440.

– »Philosophy of Logic« (1971), in: *Mathematics, Matter and Method (= Philosophical Papers, Bd. 1)*, Cambridge, New York, Melbourne: Cambridge University Press [2]1979, S. 323-357.

Quine, Willard Van Orman, »On What There Is«, in: *The Review of Metaphysics* 2, 5 (1948), S. 21-38.

– »Two Dogmas of Empiricism«, in: *The Philosophical Review* 60, 1 (1951), S. 20-43.

Reid, Thomas, *Essays on the Active Powers of Man* (1788), in: *The Edinburgh Edition of Thomas Reid*, Bd. 7, hg. von Knud Haakonssen, James Anthony Harris, Edinburgh: Edinburgh University Press 2010 (Seitenangaben nach der Originalausgabe).

Rescher, Nicholas, *Predicting the Future. An Introduction to the Theory of Forecasting*, Albany: State University of New York Press 1998.

Rickert, Heinrich, *Kulturwissenschaft und Naturwissenschaft* ([7]1926), hg. von Friedrich Vollhardt, Stuttgart: Philipp Reclam 1986.

Rorty, Richard, »Mind-Body Identity, Privacy, and Categories«, in: *The Review of Metaphysics* 19, 1 (1965), S. 24-54.

Ross, William David, *Foundations of Ethics*, Oxford: Clarendon Press 1939.

Roth, Gerhard, *Fühlen, Denken, Handeln. Wie das Gehirn unser Verhalten steuert*, Frankfurt/M.: Suhrkamp 2003.

– »Worüber dürfen Hirnforscher reden – und in welcher Weise?«, in: *Deutsche Zeitschrift für Philosophie* 52, 2 (2004), S. 223-234.

Rousseau, Jean-Jacques, *Du contrat social (ou Principes du droit politique)* (1762), in: *Œuvres complètes*, hg. von Bernard Gagnebin, Marcel Raymond, Bd. 3, Paris: Éditions Gallimard 1964.

Rowe, William Leonard, »Two Concepts of Freedom«, in: *Proceedings and Addresses of the American Philosophical Association* 61, 1 (1987), Suppl., S. 43-64.

Russell, Bertrand, »On the Notion of Cause« (1912/13), in: *On the Philosophy of Science*, hg. von Charles Andrew Fritz, Jr., Indianapolis, New York, Kansas City: The Bobbs-Merrill Company 1965, S. 163-186.

– *Our Knowledge of the External World (As a Field for Scientific Method in Philosophy)* (1914), London: George Allen & Unwin 1926.

– *Human Knowledge. Its Scope and Limits*, London: George Allen & Unwin 1948.

Russell, Paul, »Strawson's Way of Naturalizing Responsibility«, in: *Ethics* 102, 2 (1992), S. 287-302.

– »Compatibilist-Fatalism«, in: Ton van den Beld (Hg.), *Moral Responsibility and Ontology*, Dordrecht, Boston, London: Kluwer Academic Publishers 2000, S. 199-218.

– »Free Will, Art and Morality«, in: *The Journal of Ethics* 12, 3/4 (2008), S. 307-325.

– »Moral Sense and the Foundations of Responsibility«, in: Robert Kane (Hg.), *The Oxford Handbook of Free Will*, New York, Oxford: Oxford University Press [2]2011, S. 199-220.

Ryle, Gilbert, *The Concept of Mind* (1949), London: Penguin Books 2000.

Salmon, Wesley Charles, *Scientific Explanation and the Causal Structure of the World*, Princeton, Oxford: Princeton University Press 1984.

Scanlon, Thomas Michael, »The Significance of Choice« (1986), in: Sterling Moss McMurrin (Hg.), *The Tanner Lectures on Human Values*, Bd. 8, Salt Lake City: University of Utah Press / Cambridge: Cambridge University Press 1988, S. 149-216.

– *What We Owe to Each Other*, Cambridge (MA), London: The Belknap Press of Harvard University Press 1998.

– *Being Realistic About Reasons*, Oxford, New York: Oxford University Press 2014.

Scheler, Max, *Der Formalismus in der Ethik und die materiale Wertethik. Neuer Versuch der Grundlegung eines ethischen Personalismus*, Halle/S.: Max Niemeyer [2]1921.

Schelling, Friedrich Wilhelm Joseph, *Philosophische Untersuchungen über das Wesen der menschlichen Freiheit und die damit zusammenhängenden Gegenstände* (1809), in: *Werke*, hg. von Manfred Schröter, Vierter Hauptband, München: C. H. Beck, R. Oldenbourg 1927 (Band- und

Seitenangaben nach der Werkeausgabe, hg. von Karl Friedrich August Schelling, Stuttgart, Augsburg 1856-1861).
– *Die Weltalter. Bruchstück* (1813), in: *Werke*, hg. von Manfred Schröter, Vierter Hauptband, München: C. H. Beck, R. Oldenbourg 1927 (Band- und Seitenangaben nach der Werkeausgabe, hg. von Karl Friedrich August Schelling, Stuttgart, Augsburg 1856-1861).
– *Philosophie der Offenbarung* (1841), in: *Werke*, hg. von Manfred Schröter, Buch I und II: Sechster Ergänzungsband, München: C. H. Beck'sche Verlagsbuchhandlung 1954, Buch III: Sechster Hauptband, München: C. H. Beck, R. Oldenbourg 1928 (Band- und Seitenangaben nach der Werkeausgabe, hg. von Karl Friedrich August Schelling, Stuttgart, Augsburg 1856-1861).
Schlesinger, George, »The Unpredictability of Free Choices«, in: *The British Journal for the Philosophy of Science* 25, 3 (1974), S. 209-221.
Schlick, Moritz, *Fragen der Ethik* (1930), in: *Gesamtausgabe*, hg. von Friedrich Stadler, Hans Jürgen Wendel, Bd. I.3, Wien, New York: Springer 2006, S. 347-536.
Schopenhauer, Arthur, *Preisschrift über die Freiheit des Willens* (1839), in: *Sämtliche Werke*, hg. von Wolfgang Freiherr von Löhneysen, Bd. 3, Stuttgart: Cotta/Frankfurt/M.: Insel [2]1968, ND Darmstadt: Wissenschaftliche Buchgesellschaft 2004, S. 519-627.
Scriven, Michael, »An Essential Unpredictability in Human Behavior«, in: Benjamin Binem Wolman, Ernest Nagel (Hg.), *Scientific Psychology: Principles and Approaches*, New York: Basic Books 1965, S. 411-425.
Searle, John Rogers, »Minds, Brains, and Programs«, in: *The Behavioral and Brain Sciences* 3, 3 (1980), S. 417-424.
– *Minds, Brains and Science*, Cambridge (MA): Harvard University Press 1984.
– *The Rediscovery of the Mind*, Cambridge (MA), London: MIT Press 1992.
– *Freedom and Neurobiology. Reflections on Free Will, Language, and Political Power*, New York: Columbia University Press 2007.
Seebaß, Gottfried, »Freiheit und Determinismus (Teil 1)«, in: *Zeitschrift für philosophische Forschung* 47, 1 (1993), S. 1-22.
– »Freiheit und Determinismus (Teil 2)«, in: *Zeitschrift für philosophische Forschung* 47, 2 (1993), S. 223-245.
Sellars, Wilfrid, *Empiricism and the Philosophy of Mind* (1956), Cambridge (MA), London: Harvard University Press 1997.
– »Philosophy and the Scientific Image of Man« (1962), in: *Science, Perception and Reality*, London: Routledge & Kegan Paul/New York: Humanities Press 1963, S. 1-40.
– »Fatalism and Determinism«, in: Keith Lehrer (Hg.), *Freedom and Determinism*, New York: Random House 1966, ND Atlantic Highlands: Humanities Press 1976, S. 141-174.

Shafer-Landau, Russ, *Moral Realism. A Defence*, Oxford: Clarendon Press 2003.
Shoemaker, Sydney, »Functionalism and Qualia«, in: *Philosophical Studies. An International Journal for Philosophy in the Analytic Tradition* 27, 5 (1975), S. 291-315.
Sidgwick, Henry, *The Methods of Ethics*, London, New York: Macmillan [7]1907, ND Indianapolis, Cambridge: Hackett Publishing Company 1981.
Singer, Wolf, *Ein neues Menschenbild? Gespräche über Hirnforschung*, Frankfurt/M.: Suhrkamp 2003.
– »Selbsterfahrung und neurobiologische Fremdbeschreibung. Zwei konfliktträchtige Erkenntnisquellen«, in: *Deutsche Zeitschrift für Philosophie* 52, 2 (2004), S. 235-255.
Skinner, Burrhus Frederic, *Beyond Freedom and Dignity* (1971), Indianapolis, Cambridge: Hackett Publishing Company 2002.
– *About Behaviorism* (1974), New York: Vintage Books 1976.
Skorupski, John, *The Domain of Reasons*, Oxford: Oxford University Press 2010.
Slote, Michael A., »Understanding Free Will«, in: *The Journal of Philosophy* 77, 3 (1980), S. 136-151.
Smart, John Jamieson Carswell, »Sensations and Brain Processes«, in: *The Philosophical Review* 68, 2 (1959), S. 141-156.
– »Free-Will, Praise and Blame«, in: *Mind* 70, 279 (1961), S. 291-306.
– *Between Science and Philosophy. An Introduction to the Philosophy of Science*, New York: Random House 1968.
Smilansky, Saul, *Free Will and Illusion*, Oxford: Clarendon Press 2000.
Spinoza, Baruch de, *Ethica (Ordine geometrico demonstrata et in quinque partes distincta)* (1677), lat.-dt., hg. von Wolfgang Bartuschat, Hamburg: Felix Meiner 2007.
Spohn, Wolfgang, »Der Kern der Willensfreiheit«, in: Dieter Sturma (Hg.), *Vernunft und Freiheit. Zur praktischen Philosophie von Julian Nida-Rümelin*, Berlin, Boston: Walter de Gruyter 2012, S. 71-90.
Stalnaker, Robert Culp, »A Theory of Conditionals«, in: Nicholas Rescher (Hg.), *Studies in Logical Theory*, Oxford: Basil Blackwell 1968, S. 98-112.
Stapp, Henry Pierce, *Mind, Matter and Quantum Mechanics*, Berlin, Heidelberg: Springer [3]2009.
– *Quantum Theory and Free Will. How Mental Intentions Translate into Bodily Actions*, Cham: Springer 2017.
Strawson, Galen, »Consciousness, Free Will, and the Unimportance of Determinism«, in: *Inquiry* 32, 1 (1989), S. 3-27.
– »The Impossibility of Moral Responsibility«, in: *Philosophical Studies.*

An International Journal for Philosophy in the Analytic Tradition 75, 1/2 (1994), S. 5-24.
– »The Unhelpfulness of Indeterminism«, in: *Philosophy and Phenomenological Research* 60, 1 (2000), S. 149-155.
– *Freedom and Belief*, Oxford: Oxford University Press ²2010.
Strawson, Peter Frederick, »Freedom and Resentment« (1962), in: *Freedom and Resentment and Other Essays* (1974), Abingdon, New York: Routledge 2008, S. 1-28.
Stump, Eleonore, »Alternative Possibilities and Moral Responsibility: The Flicker of Freedom«, in: *The Journal of Ethics* 3, 4 (1999), S. 299-324.
Sturma, Dieter, *Philosophie des Geistes*, Leipzig: Philipp Reclam 2005.
– »Freiheit im Raum der Gründe. Praktische Selbstverhältnisse und die neurophilosophische Herausforderung«, in: Ludger Honnefelder, Matthias C. Schmidt (Hg.), *Naturalismus als Paradigma. Wie weit reicht die naturwissenschaftliche Erklärung des Menschen?*, Berlin: Berlin University Press 2007, S. 138-153.
– »Die Natur der Freiheit. Integrativer Naturalismus in der theoretischen und praktischen Philosophie«, in: *Philosophisches Jahrbuch* 115, 2 (2008), S. 385-396.
– »Freiheit und Selbstbewusstsein im Raum der Gründe«, in: Dieter Sturma (Hg.), *Vernunft und Freiheit. Zur praktischen Philosophie von Julian Nida-Rümelin*, Berlin, Boston: Walter de Gruyter 2012, S. 157-177.
– »Ausdruck von Freiheit. Über Neurowissenschaften und die menschliche Lebensform«, in: Dieter Sturma (Hg.), *Philosophie und Neurowissenschaften*, Frankfurt/M.: Suhrkamp ⁴2013, S. 187-214.
Suppes, Patrick, »The Transcendental Character of Determinism«, in: *Midwest Studies in Philosophy* 18 (1993), S. 242-257.
– »Voluntary Motion, Biological Computation, and Free Will«, in: *Midwest Studies in Philosophy* 19 (1994), S. 452-467.
Swinburne, Richard, *The Evolution of the Soul*, Oxford: Clarendon Press 1986.

Taylor, Charles, »What's Wrong with Negative Liberty« (1979), in: *Philosophy and the Human Sciences (= Philosophical Papers, Bd. 2)*, Cambridge, New York, Melbourne: Cambridge University Press 1985, S. 211-229.
Taylor, Richard, *Metaphysics*, Englewood Cliffs: Prentice-Hall 1963.
– *Action and Purpose*, Englewood Cliffs: Prentice-Hall 1966, ND Atlantic Highlands: Humanities Press/Brighton: Harvester Press 1980.
Thomas von Aquin, *Summa theologica*, lat.-dt., Bd. 6 (Pars I, Quaest. 75-89), hg. vom Katholischen Akademikerverband, Salzburg, Leipzig: Anton Pustet ²1937, Bd. 10 (Pars I–II, Quaest. 22-48), hg. von der Albertus-Magnus-Akademie Walberberg bei Köln, Heidelberg: F. H. Kerle/Graz, Wien, Köln: Styria 1955.

Thorp, John, *Free Will. A Defence Against Neurophysiological Determinism*, London, Boston, Henley: Routledge & Kegan Paul 1980.
Tugendhat, Ernst, »Der Begriff der Willensfreiheit« (1987), in: *Philosophische Aufsätze*, Frankfurt/M.: Suhrkamp 1992, S. 334-351.

van Inwagen, Peter, »The Incompatibility of Free Will and Determinism«, in: *Philosophical Studies. An International Journal for Philosophy in the Analytic Tradition* 27, 3 (1975), S. 185-199.
– *An Essay on Free Will*, Oxford: Clarendon Press 1983.
– »Free Will Remains a Mystery. The Eighth Philosophical Perspectives Lecture«, in: *Philosophical Perspectives* 14 (2000), S. 1-19.
Vihvelin, Kadri, *Causes, Laws, and Free Will. Why Determinism Doesn't Matter*, New York, Oxford: Oxford University Press 2013.
Voltaire (= François-Marie Arouet), »Liberté (De la)« (1764), in: *16 Articles du Dictionnaire philosophique portatif*, frz.-dt., hg. von Ulrich Friedrich Müller, München: Deutscher Taschenbuch Verlag 1973, S. 76-83.
von Wright, Georg Henrik, *Explanation and Understanding*, Ithaca, London: Cornell University Press 1971.
– »Of Human Freedom« (1984), in: Sterling Moss McMurrin (Hg.), *The Tanner Lectures on Human Values*, Bd. 6, Salt Lake City: University of Utah Press / Cambridge: Cambridge University Press 1985, S. 107-170.

Waismann, Friedrich, »Language Strata« (1946), in: Antony Garrard Newton Flew (Hg.), *Logic and Language (Second Series)*, Oxford: Basil Blackwell 1953, S. 11-31.
Walde, Bettina, *Willensfreiheit und Hirnforschung. Das Freiheitsmodell des epistemischen Libertarismus*, Paderborn: mentis 2006.
Wallace, R. Jay, *Responsibility and the Moral Sentiments*, Cambridge (MA), London: Harvard University Press 1994.
Waller, Bruce N., *Freedom Without Responsibility*, Philadelphia: Temple University Press 1990.
Walter, Henrik, *Neurophilosophie der Willensfreiheit. Von libertarischen Illusionen zum Konzept natürlicher Autonomie*, Paderborn: mentis [2]1999.
Walter, Sven, *Illusion freier Wille? Grenzen einer empirischen Annäherung an ein philosophisches Problem*, Stuttgart: J. B. Metzler 2016.
Watson, Gary, »Free Agency«, in: *The Journal of Philosophy* 72, 8 (1975), S. 205-220.
– »Free Action and Free Will«, in: *Mind* 96, 382 (1987), S. 145-172.
Watson, John Broadus, »Psychology as the Behaviorist Views It«, in: *Psychological Review* 20, 2 (1913), S. 158-177.
– *Behaviorism* (1924), London: Kegan Paul, Trench, Trubner & Co. 1925.
Wegner, Daniel Merton, *The Illusion of Conscious Will*, Cambridge (MA), London: MIT Press 2002.

Whitehead, Alfred North, *Process and Reality. An Essay in Cosmology* (1929), hg. von David Ray Griffin, Donald W. Sherburne, New York: The Free Press 1978.

Wiggins, David, »Towards a Reasonable Libertarianism«, in: Ted Honderich (Hg.), *Essays on Freedom of Action*, London, Boston: Routledge & Kegan Paul 1973, ND Abingdon, New York: Routledge 2015, S. 31-61.

Wilholt, Torsten, *Zahl und Wirklichkeit. Eine philosophische Untersuchung über die Anwendbarkeit der Mathematik*, Paderborn: mentis 2004.

Willaschek, Marcus, »Freiheit als Bedingung für Verantwortung. Ein kurzes Argument für den Kompatibilismus«, in: Sibille Mischer, Michael Quante, Christian Suhm (Hg.), *Auf Freigang. Metaphysische und ethische Annäherungen an die menschliche Freiheit*, Münster, Hamburg, London: Lit Verlag 2003, S. 199-205.

Williams, Bernard Arthur Owen, »Internal and External Reasons« (1980), in: *Moral Luck. Philosophical Papers 1973-1980*, Cambridge, New York, Melbourne: Cambridge University Press 1981, S. 101-113.

Windelband, Wilhelm, »Geschichte und Naturwissenschaft« (1894), in: *Präludien. Aufsätze und Reden zur Philosophie und ihrer Geschichte*, Bd. 2, Tübingen: J. C. B. Mohr, Paul Siebeck [9]1924, S. 136-160.

Wingert, Lutz, »Gründe zählen. Über einige Schwierigkeiten des Bionaturalismus«, in: Christian Geyer (Hg.), *Hirnforschung und Willensfreiheit. Zur Deutung der neuesten Experimente*, Frankfurt/M.: Suhrkamp 2004, S. 194-204.

– »Was geschieht eigentlich im Raum der Gründe?«, in: Dieter Sturma (Hg.), *Vernunft und Freiheit. Zur praktischen Philosophie von Julian Nida-Rümelin*, Berlin, Boston: Walter de Gruyter 2012, S. 179-198.

– »Grenzen der naturalistischen Selbstobjektivierung«, in: Dieter Sturma (Hg.), *Philosophie und Neurowissenschaften*, Frankfurt/M.: Suhrkamp [4]2013, S. 240-260.

Wittgenstein, Ludwig, *Das Blaue Buch* (1933/34), hg. von Rush Rhees, in: *Werkausgabe*, Bd. 5, Frankfurt/M.: Suhrkamp [12]2013.

– *Vorlesungen 1930-1935* (1930-1932, 1932-1935), hg. von Desmond Lee, Alice Ambrose, Frankfurt/M.: Suhrkamp 1989.

– *Philosophische Untersuchungen* (1945/1946-1949), hg. von Gertrude Elizabeth Margaret Anscombe, Georg Henrik von Wright, Rush Rhees, in: *Werkausgabe*, Bd. 1, Frankfurt/M.: Suhrkamp [9]1993.

– *Über Gewißheit* (1949-1951), hg. von Gertrude Elizabeth Margaret Anscombe, Georg Henrik von Wright, in: *Werkausgabe*, Bd. 8, Frankfurt/M.: Suhrkamp [14]2015.

Wolf, Susan, *Freedom Within Reason*, New York, Oxford: Oxford University Press 1990.

Woodward, James, *Making Things Happen. A Theory of Causal Explanation*, New York, Oxford: Oxford University Press 2003.

Personenregister

Sachregister

50 Jahre suhrkamp taschenbuch wissenschaft 1973-2023 Das Jubiläumsprogramm

Aleida Assmann. Im Dickicht der Zeichen. stw 2429. 360 Seiten

Judith Butler. Die Macht der Geschlechternormen und die Grenzen des Menschlichen. Übersetzt von Karin Wördemann und Martin Stempfhuber. stw 2422. 414 Seiten

Esther Duflo. Kampf gegen die Armut. Übersetzt von Andrea Hemminger. stw 2428. 182 Seiten

Philippa Foot. Die Natur des Guten. Übersetzt von Michael Reuter. stw 2421. 162 Seiten

Eva Illouz. Gefühle in Zeiten des Kapitalismus. Übersetzt von Martin Hartmann. stw 2423. 170 Seiten

Rahel Jaeggi. Kritik von Lebensformen. stw 2424. 451 Seiten

Karin Knorr Cetina. Die Fabrikation von Erkenntnis. Zur Anthropologie der Wissenschaft. Mit einem Vorwort von Rom Harré. stw 2427. 372 Seiten

Martina Löw. Raumsoziologie. stw 2425. 320 Seiten

Beate Rössler. Autonomie. Ein Versuch über das gelungene Leben. stw 2426. 443 Seiten

Lucie Varga. Zeitenwende. Mentalitätshistorische Studien 1936-1939. Herausgegeben, übersetzt und eingeleitet von Peter Schöttler. stw 2430. 247 Seiten

NF 185/1/1.23

Philosophie des Geistes
im Suhrkamp Verlag

Anatomie der Subjektivität. Bewußtsein, Selbstbewußtsein und Selbstgefühl. Herausgegeben von Thomas Grundmann, Frank Hofmann, Catrin Misselhorn, Violetta L. Waibel und Véronique Zanetti. stw 1735. 496 Seiten

Wolfgang Barz. Die Transparenz des Geistes. stw 2034. 400 Seiten

Bewußtsein. Philosophische Beiträge. Herausgegeben von Sybille Krämer. stw 1240. 250 Seiten

Susan Blackmore. Gespräche über Bewußtsein. Aus dem Englischen von Frank Born. Mit einem Glossar. Gebunden und stw 2023. 380 Seiten.

Robert B. Brandom
- Expressive Vernunft. Aus dem Amerikanischen von Eva Gilmer und Hermann Vetter. 1014 Seiten. Gebunden
- Begründen und Begreifen. Eine Einführung in den Inferentialismus. Aus dem Amerikanischen von Eva Gilmer. Gebunden und stw 1689. 264 Seiten

Donald Davidson
- Dialektik und Dialog. Rede anläßlich der Verleihung des Hegel-Preises 1992. stw 1080. 101 Seiten
- Handlung und Ereignis. Aus dem Amerikanischen von Joachim Schulte. Gebunden und stw 895. 421 Seiten
- Probleme der Rationalität. Vorwort von Marcia Cavell. Aus dem Amerikanischen von Joachim Schulte. 445 Seiten. Gebunden

NF 165/1/8.12

- Subjektiv, intersubjektiv, objektiv. Aus dem Amerikanischen von Joachim Schulte. 382 Seiten. Gebunden
- Wahrheit und Interpretation. Herausgegeben von Dieter Henrich und Niklas Luhmann. Aus dem Amerikanischen von Joachim Schulte. stw 896. 408 Seiten
- Wahrheit, Sprache und Geschichte. Aus dem Amerikanischen von Joachim Schulte. 514 Seiten. Gebunden

Donald Davidson / Richard Rorty. Wozu Wahrheit? Eine Debatte. Herausgegeben und mit einem Nachwort von Mike Sandbothe. stw 1691. 353 Seiten

Daniel C. Dennett. Süße Träume. Die Erforschung des Bewußtseins und der Schlaf der Philosophie. Aus dem Amerikanischen von Gerson Reuter. 216 Seiten. Gebunden

Farben. Betrachtungen aus Philosophie und Naturwissenschaften. Herausgegeben von Stefan Glasauer und Jakob Steinbrenner. stw 1825. 370 Seiten

Manfred Frank. Ansichten der Subjektivität. stw 2021. 420 Seiten

Gene, Meme und Gehirne. Geist und Gesellschaft als Natur. Eine Debatte. Herausgegeben von A. Becker, C. Mehr, H. H. Nau, G. Reuter und D. Stegmüller. stw 1643. 336 Seiten

Andrea Kern. Quellen des Wissens. Zum Begriff vernünftiger Erkenntnisfähigkeit. stw 1786. 385 Seiten

Ruth Garrett Millikan
- Biosemantik. Sprachphilosophische Aufsätze. Aus dem Amerikanischen von Alex Burri. stw 1979. 205 Seiten

NF 165/2/8.12

- Die Vielfalt der Bedeutung. Zeichen, Ziele und ihre Verwandtschaft. Aus dem Amerikanischen von Hajo Greif. stw 1829. 330 Seiten

Thomas Nagel. Der Blick von nirgendwo. Aus dem Amerikanischen von Michael Gebauer. stw 2035. 418 Seiten

Martine Nida-Rümelin. Der Blick von innen. Zur transtemporalen Identität bewusstseinsfähiger Wesen. stw 1787. 357 Seiten

Philosophie und Neurowissenschaften. Herausgegeben von Dieter Sturma. stw 1770. 266 Seiten

Hilary Putnam
- Repräsentation und Realität. Übersetzt von Joachim Schulte. stw 1394. 220 Seiten
- Vernunft, Wahrheit und Geschichte. Aus dem Amerikanischen von Joachim Schulte. stw 853. 294 Seiten

Sebastian Rödl
- Kategorien des Zeitlichen. Eine Untersuchung der Formen des endlichen Verstands. stw 1748. 215 Seiten
- Selbstbewußtsein. stw 1992. 264 Seiten.

Richard Rorty. Der Spiegel der Natur. Eine Kritik der Philosophie. Aus dem Amerikanischen von Michael Gebauer. stw 686. 438 Seiten

Jürgen Schröder. Einführung in die Philosophie des Geistes. stw 1671. 400 Seiten

John R. Searle
- Freiheit und Neurobiologie. Aus dem Amerikanischen von Jürgen Schröder. Kartoniert. 96 Seiten

NF 165/3/8.12

- Geist. Eine Einführung. Aus dem Amerikanischen von Sibylle Salewski. 324 Seiten. Gebunden
- Geist, Sprache und Gesellschaft. Philosophie der wirklichen Welt. Aus dem Amerikanischen von Harvey P. Gavagai. stw 1670. 192 Seiten
- Intentionalität. Eine Abhandlung zur Philosophie des Geistes. Aus dem Amerikanischen von Harvey P. Gavagai. stw 956. 353 Seiten
- Die Konstruktion der gesellschaftlichen Wirklichkeit. Zur Ontologie sozialer Tatsachen. Aus dem Amerikanischen von Martin Suhr. stw 2005. 248 Seiten
- Wie wir die soziale Welt machen. Die Struktur der menschlichen Zivilisation. Aus dem Amerikanischen von Joachim Schulte. 351 Seiten. Gebunden

Selbstbewußtseinstheorien von Fichte bis Sartre. Herausgegeben und mit einem Nachwort versehen von Manfred Frank. stw 964. 599 Seiten

Michael Tomasello
- Die kulturelle Entwicklung des menschlichen Denkens. Zur Evolution der Kognition. Aus dem Englischen von Jürgen Schröder. stw 1827. 307 Seiten
- Die Ursprünge der menschlichen Kommunikation. Aus dem Amerikanischen von Jürgen Schröder. Mit Abbildungen. stw 2004. 410 Seiten

Matthias Vogel. Medien der Vernunft. Eine Theorie des Geistes und der Rationalität auf Grundlage einer Theorie der Medien. stw 1556. 427 Seiten

Wissen zwischen Entdeckung und Konstruktion. Erkenntnistheoretische Kontroversen. Herausgegeben von Matthias Vogel und Lutz Wingert. stw 1591. 328 Seiten

NF 165/4/8.12